영유아부에서 중등부까지
교회학교 교육의 모든 것
상권

임계빈 지음

영유아부에서 중등부까지
교회학교 교육의 모든 것 (상권)

1쇄	2025년 9월 10일
지은이	임계빈
펴낸이	이규종
펴낸곳	엘맨출판사
등록번호	제13-1562호(1985.10.29.)
등록된곳	서울시 마포구 토정로 222 한국출판콘텐츠센터 422-3
전화	(02) 323-4060, 6401-7004
팩스	(02) 323-6416
이메일	elman1985@hanmail.net www.elman.kr
ISBN	978-89-5515-813-7 03230

이 책에 대한 무단 전재 및 복제를 금합니다.
잘못된 책은 구입하신 서점에서 바꿔드립니다.

값 19,000 원

영유아부에서 중등부까지
교회학교 교육의 모든 것
상권

임계빈 지음

목차

1장 – 영아부 (출생~2세) • 8

1. 영아기 월령별 성장과 발달 특성 • 10 2. 영아부 교사의 역할 • 20 3. 하나님에 대해 가르치라 • 26 4. 영아의 가족과 관계를 맺으라 • 32 5. 또래 관계 • 34 6. 영아부 교실 • 35 (영유아 사역1) 7. 아기 학교 (1) • 36

2장 – 유아부 (2~3세) • 60

1. 유아기 발달의 특성 • 61 2. 유아부 사역 • 72 3. 유아부 교실 • 78 (영유아 사역2) 4. 아기 학교 (2) • 79 5. 영유아 추천 도서 • 119

3장 – 유치부 (4~6세) • 122

1. 4~6세 유아의 발달 특성 • 122 2. 유아들의 학습 스타일 파악 • 142 3. 유아를 위한 실제적인 지침들 • 145 4. 유치부 상황별 매뉴얼 • 156 5. 유치부 어린이 추천 도서 • 175 (유치 사역1) 6. 아동 성격 심리 프로그램 • 177

4장 – 유년부 (6~7세) • 192

1. 6~7세 아동의 발달 특성 • 192 2. 영적 진리가 담긴 이야기를 들려주기 • 208 (초등생 사역1) 3. 어린이 성경 암송 • 214 (초등생 사역2) 4. 어린이 예배 • 231 (초등생 사역3) 5 . 어린이 성품훈련 • 245 (초등생 사역4) 6. 어린이 계절학교 • 260

5장 - 초등부 (8~9세) • 280

1. 8~9세 아동의 발달 특성 • 280 2. 적절한 학습 활동 선택 • 294 (초등생 사역5) 3. 어린이 구역제 • 301 (초등생 사역6) 4. 어린이 리더 세우기 • 356 (초등생 사역7) 5. 학습 여행을 통한 비전 성경학교 • 365

6장 - 소년부 (10~11세) • 384

1. 소년부 아이들의 특성 • 385 2. 학습 스타일에 따른 활동 • 398 3. 소년부 커리큘럼 • 400 (초등생 사역8) 4. 어린이 쉐마 학당 • 405 (초등생 사역9) 5. 한 교실 안의 여러 교실 • 454

7장 - 중등부 (12~14세) • 468

1. 중등부 학생들의 특성 • 470 2. 중등부 커리큘럼 • 494 (청소년 사역1) 3. 청소년 예배 • 497 (청소년 사역2) 4. 청소년 전도 • 504 (청소년 사역3) 5. 청소년 수련회 • 513 (청소년 사역4) 6. 부모 연계 사역 • 523

Prologue

　한국교회가 복음을 받아드리고 백사십년이 지난 지금 하나님의 귀한 은혜로 여기까지 인도 받았습니다. 목양의 각가지 요소들 중에 교육과 연관 되지 않은 것이 없기에 교육목회라는 개념은 폭이 넓어집니다. 최근까지도 교회교육의 현장이 주일학교라는 작은 카테고리로 한정하는 분위기가 한국교회 안에 있었습니다. 하지만 하나님께서 우리에게 말씀하시는 기독교 교육의 현장은 요람에서 무덤까지라 생각합니다. 태아기부터 노년에 이르기까지 교회교육의 카테고리가 됩니다.

　이제 한국교회는 선교를 받던 나라에서 전 세계에 선교하는 나라로 그 위상이 한층 높아졌습니다. 지난 백사십 년간 하나님께서 한국교회에 베푸신 은혜는 놀랍습니다. 본 저자는 한국교회 교육의 현장에 베푸신 하나님의 은혜에 산물을 집대성 해보고자 하는 열망을 품고 "영유아부터 노년부까지 교회학교 교육의 모든 것"을 출간하게 되었습니다.

　• 먼저 상권에서는 영유아로부터 청소년 초기, 중등부까지 교육의 모든 것을 다룹니다. 각 연령별 특징을 먼저 다루고 각 발달 단계에 따르는 부서의 교역자와 교사들이 기억해야 할 내용들을 다룹니다.
　그리고 ① 영유아부 사역의 실제로 아기 학교 (1)(2)를 다룹니다. ② 유치부는 각 순서별 주안점을 다루고 아동심리 사역 프로그램을 심도 있게 다룹니다. ③ 유년, 초등, 소년부는 어린이 성경 암송, 어린이 예배, 성품 훈련, 어린이 계절학교, 어린이 구역제, 어린이 리더세우기, 학습 여행 통한 비전 성경학교, 어린이 쉐마 학당, 한 교실 안에 여러 교실을 다룹니다. ④ 청소년 초기, 중등부는 청소년 예배, 청소년 전도, 청소년 수련회, 부모 연계 사역을 다룹니다.

• 하권에서는 청소년 중기, 고등부부터 대학부, 청년부, 성년부, 성인부, 노년부까지 각 연령별 특징을 논하고 지금까지 한국교회 안에 진행된 부서별 사역들을 집대성 하려고 합니다. 모쪼록 이 두권의 저서가 각 교회학교 부서에 교육목회를 진행하는 목회자, 평신도 사역자들에게 단비와 같은 선물이 되기를 간절하게 소원합니다.

2025년 7월 남한산성 아래에서

1장 – 영아부

(출생~2세)

아이의 교육은 어디에서 시작할까요? 영아부에서 시작합니다. 분홍색 리본이 달린 신생아용 신발을 신고 있는 갓난아이는 아직 아이로 취급할 수 없다면서 명부에 이름을 올리는 것으로 만족하는 교회가 많습니다. 어쩌면 "부모들은 왜 갓난아이를 교회학교에 데려오는 걸까요? 일만 많고, 교실만 법석거리게 만들 뿐인데 말이죠"라고 물을지도 모르겠습니다. 우리가 갓난아이를 교회학교에 받아들이는 이유는 부모가 그들을 데려와야 하기 때문입니다. 그리고 젊은 부모들에게 영아부를 담당하는 책임자가 매우 중요한 이유는 그들에게 자녀를 가르치는 법을 조언할 수 있기 때문입니다. 처음 시작할 때부터 신중해야 합니다. 이 작고 약한 아기들은 그들을 가르치는 사람의 손에 들려 있는 작은 점토 덩어리와 다름없습니다. 이 점토 덩어리는 우리가 원하는 대로 무엇이든 만들 수 있을 만큼 부드럽습니다. 무척 작은 이 아이는 사람들의 감정과 태도(즉 안전감, 두려움, 참, 거짓, 헌신, 충실, 소홀, 배신 등)를 곧이곧대로 받아들입니다. 이들은 자신과 가장 가까이에 있는 사람들의 보호를 갈망합니다. 한밤중에 울면 달래야 하고, 배고파할 때는 먹여야 합니다. 이 작은 아이들은 다른 사람이 껴안아 주는 것을 좋아합니다. 그들은 부모의 따뜻한 품을 가장 편안해합니다.

아동 발달 심리학자들은 생후 첫 2년이 인생에서 가장 중요한 시기라고 말합니다. 이 시기가 아이의 차후 발달 과정에 지대한 영향을 끼칩니다. 자아와 타인을 대하는 태도는 매우 일찍부터 형성됩니다. 따라서 나중에 태도를 바꾸려면 큰 어려움이 뒤따를 수밖에 없습니다. 영아부에서 이루어지는 사랑의 보살핌은 신뢰와 애정, 안전감을 심어주는 강력한 토대를 형성합니다. 그런 노력은 아이가 하나님의 진리에 민감하게 반응할 수 있도록 돕습니다. 예수님은 귀한 갓난아이들을 우리 품에 맡기시면서 애굽의 공주가 모세의 어머니에게 갓 태어난 모세를 돌봐달라고 부탁할 때 한 말과 똑같은 말로 우리에게 당부합니다. "이 아기를 데려다가 나를 위하여 젖을 먹이라 내가 그 삯을 주리라"(출2:9). 갓난아이는 부모에게 맡겨진 생명체입니다. 교사들은 자신이 맡은 이 생명체의 가치를 드높이는 데 일조합니다. 마미 진 콜이 〈아이의 매력〉이라는 시에서 들려준 말을 잊지 말라.

나는 아이.
온 세상이 내가 태어나길 기다린다.
내가 무엇이 되는지 보려고 온 땅이 깊은 관심으로 지켜본다.
인류의 문명이 어떻게 될지는 알 수가 없다.
내가 무엇이 되느냐에 따라 내일의 세계가 결정되기 때문에.
나는 아이.
아무것도 알지 못하는 세상에 태어났다.
왜 태어났는지도

어떻게 태어났는지도 전혀 알 수가 없다.
그저 모든 것이 궁금하고 흥미로울 뿐.

나는 아이.
내 운명은 당신 손에 있다.
내가 성공하느냐 실패하느냐는 오롯이 당신에게 달려 있다.
바라건대, 행복해질 수 있는 것들을 내게 주기를.
온 세상에 축복이 될 수 있도록 나를 훈련 시켜주기를.

괴테는 "오직 최상의 것만이 아이를 유익하게 한다"라고 말했습니다. 『서니브 농장의 레베카』의 저자 케이트 더글러스 위긴은 "세상에 태어나는 아이는 한 명 한 명이 모두 하나님의 새로운 생각이자, 새롭고 찬란한 가능성이다"라고 말했습니다. 우리는 이 말들을 마음에 깊이 새겨야 합니다. 예수님은 부모들이 갓난아이를 데려왔을 때 제자들이 가로막자 엄히 꾸짖으실 정도로 아기를 귀하게 여기셨습니다. 갓난아이들과 그들의 가족을 귀하게 여기라. 자신이 하는 일이 중요하지 않다고 생각하는 영아부 교사가 단 한 사람도 있어서는 안 됩니다. 영아부 사역은 눈에 잘 띄지 않는 하찮은 일처럼 보이지만, 가장 활기가 넘치고 삶을 변화시킬 수 있는 사역 가운데 하나입니다. 갓난아이가 교회에 나오는 것을 막지 말라. 우리의 사역을 통해 영아들의 가정에 예수님의 사랑이 전해지게 하자.

1. 영아기 월령별 성장과 발달 특성

누구나 똑같이 성장 발달할 수는 없습니다. 발달 단계는 개인에 따라 순서나 시기가 다를 수 있으므로 남과 비교해서 조금 빠르다 하여 우리 아기가 영재라고 좋아할 필요도 없고, 조금 늦다 하여 일부러 자극을 주거나 과도하게 연습시키며 좌절할 필요도 없습니다. 그렇다고 너무 무관심하다가 바로잡아야 할 시기를 놓치는 안타까운 일이 생기지는 않도록 주의해야 합니다. 이처럼 육아는 힘든 일입니다. 다음의 표는 개월마다 꼭 알아야 할 아기의 성장과 발달 특징입니다. 틈틈이 보고 아기의 상태를 잘 체크 하는 것이 중요합니다.

개월	신체 · 운동	언어	정서
신생아기	· 장애와 질환 여부 파악 · 각종 반사행동 · 먹는 시간 외에는 거의 잠을 잔다. · 감각을 통한 인지	· 울음으로 의사 표현을 한다. · '졸려?' '배고파?' '쉬했어?' 등으로 반응해 준다.	· 애착 형성
2/3개월	· 누워서 팔, 다리를 많이 움직인다. · 사물을 뚜렷이 바라본다. · 체중은 출생 시의 2배가 된다. · 소리에 반응한다. · 손가락을 열심히 빤다. · 젖니 관리를 시작한다(가제에 물을 묻혀 입안을 닦아 준다). · 영아 산통으로 밤에 이유 없이 운다.	· 좀 더 분화된 울음을 보인다. · '우'. '아' 같은 옹알이를 시작한다. · 옹알이에 '배고프다고?' '기저귀 갈아 달라고?' 등의 말로 응답해 준다.	· 웃음으로 자기의 정서를 표현한다. · 애착 형성이 중요한 시기이다. · 안아주기, 웃어주기, 만져 주기 등으로 반응해 준다.

개월			
4/6개월	· 목가누기, 배밀이 뒤집기가 가능하다. · 잡아주면 잠시 혼자 앉기가 가능하다. · 딸랑이를 잡을 수 있다. · 보행기를 탈 수 있다. · 엄마의 얼굴을 알 수 있다. · 무엇이든 입으로 가져간다.	· 옹알이를 하면 똑같이 반응해 주는 것을 좋아한다.	· 거울 놀이를 좋아한다.

개월	신체 · 운동	언어	정서
4/6개월	· 공갈 젖꼭지를 사용한다. · 젖니가 나기 시작한다. · 이유식을 시작한다.	· 목소리를 분별할 줄 안다.	· 좋고 나쁨을 표현할 수 있다.
7/9개월	· 기기, 붙잡고 걷기, 던지기 · 대상 영속성 발달 · 만세 동작 가능 · 밤중 수유를 끊는다. · 시력이 좋아진다.	· 몇몇 단어를 알아듣고 행동을 따라 한다(곤지곤지 잼잼, 도리도리 등),	· 낯가림이 시작된다. · 분리 불안이 나타나기 시작한다.
10/12개월	· 체중은 출생 시의 3배 키는 1.5배로 성장한다. · 대천문이 닫히기 시작한다. · 붙잡고 걷기, 혼자 걷기가 가능해 진다. · 시력이 좋아진다. · 치아 관리 : 핑거 칫솔을 사용한다.	· 간단한 말과 행동을 한다. '맘마' '엄마' '주세요' '감사합니다' 등의 말을 한다.	· 낯가림이 다시 시작된다. · 좋고 나쁨의 감정 표현이 분명해진다.

13 / 15 개월	· 손과 무릎을 이용하여 계단 오르기를 한다. · 계속 움직이며 주변을 탐색한다. · 포크 사용이 가능해진다. · 손가락을 사용할 수 있다. · 선을 사용한 끄적거리기를 한다. · 유아용 칫솔을 사용한다.	· 말귀를 알아듣고 심부름을 한다. · 그림책에 관심을 갖는다. · 전화 놀이를 좋아한다. · '안해' '싫어'라고 말한다.	· 낯가림과 불안 증상을 보인다. · 친구와 다툼이 일어난다. · 자기주장이 강해지며 반항을 한다.
16 / 18 개월	· 뛰기, 기어오르기 · 의자에 앉는다. · 끄적거리기를 한다. · 어금니가 나온다. · 대소변을 가리기 위한 준비를 한다. · 물컵을 사용할 수 있다. · 음악이 나오면 몸을 흔들며 춤춘다.	· 두 단어를 조합해서 말을 한다. · 말을 알아듣고 심부름도 할 줄 안다. · 텔레비전에 관심을 보인다.	· 자아의식이 생긴다. · 질투의 감정이 생긴다. · 인형놀이를 좋아한다.
19 / 21 개월	· 신발을 혼자 신을 수 있다. · 양손 사용이 가능해진다. · 블록 쌓기를 할 수 있다. · 동그라미 형태를 그릴 수 있다.	· '싫어'라는 말을 자주 사용한다. · 20~50개 단어를 사용한다. · 간단한 물음에 답할 수 있다.	· 바깥 활동을 좋아하며 호기심이 점점 많아진다. · 모방놀이를 좋아한다.
22 / 24 개월	· 한발로 설 수 있다. · 서툴지만 혼자 옷을 입을 수 있다. · 두 번째 어금니가 나온다. · 칫솔질을 잘 해준다. · 치약 사용이 가능하다.	· 폭발적 언어의 팽창기이다. · 욕을 하기도 한다. · 질문을 많이 한다. · 노랫말을 만들어 흥얼거린다.	· 역할놀이를 좋아한다. · 자아의식이 형성된다. · 체벌은 엉덩이 3대 정도가 적당하다.

출생에서 2세까지, 이 시기는 인간의 어느 시기보다도 발달 속도가 빠른때입니다. 영아들은 몸집 크기가 다양하고, 성격과 행동도 저마다 다릅니다. 신체적, 정신적, 사회적, 기타 인간의 여러 행동 발달이 가장 현저하고 왕성한 때입니다. 영아는 대부분 신체적으로 예측 가능한 과정을 거쳐 성장합니다. 성인의 도움에서 점차적으로 독립하여 가는 시기이며, 행동이 자유하게 되어 성인의 도움 없이도 이동할 수 있게 됩니다. 모든 영아는 다음과 같은 발달 과정을 거칩니다. 물론 모든 아이가 동시에 똑같이 성장하지는 않습니다. 따라서 조급하게 생각하지 말라. 무엇보다 하나님이 모든 아이를 지으셨고, 그들은 모두 사랑받기 위해 태어났다는 사실을 잊어서는 안 됩니다. 영아기의 전반 시기에는 주로 감각 기관이 발달하고 후반기는 지적 발달이 현저합니다. 영아의 행동 발달은 새로운 환경에 적응하여 가면서 발달되므로 학습에 의해 발달이 촉진될 수 있습니다.

1) 인지 발달

인지 발달은 영아가 태어나자마자 바로 시작됩니다. 이것은 영아가 태어나면서 바로 마음 속으로 대상을 생각할 수 있다는 뜻은 아닙니다. 태어나면서부터 시작되는 감각-운동적 행동(sensori-moter behavior)이 뒷날 인지 발달을 가져오는 데 필수적이고 도구적임을 뜻하는 것입니다. 그러므로 이 초기 과정은 후에 나타나는 전 과정에 중요한 영향을 끼치는 과정이라 볼 수 있습니다. 새로 태어난 영아들은 매우 적은 반응력만을 가지고 있습니다. 그들에게는 빠는 반응과 잡는 반응만이 있습니다. 이때는 자극들에 대하여 분별할 수 있는 능력이 없고 모든 자극을 받아들이는 능력만 있습니다. 어린 아기의 첫 번째의 사고방식과 지능은 이러한 행동으로부터 발생합니다. 첫 번째 단계에서의 사고는 이러한 행동들을 연합하고 어린 아기 자신이 자신을 세계 속에 적응시키는 행동 도식의 발달에 따라 나타납니다. 영아들은 세계를 형태가 없는 상태로 보며 자극을 받을 때에만 느끼는 유동적인 것으로 생각합니다. 그러므로 영아에게 세계는 영원한 것이 될 수 없습니다. 또 그들은 경험하지 않은 것은 없는 것으로 생각합니다. 아직 나와 타인의 관점이 분화되지 않은 미분화 상태이고 자기도취적인 낙관적인 감정에 의해 지배됩니다.

① 1~4개월을 지나면서 첫 분화가 시작됩니다. 초기 단계의 영아는 순전히 반사적이었으나 이때부터는 행동으로 사물을 분별합니다. 이를테면 영아는 배가 고프면 적극적으로 젖꼭지를 빨지만 입에 닿은 사물로부터 젖이 나오지 않으면 이를 단호히 거절합니다. 이러한 형태의 행동 변화는 환경에 적응하는 모습을 보여주는 것입니다. 이때 사물 의식을 갖기 시작합니다. 영아들은 사물이 시야에서 사라진 뒤에도 시선이 사물이 갈 곳을 계속 쫓고 있습니다. 그러나 사물이 눈에 보이지 않게 되면 곧 그 사물에 대하여 잊게 됩니다. 눈에 보이는 것만을 생각할 수 있기 때문입니다.

② 7~8개월이 되면서부터 유아들의 사고 구조는 발달합니다. 그들이 보았고 가지고 놀았던 물건들을 감출 때라도 경험에 의해서 찾기 시작합니다. 또 흥미로운 일이 일어났었다면 그들은 그것을 다시 반복하고자 합니다. 이러한 일이 성공적으로 반복되는 것을 볼 때, 영아들의 행동은 비의도적인 행동에서 의도적인 행동으로 변해 가고 있다는 것을 알 수 있습니다. 이제 그들은 의도성을 가지고 목적한 사물을 얻기 위해 행동 형태를 취합니다. 아직 이들의 행동이나 생각은 자기 중심성에서 벗어나

지 못합니다.

③ 출생 후 1년이 지날 무렵에 나타나는 행동 양식은 처음으로 지능의 활동을 형성합니다. 사물의 크기에 대한 개념, 형태의 항구성에 대한 개념, 사물의 인과성에 대한 개념을 획득합니다. 점차적으로 자기 중심성에서 벗어나 자기 곁의 사물이 활동의 원인이 된다는 것을 깨닫기 시작합니다.

④ 18개월에 이르면 이들은 높은 수준의 조작을 가지게 되어 새로운 문제 해결에 필요한 새로운 도식이 형성됩니다. 즉 이미 형성된 습관적인 도식들을 적용하기보다는 실험을 통하여 목적을 위한 새로운 수단을 발달시킵니다. 이때 해결이 어려운 문제에 부딪히면 그는 주의 깊게 실험하며 시행착오의 과정을 거쳐 새로운 수단을 발달시킵니다. 이 단계에서 느껴지는 감정은 불안감, 공포의 감정입니다. 그들은 처음부터 돌보아 주던 사람이 없다는 것을 느낄 때 불안한 감정으로 위협을 당하고 혼란스럽게 됩니다. 감각 운동적 사고방식에서 시간과 공간, 인과 관계와 사물의 영구성을 느끼는 인지의 발달이 나타납니다. 인과 관계를 끌어낼 수 있는 영아의 경험에서 의미와 목적을 발견하게 되고 통찰력을 갖게 됩니다. 그러나 감각-운동기의 지식은 아직 언어 이전 단계이고 전 상징적 단계입니다.

2) 자아 발달

영아기를 거치는 동안 어린 아기들은 자신과 타인과의 차이점을 느끼게 되고 환경으로부터 분리되는 과정을 경험합니다. 이러한 과정에서 어린 아기 자신과 세계에 대하여 알게 됩니다. 학생들에게 있어서 사회성 발달은 영아기 때의 경험인 외적 분리의 감정과 연결됩니다. 출생 시의 영아는 과격하게 부조화됨을 경험합니다. 부모와의 공생적인 상호 관계가 중단되고, 새로운 외적 환경으로 위탁됩니다. 이때 느낀 어린 아기들의 불균형한 상태는 성인들에 의해서 제공 되어지는 성숙에 필요한 준비성과 능력에 의해 점차적으로 균형을 얻게 됩니다.

이때 문제가 되는 것은 이러한 불균형의 상태 속에 있는 어린 아기가 성인과의 상호 관계 속에서 기본적인 신뢰 감정을 형성하기도 하지만 긴장된 감정에서는 불신감이 형성되기도 한다는 점입니다. 부모들은 음식물을 제공함으로 신뢰감을 전달할 수는 없습니다. 부모의 계속적인 돌봄에서 신뢰의 감정은 전달되고 이들의 불균형한 상태나 불안의 상태는 극복될 것입니다. 어린 아기가 생의 초기에 느꼈던 상호 간의 깊은 신뢰의 경험은 후에 계속되는 발달 과정에서 도전을 만날 때, 신뢰성이나 불신에 대한 정도를 제공해 준다고 하여도 과언이 아닙니다. 더 나아가 어린 아기가 생의 초기에 느끼는 상호 관계 속의 신뢰감은 미래에 접근하는 태도를 결정합니다. 불신감보다 신뢰의 정도가 더 높을 때 우리가 희망이라 부르는 자아의 덕, 혹은 자아의 힘이 나타납니다.

3) 신앙의 발달

"아침이 되자 어린 아기는 잠에서 깨었다. 배가 고프고, 기저귀가 젖었고, 불안감이 쌓여 불쾌한 느낌이 들었던지 그는 울기 시작했다. 어머니가 일어나 우는 아기 곁으로 간다. 다가가서 우는 아기의 이름을 부른다.

아기가 머리를 돌렸고 그의 눈은 활기를 띤다. 어머니와 아기의 눈이 마주쳤고 얼굴과 얼굴을 마주보며 인사를 한다. 관심 있는 표현으로 어머니는 아기를 안아 올리고 아기의 요구가 무엇인지를 살핀다. 어머니가 아기의 요구를 알아서 일을 할 때 아기는 어머니의 얼굴을 지켜보고 있다. 아기를 팔에 안고 부드럽게 흔들어주며 우유병을 주자 아기는 힘차게 우유병을 빨기 시작했다. 그는 우유를 먹으면서 어머니의 얼굴을 계속 지켜본다. 어머니의 눈은 빛났으며 주의 깊은 눈빛이었다. 가끔 그녀는 친근하고도 부드러운 음성으로 아기를 돌본다. 이렇게 하자 어린 아기는 좀 더 편안해진 것 같았다." 위에서 살펴본 것은 어린 아기의 신앙의 순례가 시작되는 모습입니다. 어린 아기는 어머니의 자궁 안에서 공생적인 삶을 살다가 태어납니다. 그는 가능성은 있으나 아직은 혼자 생존할 수 있는 충분한 능력을 갖추지 못한 채 새로운 환경에 위탁됩니다. 영아는 놀랄 만한 선천적인 적응력을 가지고 있기 때문에 새로운 환경에 쉽게 적응됩니다. 그러나 적응력이 활성화되고 정교해지기 위해서는 성숙의 과정과 환경과 그들의 상호 관계에 의존하여야 합니다. 만일 이때 충분한 보호나 대화를 통한 자극이 없다면, 관계를 유지하는 적응력이나 사랑하는 마음은 매우 심하게 저지당하거나 활성화되지 못합니다.

  또 현존하는 환경이 어떤 변화도 없고 신기함을 불러일으키거나 도전을 주지 못할 때 활동이나, 연합력, 인식력 등이 매우 제한됩니다. 돌봄이나 청결함 등이 부적합할 때 또 의존적인 상호 관계를 성취할 수 있는 어떤 사람도 없을 때는 세상에 대한 신뢰감이 없어지며 좌절하고 불신하게 됩니다. 점차로 어린 아기들은 그들과 분리되어있는 사물을 알게 됩니다. 최초로 우유병, 엄마의 얼굴 등, 그들이 맛을 보고 파악해 보았던 사물을 아는 것입니다. 이렇게 최초의 인식이 사물, 사람과의 관계 속에서 발생하는데, 이것은 사물의 도식을 형성하는 데 도움을 줍니다. 엄마로부터의 떨어짐은 고통스럽습니다. 이런 고통은 부모나 보호자가 돌아왔을 때 잊게 됩니다. 어머니가 돌아와서 아기의 이름을 부르고 사랑스러운 눈으로 그를 축복해 줄 때 그는 자기가 존재한다는 것을 알게 되며 점차적으로 분리 되어지는 객관적 세계 속에서 자기가 중심이라는 의식이 다시 회복됩니다. 그러나 만일 부모로부터 떨어지는 고통이 오래 지속된다고 할 때, 이들의 마음 속에는 신뢰감이 완전히 파괴되는 위험성이 초래되는 것입니다.

즉 신뢰란 돌보아 주는 사람과 그들이 제공하는 환경과의 상호 관계성 속에서 형성되므로 돌보아 주는 사람은 세심한 주의가 요청됩니다. 어린 아기에게는 이러한 초기의 신뢰감 속에서 하나님에 대한 전 이해가 형성됩니다. 특히 어린 아기들은 첫 번의 상호 관계성의 경험에서 다른 것으로부터 분리되어있는 자아에 대해 근본적으로 의식하게 되고, 자기의 외부에 존재하고 있는 힘 있는 타자를 생각하게 됩니다. 이런 힘 있는 타자는 어린 아기에게 하나님의 모형으로 형성 되어집니다. 구분되지 않은 상태라고 불리는 신앙의 전 단계에는 신뢰와 용기, 희망, 사랑의 근원들이 분리되지 않은 채 연합되어 있고 포기와 모순과 모든 것이 박탈될 수도 있는 위험도 내포되어 있습니다. 아직은 신앙의 단계라 부를 수 없는 전 단계적이고 우리가 추구하려는 어떤 종류의 경험적 연구도 대부분 받아들일 수 없습니다. 그러나 이 시기의 상호 관계의 질과 신뢰의 능력, 자율성, 용기, 희망 등은 후에 발달 되는 신앙의 형태에 근거가 되는 것이라 볼 수 있습니다. 즉 이 단계의 신앙은 사랑을 주고 돌보아 주는 사람과의 기본적인 신뢰와 상호 관계의 경험에서 싹트게 되는 것입니다. 이 단계의 위험성이나 결핍은 상호 관계의 실패에서 결과됩니다. 왜곡된 상호 관계의 경험이나 자기만이 중심이라는 경험은 극단적 자기도취의 성격을 나타내게 되어 어린 아기를 고집스럽게 하고 상호 관계를 원만하게 이루지 못하도록 합니다. 다음 단계로 변화되면서 비로소 사고와 언어가 나타나게 되고, 연설하거나 의식적인 행사를 할 때 상징을 사용할 수 있게 됩니다.

2. 영아부 교사의 역할

영아 두 명당 최소한 한 명의 교사가 필요합니다. 그래야만 영아 한명 한명에게 관심을 기울이고 안전하게 돌볼 수 있습니다. 되도록이면 매주 같은 교사가 돌보는 것이 좋습니다. 이것은 낯선 사람과 친구를 구별하기 시작할 무렵인 영아에게 특히 중요합니다. 처음 교회학교에 나온 아이와 부모를 반갑게 맞이하라. 다정하고 따뜻한 친근감은 교회의 첫인상을 심어주는 데 매우 중요합니다. 처음 부모가 된 사람들은 어떤 이유에서든 자기 아이를 다른 사람에게 맡기길 주저하기 마련입니다. 영아부가 깨끗하고 우호적이며 안전하다는 인상을 심어주면, 부모와 아이 모두 영아부에 또다시 나오고 싶어할 것입니다. 자녀가 교회 출석에 어떤 반응을 보이느냐에 따라 부모의 태도는 크게 달라집니다. 교회 출석에 별로 관심이 없는 젊은 부모일지라도 자녀가 따뜻한 보살핌을 받고 긍정적인 반응을 보인다면 계속 교회에 나올 가능성이 높아집니다. 부모들은 믿고 의지할 수 있는 다정다감한 교사를 원합니다.

아이에게 말을 걸고, 그들을 지켜보라. 부모가 무슨 말을 하든지 주의 깊게 귀를 기울이라. 아이를 건네받는 절차가 끝나면, 잠시 아이에게 말을 걸거나 노래를 들려주라. 아이들이 활동에 관심을 기울이게 만들려면, 교사가 먼저 행동으로 보여주어야 합니다. 아이가 울거든 먼저 말을 걸고 노래를 불러주라. 필요하다면 아이를 꼭 안아주어도 좋습니다. 영아에게는 부모와 처음 떨어지는 경험이 될 수도 있습니다. 그렇기 때문에 영아부 교사는 사랑이 충만한 사람들로 세우는 것이 매우 중요합니다. 마치 예수님이 곁에 서 계시기라도 하는 것처럼, 아이 하나하나를 모두 그분의 이름으로 영접하라.

변화를 시도하거나 다른 장소로 이동시켜야 할 때는 영아를 무작정 움직이게 하지 말라. 먼저 아이에게 앞으로 있을 일을 차분하게 설명해야 합니다. 침착한 목소리와 여유 있는 태도, 부드러운 몸짓으로 아이를 사랑하고 존중하는 마음을 드러내는 것이 참으로 중요하다는 사실을 잊지 말라. 그런 보이지 않는 작은 사랑의 행위는 처음에는 별것 아닌 것처럼 생각되기 쉽지만, 실제로는 아이들 가운데 하나님 나라의 보이지 않는 토대를 공고히 다지는 효과를 일으킵니다. 그런 행동은 우리가 돌보는 영아에게 깊은 영향을 끼칩니다. 영아들을 유심히 지켜보며 질문을 던지기도 하고, 그들의 관심사와 행동이 바뀔 때면 상황에 맞게 유연하게 대처하라. 커리큘럼에 제시된 주제와 관련된 활동을 열심히 실행에 옮기고, 아이들에게 일일이 관심을 기울이면 교육 효과를 높일 수 있을 것입니다.

(1) 생후 6주까지

갓난아이는 잠을 자고 젖을 먹을 수 있는 조용한 장소가 필요합니다. 아이들이 있는 방에는 다채로운 모빌을 매달아 볼 수 있게 하는 것이 좋습니다. 이따금 실내 분위기를 바꾸어주고, 부드러운 목소리로 말을 걸고, 아이를 가볍게 흔들면서 달래주고, 우유를 먹이고, 기저귀를 갈아주고, 잠잘 준비를 시킨다면, 아이는 행복하고 만족해할 것입니다. 이 시기의 갓난아기는 스스로 머리를 잘 가누는 듯 보여도 머리를 잘 지탱해 주는 것이 중요합니다. 또한 우유를 먹일 때는 자주 트림을 시켜주어야 한다는 것도 잊어서는 안 됩니다.

(2) 생후 6주에서 6개월까지

이 시기의 영아는 자신이 보이는 곳에 물건을 놔두는 것을 좋아합니다. 아이 머리 위로 18cm 정도 떨어진 곳에 거울을 놓아두면, 거울에 비친 자신의 모습에 집중합니다. 다채로운 장난감과 그림도 영아의 관심을 끄는 데 도움이 됩니다. 평소 잠을 자는 자세와는 조금 다른 자세를 잠시 취하게 하는 것도 괜찮습니다. 이 시기에는 몸을 뒤집을 수 있기 때문에 주변 환경의 변화나 놀이, 어른들의 말에 더 잘 반응하기도 합니다. 생후 6개월이 되면, 일대일로 놀아주는 것을 좋아합니다. 영아용 의자나 다른 도구를 사용해 아이가 주위에서 일어나는 일을 잘 볼 수 있도록 배려하는 것도 좋습니다. 물론, 그런 도구는 매일 한정된 시간에만 사용해야 합니다.

(3) 생후 6개월에서 8개월까지

영아가 앉기 시작하면, 까꿍 놀이와 같은 간단한 놀이를 시도해 보라. 또는 영아의 발을 가만히 밀면 되밀어 낼 것입니다. 딸랑이, 천이나 플라스틱으로 만든 블록, 작은 용기처럼 작고 안전한 장난감과 다양한 물건을 비치해 아이의 흥미를 유도하라. 영아와 함께 어울릴 때는 아이가 스스로 취하는 행동이나 교사의 행동에 반응하는 모습을 서로 연관 시켜 생각해 보라. 기어 다닐 줄 아는 영아의 경우는 안전한 곳에서 자유롭게 주위를 탐색하게 하는 것이 좋습니다. 아이들이 다치지 않고 자유롭게 움직일 수 있는 공간을 마련해 주라. 매트리스와 단단한 베개를 사용해 기어 다니고, 기어오르고, 몸을 일으켜 앉을 수 있는 안전한 환경을 조성하라. 사각형으로 짜 맞추는 충격 흡수용 카펫을 깔아놓으면, 아이가 기어 다닐 때 흥미로운 질감을 느낄 수 있습니다. 바닥에 앉아 차분하고 즐거운 표정으로 아이와 놀아주면서 주위를 탐색하고 의사를 전달하는 법을 가르칠 수 있습니다. 잘못을 꾸짖을 때나 무언가를 지시할 때도 항상 긍정적인 말을 사용하라. 예를 들면, "O OO 머리 잡아 당기지 마"라고 말하는 대신 이렇게 말하라. "O OO 머리 쓰다듬어 볼래? 부드러울 거야. 여기 네가 쓰다듬을 수 있는 양도 있단다." 이 시기의 아이가 가지고 놀 수 있는 공과 장난감을 비치해 놓고, 간단하고 단순한 이야기를 들려주라.

(4) 생후 8개월부터 14개월까지

걷기 시작한 아이들은 호기심이 많습니다. 그런 아이들에게는 주변을 안전하게 탐색할 수 있는 환경을 조성해 주는 것이 매우 중요합니다. 또한 그들의 행동에 깊은 주의를 기울여야 합니다. 이 활동적인 탐험가들에게는 블록처럼 쌓거나 포개놓을 수 있는 장난감이나 20~60cm에 이르는 다양한 크기의 공을 주어 놀게 하는 것이 좋습니다. 아이들은 친근한 사람과 어울릴 때 가장 편안해합니다. 따라서 늘 같은 교사가 일관성 있게 아이를 돌보는 것이 가장 좋습니다. 아이들과 대화를 나누고, 종이가 두

껄고 단단한 어린이용 책을 보여주라.

(5) 생후 14개월부터 2년까지

걷기를 완전히 익힌 영아에게는 단호하면서도 유연한 사랑의 태도가 필요합니다. 이 시기의 아이들은 밀고 잡아당기는 장난감, 플라스틱으로 만든 인형이나 동물 인형을 좋아합니다. 아이들이 앉아서 움직일 수 있는 크고 튼튼한 장난감(흔들 목마나 여러 가지 타고 노는 장난감)이나 종이와 큰 크레용을 주어 놀게 하거나, 플라스틱과 고무로 만든 그릇을 주어 물건을 담고 붓는 활동을 시켜보라. 이 시기에는 갈수록 단어 실력이 늘기 때문에 대화를 나누는 것이 더 쉽고 자연스러워집니다.

- 영아의 특성과 그것이 교사에게 의미하는 점을 요약하면 다음과 같습니다.

개월	유아의 특성	교사의 준비
신생아기	·어리다.	·아이의 무게에 알맞은 준비를 한다.
	·같은 나이의 다른 아이들이 자라는 정도와 똑같은 속도로 자라지 않을 수도 있다.	·커가는 아이에 대하여 지나친 기대는 하지 않는다.
	·동맥들이 발달된다.	·커다란 크레용을 마련해 준다. ·간단하게 손장난을 할 재료를 준비한다.
	·성대는 발달되지 않았다.	·큰 소리로 노래하지 않도록 한다. ·악보에 곡이 있는 노래를 선택한다.

	·한번에 오직 한 가지 일만 할 수 있다.	·한번에 많은 것을 요구하지 않는다.
	·활동적이다.	·큰 방을 하나 마련하고 여러 가지 활동 도구들을 마련해 둔다.
	·병에 감염되기 쉽다.	·제일 햇빛이 잘 드는 방을 마련한다.
	·감각은 메마른 상태다.	·거기에 알맞은 자료들을 마련한다.
정신적인면	·제한된 용어를 사용한다.	·간단한 이야기를 택하고 그림을 사용한다.
	·반복을 좋아한다.	·반복할 만한 가치가 있는 이야기를 선택한다.
	·주의집중 시간이 짧다.	·활동을 자주 바꾸어야 한다.
	·기억력은 독립적이지 않다.	·일주일 동안 있었던 일들을 모두 기억할거라고 기대하지 않는다.
	·자기가 듣는 모든 것을 믿는다.	·진실을 말해 준다.
	·상징적인 것을 이해하지 못한다.	·하나의 물체로 다른 것을 묘사하지 않는다.
	·시간에 대한 인식이 없다.	·'오래 전에'라는 말을 사용하고 50년 전 같은 말은 사용하지 않는다.
	·자기의 감각을 통해서 배운다.	·직접 보고, 만지고, 듣고, 맛보고 냄새를 맡아 보도록 한다.
	·질문을 함으로 배운다.	·간단하고 진실한 대답을 해 준다.
사회면	·독립적이다.	·도움이 필요할 때는 도와준다.
	·겁이 많다.	·작은 모임을 형성해 준다.
	·자기중심적이다.	·아이가 가진 것에 대하여 하나님께 감사 하는 것과 나누어 갖는 것을 가르친다.

개월	영아의 특성	교사의 준비
사회면	·혼자 놀기를 좋아한다.	·큰 모임에서 아주 오랫동안 머물러 있는 것을 바라지 않는다.
	·관심 끄는 것을 바라게 된다.	·옳은 일을 하는 것에 대하여 칭찬한다.
정서적인면	·감각적인 신경조직을 갖게 된다.	·혼동과 소란을 피하고 튼튼한 물건들을 택한다.
	·익숙치 않은 사람을 두려워한다.	·낯익은 사람을 만나도록 한다.
	·두려움이 많다.	·두려움을 주는 이야기는 피한다.
	·번번히 '아니요'란 말을 한다.	·'아니요'라고 말할 수 있는 기회를 피한다.
	·짜증내는 기질도 갖고 있다.	·그것들을 피하도록 노력한다.
	·보호가 필요하다.	·아이의 집을 정기적으로 방문한다.
영적인면	·하나님을 갈망하게 된다.	·영적인 면을 격려해준다.
	·영적 진리를 이해하는 데 있어서 능력과 제한성을 지니게 된다.	·아이의 영적 이해 면을 돌봐준다
	·영적 진리를 이해하는 데 있어서 능력과 제한성을 지니게 된다.	·아이의 영적 이해 면을 돌봐준다
	·자기 종교를 터득한다.	·아이에게 모범이 되는 모습을 보여준다.

3. 하나님에 대해 가르치라.

우리는 지금 영아부를 중심으로 이야기하고 있습니다. 그러나 우유를 먹이고, 기저귀를 갈아주고, 요람을 흔들어주는 일 말고도 우리가 할 수 있는 일이 있습니다. 바로 아이들에게 하나님의 사랑을 가르치는 것입니다. 영아부의 교육 목적은 아이들에게 '하나님'이라는 말을 가르치는 것이 아닙니다. 우리의 목적은 아이에게 하나님의 사랑을 가르치는 것입니다. 우리는 갓난아이와 걸음마를 익힌 아이들 앞에서 표정과 말과 행동으로 하나님의 사랑을 가르칠 수 있습니다. 우리는 우리가 돌보는 아이들에게 그리스도를 나타내야 합니다. 그리고 그 학습이 자연스러운 삶의 일부가 될 수 있게 해야 합니다. 매월 성경 주제와 학습 활동을 제시하는 커리큘럼을 이용하면, 아이들에게 일관되게 하나님과 그분의 사랑을 가르칠 수 있습니다. 아이는 교사의 태도를 보고 교사가 자신에게 어떤 감정을 느끼는지 금방 알 수 있습니다. 교사의 말과 표정과 행동이 부드럽고 여유가 있고 사랑이 넘치고 친절하다면, 아이는 교사를 신뢰할 것입니다. 그리고 더 나아가 아이에게 하나님을 믿을 수 있는 토대를 쌓아줄 것입니다. 이 시기의 아이들에게 하나님과 예수님에 관한 이야기를 들려주는 것은 영아부 교사가 해야 할 가장 중요한 임무입니다. 영아를 돌보는 교사들을 보고 부모들도 자녀에게 영적 진리를 가르치는 기술을 익히기 시작할 것입니다.

(1) 커리큘럼

영아부에서 커리큘럼을 사용하는 것은 언뜻 불필요해 보입니다. 그러나 커리큘럼을 사용하는 것은 여러 면에서 유익합니다. 첫째, 커리큘럼은 교사가 영아들과 함께 보내는 시간을 통해 영적 기초를 닦을 수 있게 도와줍니다. 커리큘럼은 교사가 영아들과 일대일로 어울리고, 이야기하고, 노래를 불러주고, 손가락 놀이를 하면서 하나님과 그분의 사랑을 가르칠 때 활용할 수 있는 아이디어를 제공합니다.

둘째, 커리큘럼을 사용하는 것은 영아들 못지않게 교사에게도 많은 유익을 가져다줍니다. 예수님에 관해 말하고 노래하는 것은 영아부 교사가 단순히 아이를 보살피는 것이 아니라 진정한 의미에서 사역을 행하고 있다는 사실을 상기시켜줍니다. 이 점은 부모에게도 마찬가지입니다. 부모도 자녀에게 예수님에 관해 편안하게 이야기할 수 있는 법을 배워야 합니다. 교회가 영아들을 보살피고 가르치는 일에 모범을 보이면, 부모 역시 집에서 그와 똑같은 일을 해야 하고, 또 할 수 있다고 생각하게 될 것입니다.

셋째, 커리큘럼은 교사의 자연스런 가르침이 효과를 불러일으킬 수 있도록 도와주는 아이디어와 용어들을 알려줍니다. 영아를 가르치는 가장 좋은 방법은 일대일 교육입니다. 아이들과 둥글게 둘러앉아 그룹 활동을 하거나, 교사가 오랫동안 무엇을 할 때 아이들이 끝까지 관심을 기울여주길 기대하지 말아야 합니다. 그러나 두세 명의 영아와 함께 마룻바닥에 앉아 말을 주고받거나 노래를 부를 수는 있습니다. 그런 경우, 교사는 커리큘럼에 제시된 대화의 개념이나 노래를 자주 활용할 수 있습니다. 성경 주제와 관련된 활동을 최소한 한두 차례 시도하라. 음악을 조금씩 들려주면서 같은 노래를 자주 반복하라. 소리와 말과 행동, 무엇보다 일상의 환경에서 느끼는 감정은 자연스럽게 교육과 학습을 만들어내어 영아에게 하나님과 예수님은 물론, 주변 사람들에게서 전해지는 사랑과 편안함을 이해할 수 있게 도와줍니다. 넷째, 월별 주제로 구성된 커리큘럼을 이용하면, 영아부 사역을 일관되게 유지해 나갈 수 있습니다. 교사가 자주 바뀌는 상황에서는 커리큘럼은 특히 유용합니다.

(2) 의도된 대화법

교사는 의도된 대화를 통해 성경과 영아의 행동을 연결시킬 수 있습니다. 의도된 대화법이란 무엇인가? 교사가 매 순간 성경 구절을 말하거나 그날의 학습 주제를 되풀이하는 것일까? 또는 문제가 일어났을 때만 말하는 것을 의미할까요? 그렇지 않습니다. 의도된 대화법이란 격식이 없으면서도 계획된 대화, 곧 교사가 아이들이 하고 있는 일과 성경의 학습 내용을 연결 시킬 기회를 포착해 말을 건네는 대화를 뜻합니다. 다시 말해, 아이가 하고 있는 일을 그달의 성경 주제와 연결 시킬 수 있는 기회를 포착해 대화를 시작하는 것입니다.

아이의 행동과 성경 주제를 연관시키면 아이에게 자신이 하는 활동과 성경 말씀이 서로 관계가 있다는 것을 이해하도록 도울 수 있습니다. 영아가 어떤 활동에 몰입해 있거나 다른 아이와 어울려 놀고 있을 때는 자리를 뜨지 말고, 아이의 눈높이에 맞게 자세를 낮추고 관심을 기울여 들으라. 아이의 활동에 끼어들거나 대화를 강요할 필요는 없습니다. 말이나 질문을 던질 수 있는 기회가 자연스레 찾아올 때까지 기다리라. 그런 기회가 찾아오면, "블록으로 탑을 쌓고 있구나. 하나님이 손을 만들어주셨기 때문에 네가 블록을 쌓을 수 있는 것이란다"라거나 "우리는 지금 동물들을 헛간에 몰아넣고 있단다. 하나님이 동물을 만드셨어"라고 말하라. 항상 그달의 성경 주제를 염두에 두고, 듣고, 관찰하고, 말을 건네라. 그런 활동을 통해 교사는 아이들이 하나님의 사랑을 배우고 그분의 말씀이 자신들의 세계와 어떤 관련을 맺고 있는지 이해할 수 있도록 도와야 합니다.

(3) 일대일 놀이시간

　사랑이 넘치는 태도로 영아들과 간단한 놀이를 즐기라(예를 들면, 갓난아이의 다리를 손으로 잡고 페달을 돌리듯 부드럽게 움직여주면서 "OO아, 하나님은 네게 튼튼한 다리를 만들어주셨단다"라고 말하라). 아주 어린 영아일지라도 하나님의 사랑을 알려주는 짧고 간단한 노래를 불러주라. 갓난아이는 목소리가 좋은지 나쁜지를 따지지 않습니다. 그저 다정하고 차분한 목소리로 노래를 불러주라. 그러면 아이를 편안하게 진정시킬 수 있고, 신뢰를 가르칠 수 있습니다. 하나님의 사랑과 관련해서 영아의 이름을 자주 불러주면, 영아는 노래와 자아와 하나님과 사랑을 서로 연관시켜 생각하는 능력을 발전시켜 나가기 시작합니다. 그런 경험은 모든 자녀를 사랑하시는 성부 하나님을 믿는 믿음의 기초를 형성해 줄 것입니다. 걸음마를 배우는 이 시기의 아이들은 간단한 성경 이야기와 성경 구절을 비롯해 하나님과 예수님에 관한 짧고 단순한 노래를 들려주면 좋아합니다.

　아이들은 비록 말은 못해도 짧게 반복되는 단순한 문장을 이해할 수 있습니다. 영아가 관심을 보일 때마다 자주 손가락 놀이를 하라. 영아가 손가락 놀이에 관심을 갖게 만들려면 교사가 먼저 한두 차례 손가락 놀이를 하는 모습을 보여주는 것이 좋습니다. "손가락 놀이를 하고 싶니?"라고 묻지 말고, 놀이하는 모습을 한두 번 정도 보여주라. 그러면 그 다음부터는 영아들이 더러 관심 있는 표정을 지을 것입니다. 조금 더 개월 수가 많은 아이들은 교사와 함께 책 보는 것을 좋아합니다(영아가 보는 책은 글보다 그림이 많아야 합니다). 영아를 무릎 위에 앉히고 함께 그림책을 펼쳐보면서 그림에 관한 이야기를 들려주라. 예를 들면, "OO 이거 좀 보렴.

크고 빨간 사과가 있네. 정말 맛있어 보인다. 우리가 먹을 수 있게 하나님이 사과를 만드셨단다"라고 말하라.

(4) 음악을 사용하라

음악은 영아들과 공유할 수 있는 매우 놀라운 선물입니다. 음악은 분위기를 조성하고, 친근감과 편안함을 더해 주며, 하나님에 관한 개념에 익숙해지는 기회를 제공합니다. 언어 능력과 듣는 기술을 키워주며, 근육을 크게 움직이는 활동을 이끌어 내기도 합니다. 이런 예는 끝이 없습니다. 노래는 영아나 교사 모두에게 큰 즐거움을 안겨줍니다. 반복할 수 있는 노래, "싹트네"와 같은 노래를 매주 부르면, 영아는 그 노래에 친숙해질 것입니다. 반복할 때, 영아들은 안전하다고 느낍니다.

노래는 아이들에게 다음 순서를 암시하는 기능을 하며, 영아부를 한결 편안하게 느끼게 해줍니다. 새로운 활동을 알리는 노래를 부르면 좀 더 수월하게 순서를 전환할 수 있습니다. 영아가 화가 난 듯 보이면 즉석에서 노래를 불러주라. 운율을 잘 갖춘 노래가 아니어도 괜찮습니다. 단지 두세 가지 음조를 띤 노래면 충분합니다. 예를 들면, "OO가 과자를 떨어뜨렸어요. 괜찮아요. 다른 과자를 가져다주면 되죠"라는 노랫말을 "곰 세 마리"처럼 단순한 가락에 맞춰 불러주면, 아이의 관심을 다른 곳으로 유도해 울지 않게 만들 수 있습니다. 그렇게 아이의 이름을 부르면서 노래하면, 아이는 교사가 눈앞의 상황을 잘 알고 있고 자기를 도와줄 것이라고 생각할 것입니다. 노랫말에서 상황이나 아이 이름을 바꾸면 같은 노래를 여러 번 반복해 활용할 수 있습니다. 음악을 사용하여 영아를 돌보는 방법을 찾아보라. 영아부 커리큘럼에는 각 단원의 주제를 잘 표현하는 노래가 한두 곡 정도 실려 있을 것입니다. 그 노래를 아이들에게 들려주고, 한 달 동안 언제라도 바로 불러줄 수 있도록 완전히 숙지하라. 교사의 노래를 따라 부르는 일은 거의 없지만, 아이들은 교사가 노래 부르는 것을 좋아합니다. 교사의 목소리가 음정에 맞지 않아도 아이들은 전혀 개의치 않습니다. 사용할 수 있는 노래가 많다면 교사가 원하는 활동, 소리 크기, 아이의 필요와 연령대를 고려해 언제, 어떤 식으로 음악을 활용할지 계획을 세워야 합니다.

4. 영아의 가족과 관계를 맺으라.

영아부 교사는 가족 구성원 가운데 오직 영아에게만 관심을 기울입니다. 그러나 모든 영아는 우리가 사역 대상으로 삼아야 할 가족에 속해 있습니다. 어린 자녀를 키우는 가족은 그리스도의 몸에 속한 다른 그리스도인들의 지원과 격려가 필요합니다. 그래야만 실제로 가족 전체가 하나님과 동행하는 삶을 살아갈 수 있습니다. 영아의 가족과 굳건한 관계를 쌓는 것은 영아부에서 반드시 해야 할 사역입니다.

(1) 가족을 파악하라.

영아의 부모는 대부분 두 명이지만, 그렇지 않은 경우도 있습니다. 다시 말해 편부모 가족도 있고, 혼합 가족(계부나 계모를 둔 가정)도 있으며, 대가족(조부모와 숙모들이 돌보는 가정)이나 입양 가족도 있습니다. 영아부 등록부를 이용해 각 아이의 가족을 파악하라. 일단 가족을 알고 나면 그들과 관계를 세울 방법을 찾으라.

(2) 교회에서 관계를 세우라.

부모가 아이를 데려오면, 반갑게 맞으면서 아이에게 말을 걸거나 아이에 관한 말을 들려주라. 그런 태도는 "당신과 당신의 아이는 우리에게 중요합니다. 우리는 당신에게 관심이 있습니다"라는 무언의 메시지를 전달합니다. 부모들은 영아부 교사가 자신의 자녀를 개인적으로 보살피고 있다는 것을 알면 안심합니다. 부모가 아이를 데려오면, "무슨 장난감을 가장 좋아하나요?"라거나 "이번 주에는 무엇을 새로 익혔나요?"라는 식으로 한두 마디 질문을 던져 아이에게 관심이 있다는 것을 나타내라. 부모가 아이를 데려가려고 왔을때에는 아이가 무엇을 좋아했는지 말해 주라. 기저귀 교환이나 수유 등과 같은 일에 관해 부모에게 알려야 할 사항이 있으면 시간이 허락하는 한 가끔 부모들에게 소리 내어 읽어주고 교사가 직접 지켜본 일을 말해주라. 그 밖에 교회에서 비공식적으로 가족들과 마주칠 때도 반갑게 대화를 나누라. 지나치게 사교적인 태도를 취하지 않아도 좋습니다. 그보다는 진심에서 우러나는 관심을 표현하라.

(3) 주중에 관계를 쌓으라.

영아부 시간 전이나 후에는 부모들과 대화하는 시간이 한정되어 있습니다. 따라서 각 가정과 돈독한 관계를 쌓으려면 주중에 잠시 시간을 할애하는 것이 좋습니다. 주중에 전화를 걸거나 이메일이나 편지를 보내는 등, 각 가정의 상황에 적합한 방법을 동원해 의사소통을 시도하는 것이 바람직합니다. 예를 들어, 영아부에서 아이가 울었을 때는 "아이가 우리 영아부에서 좀 더 편안하게 지내는 데 도움이 될 만한 일이 없을까요?"라고 물으라. 아이가 즐겁게 잘 지낸 경우에는 교사가 관찰한 것을 부모에게 말해 주고, 아이가 다른 아이를 깨물고 때리고 머리를 잡아당긴 일이 있었다면 어떻게 하는 것이 아이의 행동을 바로잡는 데 도움이 될지 물어보라(아이의 행동에 문제가 있을 때는 부모가 아이를 가장 잘 알고 있고, 그렇기 때문에 아이의 행동을 바로잡는 데에도 가장 올바른 견해를 제시할 수 있을 것이라는 생각으로 접근하라. 아이나 부모를 비난하는 듯한 인상을 풍기지 않도록 주의하라). 아이의 부모와 관계를 세우는 또 다른 방법은 어린 자녀를 기르는 가족이 관심을 가질 만한 행사에 그들을 참여시키는 것입니다. 자녀 양육 강좌, 부모 일일 수련회, 자녀 교대로 돌봐주기, 놀이반, 영아부 자원 봉사 등 교회에서 진행되고 있는 각종 활동에 가족들을 참여시키면, 그리스도의 몸과 더욱 깊은 관계를 맺도록 도울 수 있습니다.

5. 또래 관계

영아들은 출생 후 첫 달부터 다른 아기들에 대한 관심을 보이나 약 6개월이 되기 전까지는 진정한 상호작용이 나타나지 않습니다. 영아들이 이때쯤 되었을 때 또래에게 웃고 옹알이를 하며 장난감을 주면서 몸짓으로 상호작용을 합니다. 처음에는 이러한 우호적이고 친절한 몸짓이 상대에게는 무시된 채 상호작용으로 이어지지 않고 지나가 버립니다. 영아들이 12~18개월경이 되면 상대방의 행동에 좀 더 적절하게 반응하기 시작합니다. 그러나 12~18개월 된 영아들은 또래들을 자신들이 통제할 수 있으며, 반응이 있는 장난감 정도로 생각하는 것 같습니다. 18개월경이 되면 거의 모든 영아가 또래들과 분명한 협응과 상호작용을 보이기 시작합니다. 서로 모방하며 즐거워하고 모방을 사회적 게임화하면서 상대방을 자주 쳐다보고 웃습니다. 생후 첫 2년 동안 영아의 사회적 발달과 인지 발달이 또래 관계 발달에 기여를 합니다. 일반적으로 양육자에게 안정 애착이 된 유아들은 불안정으로 애착된 유아들보다 더 사교적이고 또래들 사이에서 인기가 있습니다. 이것은 안정 애착된 영아들이 받아온 민감하면서 반응적인 양육이 사회성 발달에 긍정적으로 작용한다는 것을 의미합니다.

6. 영아부 교실

영아의 눈으로 실내를 바라보라. 영아들의 행동을 주의 깊게 관찰하면, "영아처럼 생각하는" 안목이 열려 아이들의 필요를 좀 더 잘 채워줄 수 있는 방향으로 영아부 환경을 꾸밀 수 있습니다. 일단 영아처럼 생각하는 안목이 열렸다면, 그 다음에는 영아의 눈으로 실내를 바라봐야 합니다. 실제로 교실 바닥 이곳저곳에 앉아 실내를 둘러보라. 카펫에서는 어떤 냄새가 나는가? 바닥은 깨끗한가? 바닥용 쿠션은 단단한가, 말랑말랑한가? 아이들이 자기 힘으로 할 수 있는 것이 얼마나 많은가? 기어 넘을 수 있는 것이나 기어 들어 갔다가 나올 수 있는 것, 몸을 기댈 수 있는 것이 얼마나 되는가? 아이들이 밟히지 않고 기어 다닐 공간이 충분한가? 걸려 넘어지지 않고 걸어 다닐 수 있는 공간은 또 어떤가? 아이들이 아래로 기어 들어 가거나 위로 올라타 넘을 만한 곳이 있는가?(특히 진공청소기로 청소할 수 없는 장소를 찾아보라). 아이가 기어오를만한 것이 있는가? 촉감이 서로 다른 것들이 있는가? 들을 수 있는 소리는 얼마나 다양한가?

시끄럽고 활동적인 장소와 조용한 장소가 각각 마련되어 있는가? 영아의 눈높이에서 벽을 볼 때, 흥미를 끌 만한 것들이 걸려 있는가? 아이가 만져도 안전한 것들인가? 핀이나 압정, 스테플러처럼 아이들이 입에 넣을만한 위험한 물건은 없는가? 아이들이 잠시 머물 수 있는 장소(아기 침대, 그네, 바운스체어, 담요 등)가 마련되어 있는가? 아이가 오랫동안 한 장소에만 머물러야 하는 환경은 아닌가? 아이가 원할 때 자유롭게 움직일 수 있는가? 기어 다니는 바닥은 안전한가? 장난감 진열대에 아이가 쉽게 다가갈 수 있는가? 다양하게 더듬어 볼 수 있을 만큼 여러 장난감이 마련되어 있는가? 아이가 밀 수 있는 장난감이 있는가? 당길 수 있는 것, 쌓을 수 있는 것, 조종할 수 있는 것, 모을 수 있는 것, 쿵 하고 내려놓을 수 있는 것, 던질 수 있는 것이 있는가? 아이들이 입으로 가져갔다가 다시 안전하게 뱉을 수 있는 것들인가? 한 아이가 입으로 가져간 장난감을 다른 아이가 다시 입으로 가져가기 전에 깨끗이 닦아 청결을 유지하고 있는가? 아이가 모래나 찰흙, 물과 같이 지저분해질 수 있는 것을 가지고 노는가? 주위를 계속 둘러보라. 아이의 눈으로 실내를 바라보면, 아이에게 중요한 영아부의 환경이 무엇일지 생각날 것입니다. 그러면 아이의 필요에 적합하게 실내를 꾸밀 수 있습니다.

7. 아기 학교 (1)

1) 필요성 및 가치

아기 학교를 참여하게 되면 보호자와 아이가 기독교 신앙이 있든 없든지 상관없이 동일하게 하나님의 말씀을 듣게 됩니다. 이렇게 반복해서 하나님의 말씀을 듣게 되면 자연스럽게 하나님을 알게 되고 기독교 신앙에 대하여 호의를 갖게 됩니다. 그리고 적절한 때에 교회에 등록하게 됩니다. 하지만 교회에 등록하여 교회에 출석하게 하는 것만이 아기 학교의 목적은 아닙니다. 아기 학교가 갖는 교육적 의미는 첫째, 하나님이 기뻐하시는 삶의 가치관을 배우고 훈련함으로 하나님의 사람으로 자라게 하는 데 있습니다. 하나님이 기뻐하시는 삶으로 살아가는 것이 우리에게 유익한 삶이요, 행복한 삶이기 때문입니다.

둘째, 아이의 전인적인 발달을 도움으로 건강한 인격으로 자라게 하는 데 있습니다. 신체발달, 인지발달, 정서발달, 사회성 발달, 건강한 생활태도 등 영·유아기의 시기에 이루어야 할 발달 과업들을 성취할 수 있도록 하나님의 말씀에 근거하여 다양한 활동을 제공합니다.

셋째, 아이와 보호자가 함께 참여함으로 가정에 기쁨과 화목을 제공합니다. 아기학교는 가족이 함께 할 수 있는 시간을 제공하고, 아이가 만들었던 활동을 가정에서 활용하게 하면서 가정문화를 건강하게 하는 역할을 하고 있습니다. 엄마 아빠가 모두 사회 활동을 하는 맞벌이 가정은 아이가 성장해가면서 누리게 되는 기쁨들을 놓칠 수밖에 없습니다. 하지만 아기 학교에서는 아이를 통해 부모가 서로 소통하게 하고, 조부모와도 소통하는 것을 돕습니다. 즉 가정 안에서 즐거운 추억을 공유하도록 교육 내용을 선정하고 제공하기 때문에 화목한 가정을 이루게 하는데 도움을 줍니다.

넷째, 기독교 문화가 가정에 뿌리내리도록 돕습니다. 기독교 문화라 함은 하나님이 기뻐하시는 삶의 태도와 가치관을 포함합니다. 기독교인이라고 자처하는 사람들도 실제로 삶의 가치관을 보면 세속적인 경우가 많이 있습니다. 예를 들면 나만 잘 살면 된다는 의식을 가지고 있다든지, 약자를 무시하거나 나의 이익을 위해 다른 사람들의 희생을 당연하게 여긴다든지, 아주 사소한 일에서도 자기중심적인 삶의 태도를 보이는 경우가 종종 있습니다. 그러나 아기 학교에서는 하나님이 기뻐하시는 삶의 태도를 추구하고 노력합니다. 즉 다른 사람을 배려하며 소중히 여기고, 약한 사람을 돌보며, 질서와 규칙을 지키면서 더불어 사는 기쁨을 누리게 합니다.

다섯째, 아기 학교를 통해 지역사회 안에서 교회가 좋은 이미지를 갖게 됩니다. 아기 학교를 하고 있는 교회들은 교회가 어린이를 사랑하고, 어린 자녀들을 둔 부모들을 존귀하게 여긴다는 인식을 갖게 되어 지역주민들이 교회를 좋게 여깁니다. 무엇보다 아기 학교는 예수님의 가르침에 근거하여 진행합니다(눅18:16). 예수님께서는 아이들과 그 부모들을 찾아오게 하셨습니다. 그들을 위해 안수하고 축복해 주셨습니다. 아기 학교는 아이들과 그 부모들을 교회로 오게 합니다. 좋은 소문을 듣고 찾아옵니다. 사랑을 받으려고 아기 학교로, 교회로 찾아옵니다. 예수님이 본을 보여주셨듯이 교사들과 사역자들은 매 시간 마다 아이들을 사랑으로 품어 안고 축복하며 기도합니다. 그리고 그들을 진심으로 환영하고 그들을 존귀하게 여기며 존대합니다. 예수님의 말씀을 그대로 실천하는 학교가 아기 학교인 것입니다.

- 영아기 발달 특성

발달영역	성취 과업
신앙발달	·엄마와 함께 예배한다. ·세상을 창조하신 하나님께 감사할 수 있다. ·"예수님 사랑해요" 라고 말할 수 있다. ·가정에서도 기도한다. ·찬양의 기쁨을 경험한다.
신체발달	·대근육 발달 : 걷고 뛰고 팔과 몸을 흔들며 움직인다. ·소근육 발달 : 찢고 오리고 자르고 구기고 붙이기를 한다. ·균형 감각 및 조절 기능 발달 ·협응 능력 발달
인지발달	·다른 사람의 말을 바르게 이해한다. ·적절한 언어표현을 할 수 있다. ·사고하고 기억하며 분류하는 등의 능력을 기른다. ·듣고, 말하고, 글자들을 보면서 언어발달 및 문어 발달을 돕는다. ·자신의 생각이나 느낌을 창의적으로 표현한다.
정서발달	·엄마와 함께 놀이함으로써 즐거운 시간을 갖는다. ·온몸으로 찬양함으로써 기쁨을 느낀다. ·사랑의 마음을 다양한 방법으로 표현한다. ·다양한 활동을 통해 성취감을 갖는다. ·자신의 욕구를 조절하고 통제하는 능력을 기른다. ·자율성을 도모하고 긍정적인 자아개념을 기른다.
사회성발달	·또래 친구에게 관심을 가지고 존중하는 태도를 기른다. ·친구를 사귀는 기술을 익힌다. ·친구가 좋아하는 것 / 싫어하는 것 / 화해하는 태도 등을 안다. ·집단 활동에 참여함으로 사회적 기술을 배운다. ·가정으로 놀이를 확장한다.
건강한 생활 습관	·인사하기 ·자기물건을 챙기기, 정리하기 ·아껴쓰기 절약하기 ·남을 배려하기

2) 아기 학교의 교육 목적

아기 학교의 대상자는 생후 18개월에서 48개월의 유아입니다. 하지만 아기 학교에서는 유아에 대한 교육뿐만 아니라 신앙적인 모유를 제공해야 하는 어머니도 교육의 대상자입니다. 아기 학교의 목적은 유아들이 하나님의 자녀로 건강하고 행복하게 살아가게 하는 것입니다. 그런데 아이에게 가장 많은 영향을 미치는 환경은 부모입니다. 그래서 아기 학교에서는 유아에 대한 교육적인 목적과 함께 그 부모에 대한 교육도 함께 하고 있습니다. 아기 학교의 궁극적인 목적을 간단하게 말한다면 다음과 같습니다. "유아와 유아가 속한 가정이 예수님을 믿고 하나님의 자녀가 되어 하나님 나라의 기쁨을 마음껏 누리게 하는 것". 따라서 아기 학교는 참여하는 유아들과 어머니들이 기쁘고 행복하도록 최선을 다합니다. 또한 그것을 통해 하나님 나라가 어떠한지, 하나님의 사랑이 어떠한지를 온몸으로 느낄 수 있는 프로그램을 계획하고 진행하려고 최대한 노력하고 있습니다. 아기 학교의 교육활동을 통해서 이루고자 하는 교육의 목표는 크게 세 가지 차원으로 정리할 수 있습니다. 그 첫째는 하나님에 대해서, 둘째는 예수님에 대해서, 셋째는 나 자신과 이웃과의 관계에 대해서입니다.

하나님에 대해서	·우리를 사랑하시는 하나님 ·세상을 창조하시고 주인이신 하나님 ·우리 가정을 지켜주시는 하나님 ·우리의 기도를 들으시고 응답해 주시며 ·우리를 통하여 영광 받으시기를 원하시는 하나님 ·우리를 사랑하셔서 예수님을 보내주신 하나님을 알게 한다.

예수님에 대해서	·우리를 찾아와 친구가 되어 주시는 예수님 ·우리의 잘못(죄)을 용서해 주시는 예수님 ·우리 가정에 주인 되어 주시는 예수님 ·능력이 많으셔서 우리에게 놀라운 일들을 보여 주시는 예수님 ·어려운 일 만날 때 언제나 도와주시는 예수님 ·삶의 모범이 되어 주시는 예수님 ·무엇이 행복한 삶인지를 가르쳐 주신 예수님을 알게 하여 ·예수님의 어린이라는 자부심을 갖고 ·예수님을 자랑하는 삶을 살아가도록 한다.
나/가정/친구 (이웃)에 대해서	·나, 가족, 친구는 하나님의 형상대로 지음 받았음을 안다. ·하나님께서 존귀하게 여기는 나에게 가족과 친구를 주셨음을 안다. ·나와 가족 그리고 다른 친구들을 존중한다. ·사랑의 표현들을 배워 친구를 사귀는 방법을 익힌다. ·가족들에게 사랑을 표현하며 화목을 이룬다. ·이웃에게 사랑을 베푸는 모습을 배우고 실천한다. ·사랑의 마음을 나누는 기쁨을 누리며, 하나님의 나라를 넓혀간다. ·하나님과 예수님을 모르는 사람들에게 복음을 삶으로 전한다. ·구원받은 행복한 가정이 많아지게 한다.

3) 아기 학교 교육내용

• 아기 학교 커리큘럼

대주제	소주제	아기 학교 교재
하나님	하나님이 만드신 세상	창조편
	하나님의 사람들	① 다윗 ② 아브라함편
	인도하시는 하나님	출애굽편
	참 아름다워요(계절)	야외 및 체험활동

예수님	우리를 사랑하시는 예수님	사랑의 예수님 ①②
	예수님의 이야기 (비유)	좋은 목자 예수님(미출간) 포도나무 예수님 등(미출간)
	고난과 부활	예수님 만세
	예수님의 사람들 (제자)	베드로, 요한, 바울의 이야기(미출간)
나. 친구. 가정	하나님이 주신 몸	신체편
	우리 가족 만세	엄마, 아빠 사랑해요(미출간) 할머니, 할아버지 사랑해요(미출간)
	친구.이웃	나누어 주면 많아져요(미출간) 행복한 아주머니 등(미출간)
특별 행사	절기 및 가족 잔치	하늘 어린이 잔치, 온가족 체험마당 추수감사 및 반별 발표회, 온가족 놀이마당

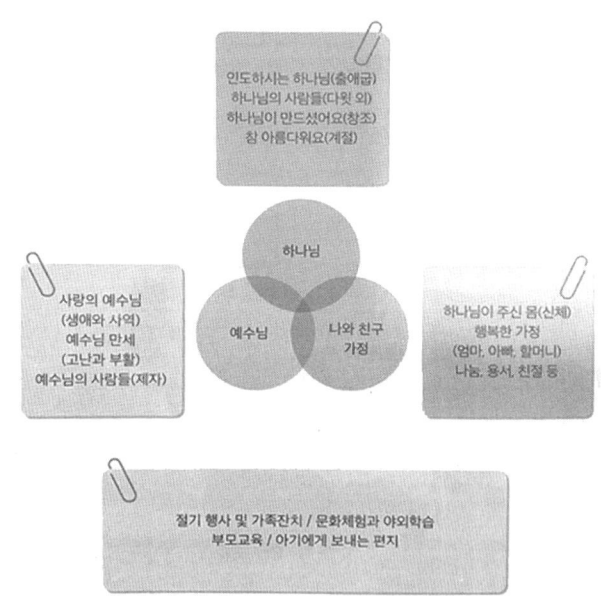

〈참고〉 학기별 교육 내용 및 연간교육 주제

생후 18개월~24개월의 영아를 대상으로 하는 〈아장아장반〉은 10주 동안 진행되며 "하나님이 주신 몸"을 주제로 하여 몸에 대한 명칭, 기능, 모양, 역할 등을 탐색하며 다양한 활동으로 내 몸이 소중하다는 것을 배웁니다.

아장아장반 2016년 가을학기 일정표 (생후 18개월~24개월)

	하나님이 주신 몸 (신체편)
토	수	학습내용	교육활동	신체활동
1 9/24	1 9/21	입학예배 "입학을 축하합니다"	① 입학예배 ② 축하촛불 끄기 ③ 오리엔테이션 입학선물 나누기 ④ 우리반 왕관 만들기	입학축하행진 교사특송. 축복합니다 리본 막대놀이
2 10/1	2 9/28	반짝반짝 예쁜눈 - 바디매오	① 마이북 빨강 동그라미로 얼굴 꾸미기 ② 망원경만들기	신문지 놀이 ♪ 눈눈눈 성경보고요
2 10/1	2 9/28	반짝반짝 예쁜눈 - 바디매오	① 마이북 빨강 동그라미로 얼굴 꾸미기 ② 망원경만들기	신문지 놀이 ♪ 눈눈눈 성경보고요
3 10/8	3 10/5	벌름벌름 시기한 코 - 아담 하와	① 마이북 2, 주황 : 생기인형 만들기	풍선놀이 (볼풀공,파라슈트) ♪ 멋진 하늘아 파란 바다야

4 10/15	4 10/12	랄라랄라 입과 쫑긋쫑긋 귀 -찬양하는 다윗	① 마이북3 노랑: 입술도장/큰 입술찬양 ② 전화기 만들기	난타놀이 (페트병,목욕의자) ♪ 찬송을 부르세요
5 10/22	5 10/22	온 가족 놀이 마당		
6 10/29	6 10/26	싱글벙글 내 얼굴 - 눈, 코, 입, 귀(역할극)	① 마이북4 초록: 싱글벙글 얼굴 꾸미기 ② 식빵 얼굴 간식	공놀이(탱탱공, 큰공,볼풀공) ♪ 아빠아빠 웃어요.
7 11/5	7 11/2	야외 수업 - 용산 가족 공원		큰공 비닐터널, 파라슈트와 볼풀공 바람개비(비누방울 선물)
8 11/12	8 11/9	오물락 졸물락 멋진 손 - 도르가 아주머니	① 마이북5 파랑: 기도손 만들기 ② 볼링놀이	칼라로프 ♪ 사랑하며 살래요
9 11/19	9 11/16	하나 둘 하나 둘 씩씩한 발 -발을 씻겨 주신 예수님	① 마이북 6 남색: 발도장찍기 ② 자동차놀이	장애물놀이(모양틀, 징검다리,유니바, 에어비닐) ♪ 예수 따라가면
10 11/26	10 11/23	건강한 내 몸 -야이로의 딸	① 마이북 7. 보라: 아기에게 보내는 편지 ② 온몸 그려 축복하기 ③ 사진찍기	보자기 놀이 ♪언제나 하나님을
11 12/3	11 11/30	수료예배 "하나님 감사합니다"	① 예배와 반별발표 ② 마이북 선물 ③ 나눔잔치	개근, 수료시상

(꾸러기반: 아기 학교를 2학기 이상 등록한 유아)

55기 아기 학교 꾸러기 반					
회	날짜/요일	학습내용	교육활동①	교육활동②	기타/준비물
1	9/17 (화)	입학식: 나는 꾸러기입니다		나를 소개합니다	풍선, 종이접시
2	9/24 (화)	예수님은 내친구		예수님과 함께하는 꾸러기반	ohp 필름, 고리, 유성펜
3	9/26 (목)	포도나무 예수님	포도따기	안성 포도밭	가위/반찬 나누기
4	10/1 (화)	구름기둥 불기둥	구름기둥 불기둥 꾸미기	구름기둥 불기둥 행진	
5	10/8 (화)	바다를 건넜어요	난타놀이	바다건너기 행진	페트병2/타악기, 어머니 핸드벨 연주
6	10/10 (목)	문화생활 교육-서점에 가요		교보문고 방문 청계천 산책	책구입 및 소개
7	10/15 (화)	먹을 것도 주셨어요		강정만들기	쌀, 튀밥, 조청, 비닐장갑
8	10/19 (토)	온가족 놀이마당			
9	10/22 (화)	와르르 꽝	나팔만들기	여리고성 무너뜨리기	ohp 필름, 삑삑이
10	10/24 (목)	양평 치즈마을체험		양평 치즈마을	

11	10/29 (화)	감사하는 한사람	감사부채만들기	예쁜말 고운말 (언어교육)	동영상 부모교육 '물은 알고 있다'
12	10/31 (목)	아름다운 세상(가을)	남이섬 산책	자전거 타기	조별식사 선물 교환
13	11/5 (화)	음식을 주신 하나님	냉장고꾸미기	꼬마김밥 만들기	꼬마김밥 재료 음식 사진
14	11/7 (목)	추수감사예배/하나님 감사합니다 – 발표회			
15	11/12 (화)	참좋은 선물	병원놀이	어머니 인형극	의사가운 병원놀이 도구
16	11/14 (목)	울긋불긋 예쁜나뭇잎	공원 산책	염색 가방꾸미기	에코가방, 염색물감
17	11/19 (화)	인형극 관람 '아빠 사랑해요'			
18	11/21 (목)	나는 이만큼 자랐어요	어머니 인형극 – 사자와 생쥐	핑거 페인팅놀이	앞치마, 여벌옷
19	11/26 (화)	거친 파도를 잔잔케 하신예수님	배만들기	풍랑놀이	어머니 인형극
20	11/28 (목)	어머니 교실			
21	12/3 (화)	나누어주면 많아져요	케이크만들기		앞치마
22	12/5 (목)	예수님 생일을 기다리며	나눔잔치		음식 준비
23	12/7 (토)	수료예배			

4) 아기 학교 교육활동의 구성 및 하루 일과

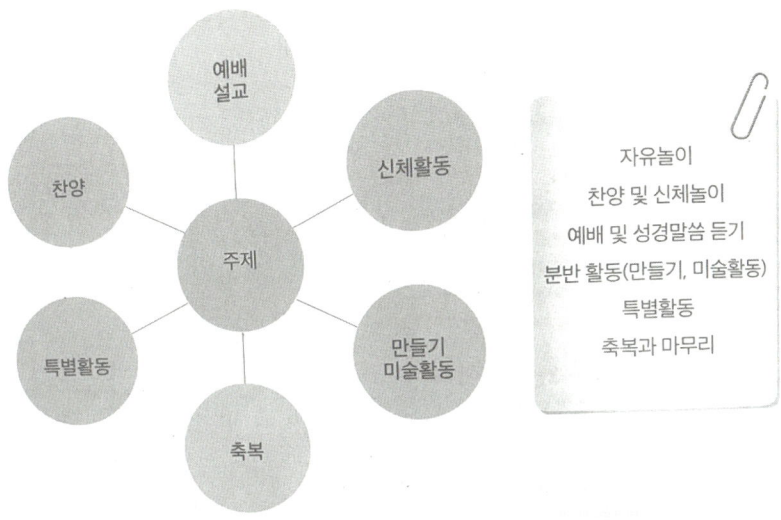

• 아기 학교 하루 일과

시간	진행 내용	활동 내용
10:30~10:50	자유 놀이	영역별 자유 놀이 : 엄마, 아빠 친구와 함께 놀기
10:50~11:10	춤추고 노래해요	신체표현 놀이 : 소도구를 이용한 신체 활동 주제에 관련된 노래와 찬양 부르기
11:10~11:30	하나님께 예배해요	예배 또는 성경 이야기
11:30~11:45	간식	어린이 간식/공지 사항 안내 및 부모교육
11:45~12:05	주제에 따른 교육 활동	만들기 및 미술활동/대그룹 놀이 활동
12:05~12:10	축복과 인사	주제에 따른 축복의 말과 기도 / 사랑의 인사 나눔

- 자유놀이는 영역별로 세팅된 장난감을 가지고 노는 시간입니다. 이 시간에 아이들과 엄마들은 마음을 활짝 엽니다. 장난감 놀이는 아이들을 행복하게 해줍니다. 아이들은 다양한 장난감들 중에서 자기가 놀고 싶은 것으로 놀면서 자율성을 키웁니다. 그리고 스스로 놀이를 만들어서 놀기도 합니다. 이때 엄마(보호자)는 아이에게 집중하여 놀아주며 아이와 상호작용을 합니다. 엄마가 아이의 친구가 되어 놀아주는 이 시간에 아이들이 충분히 놀고 나면 다른 시간을 더욱 즐겁게 참여합니다. 아이들과 엄마가 소통하고, 엄마도 다른 엄마들과 이야기를 나누고 마음을 나누면서 선생님들과 자연스럽게 이야기를 나눌 수 있는 자유로운 시간이기에 자유놀이는 아이와 엄마 모두에게 행복한 시간입니다. 혹 아이와 부모가 지각을 해서 자유놀이를 하지 못하는 경우 이어지는 다른 활동에 소극적이거나 심할 경우 활동에 참여하지 않고, 불편한 마음으로 엄마와 긴장 상태를 이루고 있을 때가 있습니다. 따라서 아이들과 엄마들은 자유놀이 시간을 충분히 경험하도록 해야 합니다. 자유놀이에는 소꿉놀이, 블록놀이, 점토놀이 그림책 코너, 자동차 놀이, 악기놀이, 인형놀이, 자석놀이, 미끄럼틀과 실내용 시소, 볼풀 등을 설치할 수 있습니다. 자유놀이 영역에서 가장 인기 있는 놀이는 소꿉놀이와 점토놀이입니다. 인형놀이와 자동차 놀이에도 아이들이 많이 머무는 모습을 보게 되는데 이는 아이들이 친숙하게 느끼거나 자주 보는 것이기 때문입니다. 자유놀이가 끝나는 시간에 경험해야 할 중요한 교육활동은 '치우기'입니다. 놀이하는 것만큼 치우는 것도 중요합니다. 아이들이 직접 정리하면서 정리 습관을 갖게 하는 것도 중요하고, 다음 활동에 대한 기대감이 함께 어우러지는 '치우자' 시간은 아이들에게 또

다른 즐거움을 갖게 합니다.

• 춤추고 노래. 장난감을 치우면 아이들은 움직일 준비를 합니다. 입을 움직여 소리를 내고 싶어 하고, 발을 움직여 돌아다니고 싶어 합니다. 아이들의 몸은 자라고 있기 때문에 잠시도 쉬지 않고 움직이려 합니다. 따라서 아이들이 건강하게 움직일 수 있는 시간을 제공하는 것이 필요합니다. 찬양시간에 아이들은 온몸을 움직여 찬양하며 하나님을 경험합니다. 세상을 창조하신 하나님을 찬양하며, 하나님의 사랑을 찬양하며, 예수님을 보내주신 하나님을 찬양합니다. 아이들은 찬양을 통해 하나님이 어떤 분인지를 알게 되고, 하나님을 높이며 하나님을 자랑합니다. 처음에는 인식하지 못한 가운데 따라 하지만 찬양을 반복하게 되면서 아이들은 자신의 입술로 고백하게 되고, 선포하게 됩니다. 그리고 그 찬양은 믿음이 되고, 삶의 태도가 되기도 합니다. 하나님의 말씀을 듣기 전, 그날에 배울 말씀과 연관해서 찬양을 온몸으로 익히며 하나님의 말씀을 들을 준비를 하게 되는 것입니다. 또한 찬양과 더불어 아이들은 다양한 도구와 함께 신체활동을 하면서 엄마와 상호작용을 하게 되는데 이 시간 아이는 엄마를 통해 하나님의 사랑을 경험하고 느끼고, 상상하게 됩니다. 이처럼 찬양을 통해 아이들은 온몸으로 하나님을 만나게 되고 온몸을 통해 하나님을 만나는 찬양은 평생토록 기억에 남을 한편의 설교보다 영향력이 있는 찬양이 됩니다.

• 하나님께 예배. 찬양과 함께 흥겹게 뛰어논 아이들은 이제 자리에 앉아 하나님의 말씀을 들을 수 있는 집중력을 갖게 됩니다. 찬양으로 마음의

문이 활짝 열린 아이들과 그 부모들은 예배를 통해 신앙을 고백하게 되고, 기도를 하게 되고, 말씀을 통해 "과거의 하나님의 이야기가 현재의 이야기"로 들려지게 됩니다. 찬양과 신체놀이를 통해 막연하게 느꼈던 하나님과 예수님을 구체적인 이야기를 통해 명료하게 만나게 되는 것입니다. 하나님과 예수님이 우리를 어떻게 사랑하셨는지, 하나님과 예수님은 어떤 분이신지, 하나님의 사람들과 예수님의 제자들은 어떻게 살았는지를 구체적으로 만나고 감탄하며 아이들은 자신의 생활 속에서 하나님을 상상하고 적용합니다. 따라서 아기 학교에서 듣게 된 하나님의 말씀은 아이들의 생생한 삶이 되는 것입니다. 또한 아이들은 예배 순서의 형식을 통해 경건한 분위기를 경험하고, 놀이시간과 다른 특별함으로 하나님을 경험하게 됩니다. 그리고 가정에 돌아가서는 들었던 하나님의 말씀을 삶 속에 적용하여 과거 성경 속의 이야기가 아니라 현재의 이야기로 경험하고 기억하면서 믿음을 성장시켜 갑니다.

• 간식. 간식 시간은 아이들에게나 어른에게나 가장 행복한 시간입니다. 그러나 단순히 음식을 먹는 것만으로 즐거운 것은 아닙니다. 이 시간 아이들은 감사 찬송과 기도를 하고, 손을 닦습니다. 그리고 간식 그릇을 들고 선생님께 나옵니다. 선생님이 이름을 부르면 대답을 하고, 나눠주는 간식을 받습니다. 아이들은 간식을 받기 위해 기다려야 합니다. 이처럼 간식을 나누고 먹는 과정은 여러 친구와 함께 있을 때의 예절과 질서를 지키는 훈련을 하는 시간입니다. 때론 먼저 먹고 싶을 수도 있고, 많이 먹고 싶을 수도 있습니다. 이런 때에 어떻게 해야 하는지 선생님과 부모님의 태도를 통해 아이들은 삶의 태도를 익히고, 훈련하게

됩니다. 간식을 먹고 나면 그릇을 치우는 일이나 쓰레기를 치우는 일 또한 아이들이 스스로 할 수 있는 일들입니다. 아이들은 스스로 할 수 있는 일들을 하면서 칭찬과 격려를 받고 뿌듯해합니다. 음식을 먹으면서 아이는 질서와 배려를 함께 익히고 배우게 되는 것입니다.

• 주제에 따른 교육활동. 간식을 먹고 나면 선생님은 그날 배웠던 말씀을 기억하고 표현하며, 삶으로 적용할 수 있는 활동으로 연결합니다. 주로 다양한 재료와 다양한 방법으로 주제와 관련된 미술 활동을 하게 됩니다. 아이들은 재료들을 탐색하고 재구성하여 추상적인 하나님의 말씀을 구체적으로 표현하게 됩니다. 아이들은 만들기를 하면서 예배 시간에 들었던 말씀을 상상하고 기억합니다. 그리고 만들기를 이용하거나 응용한 활동을 경험하면서 창의력을 발달시킵니다. 또한 아이들의 미술 활동은 게임으로, 창의적 동작으로, 역할극으로, 상징화 작업으로, 이야기 책으로 표현 되어져서 아이들의 삶 속에 행복한 신앙적인 추억을 갖게 합니다.

• 특별활동. 반별 활동이 끝나면 그날의 주제에 따른 특별한 활동을 할 수 있습니다. 쿠키를 굽거나, 주먹밥을 만드는 것과 같은 요리 활동을 할 수도 있고, 반에서 만든 미술 활동을 가지고 축하행진을 하거나 음악회, 발표회, 체육활동 등과 같은 특별한 활동으로 연결할 수도 있습니다. 이때의 활동들은 말씀과 더불어 특별한 문화적 경험을 주는 삶 속에 적용할 수 있는 활동으로 이어집니다. 아이들의 오감을 통해 경험되어지는 특별한 추억들은 자존감을 높이고, 긍정적인 생각과

정서적 안정감과 자신감, 창의적인 능력으로 발전하게 됩니다.

• 축복과 인사. 주제에 따른 다양한 경험을 하고 난 후에는 하나님께서 부어 주시는 은혜를 누리는 시간을 갖습니다. 부모는 자녀를 축복하고 자녀는 축복의 기도 가운데 평안을 주시는 하나님의 따뜻함을 경험하게 됩니다. 하나님께서 부모에게 주신 특별한 권한인 축복기도를 부모들이 마음껏 경험하는 시간입니다. 이때 아이들은 부모의 기도를 귀로 듣고 마음으로 느끼며 하나님을 경험합니다. 포근한 느낌, 가슴을 울리는 뭉클함, 하나님이 주시는 특별한 마음을 부모의 축복기도 가운데 아이는 경험하게 됩니다. 이 시간 아이와 부모는 영적인 교감을 갖게 됩니다. 이는 아기 학교에서만 경험할 수 있는 특별한 느낌입니다. 아기 학교에서 들었던 하나님의 말씀을 기억하며 자녀를 축복할 때 말씀이 축복이 되는 경험을 하게 되는 것입니다. 자녀를 축복하는 유익을 배운 부모는 가정에서도 아이를 축복합니다. 이로써 아이들을 향한 부모의 축복이 하나님의 말씀이 되어 믿음의 가문으로 이어지게 되는 것을 경험하게 됩니다. 자녀에게 들려진 부모의 기도는 아이에게 비전이 되고 사명이 됩니다. 또한 부모에게는 하나님 앞에서 자녀를 잘 양육하겠다는 다짐과 약속이 됩니다.

• 아기 귀가 지도. 부모의 축복과 교사의 축복을 받은 아이는 친구들과 선생님께 인사를 하고 집으로 향합니다. 선생님들은 아이들을 품에 안고 사랑을 표현하면서 배웅합니다. 아이들은 따뜻한 선생님 품을 통해 또다시 하나님의 사랑을 경험하며 가정으로 돌아가게 됩니다.

이렇게 아기 학교에서는 매 순간 순간마다 다양한 방법으로 하나님을 경험합니다. 이러한 경험은 하나님에 대한 이미지로 각인됩니다. 따라서 교육을 계획하고 진행할 때에 아이들이 무엇을 경험하게 될 것인가를 생각해야 합니다. 주제를 결정하게 되면 그 주제를 통해 어떻게 하나님을 경험하고 표현하게 될 것인가를 생각하면서 교육 활동을 구성하고 계획해야 할 것입니다. 또한 그 활동 가운데 교사와 지도자는 어떤 역할 감당해야 하는지, 그리고 어떻게 설명할 것인지를 생각하고 이끌어가야 합니다. 이러한 노력을 통해 하나님에 대한 다양한 느낌은 아이들의 정서 가운데 녹아지게 되며, 하나님이 주신 행복한 마음으로 가득하게 됩니다. 따라서 아기 학교는 아이들에게 엄마가 있어서 행복한 학교, 하나님이 계셔서 행복한 학교, 선생님과 친구들이 있어 행복한 학교가 됩니다.

	〈아기 학교에서 만나는 하나님〉
찬양	•찬양을 통해 만나는 하나님 : 한편의 설교보다 영향력 있는 찬양 -하나님을 알기, 하나님을 높이기 -하나님을 자랑하기 선포하기, 고백하기 -우리의 신앙을 표현하기 (하나님을 사랑해요. 난 믿어요~ 할래요)
신체 활동	•신체 활동을 통해 만나는 하나님 : 몸으로 익혀지는 하나님 말씀 -몸으로 하나님(말씀) 경험하기, 하나님(말씀)을 표현해보기 -하나님이 기뻐하시는 모습을 몸으로 표현하기 -하나님이 주신 건강함을 누리기 -하나님의 자녀 됨을 몸으로 익히기
예배 와 말씀	•예배와 말씀을 통해 만나는 하나님 : 과거의 말씀이 현재의 이야기로 -하나님을 알기, 깨닫기 느끼기 감탄하기. 기뻐하기. 결단하기. 축복하기 -하나님(말씀)을 경험하기, 상상하기 선포하기 -과거의 말씀이 아닌 현재의 자기의 이야기로 경험하기

미술 활동	•미술 활동을 통해 만나는 하나님 : 입체적으로 살아나는 하나님 말씀 -아름다운 하나님을 보고 느끼고 경험하기 -하나님이 주신 다양한 도구와 재료들을 탐색하고 경험해보기 (하나님 주신 창조물 경험하기) -하나님이 주신 지혜로 창의적인 표현해 보기 -하나님의 말씀을 그림으로, 조형 활동으로 표현하기 -하나님이 기뻐하시는 일을 경험하기, 실천하기
놀이	•놀이를 통해 만나는 하나님 : 나의 이야기로 이어지는 하나님 말씀 -하나님이 주신 자율성, 창의성, 사회성 기르기 -규칙, 질서를 경험하며 약속 지키기, 배려하기, 존중하기. 정리하기 -해야 하는 것, 하면 안 되는 것 등 하나님이 기뻐하시는 삶의 태도와 습관을 익히기 -상한 마음을 회복하고, 성취감, 만족감 얻기
체험 활동	•체험 활동을 통해 만나는 하나님 : 삶 속에서 만나는 하나님 말씀 -하나님이 주신 세상을 만나기. 마음으로 담기, 오감을 통해 경험하기 -하나님의 창조질서와 섭리들을 깨닫기, 찬양하기, 감사함으로 누리기 -감사하기, 인사하기, 순서 지키기. 약속 지키기 등 더불어 살아가는 지혜를 얻기 - 성취감 갖기, 아름다움 경험하기 하나님이 기뻐하시는 삶으로 살아가기
축복	•축복을 통해 만나는 하나님 : 믿음의 가문으로 이어지는 하나님 말씀 -평안 누리기 -비전 갖기 -하나님 마음 품기 -목사님(전도사님), 선생님, 부모님과 정서적 교감, 영적 교감 경험하기
교사	•교사의 역할 : 선생님을 만나면 하나님을 알 수 있어요! -친구처럼 놀아 주는 놀이 선생님 -다양한 활동을 진행하시는 활동 선생님 -우리반의 대장 선생님 -기도의 어머니, 기도 선생님 -하나님께로 인도하시는 전도 선생님 -선생님을 보면 안기고 싶은 사랑 선생님

충신 아기 학교 일일 진행안의 실례

	좋은 목자 예수님	년 월 일
교육 목표	1. 예수님은 좋은 목자, 우리는 어린 양임을 알게 된다. 2. 예수님 때문에 하나님 나라에 들어갈 수 있음을 알고, 예수님께 감사한다. 3. 예수님이 지켜주시고 보호하심을 믿고 든든해하며 기뻐한다. 4. 어머니 목표 : 어린이들이 할 수 있는 일들을 격려하며 성취감을 갖도록 돕는다.	
오늘의 말씀	나는 선한 목자라 내가 내 양을 알고 양도 나를 아는 것이 아버지께서 나를 아시고 내가 아버지를 아는 것 같으니 나는 양들을 위하여 목숨을 버리노라 (요 10:14~15)	

시간	진행순서	진행 내용	준비물
10:00 / 10:30	교사회의 및 준비	1. 말씀나누기 (요 10:14~15) 2. 소식지와 공지사항, 부모교육 안내 3. 교육활동 점검	학습지, 소식지, 양 그림, 하드보드지, 백업, 흰색 물감, 양면 테잎, 리본 테잎
10:30 / 10:50	자유 놀이	소꿉놀이/인형놀이/점토놀이/자동차 놀이	
10:50 / 11:15	찬양과 신체활동	손뼉치고, 사랑을 심었습니다. 싹트네, 쨍쨍, 토끼 한 마리, 왕자와 공주, 돈으로도 못가요 둘이 살짝 손잡고, 달팽이 집, 즐겁게 춤을 추다가, 주 나의 목자 맨손체조 & 스트레칭, 여우야 뭐하니, 바람 불어도 괜찮아요. 찬송을 부르세요	

시간	구분	내용
11:15 / 11:30	하나님께 예배해요	좋은 목자 예수님 기도 : 이영미 선생님 찬양 :사자반 1. 음메~~ 오늘도 양들은 풀을 뜯어먹고 있어요 2. 목자는 양의 소리를 알아요 3. 목자는 양을 푸른 들판과 시원한 물가로 인도해요 4. 사자가 나타났어요. 목자는 어떻게 할까요? 5. 목숨을 걸고 싸워서 양을 구해요 6. 기현이양, 태인이양, 대현이 어? 양양이가 보이질 않네요 7. 목자는 양양이를 찾아다녀요 가시덤불 속에 있는 양양이를 찾았어요 8. 예수님은 목자예요 우리는 양이지요 예수님은 우리를 지켜주세요 9. 목숨을 걸고 우리를 지켜주세요 십자가에서 아이 아이 하시면서 우리를 구원하셨어요 10. 좋은 목자이신 예수님 감사해요
11:30 / 12:00	간식& 반별모임	1. 간식 빵과 음료수를 나누어 주시고 적절한 시간에 먹도록 안내 2. 출석 확인 3. 학습지와 공지사항 알려주기 4. 양 액자만들기·도장찍기
12:00 / 12:10	축복과 마무리	1. 축복 "예수님의 든든한 품안에서 건강하게 자라거라" 2. 사랑의 아이

5) 아기 학교 평가 설문지

(기) 아기 학교 평가 설문지

· 어린이 나이 (생후) _____ 개월   · 성별 : 남 여
· 아기 학교 등록 횟수 _____회   · 종교 :

1. 발달영역별 변화에 관한 질문입니다. 해당 칸에 체크해 주세요

질문항목	매우 불만족	불만족	보통	만족	매우 만족
1-1. 율동과 노래를 많이 알게 되었다	1	2	3	4	5
1-2 활발해졌다	1	2	3	4	5
1-3. 손으로 하는 활동을 잘하게 되었다	1	2	3	4	5
1-4. 정리정돈을 잘하게 되었다	1	2	3	4	5
1-5. 정확한 언어구사를 하게 되었다	1	2	3	4	5
1-6. 자신의 의견을 말할 줄 알게 되었다.	1	2	3	4	5
1-7. 인사를 잘하게 되었다	1	2	3	4	5
1-8. 친구를 알게 되었다. 사귀게 되었다.	1	2	3	4	5
1-9. 순서를 기다리게 되었다	1	2	3	4	5
1-10. 기도를 하게 되었다	1	2	3	4	5
1-11. 양보하거나 나누어줄 수 있게 되었다	1	2	3	4	5
1-12 규칙적인 생활을 하게 되었다	1	2	3	4	5
1-13. 풀, 가위, 크레파스 등 도구 사용을 할 수 있게 되었다	1	2	3	4	5

1-14. 교회생활이 즐겁다	1	2	3	4	5
1-15. 체조와 율동을 따라하게 되었다	1	2	3	4	5
1-16. 공동체 생활에 적응하게 되었다	1	2	3	4	5
1-17. 하나님을 알게 되었다	1	2	3	4	5
1-18 찬양을 즐겨 부르게 되었다	1	2	3	4	5

2. 교육활동에 관한 질문입니다. 해당 칸에 V 체크해 주세요

질문항목	매우 불만족	불만족	보통	만족	매우 만족
2-1. 자유놀이 시간은 적합하다고 생각하십니까?	1	2	3	4	5
2-2. 놀잇감 종류는 만족하십니까?	1	2	3	4	5
2-3. 찬양과 전체놀이(유희시간)를 좋아했나요?	1	2	3	4	5
2-4. 성경 이야기를 아이가 좋아했나요?	1	2	3	4	5
2-5. 만들기 후속 활동이 어린이 수준에 적절했나요?	1	2	3	4	5
2-6. 아기 학교 활동에 소식지가 도움이 되었나요?	1	2	3	4	5
2-7. 학습지가 어린이 교육에 도움이 되었나요?	1	2	3	4	5
2-8. 간식은 마음에 드셨나요?	1	2	3	4	5

3. 참석하신 특별 프로그램에 체크해주세요

프로그램	참석	불참석	매우 불만족	불만족	보통	만족	매우 만족
어린이대공원			1	2	3	4	5
온가족 놀이마당			1	2	3	4	5
중산농원(수확 체험)			1	2	3	4	5
월드컵 공원(낙엽 줍기)			1	2	3	4	5
추수감사예배(반별 발표회)			1	2	3	4	5
뮤지컬 관람(피노키오)			1	2	3	4	5
어머니교실			1	2	3	4	5

참고문헌

- 김도일 외 7인, 교회교육 현장으로 나가다, 동연, 2016.
- 마이클 J 앤서니, 기독교 교육 개론, 정은심, 최창국 역, CLC, 2022.
- 송금례 외 7인, 지혜로운 조부모의 감성 육아법, 맥스, 2019.
- 이규민 김난예 김재우 김희영, 인간발달과 기독교교육, 동연, 2023.
- 조용선·임순덕, 아기 학교 이렇게 운영하라, 겨자씨, 2010.
- 최임선, 신앙의 발달 과정, 종로서적, 1992.
- 충신아기 학교, 와~ 아기 학교다. 1. 아기 학교 이해하기, 아기 학교 지원센터, 2017.
- 충신아기 학교, 와~ 아기 학교다. 2. 아기 학교 운영하기, 아기 학교 지원센터, 2017.
- 헨리에타 미어즈, 주일학교의 모든 것, 조계광 역, 생명의 말씀사, 2023.

2장 – 유아부

(2~3세)

　예수님은 우리에게 아이의 중요성을 일깨워주었습니다. 그분은 아이들을 늘 환영하였습니다. 양팔을 내미시면서 "아이들을 용납하고 내게 오는 것을 금하지 말라 천국이 이런 사람의 것이니라"(마19:14) 말씀하였습니다. 사실 예수님이 아이를 안으시고 사랑하셨다는 것은 그다지 놀라운 일이 아닙니다. 이 사건에서 가장 중요한 부분은 예수님의 말씀입니다. 아마도 보통 성인이라면 대부분 "아이가 내게 오는 것을 용납하고 금하지 말라. 언젠가 그들이 자라면 중요한 사람이 될 것이기 때문이다"라는 식으로 말했을 것입니다. 예수님은 아이에게서 그들의 미래뿐 아니라 다른 것도 발견하였습니다. 바로 아이의 현재 상태에 내재된 가치와 중요성입니다. 그분은 "천국이 이런 사람의 것이니라"는 말씀으로 군중 속에 있는 성인들에게 아이는 아이라는 상태 자체로 중요하다는 사실을 일깨워주었습니다. 성인은 항상 미래를 바라보는 경향이 있습니다. 미래를 준비하는 것만 강조하는 성인의 태도는 어린 시절의 고유한 가치를 크게 훼손할 때가 많습니다. 부모와 교사들은 현재 상태에서 빨리 벗어나 좀 더 중요한 미래를 향해 나아가라고 아이들을 채근합니다. 갓 태어난 아이를 안고 그 눈을 들여다보는 순간, 부모는 그 어느 때보다 깊이 자기 자신을 들여

다볼 수 있습니다. 인류에 관한 기록과 연구 조사를 모두 합치더라도 그 고유한 탐험을 시작하는 아이를 관찰할 때 얻어지는 통찰력에는 결단코 미치지 못할 것입니다. 무언가를 볼 때마다 신기하다는 듯 눈을 반짝거리고, 서슴없이 솔직한 질문을 던지고, 단순하고 간결한 말을 구사하는 아이의 모습을 볼 때마다 성인들의 눈에서 딱딱한 비늘이 벗겨져 나갑니다. 아이의 가치는 무엇인가? 그 가치는 상상을 초월합니다. 물론, 성장 과정을 멈추게 해야 한다는 뜻으로 이런 말을 하는 것은 아닙니다. 단지 어린 시절은 순식간에 지나가고, 곧 좀 더 복잡한 시절이 찾아올 것이기 때문에 그 시기를 급하게 보내서는 안 된다는 뜻입니다. 어린 시절이라는 독특한 발달 단계를 무시한다면, 섬세한 요소들로 구성되는 그 후 발달 단계까지 무시할 가능성이 높기 때문입니다. 인생의 어느 시기든 그 시기를 가장 잘 준비하는 방법은 앞선 시기를 온전히 잘 마무리하는 것입니다.

1. 유아기 발달의 특성

일반적으로 '유아'라 함은 넓은 의미로 출생에서 8세까지의 연령을 지칭하지만, 발달과 관련하여 이야기할 때에는 좀더 세부적으로 구분할 필요가 있습니다. 즉, 신생아기는 생후 7일 미만의 조기 신생아기와 7일에서 27일까지의 후기 신생아기로 구분됩니다. 또한 영아는 2세 미만의 유아를 일컬으며, 생후 8개월까지를 초기 영아기, 9개월에서 12개월까지를 후기 영아기라 하고, 유아기는 2세부터 6세까지의 시기를 일컫습니다(한국유아교육학회편). 각 연령별로 발달의 특성을 세분화하지 않고 크게 유아 전기(2~3세)와 후기(4~6세)로 나누어 신체적, 정신적, 사회적, 정서적, 영적 발달에 대해 설명하자면 다음과 같습니다.

1) 신체적 발달

일반적으로 발달 이란, 신체적인 구조나 기능에서부터 심리적 기능에 이르기까지 양적·질적·시간적으로 계속되는 진보적 형태의 변화를 말합니다. 그리고 신체발달이란 신체 기관이 양적으로 커지면서 그 구조가 정밀해지고 기능이 능률적으로 되어 가는 과정을 말합니다. 출생에서 유아기까지 신체적 성장은 놀라운 속도로 진행됩니다. 이러한 성장은 대부분 유전과 영양이라는 성숙 기반에 의해 결정되는데 예측 가능한 방향으로 이루어지며, 다음과 같은 방향으로 이루어집니다. 첫째, 상부에서 하부, 즉 두미 방향으로 발달합니다. 2개월 된 태아의 머리는 전체 몸길이의 절반, 신생아의 머리는 몸 크기의 1/4, 영아의 뇌는 성인의 뇌 무게의 70%를 차지하지만 신체의 다른 부분은 이에 비해 훨씬 미숙합니다. 그리고 신체의 하부보다 상부를 사용하는 것을 먼저 배웁니다. 둘째, 중심에서 말초 방향, 즉 신체의 중심 가까운 데서 먼 곳으로 발달합니다. 머리와 몸체가 팔다리보다 먼저 발달하며, 팔다리는 손가락, 발가락보다 먼저 발달합니다. 셋째, 전체 활동에서 시작하여 특수 활동으로 발전합니다. 유아가 어떤 사물을 잡으려고 할 때 처음에는 부자연스러운 운동을 수반하지만 점차적으로 보행에 필요한 근육과 팔다리만을 사용하게 됩니다.

- 이 시기의 신체적 발달의 특징을 요약하면 다음과 같습니다.
  - 계속적인 움직임을 보이고 활동성이 높다.

- 배고픔의 자각이 빠르다.
- 같은 연령이라도 개인차가 크다.
- 허약한 건강 상태와 목소리와 근육의 미발달 상태를 보인다.
- 다리와 몸집이 작다.
- 면역성이 약하며 예민한 신경 구조를 갖고 있다.

영·유아기의 신체적 특성은 항상 움직이고 뛰어놀며 조금도 가만히 있지 못하고 매우 활동적이라는 것입니다. 이들의 하루일과는 먹고 자고 노는 일입니다. 오감각을 통하여 만져 보고, 느끼고, 움직이며 반응할 수 있는 기회와 경험 그리고 공간을 필요로 합니다. 이때의 감각 운동 능력 발달은 후에 정신 운동 발달로 연결될 수 있는 기초가 됩니다. 그러므로 좋은 건강 상태를 위한 영양 공급과 휴식 그리고 개인에게 알맞는 프로그램이 제공되어야 합니다.

2) 정신적 발달

이 시기의 유아는 호기심이 왕성하고 매우 의욕적입니다. 외부 환경에 민감하게 반응하며 탐색 및 탐구하려는 강한 힘이 내재되어 있습니다. 이를 내재적 동기라고 합니다. 또한 생후 2년 전후를 중심으로 자유 의지인 자율감이 형성되기도 합니다. 글씨나 문자에 관심이 많아 읽고 쓰는 일에도 참여할 수 있게 됩니다. 3세가 되면 표상 능력이 증가하면서 사물의 형상이나 모형을 긁적거리거나 난화기를 거쳐 형체가 나타나기도 하며, 놀이 활동에서 가장 놀이를 할 수 있습니다. 또한 2세경 영아기가 끝날 무렵이면, 대상 개념 또는 대상 연속성이 생깁니다.

- 이 시기의 정신적 발달의 특징을 요약하면 다음과 같습니다.
- 반복적이거나 규칙적인 활동을 좋아한다.
- 상상력이 풍부하고 호기심이 많으며 질문이 많아지기 시작한다.
- 경험이 부족하며 제한된 지식과 어휘를 사용한다.
- 주의 집중력이 아주 짧다.
- 기억력의 신뢰성이 부족하다.
- 상징적인 것을 이해하기 힘들다.
- 시간 관념이 없다.
- 감각과 질문을 통해서 배운다.
- 듣는 것을 사실 그대로 믿는다.

이 시기의 유아들은 추상적이고 상징적인 것을 이해하지 못하므로 아주 구체적인 실물을 이용한 교육이 필요합니다. 이야기는 간단하면서도 반복적이며 리듬이 있는 것을 좋아하므로 간단하고 사실적인 것에 기초하여 이야기를 나누는 것이 중요합니다. 역사나 연대에 대한 개념은 어렵습니다. 추상적 개념이 생기기 시작하고 대상 개념이 형성되기는 하나 아직 사회적 현상, 논리, 수학적 현상이나 지식에 대해서는 혼돈 상태일 수 있습니다. 그러므로 이 시기에는 물리적 지식을 중심으로 교육 활동을 해 나가는 것이 중요합니다. 물리적 지식이란 사물의 활동 및 행동의 움직임과 사물의 변화 과정을 직접 관찰할 수 있는 상황에서의 지식을 의미합니다. 예를 들면 공이 굴러가는 움직임이나 흰 종이 위에 물감 놀이를 할 때 나타난 변화된 상태 등을 말합니다.

3) 사회적 발달

유아 시기의 사회적 관계의 발달은 최초의 애착 형성에서부터 시작됩니다. 초기 애착 형성의 질은 그 이후의 사회적 관계의 질을 결정하는데 큰 영향을 미칩니다. '애착'이라는 용어는 보울비(Bowlby)가 아기와 엄마와의 유대 관계를 설명하면서 사용하였는데 이는 사회적 관계의 연구에서 중요한 개념으로 사용되어 왔습니다. 애착이란 특정한 두 사람 간에 형성되는 애정적인 유대 관계로서 특정 인물에게 애착을 느낀 영아는 그 인물을 탐색하는 안전 기재로서 사용한다는 것입니다. 유아들은 부모나 중요한 사람과의 관계에서 각각의 다른 내적 표상 또는 내적 작동 모델을 만듭니다. 이 내적 작동 모델에는 유아가 부모에게 도움을 요청했을 때 부모가 어떻게 반응하는지와, 유아가 필요로 할 때 부모가 애정이나 관심을 보여줄 수가 있는지 등과 같은 정보들이 포함됩니다. 에릭슨(Erikson)은 심리 사회성 발달의 8단계를 설명하면서 생의 초기 첫 단계에서 형성하는 신뢰감은 이후의 모든 사람과의 관계에서 성공적인 적응과 밀접한 관련이 있다고 하였습니다. 보울비(Bowlby)의 내적 작동 모델과 에릭슨의 신뢰감 - 불신감 형성은 유아와 유아를 양육하는 부모, 특히 어머니와의 관계에서 이루어지는 것입니다.

- 이 시기 유아들의 사회적 발달의 특징을 요약하면 다음과 같습니다.
- 모방을 잘하며 개인적이고 의존적이다.

- 자기 중심적이어서 사회적 관계가 잘 이루어지지 않는다.
- 부정적 용어(싫어, 아니야 등)를 자주 사용한다.
- 주의를 끌고자 하면서 주의력이 약하다.
- 겁이 많고 혼자 놀기를 좋아하며, 우정 관계는 일시적이다.
- 상상적인 놀이를 즐기며, 상상적인 친구를 원한다.
- 활동적인 놀이에 쉽게 참여하고 또한 쉽게 지친다.

유아는 3세가 되면 사회적 이유기를 맞이합니다. 즉, 영아가 모유나 우유를 먹다가 젖을 떼고 이유식을 하듯이 유아도 3세가 되면 엄마나 가족의 품을 떠나 사회적 반경을 넓혀 친구를 찾아 또래와의 관계를 형성하게 된다는 것입니다. 3세가 지나도록 또래와 어울릴 수 있는 기회가 주어지지 않으면 사회적 문이 잘 열리지 않습니다. 즉, 사회성 발달이 늦어진다는 것입니다. 이 시기 유아가 좋은 사회적 관계를 형성하기 위해서는 바람직한 내적 작동 모델과 신뢰감이 형성될 수 있는 가족 분위기, 교회학교 분위기, 유아 교육기관의 분위기와 어른들의 역할이 아주 중요합니다.

4) 정서적 발달

감정과 정서의 의미는 다릅니다. 감정이란 쾌·불쾌 차원의 미분화된 상태를 가리키며, 정서란 분노, 공포, 환희와 같이 더욱더 분화된 상태를 가리킵니다. 정서적으로 자극되는 상황에 대처하기 위해서 유아기에 특정한 신체적 변화와 동기화된 정서로 분화되어 발달합니다. 일반적으로 불쾌한 정서(분노, 질투, 혐오, 공포 등)가 더욱 빨리 분화되며 쾌 정서(기쁨, 의기양양, 애정 등)는 대체로 2세가 끝날 무렵까지 발달하는데, 이 시기에는 성인에게서 볼 수 있는 거의 모든 정서가 나타납니다.

- 이 시기에 일반적으로 나타나는 정서의 특징은 다음과 같습니다.
  - 어떤 특정한 정서 상태의 지속 시간이 짧다.
  - 유아의 정서 상태는 폭발적이다. 조그마한 일에도 좋아서 깡충깡충 뛰고, 조금만 화가 나도 발버둥을 치고 공격적인 말과 행동으로 표현한다.
  - 유아의 정서는 일과적이다. 잘 놀다가도 금방 싸우고, 격렬하게 싸우다가도 금방 사이좋게 놀기도 하는 등 변덕스러울 만큼 기분이 잘 바뀐다.
  - 정서표현이 잦다. 희노애락의 표현이 매우 빠르고 자주 나타난다.
  - 사람에 대한 강한 열망과 배우고 싶은 열망을 갖고 있다. 경이로움으로 가득 차 있다.
  - 익숙하지 못한 것에 두려움이 많다.
  - 부정적인 정서나 나쁜 기질을 받아들일 위험이 있다.
  - 정서적으로 안정감을 갖기를 갈망한다.
  - 기쁨과 웃음을 동작으로 표현하기도 하고, 언어가 발달하면 말로 표현한다.

이 시기 유아가 안정적인 정서를 갖게 하기 위해서는 시끄럽고 부정적인 감정이 일어나는 것들을 제거해 주어야 합니다. 무섭고 두려운 공포 분위기나 이야기를 피해야 하며 "아니야", "안돼", "틀렸어"와 같은 용어를 자주 쓰지 않도록 합니다. 유아에게 정서적 안정이란 쉽게 말해서 몸과 마음이 기댈 곳이 있도록 하는 것입니다. 사랑과 인정과 수용 속에 놓여 있을 때 바람직한 정서 상태를 유지하며 성장해 갈 수 있습니다.

5) 영적 발달

2~3세 유아는 하나님에 대한 진리를 배울 준비가 되어 있습니다. 예를 들면 "하나님은 나를 사랑하신다. 하나님은 세상을 지으셨다. 하나님은 나를 보호하신다. 그리고 예수님, 성경에 대해 알기를 원하며, 자신의 사랑을 하나님께 표현하고 또 대화할 준비가 되어 있다"와 같은 진리에 대한 인식을 할 준비가 되어 있습니다. 만약 가정에서 부모와의 관계를 통해 사회적, 정서적 관계가 제대로 이루어지지 않는다면 영적인 발달로 이어지기가 어렵습니다. 즉, 부모를 통해 내적 작동 모델이나 신뢰감을 올바로 형성하지 못하였거나, 부정적, 불신적, 불안정적 애착이 자리잡고, 쾌 정서보다는 불쾌 정서 쪽의 경험이 많았다면 "하나님은 사랑의 아버지"혹은 "사랑의 예수님"이라고 생각하기가 어렵다는 것입니다. 이 시기 유아들은 하나님에 대해 노래 부르기를 좋아하며 교회에 기꺼이 나와서 하나님의 집과 하나님의 사람들 그리고 하나님의 책에 대해 좋은 느낌을 가지며 신앙생활의 기초를 형성해 나갑니다.

- 이 시기의 영적인 특성을 요약하면 다음과 같습니다.
  - 하나님을 향한 갈구함이 있다. 하나님께서 인간의 마음에 하나님을 사모하는 마음을 주셨는데, 이는 유아에게서도 나타난다.

- 영적 진리를 이해할 수 있는 능력이 있다. 부모를 통하여 하나님의 사랑을 아는 영적 진리를 이해해 간다.
- 자신의 신앙을 키워 간다. 모방과 암시를 통해 하나님을 향한 믿음을 키워 나간다.
- 영적인 분위기에 아주 민감하며 하나님에 대한 경외감을 가질 수 있다.
- 자연스러운 신뢰를 영적으로 깨달아가며 예배할 수 있다.
- 유아들은 그들의 종교를 갖고 있다.

이 시기 유아의 영적 발달을 위해서는 유아들이 이해할 수 있는 영적 지식 안에서 설명해야 합니다. 항상 격려하고 권장하며 아름다운 본보기를 보여줌으로써 유아의 신앙 발달로 연결되도록 해야 합니다. 하나님을 향한 이들의 능력을 과소평가하지 말며 조용하고 안정된 기독교적 분위기로 그들의 반응과 필요에 민감하게 대처할 수 있어야 합니다.

- 유아의 특성과 그 특성이 교사에게 의미하는 것을 요약하면 다음과 같습니다.

	유아의 특성	교사의 준비
신체적인 면	·급격히 성장하고 있다.	·적합한 시설을 마련해 준다.
	·동맥들은 아직도 발달되어 가고 있다.	·커다란 크레용과 그림 자료들을 사용한다.

신체적인 면	·많은 힘을 지니고 있다.	·이곳저곳에서 움직일 수 있도록 허락한다.
	·쉽게 지치며 전염병에 대하여 저항력이 약하다.	·조용하게 행동을 바꾸도록 한다.
	·눈과 귀는 사물에 관심이 높다.	·전등은 밝고 좋은 것을 달아 주고 말은 정확하게 한다.
정서적인 면	·용어는 아직도 제한되어 있다.	·아이가 아는 단어를 사용한다.
	·주의를 집중하는 것도 한정되어 있다.	·다양한 활동을 마련해 준다.
	·무의미한 구절을 외울 수 있다.	·외우는 것을 강조하지 말고 아이가 암기하는 것을 이해하는지 확인한다.

	유아의 특성	교사의 준비
정신적인 면	·시간과 공간에 대하여 한정된 관념을 갖는다.	·놀이를 하는 과정에서 아이가 조각들 이란 말을 하는 것을 피하고 오래 전 그리고 멀리 떨어진 같은 말을 사용한다. 그림을 그릴 때 조화롭게 그리기를 기대하지 않는다.
	·적극적인 상상을 한다.	·사실 이야기와 꾸며낸 이야기와의 차이점을 이해하도록 도와준다.
	·호기심이 많다.	·아이의 질문에 대해 정직하게 대답해 준다.
	·문자 그대로 알아 듣는다.	·정확한 의미를 지닌 말들을 사용한다.
	·아이는 다른 사람이 하는 것을 보는 그대로 한다.	·모범적인 생활을 한다.
	·제안받은 대로 행동한다.	·올바른 행동을 하도록 제안한다.
	·감각을 통하여 배운다.	·아이가 보고, 만지고, 듣고, 맛보고, 냄새를 맡을 수 있는 물건들을 마련해 준다.

정서적인 면	·정서는 열렬하다.	·조용한 분위기를 마련해 준다.
	·두려움은 현저하게 나타나는 감정이다.	·자신의 감정을 자제한다. 두려움을 주는 벌이나 무서운 이야기를 피한다.
	·우는 것에 대해 다소 자제력을 갖는다.	·어떤 물건을 달라고 할 때, 울지 말고 말로 요구하도록 권장한다.
	·화가 날 때는 화를 터뜨릴 수도 있다.	·아이가 하던 일을 정리해 주거나 갑자기 중단하지 않는다.
	·질투를 하게도 된다.	·기호를 나타내 보이는 것을 삼가게 한다.
	·동경적이다.	·자기보다 못한 사람과 나눠 갖는 걸 가르친다.
사회적인 면	·자기중심적이다.	·서로 나누어 갖는 것을 권장한다.
	·우정 면에서 성장하고 있다.	·아이에게 진실한 친구가 되어 주며 예수님이 아이의 가장 좋은 친구라는 것을 보여준다.
	·다른 아이와 더 잘 어울려서 놀 수있다.	·여러 아이들이 놀 수 있는 기회를 마련해 준다.

	유아의 특성	교사의 준비
사회 면	·참으로 모든 것에 순응을 하는 자이다.	·아이 앞에 하나의 훌륭한 모범을 정하여 준다.
	·아이는 칭찬받기를 원한다.	·옳은 행동에 대하여 칭찬해 준다.
영적인 면	·자기 혼자 나름대로 하나님에 대하여 생각한다.	·개인적으로 하나님과 관계를 갖게 한다.

영적인 면	·사람과 하나님에게 단순한 신뢰를 갖는다.	·신뢰할 만하다고 인정받는 사람이 된다.
	·옳고 그름의 차이점을 분별하기 시작한다.	·하나님은 때때로 '아니다'라고 말씀 하신다는 것을 가르치고, 잘못 행하는 것은 하나님을 기쁘게 해드리지 못한다는 것을 배우도록 한다.
	·죽음에 대하여 묻는다.	·간단하게 대답한다.
	·실제 예배에 참석하는 경험을 할 수 있다.	·여러 아이들이 예배할 수 있는 시간을 마련해주고, 자발적인 예배가 될 수 있도록 세심한 주의를 한다.

2. 유아부 사역

여느 교사들과 마찬가지로 교회학교 교사들도 자신이 돌보고 가르치는 아이들의 삶에 중요한 영향을 끼치고 싶어합니다. 그들은 단순히 아이를 보살피거나 괜스레 시간만 허비하기보다는 뭔가 의미있는 일을 하고 있다는 확신을 갖고 싶어합니다. 한마디로, 사람들은 자신의 시간을 잘 사용하길 원합니다. 그러나 교회는 우선순위를 잘못 결정하거나 올바른 문제의식을 느끼지 못하는 탓에 효과적인 어린이 사역의 기회를 놓치는 경우가 적지 않습니다. 아이들을 도와 평생 지속된 신앙의 기초를 닦아줄 의미 있는 프로그램을 실시하기 보다는 최소한의 교육을 제공하는 것으로 만족하는 경향이 강합니다. 유아부 사역 프로그램에 진지하게 관심을 기울인다면, 아이들의 믿음을 성장시켜 의미 있는 결과와 많은 유익을 얻을 수 있습니다. 유아부 아이들을 위한 우수한 교육은 아이가 하나님이 누구신지, 그분의 말씀이 일상생활에 어떻게 영향을 끼치는지를 점점 깊이 이해하는가를 주의 깊게 관찰하는 데서 시작됩니다.

(1) 사랑 많은 교사 선택

삶을 변화시키는 사역이 되려면, 아이를 사랑하고 아이의 눈으로 볼 줄 아는 교사가 필요합니다. 유아부 교사는 그리스도를 사모하는 뜨거운 열정을 지녀야 합니다. 교사가 돌보는 토양과 씨앗의 생명은 교사를 통해 뿜어 나오는 따사로운 햇살, 곧 그리스도의 임재를 드러내는 광채가 필요합니다. 유아기 아이는 모방 본능이 강하기 때문에 교사가 친절해야만 아이도 그런 성품을 본받을 수 있고, 종종 실천이 필요한 교육도 교사가 바라는 대로 이루어질 수 있습니다. 모방은 아이들이 유아 시절부터 줄곧 사용하는 방법입니다. 유아는 다른 사람들을 지켜보면서 그대로 따라 하는 성향이 있습니다. 따라서 교사의 역할은 무엇을 가르치는 일에만 국한되지 않습니다. 교사는 아이들과 함께 활동에 참여해야 합니다. 교사가 크레용이나 연필을 함께 나눠 쓰면, 아이도 함께 나눠 쓰는 법을 배울 것입니다. 다시 말해 아이가 머리를 숙이게 하려면, 교사가 먼저 머리를 숙여야 합니다. 아이가 무릎을 꿇길 원한다면, 교사가 함께 무릎을 꿇어야 합니다.

(2) 아이가 배우는 방식 이해

일반적으로 학습은 다음 네 가지 단계를 통해 이루어집니다. 1단계, 새로운 정보를 얻습니다. 2단계, 새로운 정보의 의미를 이해합니다. 3단계, 그 의미에 관한 신념과 태도를 발전시킵니다. 4단계, 정보를 실천에 옮깁니다. 그러나 유아의 경우에는 학습 과정이 대부분 반대로 이루어집니다.

1단계, 사실인 것을 경험합니다. 2단계, 그 경험을 사실로 받아들입니다. 3단계, 사실을 이해할 때까지 충분히 경험을 반복합니다. 4단계, 사실을 설명하는 말을 듣고 나면, 거기에 새로운 의미를 더하고 더 깊이 이해합니다. 이 과정이 반복되면서 아이의 지식과 이해력은 크게 성장하기 시작합니다. 이 학습 과정은 기독교 교육은 물론, 삶의 모든 분야에서 이루어지는 교육에 똑같이 적용됩니다. 따라서 효과적인 유아부 사역을 시도한다면 교사들은 아이들이 일상의 경험을 통해 성경의 진리를 배우도록 도울 수 있습니다. 그런 사역은 유아의 영적 성장에 큰 영향을 끼칩니다.

- 2~3세 유아가 배워야 할 내용

주제	내용
하나님	·하나님은 나를 사랑하신다. ·하나님은 나를 보살피신다. ·하나님은 나의 가족을 사랑하시고 돌보신다. ·하나님은 해와 비를 주신다. ·하나님은 사람에게 선을 베푸신다. ·하나님은 나의 전부가 되신다. ·하나님은 나와 대화하길 원하신다. ·하나님은 세상을 지으셨다. ·하나님은 나를 지으셨다. ·나는 노래와 기도로 하나님께 찬양할 수 있다. ·나는 나의 잘못된 행실에 대해서 하나님께 말할 수 있다. ·나는 하나님께 순종하고 그를 기쁘시게 해야 한다.

예 수 님	·예수님은 나를 사랑하신다. ·예수님은 한때 세상에 사셨으나 지금은 하늘에 계신다. ·예수님은 하나님의 아들이시다. ·예수님은 친구이시다. ·예수님은 성경에 있는 선한 것을 말씀하셨다. ·예수님은 한때 나와 같은 어린이셨다.
성 경	·성경은 하나님에 관해서 말씀하고 있다. ·성경은 훌륭한 책이다. ·성경은 특별한 책이다. ·나는 성경을 사랑해야 한다.
가정과 부모	·하나님께서 부모를 주셨다. ·나는 부모님께 순종해야 한다.
교회와 주일 학교	·교회는 하나님에 대해서 배우는 장소이다. ·교회는 친구를 만날 수 있는 장소이다. ·교회는 하나님의 집이다. ·나는 즐겁게 교회에 출석해야 한다. ·나는 하나님의 집을 위해 헌금할 수 있다.
다른 사람들	·하나님은 나를 돌보기 위해 어른을 주셨다. ·다른 사람은 좋은 친구가 될 수 있다. ·다른 사람들은 때로 불친절한 경우도 있다. ·예수님은 내가 다른 사람에게 친절하며 서로 나누며 살아가길 원하신다
천사와 최후에 대해서	·예수님이 탄생하실 때 천사가 사람들에게 찾아와서 소식을 전해 주었다. ·천사는 하나님을 사랑하고 예수님을 찬양한다.

(3) 활동적인 놀이 활용

유아는 모든 감각을 이용할 때 가장 잘 배웁니다. 감각을 이용한 학습 방식은 활동적인 놀이를 할 때, 가장 잘 이루어질 수 있습니다. 놀이는 학습 효과를 강화합니다. 아이들에게는 기독교의 가치를 반영하는 행동을 연습할 기회가 필요합니다. 놀이를 통한 반복은 습관과 태도, 지식과 이해를 촉진합니다. 유아는 행동을 통해 배웁니다. 아이에게 행동이란 곧 놀이를 가리킵니다. 유아부 교육의 특징은 교사들과 아이들이 함께 참여하는 활동적인 놀이에 있습니다. 놀이는 아이들에게 사물과 사람의 관계는 물론, 하나님과 그분의 사랑을 가르치는 가장 좋은 수단입니다. 유아에게 신앙을 가르칠 때는 말이나 정보를 전달하는 것만으로는 충분하지 않습니다. 아이가 하나님의 말씀을 듣거나 암기하는 것으로 만족해서는 곤란합니다. 말씀을 실천하게 하는 것이 필요합니다. 아이들은 신앙의 개념이나 신념을 설명하는 말을 잘 이해하지 못합니다. 유아에게 학습의 핵심은 직접적인 경험입니다. 학습 효과를 높이려면 다섯 가지 감각을 될 수 있는 대로 많이 자극해야 합니다. 비디오를 보여주거나 모두 함께 둘러앉아 노래를 부르거나 색칠 공부를 하는 방법보다는 블록으로 무엇을 만들거나 자연의 물체를 탐구하거나 연극에 참여시키면 상당히 큰 효과를 거둘 수 있습니다. 이러한 활동은 모든 감각을 사용하게 만들기 때문입니다.

아이는 물건을 가지고 놀아야 합니다. 놀이라고 하면 언뜻 교육적이지도, 신앙적이지도 않은 것처럼 생각합니다. 그러나 아이들은 항상 놀이를 합니다. 아이는 활동을 통해 가장 잘 배울 수 있습니다. 학습이 효과적이려면 보고, 만지고, 맛보고, 냄새 맡고, 듣는 등 아이의 모든 감각을 사용해야 합니다. 따라서 유아에게 성경을 가르치는 가장 좋은 방법은 설명과 질문을 통해 교사가 가르친 성경 이야기와 성경 구절을 활동적인 놀이와 연결하는 것입니다. 교사가 하나님의 말씀을 행동으로 옮기는 방법을 설명해 주는 순간, 아이의 놀이는 성경 학습의 성격을 띠게 됩니다. 말과 행동을 조합하여 자주 반복하면, 아이의 사고가 확대되고 명료해집니다. 이러한 활동적이고 경험적인 학습 방법은 쉽고 빠르게 이루어지지 않습니다. 이 방법은 시간이 걸립니다. 그러나 의미 있는 활동을 통한 학습 방법을 지향하는 유아부 프로그램은 아이들에게 매우 유익할 것입니다.

(4) 말과 행동을 연결하는 교육

유아기 아이의 단어 지식과 경험은 매우 제한적이기 때문에 개념을 이해하거나 조합하는 능력이 크게 부족합니다. 그러나 말과 행동을 연결시키면 상당히 효과적일 수 있습니다. 교사와 아이가 블록으로 집짓기 놀이를 할 때, 교사는 "내가 살 집이 있어서 참 기뻐. 사랑 많으신 하나님이 내게 집을 주셨어"라는 생각을 떠올릴 수 있지만, 아이는 "이렇게 생긴 집이 좋아"라는 생각 말고는 다른 생각을 하기 어렵습니다. 교사는 아이가 그런 활동을 하나님과 연관시킬 수 있도록 도와주어야 합니다. 일단 그런 식의 상관관계가 구축되면, 다음에 집짓기 놀이를 할 때에는 하나님을 떠올릴 것입니다. 말로 설명하지 않으면, 활동은 단순히 다른 여러 놀이 가운데 하나에 그치고 맙니다.

(5) 음악 활용

아이가 노래할 때 유심히 귀를 기울이라. 유아는 본능적으로 리듬에 익숙한 것처럼 보입니다. 아이들은 같은 노래를 몇 번이고 반복해서 부르기를 좋아하고, 스스로 노래를 만들어 부르는 것도 좋아합니다. 반복은 아이들을 교육하는 데 반드시 필요하면서도 자연스러운 방법입니다. 학습 경험에 만족하며 행복해하는 아이는 반복을 좋아합니다. 아이들은 여러 번 반복한 노래와 이야기를 좋아합니다. 2세 아이는 짧은 노래를 몇 곡 배울 수 있습니다. 3세 아이는 더 많은 노래를 더 빨리 배울 수 있지만, 매주 같은 노래를 부르길 좋아합니다. 음악을 사용하는 목적은 노래를 완벽하게 부르게 하기 위해서가 아니라 즐거운 감정을 자유롭게 표현하도록 하기 위해서입니다.

3. 유아부 교실

유아부 아이들에게 적절한 환경이 갖춰진 장소를 제공하는 것은 매우 중요합니다. 성인들은 교회 공간이 부족하다는 이유를 내세울지 모르지만, 아이들은 그런 생각을 이해하지 못합니다. 아이들은 무엇이 불편한지 세세히 알지는 못하지만, 전체 분위기가 쾌적하지 못하다는 것쯤은 직감으로 알아차립니다. 그런 상황은 전반적으로 영적인 문제에 대한 그들의 태도에 영향을 끼칩니다. 비록 이상적인 공간을 마련할 수는 없더라도 최선을 다해 아이들에게 가장 적합한 공간을 확보해야 합니다. 유아부 교실로는 공기와 햇빛이 잘 드는 쾌적하고 널찍한 공간이 제격입니다. 장소가 조금 적당하지 않아 보이더라도, 일단 교실을 마련하는 것이 중요합니다. 칙칙한 교실을 밝고 매혹적인 곳으로 바꾸려면 많은 노력이 필요합니다. 간단하게 페인트 작업만 해도 놀라운 효과를 거둘 수 있습니다. 어떤 색깔이 가장 좋은지 정해진 것은 없지만 편안한 느낌을 주는 밝은 녹색과 햇빛의 느낌을 주는 부드러운 노란색을 선호하는 사람이 많습니다. 한 시간 동안 바닥에 앉아 본 적이 있는가? 그렇다면 아이의 눈으로 세상을 보았을 것입니다. 예를 들면, 의자도 탁자도 눈의 위치보다 높아서 그

위에 무엇이 놓여 있는지 보이지 않았을 것입니다. 바닥에 한 시간만 앉아 주위를 둘러보면, 아이들에게 맞춘 교실이 필요하다는 사실을 깨달을 것입니다. 아이들이 교실에서 어떤 경험을 하느냐에 따라 하나님의 집을 바라보는 관점이 달라집니다. 우리는 아이들이 하나님의 집을 즐거운 곳으로 생각하기를 원합니다.

4. 아기 학교 (2)

1) 아기 학교는 꼭 필요하다.

아기 학교를 시작하면서 먼저 생각해야 할 것은 아기 학교를 왜 하느냐? 하는 질문일 것입니다. 이러한 질문에 대한 대답을 성경적, 신학적, 선교적 그리고 발달 이론적인 측면에서 살펴보자.

(1) 성경적 이유

구약 성경은 자녀가 하나님의 값진 선물이므로 말씀으로 양육해야 한다고 강조합니다. 하나님은 아브라함에게, 난지 팔 일된 아들에게 할례를 행하라고 말씀하셨습니다. 아기 때부터 하나님의 백성으로 살아가라는 교육적 의미가 담겨 있는 것입니다. 신명기 6장 4절은 어린 자녀들을 말씀으로 가르쳐야 한다고 말합니다. 부모 자신이 먼저 말씀 위에 굳게 서서, 자녀들에게 말씀을 부지런히 가르치라는 것입니다. 손목에 매든지, 미간에 붙이든지, 문설주와 바깥문에 기록하든지 늘 말씀을 가까이해야 한다는 것입니다. "마땅히 행할 것을 아이에게 가르치라. 그리하면 늙어도 그것을 떠나지 아니하리라"(잠22:6)는 말씀에 나오는 '아이'는 '젖먹이 아기'를 의미합니다. 신명기와 잠언의 말씀은 젖먹이 아기였을 때부터 말씀 안에서 양육하는 것이 얼마나 중요한지를 가르쳐 줍니다. 신약 성경에서 예수님은 어린아이들을 초청하셨을 뿐만 아니라 품에 안고 안수하시며 축복하셨습니다(막10:13~16). 어린아이에 대한 예수님의 관심은 구약 성경의 가르침과 일맥상통합니다. 신약 성경은 디모데가 위대한 지도자가 될 수 있었던 이유를 외조모 로이스와 어머니 유니게의 가르침 때문이었다고 말합니다. 유아기부터 말씀으로 양육하는 것이 얼마나 중요한지를 보여주는 실례입니다. 아기 학교는 아기들을 말씀으로 양육할 뿐 아니라, 부모에게 말씀으로 양육해야 할 동기를 제공합니다.

(2) 신학적 이유

칼빈(Calvin)은 "부모는 어린 아기들에게까지 하나님의 자비하신 약속이 미치고 있다는 사실을 인정하며, 자녀를 교회에 보내는 일을 의무로 생각해야 한다"고 강조했습니다. 자녀의 신앙 교육에 대한 절대적인 책임이 부모에게 있다는 것입니다. 부모의 신앙적 양육 책임을 강조한 신학자 중에 부시넬(Bushnell)이 있습니다. 그는 "기독교 가정에서 자라는 아이들은 크리스천으로 성장해야지, 다른 존재(불신자)로 자라서는 안 된다"라고 말했습니다. 부시넬은 칼빈의 언약 공동체로서의 가정 이해에 기초하여 기독교적 양육은 가능한 한 일찍부터 시작되어야 한다고 주장했습니다. 그러기 위해서는 가정의 분위기가 철저히 기독교적인가를 확인해야 합니다. 유아기는 신앙 형성에 절대적인 영향을 끼치는 시기입니다. 언제 어디서 누구와 어떤 경험을 하느냐에 따라 신앙과 삶이 달라집니다.

그래서 이 시기 아기들의 신앙을 '경험적 신앙'이라고 합니다. 아기 학교 교사들과 만나고 아기 학교 예배를 드리는 동안 아기들의 경험적 신앙은 든든한 바탕을 형성합니다.

(3) 선교적 이유

교회는 어떤 특권층이 비밀스럽게 모이는 곳이 아니라 모두에게 개방된 곳입니다. 경제, 정치, 문화적인 모든 영역에서 선한 영향력을 끼침으로 하나님 나라를 확장해야 하는 사명을 가진 곳입니다. 교회는 세상과 분리되어 산으로 가서는 안 됩니다. 그러나 믿지 않는 어른을 전도하기는 쉽지 않습니다. 노방전도나 방문 전도로 전도하기도 마찬가지입니다. 불신자들이 교회로 자진하여 오기에는, 세상과 교회 사이의 문턱이 너무 높습니다. 교회의 문턱을 낮추는 데 아기 학교만큼 좋은 게 없습니다. 아기 학교를 열면 믿지 않는 부모들이 자녀의 손을 잡고 아기 학교에 나옵니다. 자녀에게 교육적 자극을 받게 하기 위해서는 아무리 낯설어도 교회 문턱을 넘는 것입니다.

찬양, 기도, 설교, 축도 같은 예배요소들이 있음에도 불구하고, 그것이 자녀에게 해가 되는 것이 아니기에 감안하고 받아들입니다. 그러다 보면 점차 그것에 익숙해지고, 1년쯤 되면 스스로 교회에 등록하기도 합니다. 자녀를 교육하기 위해 시작했지만, 결국 신앙 양육의 중요성을 알게 되기 때문입니다. 우리나라는 자녀 교육열이 매우 높은 나라입니다. 우리나라 엄마들은 자녀를 위해서는 무엇이든 합니다. 자녀를 위해서라면 그동안 관심도 없던 교회에도 다니겠다고 합니다. 이들에게 필요한 것은 전도지 한 장이 아니라 아기 학교입니다.

(4) 발달 이론적 이유

① 신체 발달

 아기들은 생후 2년 동안 매우 빠르게 성장합니다. 4~6개월경이 되면 태어날 때 몸무게의 두 배가 되며 생후 일 년쯤에는 거의 세 배가 됩니다. 발달은 두미 방향(머리에서 아래로)으로, 그리고 중심 말단 방향(중심에서 바깥으로)으로 진행됩니다. 이에 따라 아기들은 운동 능력에 있어 극적인 발달을 보입니다. 갓 태어난 아기들은 제힘으로 목을 가누기도 힘들지만, 생후 2년 동안 움직임을 조정하고 운동 기술을 완성하는 데 눈에 띄는 진전을 보입니다. 운동 발달에 관하여는 여러 이론이 있습니다. '성숙 관점 이론'은 유전적으로 프로그램된 순서대로 운동 발달이 전개된다는 것입니다. 이에 반하여 데니스(Dennis)는 연습 부족이 운동 발달을 억제한다는 '경험 가설 이론'을 말합니다. 실제로 시설에 수용되어 2년간 침대에 누워 지낸 고아들의 운동 발달이 현저하게 늦다는 연구 결과가 있습니다. 3~4세가 되어서도 15%만이 혼자 걸을 수 있었던 것입니다. 영아들은 탐색하고 싶어 하는 물건이나 목표가 있으면 더 빨리 운동 기술을 익힌다고 합니다. 흥미로운 사물과 사건이 있으면 손을 뻗거나 일어나 앉고 기고 걷고 달리고 싶어 한다는 것입니다. 그러므로 발전의 목적과 동기를 제공하는 것은 참으로 중요한 일입니다. 아기 학교는 많은 경험과 자극을 통해 균형 있는 발달을 유도합니다. 기기와 걷기 같은 운동 기술의 발달은 인지적, 사회적 측면에도 영향을 줍니다.

② 인지 발달

지식을 습득하고 문제 해결 과정에서 이 지식을 사용하는 모든 정신적 활동을 인지(cognition)라고 합니다. 주의, 지각, 학습, 사고, 기억과 같은 인간의 정신세계를 특징짓는 사건과 활동을 포함하는 말이 '인지'입니다. 인지 과정은 인간으로 하여금 주변 환경을 이해하여 적응할 수 있게 도와줍니다. 뇌는 생의 초기에 놀라운 속도로 성장합니다. 태아기의 마지막 3개월부터 생후 2년은 뇌 성장이 급등하는 시기라고 합니다. 피아제(Piaget)는 출생에서 2세까지를 감각 운동기(sensorimotor)라고 이름 지었습니다. 감각 능력과 운동 능력을 통합하여 주변 환경에 따라 행동하고 주변 환경을 알아가는 시기입니다. 이 시기의 영아는 모방을 통해 배웁니다. 처음에는 단순한 반복 행동을 하다가 12개월이 되면 시행착오적인 탐색을 합니다. 나름대로 무언가를 하려고 시도하기도 하고 문제를 해결 할 수 있는 방법에 대해 일종의 통찰을 보이기도 합니다. 엄마가 보여주는 행동을 단순히 모방하는 것은 물론, 엄마가 의도하지 않은 행동도 자발적으로 모방하게 됩니다. 더 나아가 엄마의 행동을 기억했다가 시간이 지난 뒤에 모방한 행동을 보이기도 합니다. 생후 12개월이 되면 영아는 시각적으로 대상의 움직임을 추적할 수 있고, 마지막으로 본 곳에서 대상을 찾습니다. 18개월이 되면 사라진 대상을 찾을 때, 보이지 않는 이동도 머릿속으로 추론할 수 있게 됩니다. 피아제는 감각 운동기 다음 단계인 2~4세까지를 '전개념적 시기'(preconceptualperiod)라고 이름 지었습니다. 사고, 개념, 인지 과정이 성인에 비해 초보적이라고 생각하여 붙인 이름입니다. 이 시기의 특징은 '상징적 기능'(symbolic function)입니다. 상징적 기능이란 특정 단어 또는 대상을 다른 무언가로 표상할 수 있는 능력입니다. 그래서 이 시기의 아기들은 상징적(가상)

놀이를 시작합니다. 자신이 엄마나 다른 사람인 것처럼 행동하기도 하고, 상자나 막대기를 특정한 물체로 상상하며 놀기도 합니다. 이러한 상징적 놀이는 사회성 발달과 정서 발달을 촉진시킵니다. 아기 학교의 놀이들은 감각 운동기와 전개념적 시기의 인지 발달에 큰 도움을 줍니다.

③ 정서 발달

2~7개월 사이에 나타나는 1차(기본) 정서는 분노, 슬픔, 기쁨, 놀람과 공포입니다. 이후 2세가 되면 영아들은 당혹감, 수치심, 죄책감, 부러움, 자부심 같은 2차 정서를 표출하기 시작합니다. 이런 감정들을 '자기의식적 정서'라고 합니다. 세 살 된 아기는 어려운 과제에 성공했을 때는 자부심을 보이는 반면, 실패했을 때는 수치심을 보입니다. 점점 정서가 발달하는 것입니다. 정서발달은 사회성 발달과 밀접한 관계가 있습니다. 정서 표현이 의사소통과 직접적으로 연관되어 있기 때문입니다. 영·유아기는 정서적으로 세분화 되는 복잡한 시기입니다. 이 시기의 아동은 부정적인 감정이 일어나게 하는 요소를 피하고 사랑과 안정, 수용을 느끼게 해 줘야 합니다. 아기 학교의 놀이, 엄마의 축복기도 등은 아기의 정서를 안정감있게 해줍니다. 이 시기 아기들에게 중요한 것으로 애착 관계가 있습니다. 애착은 특정한 사람에게 느끼는 강력한 정서적 결속을 말합니다. 7~9개월 사이의 영아는 특정한 한 개인(엄마)에게 애착되어, 그와 분리되었을 때 저항합니다. 그러나 18개월이 되면 다섯 사람 이상에게 애착된다고 합니다. 양육자가 긍정적인 태도를 갖고 아기의 욕구에 대해 민감하며 풍부한 자극과 정서적 지지를 보이면, 영아는 정서적으로 편안함과 즐거움을 얻고 안전하게 애착될 가능성이 높습니다. 아기 학교는 교

사들과 애착 관계를 형성함으로써, 더 많은 사람들과의 관계로 나아가는 기초를 만들어 줍니다.

④ **사회성 발달**

인간은 태어나자마자 사람과의 관계 속에 들어가게 됩니다. 자기 의지와 상관없이 어른의 관심과 사랑에 의존합니다. 에릭슨(Erikson)에 의하면 3세 미만의 유아는 자신의 행동이나 태도가 다른 사람으로부터 인정받거나 칭찬을 듣게 되면 자율성이 발달하지만, 반대로 인정받지 못하거나 야단을 맞게 되면 수치심이 발달한다고 합니다. 만 3~6세가 되면 뭔가 목표를 세우기도 하고, 경쟁적이 되기도 합니다. 놀이 활동을 주도적으로 하기도 합니다. 이때 격려와 인정을 받으면 자율성이 발달하지만, 실패를 경험하면 죄책감을 형성하게 된다고 합니다. 이 시기에 엄마와 아빠 혹은 양육을 맡은 사람들이 신뢰할 만한 존재로 느껴지면 유아는 건강한 발달 단계로 나아갑니다. 사회에 대한 시각이 긍정적이 되고 적극적으로 사회 속에 융화됩니다. 하지만 신뢰 관계를 상실하면 여러 가지 문제가 나타납니다. 사회를 부정적으로 인식하며 스스로 사회와 벽을 쌓습니다. 좋은 음식이나 좋은 옷을 입힌다고 하여 잘 양육하고 있는 것이 아닙니다. 편안하게 기댈 수 있는 것, 보호받고 있다는 느낌을 주는 것이 중요합니다. 유아는 사랑을 받고 살아갑니다. 이러한 사랑에 대한 응답으로 형성되는 것이 신뢰입니다. 아기 학교는 교사와 아기 간에 신뢰 관계를 형성할 뿐 아니라 부모 교육을 통해 엄마들이 신뢰할 수 있는 양육자가 되도록 돕습니다.

⑤ 신앙 발달

유아기의 중요한 특징 가운데 판타지가 있습니다. 현실과 상상을 잘 구분하지 못하여, 주변의 사건을 판타지처럼 받아들인다는 뜻입니다. 이 시기 아기들은 하나님에 대한 여러 가지 표상과 이야기를 통해 하나님을 일종의 판타지로 받아들입니다. 분명하게 드러나는 종교적 표상이나 하나님의 이미지가 있는 것이 아니고, 여러 가지 경험과 느낌만 갖고 있는 것입니다. 위니콧(Winnicott)은 신앙 발달을 '중간 영역'으로 설명합니다. 현실과 판타지 사이, 실제적인 것과 판타지의 세계가 서로 섞이는 영역이 바로 중간 영역인데, 이 중간 영역이 훗날 신에 대한 표상, 종교적 관계의 근원이 된다는 것입니다. 영아가 이 중간 영역을 어떻게 활용하느냐에 따라 영아의 자아 형성은 크게 달라진다고 합니다. 파울러(Fowler)는 태어날 때부터 만 4세까지를 '원초적 신앙'(primal faith), '미분화된 신앙'(undifferentiated faith)이라고 명명합니다. 아직 신앙의 단계라고 부르기에는 이르지만 신뢰나 불신, 희망이나 좌절, 용기나 비겁함 같은 신앙의 기초가 되는 덕목들이 형성되는 시기라는 것입니다. 최초의 신뢰감 형성은 부모와의 관계에서 이루어집니다. 영아는 자기 부모 혹은 보호자를 전능한 힘의 원천으로 생각합니다. 자기에게 구체적으로 공급되는 모든 것의 원천이 바로 보호자이기 때문입니다. 유아기에 잠재된 부모와의 신뢰 관계는 무조건적인 신뢰로 발전합니다. 그리고 훗날 하나님에 대한 신뢰와 이 세상에 대한 신뢰의 토대가 됩니다. 물론 영아가 '의식적으로 이 세상에 무조건 신뢰할 수 있는 대상이 있을까?'라고 질문하지는 않습니다. 하지만 경험 속에 잠재된 신뢰가 신앙을 만들어냅니다. 하나님과 신앙에 관한 영역으로 나아가기 때문에, 유아기 때의 신뢰 관계는 중요합니다. 엄마와 함께하는 아기 학교는 부모와 아기 간의 신뢰감 형성을 돕습니다. 아기들은 엄마와 함께 놀이를 하며 따뜻함과 아늑함, 보호받고 있음을 느끼게 됩니다. 건강한 신앙의 바탕을 형성하게 되는 것입니다.

만 4세까지의 영·유아들을 위한 교육은 여타 다른 연령층을 위한 교육만큼이나 중요합니다. 그러나 지금까지는 교회가 이들에 대한 교육을 소홀히 해 온 것이 사실입니다. 전문성이 결여 되었던 것도 사실입니다. 아기 학교에 대한 관심과 교육이야말로 100년을 내다보고 하는 것이며, 결국 한국교회의 미래를 밝게 하는 것입니다.

2) 아기 학교 준비 이렇게 하라.

• 아기 학교를 시작하기 전 다음 사항들을 고려해 보자.

질문	체크
1. 추구하고자 하는 교육 목표는 무엇인가?	
2. 프로그램은 몇 주로 계획할 것인가?	
3. 연령 구분은 어떻게 할 것인가?	
4. 예산은 어떻게, 얼마큼 세울 것인가?	
5. 교회가 차량을 지원해 줄수 있는가?	
6. 장소는 확보되었으며 크기는 어떠한가?	
7. 모집은 정원제로 할 것인가?	
8. 모집 기간은 언제 할 것인가? 수시로 할 것인가?	
9. 교육은 몇 시간으로 할 것인가?	

10. 교사 모집은 어떻게 할 것인가?	
11. 아기 모집은 어떻게 할 것인가?	
12. 구입할 기본적 교구재와 교구재를 보관할 장소는 확보되었는가?	
13. 주방이 구비되었는가?	
14. 주방 봉사자는 있는가?	
15. 환경 구성은 어떻게 할 것인가?	
16. 냉·난방 시설은 잘 되어 있는가?	

• 위의 사항을 고려하면서 다음 몇 개의 단계를 거쳐 윤곽을 잡아야 합니다.

① 아기 학교를 탐방하라.

아기 학교 준비 위원들을 구성하고, 아기 학교를 잘 운영하고 있는 교회에 직접 가서 보는 것이 중요합니다. 어떻게 운영되는지 직접 보고 궁금한 것을 물어보고, 가능성과 필요한 것을 알아보는 것입니다.

② 자료를 수집하라.

탐방한 교회에서 수집한 자료와 유아교육 관련 자료를 수집하고 함께 나눕니다.

③ 교육 대상을 선정하라.

교육 대상은 교회별로 다르기 때문에 각 교회가 처한 상황에 맞게 결정합니다.

④ 교사를 선정하고 교육하라.

준비 위원들을 중심으로 교사를 구성하고 학생 수에 맞게 교사를 충원합니다. 언어, 노래, 미술, 신체, 구연동화 등을 지도할 수 있는 교사를 세웁니다. 전문성 있는 교사가 부족하면, 진행되는 동안 계속 교육을 하거나 외부 위탁 교육을 통해 전문화할 수 있습니다.

⑤ 시설, 환경, 재정을 파악하라.

의자가 없는 교육공간을 확보해야 합니다. 환경 꾸미기나 교육 교재 구입은 계속해 나가면 됩니다. 재정은 회비와 교회의 지원으로 이루어져야 합니다.

⑥ 교육 내용을 결정하라.

유아의 신체적, 지적, 정서적, 사회적 특징을 고려하여 교육 내용을 선정하고, 결국은 신앙 교육으로 나아가도록 방향을 잡습니다.

⑦ 교사를 확보하라.

(ㄱ) 교사 모집

아기 학교 교사는 교역자, 부장, 담임 교사, 행정 교사, 반주자, 간식 담당 교사 등으로 구성합니다. 교사는 자원봉사를 원칙으로 합니다. 요즘에는 맞벌이 부부가 많아서 아기 학교 같은 주중 프로그램의 교사를 모집하는 것이 쉽지 않습니다. 또 아기 학교 교사는 재능이 있어야 한다고 생각하기 때문에 교사 지원을 망설이기도 합니다. 그러나 아기 학교의 중요성과 보람을 충분히 숙지시키면 훌륭한 교사들을 확보할 수 있습니다. 주보에 광고를 실어 교회적으로 모집하거나 구역 예배를 통하여 홍보할 수도 있습니다.

㉡ 교사 교육

지원한 교사들에게 다음과 같은 교육을 실시합니다.

- 4주간 보조교사로 수업을 참관하게 합니다.
- 만들기나 아기 대하는 법, 출석 체크 등에 관한 모든 활동에 대하여 직접 일대일 교육을 시키고, 시범 수업을 통하여 습득시킵니다.
- 연2회 타 교회 방문, 방송 매체, 영·유아 교육 시설 탐방 및 세미나 참가를 통하여 교사의 견문을 넓힙니다.
- 은사가 있는 교사는 교육 위원회의 지원을 받거나 자체 교육비를 지원하여 은사를 계발하게 합니다. 가진 은사를 풍부하게 활용할 수 있도록 적극적으로 지원합니다.
- 간식 및 사랑 도우미를 구하는 것도 중요합니다. 아기들의 간식을 직접 만들어야 하기 때문입니다.
- 교사의 계속 교육은 겨울 방학 기간에 실시합니다. 교육부 교역자들을 강사로 하여 교사의 사명과 그리스도의 사랑을 실천하는 삶 등의 주제로 실시하여 사명감을 새롭게 합니다. 여름방학 기간에 단기 여행 등으로 관계를 다지는 것도 중요합니다.

㉢ 교사의 자세

아기 학교 담당 교역자는 교사들과 한마음으로 아기 학교를 이끌어 가야 합니다. 아기 학교교육에 관한 것뿐만 아니라 가정은 어떻게 세워 나가야 하고 자녀는 어떻게 교육해 나가며 남편과의 관계는 어떻게 형성하는지 등에 관해서까지도 나눌 수 있어야 합니다. 서로의 형편과 사정과 기도 제목을 나누며, 너와 내가 아닌 우리를 만들어 가는 공감대를 가지고 사역해야 합니다. 아기 학교를 섬기는 교사들 간의 유대 관계도 중요합니다. 교사가 먼저 동역하는 교사들과의 관계 속에서 기쁨을 느껴야 합니다. 교사들이 서로를 기뻐한다면, 이런 교사들 때문에 아기 학교 엄마와 아기들이 행복을 느끼게 됩니다. 엄마들은 교사를 통하여 기쁨과 사랑을 느끼고, 더욱 즐거운 마음으로 아기 학교에 참여하게 됩니다. 교사가 엄마의 마음으로 아기들을 잘 대하는 것이 곧 하나님 나라의 섬김인 것입니다. 세상 사람은 이익을 나누지만, 아기 학교 교사는 예수 그리스도의 무조건적 사랑을 나눕니다. 타의에 의해서가 아니라 마음에서 우러나오는 주님의 가르침을 실천합니다. 아기 학교 교사가 된다는 것은 섬김을 받고자 하느냐? 그러면 먼저 섬겨라 하신 주님의 가르침을 실천하는 것이기도 합니다. 아기 학교는 늘 새로운 것을 만들어 가고 도전해 나가는 학습의 장입니다. 그러므로 프로그램을 준비하는 교사가 먼저 재미를 느껴야 합니다. 또 아기의 눈높이에 맞는 교육을 해 나가야 합니다.

㈃ 교사의 역할 분담

교사	역할
교육지도	·영,유아,유치부 교역자 중에서 감당하며, 수업 설계와 전체 진행을 맡는다.

부장 (팀장)	·교사들을 격려하고 교사들로 하여금 행복한 헌신이 이루어지도록 돕는다. ·교회에서의 행정적인 책임을 감당한다. ·영적으로는 기도의 어머니 역할을 감당한다.
총무	·교역자의 진행을 적극적으로 돕는다. ·수업에 필요한 전반적인 준비를 감당한다. (교육 행정관련 업무 및 사진 정리 교육재료 구입과 정리 등)
담임교사	·소그룹 반을 운영 관리한다. 유아와 부모들을 직접적으로 대면하여 다양한 교육 활동을 진행하고, 반 운영 외에도 모든 교육 활동에 적극적으로 협력한다.
간식담당	·양질의 간식을 준비하여 공급한다.
도우미	·수업 중에 일어나는 모든 활동에 도구지원, 재료지원 등으로 협력한다. 수업진행이 원활이 이루어지도록 준비와 정리까지도 협력한다.

교역자 : 교육과정 기획, 교사 교육, 신앙상담

부장 : 교육행정 지원 및 교사 관리, 차량 지원관리, 간식

총무 : 교구제작 및 교육자료 관리, 행사기획, 졸업 앨범 제작

담임 : 반관리, 아기들 신앙 지도

회계 : 예산 집행

서기 : 출석 및 교적 관리, 행정 자료 정리, 원서 접수

반주자 : 예배 반주

찬양팀 : 예배 찬양 인도, 야외예배 찬양

놀이영역팀 : 수량 놀이, 신체 놀이, 인지 학습, 가베 영역, 블록 놀이, 동화나라

미디어팀 : 마이크 설치, 노트북 관리, 단체 활동, CD 작업, 앨범 사진, 음악

환경 구성팀 : 개강. 수료예배, 여름 성경 학교 때 예배실 미화

간식팀 : 여전도회 회원 중에서 간식만 담당

3) 전체 운영 매뉴얼 작성하기

교회의 사정에 따라 아기 학교 전체에 대한 밑그림을 그려야 합니다. 교육 과정은 얼마 동안으로 할 것인지, 교육 시간은 어떻게 할 것인지, 교육 대상과 교육비는 어떻게 할 것인지에 대한 구체적인 사항을 결정해야 합니다.

(1) 교육 과정 구성하기

주기	봄 학기(12주)	가을 학기(12주)
1년차	•사랑의 예수님 1. 축하해주신 예수님 2. 칭찬하신 예수님 3. 위로해주시는 예수님 4. 우리 친구 예수님 5. 사랑을 가르쳐 주신 예수님 •하나님의 사람(다윗) 1. 하나님께서 사랑한 어린이 2 찬양하는 어린이 3. 용감한 어린이 4. 서로 사랑하는 어린이 •특별행사 1. 입학식 2 공연관람 3. 수료식	•하나님이 만드신 세상(창조편) 1. 빛을 만드셨어요 2. 하늘을 만드셨어요 3. 바다를 만드셨어요 4. 땅을 만드셨어요 5. 하나님이 자라게 하셔요 6. 낮에는 일하고 밤에는 쉬라고 하세요 7. 참 아름다워요 •특별행사 1. 입학식 2. 야외학습(동물원) 3. 수확체험 4. 부모교육 5. 수료식 사랑해요 축복해요

2년차	•하나님이 주신 몸(신체편) 1. 반짝반짝 예쁜 눈 2 벌름벌름 신기한 코 3. 랄라랄라입과 쫑긋쫑긋 귀 4. 싱글벙글 내 얼굴 5. 오물락 조물락 멋진 손 6. 하나 둘 하나 둘 씩씩한 발 7. 건강한 내몸 •특별행사 1. 입학식 2. 야외학습 3. 가족행사 4. 부모교육 5. 수료식 : 이만큼 자랐어요	•사랑의 예수님 2 1. 놀라우신 예수님 2. 거친 파도를 잔잔케 하신 예수님 3. 감사하는 한 사람 4. 예수님께서부르셨어요 •인도 해주신 하나님(출애굽편) 1. 구름기둥 불기둥 2. 바다를 건넜어요 3. 먹을 것도 주셨어요 4. 와르르 꽝 •특별행사 1. 입학식 2 추수감사 : 반별발표회 3. 야외학습 4. 수료식
3년차	•예수님 만세(고난과 부활) 1. 찬양을 받으신 예수님 2. 기도하신 예수님 3. 아야 아야 예수님 4. 예수님이 다시 사셨어요 5. 사랑의 예수님 •하나님의 사람(아브라함) 1. 네, 하나님 2. 싸우지 않아요 3. 기쁘게 맞이해요 4. 행복한 우리집 •특별행사 1. 입학식 2. 야외학습 3. 가족행사 4. 수료식	•1년차 가을학기 내용 동일 •2년 반 주기로 돌아가면서 진행한다.

성큼성큼반(25~48개월) 2016년 봄학기 일정표

회	수/토	60기 아기 학교 (예수님, 아브라함)		
		학습 내용 및 교육 활동		신체/특별활동
1	3/16(수) 3/19(토)	입학식 우리반 우리 선생님	우리반 메달만들기	파라슈트, 교사특송
2	3/23(수) 3/26(토)	좋은 목자 예수님	양 액자만들기	여러가지 걷기놀이
3	3/30(수) 4/2(토)	사랑의 예수님		칼라로프, 축복천놀이
4	4/6(수) 4/16(토)	야외학습① 딸기밭 체험		
5	4/20(수) 4/23(토)	네 하나님	네 입인형만들기	보자기, 볼풀공 놀이
6	4/30(토)	온가족 체험마당		
7	5/4(수) 5/7(토)	싸우지 않아요	우리는 친구만들기	신문지 비닐봉투 놀이
8	5/11(수) 5/14(토)	기쁘게 맞이해요	과일꼬치 만들기	탱탱볼 놀이
9	5/18(수) 5/21(토)	야외학습② 인형극 관람		
10	5/25(수) 5/28(토)	행복한 우리집	나눔잔치	백업, 풍선놀이
11	6/4(토)	수료예배		

성큼성큼반(25~48개월) 2016년 가을 학기 일정표

61기 아기 학교 (예수님, 다윗)			
회	수/토	학습 내용 및 교육 활동		신체/특별활동
1	9/21(수) 9/24(토)	입학식 우리반 우리 선생님	우리반 막대봉 만들기	무지개길 행진 (기계 비눗방울)
2	9/28(수) 10/1(토)	포도나무 예수님	포도열매 붙이기	여러가지 걷기놀이
3	10/12(수) 10/8(토)	중산농원 (고구마, 당근 캐기)		
4	10/5(수) 10/15(토)	거친 파도를 잔잔케하신 예수님	예수님호 만들기①	바다비닐, 큰공, 탱탱볼, 볼풀공
5	10/22(토)	온가족놀이마당		
6	10/26(수) 10/29(토)	다윗① 하나님께서 사랑한 어린이	왕관, 꽃목걸이 만들기	신체놀이 (꽃가루, 카펫, 반별축복선)
7	11/2(수) 11/5(토)	다윗② 찬양하는 어린이	탬버린 만들기	목욕의자, 페트병
8	11/9(수) 11/12(토)	인형극 관람		
9	11/16(수) 11/19(토)	다윗③ 용감한 어린이	글러브 만들기	신문지놀이
10	11/23(수) 11/26(토)	다윗④ 서로 사랑하는 어린이	나눔잔치(스타북) 사랑 반짝 램프 목걸이	백업풍선
11	12/3(토)	수료예배		

재롱둥이반(25~48개월) 2016년 봄학기 일정표

회	날짜/요일	학습내용 및 교육활동		준비물 및 특별활동
1	3/17(목)	입학식 우리반 우리 선생님	반메달만들기	꽃가루, 망사천
2	3/22(화)	우리 친구예수님	예수님 액자만들기	티슈놀이, 색비닐
3	3/24(목)	야외학습① 어린농부 딸기밭		딸기따기 체험 딸기쨈
4	3/29(화)	호산나 예수님 만세	종려가지 한지 옷	호산나행진 준비
5	3/31(목)	부활하신 예수님	부활절 카드	동물농장의 부활절 불빛공, 리본막대
6	4/5(화)	야외학습② 승림식물원		비누만들기, 젤리화분만들기
7	4/7(목)	기도하시는 예수님	기도 전화기	탱탱볼
8	4/12(화)	구름기둥 불기둥 (출애굽1)	구름기둥, 불기둥만들기	
9	4/14(목)	어머니 교실		
10	4/19(화)	바다를 건넜어요 (출애굽2)	풍선악기	목욕의자, 뽕망치 바닷길 행진
11	4/21(목)	먹을 것도 주셨어요 (출애굽3)	만나바구니	과자 따먹기 손뼉치기놀이
12	4/26(화)	와르르 꽝(출애굽4)	나팔만들기	악기놀이 (마라카스) 여리고 행진
13	4/30(토)	온가족 체험마당		가족행사
14	5/3(화)	어린이를 축복하신 예수님	목걸이 만들기	큰 풍선놀이
15	5/10(화)	엄마아빠 사랑해요	넥타이 만들기	칼라로프 놀이
16	5/12(목)	하늘어린이 잔치 (반별 발표회)		동영상 촬영

17	5/17(화)	사랑을 가르쳐주신 예수님	마이크 만들기	색 스카프 (망사)
18	5/19(목)	인형극		
19	5/24(화)	사랑의 예수님	이야기책 만들기	보자기 놀이
20	5/26(목)	나눠주면 많아져요 (사르밧)	쿠키만들기	파라슈트 볼풀공
21	5/31(화)	나눔잔치		풍선, 백업라켓
22	6/4(토)	수료예배		

재롱둥이반(25~48개월) 2016년 가을학기 일정표

회	날짜/요일	학습내용 및 교육활동		준비물 및 특별활동
1	9/17(화)	입학식 우리반 우리 선생님	우리반 봉만들기	행진길 꽃가루
2	9/22(목)	빛을 만드셨어요	와우북 1 : 무지개 깃발만들기	
3	9/26(화)	하늘을 만드셨어요	와우북 2 : 새부리, 나비 찬양하기	티슈놀이, 비닐봉투, 행진보자기
4	9/29(목)	가을하늘이 참 예뻐요	한강 둔치, 프로펠러 활동	반별 수업준비
5	10/04(화)	바다를 만드셨어요	와우북 3 : 어항 만들기	바다놀이, 풍선
6	10/06(목)	땅을 만드셨어요	와우북 4 : 동물 손인형 만들기	다양한 땅 걷기놀이
7	10/11(화)	야외학습① 어린이대공원		동물 찾기 표, 스티커
8	10/13(목)	하나님이 자라게 하셔요	와우북 5 : 꽃병(꽃꽂이)만들기	백업놀이

9	10/18 (화)	낮에는 일하고 밤에는 쉬라고 하셔요	와우북 6 : 낮 밤 부채만들기	파라슈트, 동대문/여우야~
10	10/22 (토)	온가족 놀이마당		가족행사
11	10/25 (화)	참아름다워요	와우북 7 : 아름다운 세상 거울만들기	색스카프놀이
12	10/27 (목)	야외학습② 중산농원		고구마, 당근 캐기
13	11/1 (화)	울긋불긋 ① 월드컵공원		나뭇잎 줍기
14	11/3 (목)	울긋불긋 예쁜나뭇잎 ②	우리 반 나무~ 감사손바닥 꾸미기	신문지 색테이프
15	11/8 (화)	무지개빛 감사를 드려요 (노아)	무지개 감사치마 만들기	컬러로프 놀이
16	11/10 (목)	하나님 감사해요: 추수감사예배 (반별 발표회)		와우북 배부
17	11/15 (화)	좋은 목자 예수님	양꾸미기	여러가지 도구
18	11/17 (목)	인형극		
19	11/22 (화)	사랑으로 오신 예수님	사랑목걸이만들기	솜털공, 보자기놀이
20	11/24 (목)	어머니교실		
21	11/29 (화)	나눔잔치		클래퍼 놀이
22	12/3 (토)	수료예배		

(2) 월별 계획안

월별 계획안		
2월 주제: 창조 개강 예배 봄동산 꾸미기 왕관 만들기 낙하산 놀이		7월 주제: 여름 성경 학교 리본 놀이, 밀가루 퍼포먼스 수료 예배 8월 방학
3월 주제: 나눔 색종이 목걸이 만들기 부모교육 및 음악 놀이(강사 초빙) 딸기 동화 독후 활동 신문지 놀이 밀가루 반죽놀이		9월 주제: 찬양 개강 예배 팝콘 만들기 탬버린 만들기 작은북 만들기
4월 주제: 사랑 사랑의 하트 달걀바구니 달력 만들기 모닝빵 요리	• 영역별 놀이 학습 신체 놀이 / 인지 학습 / 동화 / 수량 놀이 / 블록 놀이	10월 주제: 소중한 것 점묘화 그리기 야외 학습 단풍잎 왕관 만들기 시장놀이
5월 주제: 행복 식빵으로 얼굴 만들기 색깔대로 집 만들기 야외 학습 모양 놀이		11월 주제: 감사 과일 만들기 주먹밥 만들기 감사 케이크 만들기 백업 놀이
6월 주제: 믿음 구름 기둥, 불기둥 가면 만들기 낚시 놀이 물고기 둘 보리떡 다섯 개	• 특별 학습 음악 놀이 / 부모 교육 / 야외 학습 / 여름 성경학교	12월 주제: 기다림 성탄트리 만들기 수료예배

(3) 일일 진행안

일일 진행안 및 세부 사항

시간	교육 내용	특별 프로그램
9:30~10:30	교사 기도회 및 예배 준비	연 2회 야외 학습 여름성경학교 (특별활동) 부모교육 절기행사 동극
10:30~11:00	영역별 자유 놀이	
11:00~11:20	춤추며 찬양	
11:20~11:30	하나님 나라 말씀	
11:30~11:35	숫자랑 글자랑	
11:35~11:55	반별 모임	
11:55~12:10	간식 및 엄마의 축복 기도	

아기 학교의 교육 내용은 영역별 자유 놀이, 춤추며 찬양, 하나님 나라 말씀과 예배, 숫자랑글자랑, 테마 활동, 반별 모임 그리고 축복기도로 이루어집니다. 항목별로 세부적으로 살펴보면 다음과 같습니다.

① 교사 기도회

시작 전에 교사들이 먼저 말씀과 기도로 준비합니다.

② 영역별 자유 놀이

수량 놀이, 신체 놀이, 가베 영역, 블록 놀이, 동화나라 등을 선택하여 참여합니다. 자유 영역을 구성할 때 중점적으로 염두에 두어야 하는 것은 엄마와 아기가 함께 정서적인 유대감을 가지면서 인지 능력을 향상시킬 수 있게 해야 한다는 것입니다. 그러기 위해서는 먼저 엄마 교육이 중요합니다. 엄마가 아기랑 어떻게 놀아야 하는가를 기본적으로 숙지하여 놀아 주어야 하기 때문입니다. 엄마의 태도에 따라 아기는 나도 할 수 있다는 기쁨을 만끽하며 놀이에 더욱더 적극적으로 참여하게 됩니다. 자유 영역 시간이 끝난 다음에는 아기와 엄마들이 함께 교구를 스스로 치울 수 있게 해야 합니다. 피아노를 치거나 음악을 틀어 주고, 5분 동안 아기들이 교구함에 교구를 넣게 합니다. 한 학기가 끝나면 영역별 자료를 점검하여 다음 학기에는 어떤 자료를 첨가할 것인지 의논합니다. 교구를 깨끗하게 세제로 씻어 잘 말린 다음 보관합니다.

③ 춤추며 찬양

아기들이 맘껏 신체를 이용하여 찬양하는 즐거운 시간입니다. 찬양에 은사가 있는 리더와 율동을 도와주는 교사가 있으면 좋습니다. 리더는 아기들의 눈을 한 사람씩 바라보며 활동성 있게 인도해야 합니다. 동요 개사와 찬양, 손유희를 혼합하여 할 수 있습니다. 아기들이 앞에 나와서 율동 할 수 있는 시간을 주기도 하며, 음악을 틀어 주고 체조 시간을 갖기도 하면 좋습니다. 곡에 따라서 인형을 활용하여 찬양하면 아기들이 흥미로워합니다. 찬양 시간은 20분 정도가 적당하며, 6곡 정도면 가능합니다.

④ 하나님 나라 말씀

말씀을 재미있게 듣는 시간입니다. 예배는 작은 가슴속에 있는 신앙적인 잠재력을 깨우는 시간입니다. 그러므로 예배 시간은 하나님과 교사와 아기가 하나가 되어서 즐겁고 행복한 시간이 되어야 합니다. 예배는 아기들이 집중할 수 있도록 단순화시켜서 지루하지 않게 인도해야 합니다. 엄마와 아기들이 성령의 충만함 가운데 예배드릴 수 있도록 기도하며 예배를 준비하라. 아기 학교의 예배는 믿지 않는 엄마와 아기도 참여하기 때문에 예배의 본을 보일 수 있도록 인도하는 것이 중요합니다. 예배 가운데 가장 중요한 부분은 말씀 선포입니다. 믿는 엄마와 믿지 않는 엄마가 함께 참여하기 때문에, 복음에 대한 확신을 가지고 전달해야 합니다. 아기 학교가 바로 선교지이고 전도의 장이라는 것을 명심하여 말씀을 전하라.

- 말씀을 전할 때는 몇 가지 유의할 점이 있습니다.
  - 아기 수준에 맞는 언어를 선택해야 한다.
  - 지루하지 않도록 의성어와 의태어를 적절히 섞어 사용해야 한다.
  - 그림 자료를 이용하며 설교하면 더 좋다. 그림 자료는 뒤에서도 볼 수 있도록 크게 만들어야 한다.
  - 설교자는 실제 주인공의 우는 모습, 웃는 모습, 달리는 모습 등을 잘 재연하여 이야기를 끌어 나가야 한다. 이때는 움직임을 크게 하는 게 좋다.
  - 다양한 옷을 입고 역할극처럼 하거나 인형을 사용하는 것도 좋다.
  - 설교 시간은 5분에서 10분 정도가 적당하다. 너무 길게 하면 아기들이 집중하지 못한다.
  - 아기들이 실천할 수 있도록 적용점을 제시해 주는 설교가 필요하다.
  - 또한 결론 부분에는 엄마들이 공감하고 실천할 수 있도록 어른들 언어로 마무리해 주는 것이 좋다.

⑤ 숫자랑 글자랑

숫자와 글자를 자연스럽게 습득하게 하는 시간입니다. 교사가 앞에서 부직포에 그림을 붙여 가면서 1, 2, 3과 가, 나, 다 등 단순한 숫자와 글자를 알려 줍니다. 점점 단계를 높여 가며 아기들이 익힐 수 있게 합니다. 또한 배운 글자는 글자 카드를 나눠주어 집에서 엄마와 함께 할 수 있게 만들어줍니다. 시간은 5분 정도가 적당합니다. 아기들이 흥미를 가지고 집중할 수 있도록 반복하고, 노래를 통해 익히게 합니다.

⑥ 테마 활동

낙하산 놀이, 신문지 놀이, 찰흙 놀이, 백업(가래떡, 스펀지) 놀이, 리본 놀이, 밀가루 놀이 등 다양한 활동으로 학습해 나갑니다. 놀이는 그 자체가 목적입니다. 아기들은 놀이를 통해 새로운 세상을 배우고 사람들 간의 규칙을 배우고 타협하는 법을 알게 됩니다. 감정표현, 충동 조절, 경쟁과 협동의 적절한 수위 조절을 배웁니다. 이 세상을 사는 데 필요한 것을 자연스럽게 익히고 연습할 수 있는 시간이 바로 놀이입니다. 테마 활동 시간을 이용하여 봄, 가을에 2회 정도 부모 교육을 실시합니다. 부모 교육은 아기를 키우는 엄마들에게 꼭 필요한 것입니다. 특히 첫아기를 키우는 엄마는 어떻게 아기를 키워야 할지 난감해합니다. 부모 교육 시간에는 부모가 어떤 태도로 아기를 양육해야 하는지에 대한 교육을 합니다. 시간은 40분 정도가 적당합니다. 교육 시간 중에는 아기들을 분리하여 다른 방에서 색칠 공부와 간식을 먹게 하고 엄마들만 모아 교육합니다. 강사는 외부 전문가도 좋고 교회 성도 중 전공자를 세워도 됩니다.

⑦ 반별 모임

반별로 모여서 만들기 같은 후속 활동을 하고, 간식을 먹습니다.

㉠ 출석 부르기, 반별로 이동한 뒤 아기들과 만남이 이루어지는 첫 단계입니다. 담임 교사는 아기들의 눈을 바라보면서 상냥한 목소리와 웃는 모습으로 아기들의 이름을 불러주어야 합니다. 준비한 출석 판을 들고 아기가 들어올 때 명찰 판에서 떼어 온 명찰을 붙이게 합니다. 자기 이름을 부르면 아기가 대답하면서 나와 붙이게 합니다. 처음에는 쑥스러워서 나오지 못하는 아기들이 있지만, 얼마 지나면 자신 있게 나와서 붙이곤 합니다. 출석 부르는 시간은 교사와 아기들이 최대한 유대감을 가질 수 있는 시간이어야 합니다. 아기가 교사를 좋아할 수 있도록 마음에서 우러나오는 태도로 출석을 부르는 것이 좋습니다. 아기들은 교사가 자기를 좋아하는지 좋아하지 않는지 너무 잘 압니다. 거짓 없는 사랑의 마음이 중요합니다.

㉡ 이야기 나누기, 이야기 나누기 시간에는 설교를 다시 한 번 간단히 말해 주고 대답할 수 있게 해주어야 합니다. 아기들이 말씀을 들은 다음 그에 따른 활동을 연계해 주는 접촉점이 되는 시간입니다.

㉢ 재미있는 활동, 그날의 주제에 따라 다양한 활동을 합니다. 아기들의 흥미와 주제와의 연관성을 고려하여 다양하게 구성합니다.

⑧ 엄마의 축복기도

엄마가 아기를 안고 맘껏 축복기도 하는 경건한 시간입니다. 먼저 너는 시냇가에 심은 나무라를 부르면서 서로를 위해 축복하고 아기를 안고 축복하며 기도합니다. 믿지 않는 엄마들도 아기를 위해 기도하는 것은 좋아합니다. 기도한 후 교육 목사의 축도로 모든 순서를 마칩니다.

(4) 아기 학교 예배

아기 학교 예배는 기독교인과 비기독교인이 함께 드리는 예배입니다. 너무 형식에 매이지 않아야 하지만, 기도를 통하여 도우시는 하나님을 고백하는 것과 말씀을 통해 복음을 알게 하는 것이 중요합니다. 말씀은 주제에 따라 전하는데, 실천할 수 있는 적용이 들어 있는 것이 좋습니다.

```
예배송 ---------- 사랑하며 살래요 ---------- 다같이
손유희 ------------ 막대 하나 ----------- 다같이
기  도 ------------------------------ 진행자
체  조 -------- 통통통 뛰면 좋아요 -------- 진행자
찬  양 ------------------------------ 진행자
기도송 ----------슬플 때 언제나--------- 다같이
말  씀 ------------------------------ 교역자
주기도문------------------------------ 다같이
```

(ㄱ) 기도 전 손유희

맨 마지막에 두 손을 모아 기도를 준비하게 하는 손유희를 합니다.

(ㄴ) 체조 전 손유희

(키 작은 엄지가 오른손 엄지를 내민다) 침대 위에 누워 (왼손 바닥 위에 오른손 엄지를 눕다) 베개도 베고 (왼손 엄지로 베개를 만들어 준다) 이불도 덮고 (왼손 네 손가락으로 오른손 엄지를 덮는다) 코~ 잠이 들었어요. (두 손을 잡은 모양 그대로 뺨 아래 두고 잠자는 모양을 한다) 반짝반짝 아침이 되자 (똑바로 선다) 키 작은 엄지는 두 손을 잡은 모양 그대로 앞으로 내민다) 이불도 정리하고(왼손 네 손가락을 편다) 베개도 정리하고(왼손 엄지손가락을 뺀다) 침대에서 벌떡 일어나 (왼손 위에 오른손 엄지 세운다) 아침 체조를 해요. (아기들이 자리에서 벌떡 일어나도록 유도한다. 자, 몸풀기 운동 시작! (진행자의 지시에 따라 몸을 흔든다) 머리 흔들어, 손을 흔들어, 엉덩이도 흔들어, 배꼽은 흔들지 말고, 네 맘대로 흔들어! (이렇게 한 다음 음악에 맞추어 체조를 한다).

(5) 예산 계획하기

예산은 어려운 문제입니다. 처음 시작하는 아기 학교 담당자는 인원을 몇 명 모집할 것인지, 교사는 몇 명이 적당한지, 식사 문제는 어떻게 할 것인지를 구상해야 합니다. 또한 교육은 학기당 몇 주를 할 것인지와 활동 영역에 대한 교구재는 얼마나 필요한지를 계획한 다음에 예산을 짜야 합니다.

① 수입

수입항목	내역 및 근거	금액
교육비	100,000×20명×2학기	4,000,000
교회 지원금	2,750,000×2학기	5,500,000
합계		9,500,000

수입은 자비 부담 교육비와 교회지원금으로 운영합니다. 만약 참여하는 유아들에게 교육비를 받지 않으면 출석이 꾸준하지 못하며, 규모 있게 진행하기가 어렵습니다. 교회 형편에 따라 적절한 교육비를 받는 것이 바람직합니다. 교육비는 지역별로 문화센터 또는 복지관의 사회교육 활동비에 준해서 정하는 것이 보편적이고 적절합니다.

② 지출

지출항목	내역 및 근거		금액	
교육비	장난감 구입 및 보수	100,000 ×5 영역	500,000	
	참고도서 및 교재		200,000	
	교구		300,000	
	어린이교재/ 교육활동비	1,000₩명×주	200,000	
	특별활동/부모교육		100,000	
	소계		1,300,000	1,300,000
생활비	어린이 간식	1500₩명×주	300,000	
	교사 식사	6,000×명×10주	600,000	
	소계		900,000	900,000

예배 행사비	입학예배(선물 및 준비)	10,000ｘ명	200,000	
	수료예배(선물 및 시상)	10,000ｘ명	200,000	
	절기행사		100,000	
	야외학습	15,000x20명	300,000	300,000
	소계		800,000	800,000
서무비품	문구 및 비품		200,000	200,000
교사 교육	세미나 및 강습회	50,000×명	500,000	
	자체 강습회	20,000×명	200,000	
	평가 회의비	15,000×명	150,000	
	단합 모임	15,000×명	150,000	
	소계		1,000,000	1,000,000
기타	홍보: 전단, 현수막		200,000	
	전도		100,000	
	봉사자 감사선물		150,000	
	경조사 및 심방		100,000	
	소계		550,000	550,000
	합계			4,750,000

♣ 4,750,000x2학기 (봄/가을) = 9,500,000

㈀ 교육비 - 교사교재 및 참고도서 구입비, 장난감 구입 및 교구 제작비,

부모 교육 강사비, 어린이 교재 구입비, 교사 교육비,

교육 활동 재료비(책정 근거의 실례 20명 x 1,000원 X 12회 - 240,000원)

㈏ 생활 - 어린이 간식비 책정 근거의 실례 : 20명 x 1,500원 ×10회 - 300,000원)
교사 식사비 (교사 10명 x 6,000원 X 10회 - 600,000원)
교사 평가회 및 교사 선물비

㈐ 예배 및 특별 활동 행사비
• 입학예배 - 입학 선물비 (가방, 풀, 가위, 이름표, 출석표
• 수료예배 -수료 선물, 개근상, 수료증
 - 어린이날 행사 선물 및 행사 진행비
 - 야외학습-차량 대여, 교사 식사, 어린이 선물 행사 진행비
• 절기 행사비 (부활절, 추수감사절)
• 기타 참관 학습이나 인형극 관람시의 입장료는 행사에 따라 별도로 개인이 부담하게 한다.

㈑ 서무 및 비품 - 각종 사무용 문구류, 교구 세척 및 보수비, 자료정리 및 기록비

㈒ 교사교육 세미나, 강습회, 자체교육, 평가 회의비, 단합모임
• 세미나 참가비 - 프로그램 세미나, 찬양 세미나 등록비 및 여비
• 자체 강습비 - 식사 및 간식

• 평가 회의비 - 학기를 마치면서 (교사 10명 x 1인 15,000 150,000 원)

• 교사 단합 및 격려 (교사 10명 ×1인 15,000-150,000원)

(ㅂ) 기타 - 참관학습 답사비, 경조 심방비, 홍보비
• 참관 학습 답사비 - 입장료, 교통비, 식사
• 경조 심방비 - 아이들 또는 교사 병원심방과 경조사비
• 홍보비 - 현수막, 안내지 제작

(ㅅ) 예비비 - 야외학습 관련 여행자 보험료, 특별행사의 추가 비용 등

(6) 홍보와 등록

① 모집 인원
• 교회 주변에 유아들이 얼마나 있는지를 파악하라. 교회 주변에 아파트 단지가 있다면 주택가 보다 유리할 것입니다. 그러나 아기 학교는 어머니와 함께 오기 때문에 좋은 소문이 나면 거리는 문제되지 않습니다. 처음 시작할 때는 예상 인원보다 정원을 적게 정하는 것이 바람직합니다. 사람들은 조기 마감되었을 때 아쉬워하면서 가치 있게 평가하는 경향이 있기 때문입니다.
• 모집 인원을 정할 때 감안해야 할 사항은 교회 시설입니다. 먼저 전체로 모여 예배드릴 장소의 크기가 얼마나 되느냐를 감안하여 모집 인원의 최대치를 결정합니다. 유아와 어머니들이 함께 동적인 활동을 하기에

충분한지, 얼마나 수용할 수 있는 교실인지를 파악해야 합니다. 처음 시작하는 교회는 20명 내외로 시작하는 것이 부담이 적고 역동성 있게 진행 할 수 있습니다.

② 홍보

현수막과 교회 주보로 홍보합니다. 관련 부서인 영 유아부에서 안내문을 발송하고, 교회 사무실에 입학원서와 안내지를 비치합니다. 현수막과 안내지는 아기 학교의 첫인상이며 매학기마다 사용할 수 있기 때문에 처음에 신경을 써서 호감 있게 잘 만들어 놓습니다. 처음 시작하는 교회인 경우 아파트 지역은 아파트 게시판에 비용을 들이더라도 안내지를 붙여 놓는 것이 도움이 됩니다. 그 다음에는 어머니들의 입소문이 제일 효과가 있음을 감안하여 영, 유아부 학부형들에게 적극적으로 안내하는 것이 필요합니다. 교회적으로는 예배 시간에 동영상으로 아기 학교의 시작을 알릴 수 있습니다. 하지만 홍보물과 영상은 아기 학교 시작을 알리는 정도의 효과일 뿐, 교사와 학부형들이 직접 소개하고 초청하는 것이 가장 효과적입니다.

③ 등록 및 접수

• 등록일을 정하여 접수를 받습니다. 등록일을 정하여 원서와 교육비를 받는 것이 가장 정확하며 바람직합니다. 아기 학교 교육이 이루어질 교실에서 등록을 받게 되면 어머니들과 아이들에게 사전 답사가 되기 때문에 도움이 됩니다. 전화로만 접수를 받게 되면 중간에 취소하거나 환불하는 경우가 많습니다. 얼굴을 마주하여 한 번이라도 만나면 더욱 신중

하게 되고 성실하게 참여할 수 있습니다.

• 원서를 제출하면 영수증과 입학 안내문을 제공합니다. 아기 학교 등록비는 교육 활동입니다. 교육 활동비는 주로 간식비 및 교육 재료비로 사용 되어지기 때문에 연말정산에 반영되지 않음을 등록할 때 미리 공지하는 것이 필요합니다.

(7) 간식 계획하기

간식은 직접 만들어주는 것이 가장 좋을 것입니다. 간식을 만들 때는 신선한 재료로 조미료를 사용하지 말고 청결하게 조리해야 합니다. 아기들은 대부분 준비한 간식을 다 먹습니다. 편식하는 아기들도 더러 있지만 간식 시간을 활용하여 편식을 고치는 경우도 있으니. 아기들의 취향보다는 영양을 고려해야 합니다. 각 교회의 재정 상태에 맞추어서 간식 식단을 짜보자.

1학기 간식 목록표

구분	2월	3월	4월	5월	6월	7월
1주	파티(떡, 음료)	호빵 요구르트	카레 밥	꿀떡	빵(복숭아 통조림)	여름성경학교 점심식사
2주	잡채	김치 부침개	달걀,쥬스	야채부침	떡꼬치	반별파티
3주	어묵	자장밥	국수	야외학습	잡채	

4주	고구마, 우유	딸기	모닝빵, 요구르트	과일	카레 밥	
5주		떡볶이				

2학기 간식 목록표

구분	9월	10월	11월	12월
1주	떡,음료수	어묵	김치부침	고구마
2주	잡채	야외학습	떡,음료 (추수감사)	반별파티
3주	감자	국수장국	없음	
4주	없음	시장놀이	자장밥	
5주	떡꼬치			

(8) 부모교육

아기 학교에서의 어머니의 역할은 첫째, 함께 놀아주는 친구의 역할입니다. 많은 시간을 어머니와 함께 보내고 있지만 과연 아이들의 수준에서 대화하며 아이에게 집중하여 놀아주는 어머니들이 얼마나 될까? 전업주부인 경우라 할지라도 가사 일과 가정의 여러 가지 일들을 처리 하다보면 전적으로 아이에게 집중하여 놀아주기가 좀처럼 쉽지 않습니다. 어머니가 아이와 함께 보내는 즐거운 시간을 통해 아이는 어머니에 대한 신뢰감을 갖게 되고, 안정감을 얻으며 안정적 애착을 형성하게 됩니다. 따라서 아기 학교에 오는 어머니들에게 늘 아이로 돌아간 심정으로 모든 프로그램에 참여하도록 지도합니다. 어머니가 행복할 때 아이는 정서적인 안정감을 가질 수 있기에 아기 학교의 모든 순서는 어머니가 아이와 함께 춤추고 노래하고, 말씀 듣고 만들기를 하면서 스스로 기쁘게 참여할 수 있도록 진행됩니다. 둘째, 어머니는 아이가 만나는 첫 선생님입니다. 아이는 태어나서 모든 것을 어머니로부터 배웁니다. 따라서 어머니는 아이에게 좋은 본을 보여야 합니다. 아기 학교를 진행 하다보면 아이에게 자상하게 설명하고, 친절하게 인격적으로 대하며, 모든 활동에 아이가 즐거운 마음으로 참여할 수 있도록 동기유발을 시켜주는 어머니가 있는가 하면, 아이보다 더 기다리지 못하고 아이에게 함부로 말하며, 아이에게 화내며 못한다고 어머니 혼자서 다 하는 등 지도자로서 안타까운 마음을 갖게 하는 어머니들이 있습니다. 이런 부모를 일일이 다 지도할 수는 없으나 아기 학교는 다른 부모들이 어떻게 지도하고 양육하는지를 볼수 있는 기회를 제공해 줍니다. 특별히 교사들은 어머니들에게 아이들에게 어떻게 반응해야 하는지를 보여주며, 하나님이 주신 하나님의 아이라는 것을 잊지 않도록 학습과 관련하여 자연스럽게 지도합니다. 특별히 집에 돌아가기 전 축복하는 시간을 통하여 지도자는 주제와 연관 지어 부모의 역할을 상기시켜 줄 수 있습니다. 이 시간 부모는 자신을 돌아보며 아이를 축복합니다. 이런 과정을 통해 부모는 아이에게 좋은 선생님으로 성장하게 됩니다. 셋째, 어머니는 아이에게 든든한 후원자요, 보호자입니다. 아이는 어떠한 상황에서도 엄마는 내편이라고 생각할 때 자신감 있는 아이로 자라게 됩니다. 가끔 어머니가 아닌 보호자와 아기 학교에 오는 경우가 있습니다. 어머니와 참여하는 아이와 다른 보호자와 참여하는 아이의 모습은 참 다릅니다. 물론 모두가 그런 것은 아니지만 대부분

교사나 지도자가 더 관심을 가지고 배려한다고 하더라도 참여하는 태도와 표정이 다릅니다. 어느 날 어머니가 휴가를 내서 같이 오는 날에는 들어오는 아이의 발걸음부터 다릅니다. 찬양시간도, 예배드리는 시간도 만들기 하는 시간에도 밝고 자신감 있는 모습으로 참여하는 것을 볼 수 있습니다. 이렇듯 어머니는 있기만 해도 아이에게 든든한 버팀목과 같은 역할을 합니다. 따라서 2~4세 아이들에게 무엇이 가장 필요할까를 생각해 볼 때, 아이를 향한 어머니의 손길이 가장 중요합니다. 더불어 어머니가 아이의 경험들을 존중해 주고 인정해줄 때 아이는 자신을 소중한 존재로 여기며 가지고 있는 잠재적 능력을 충분히 발휘하게 됩니다.

• 아기 학교에서의 부모 교육의 형식

① 교육활동 참여, 아기 학교에서는 기본적으로 어머니들을 모든 활동에 적극적으로 참여시킵니다. 어머니가 먼저 본을 보이고 아이가 따라하게 합니다. 아이는 자기가 신뢰하는 사람으로부터 영향을 받기에 아기 학교에서 어머니는 인사하는 것도 장난감을 치우는 것도, 체조를 하거나 율동을 하는 것도 먼저 열심히 참여합니다. 이러한 어머니의 모습을 모방하며 아이는 배워가기 때문입니다.

② 유인물(가정통신문), 반별 활동 시간이 되면 아이들이 간식을 먹는 동안 교사는 아기 학교 소식이 담겨있는 유인물을 어머니들에게 나누어 줍니다. 다음 시간을 위한 공지사항을 안내하고 부모에게 드리는 글을 함께 읽습니다. 이 시간에 자녀 양육에 대한 생각과 아이들을 지도하는 방

법 등을 간단하게 소개합니다. 아마도 부모 교육에 있어서 대표적인 형식이 바로 가정통신문 형식일 것입니다. 이 글들은 지도하는 교역자가 직접 쓰기도 하고 유아교육 또는 신앙 교육 서적에서 도움되는 글을 찾아 주제에 맞추어 적절하게 활용하기도 합니다. 이 때 교사는 이 글을 읽은 자신의 생각을 이야기하고 어머니들의 생각도 자연스럽게 이야기해 보도록 유도하는데 교사의 자질과 상황에 따라 조금씩 다르게 진행됩니다.

③ 특강, 한 학기에 한 번 정도 부모 교육을 위한 특강 시간을 갖습니다. 아이들은 그동안 어머니와 떨어지는 경험을 하게 됩니다. 전문 강사를 초빙하는 경우도 있고, 학부형들 중에서 도움을 받아 진행하기도 합니다. 특강 주제는 대체로 유아 발달의 이해, 건강관리, 어머니 성격검사(성격 유형별로 나타나는 양육 태도 이해), 유아의 치아 관리, 자녀 양육, 유아 마사지 등을 다룰 수 있습니다. 아이들과 어머니가 떨어져 있을 수 있는 시간이 그리 길지 않기에 주제들을 깊이 있게 다루기에는 어려울 수 있습니다. 따라서 특강을 통해 대단한 변화를 얻기보다는 어머니들의 생각을 환기시켜 주고 익히 알고 있던 정보라 할지라도 다시 한 번 생각하여 실천할 수 있는 기회로 삼습니다.

④ 기타, 수업참여, 유인물, 특강 외에도 인터넷 사이트의 커뮤니티를 통해서 부모들과 만날 수 있습니다. 그러나 인터넷을 활용하는 문제에 있어서 매우 조심스러운 부분이 있는데 어머니들이 올린 글에 적절하게 답변하는 수고로움이 동반되기 때문입니다.

아기 학교는 아이도 배우고 어머니도 배우는 학교입니다. 어머니가 성장하면 아이도 성장합니다. 어머니가 행복할 때 아이도 행복을 누리게 됩니다. 부모의 행복을 먹고 아이는 건강하게 성장합니다. 따라서 부모의 성장을 돕는 다양한 부모 교육을 고민하며 꾸준히 실천해 가야 할 것입니다.

• 부모를 위한 짧은 글의 예

좋은 본보기가 되세요

아이는 엄마와 아빠를 모방하면서 배웁니다. 부모를 지켜보고 부모가 하는 대로 합니다. 함께 생활하는 부모가 "감사합니다", "부탁합니다", "실례합니다", "죄송합니다"등의 친절한 말을 자주 사용하는 것을 듣고 자란 아이는 그 말을 그대로 따라합니다. 그리고 친절한 말에 익숙해집니다. 아이들이 이런 말의 의미를 이해하면서 자기보다 나이 많은 형제, 자매나 어른들의 말씨를 모방하게 되지요. 그리고 자기가 이런 말들을 사용했을 때의 상대방의 반응에 따라옳고 그름 좋고 나쁨에 대한 인식을 갖게 됩니다. 따라서 아이의 말에 적절한 반응을 해주어야 합니다. 틀린 말이나 좋지 않은 언어에는 기분 나쁜 표정을 지으며 "그 말은 나쁜말이란다. 사용하지 마세요!"라고 엄하게 표현해 주셔야 합니다. 좋지 않은 말을 사용했는데도 어른들이 웃으면서 귀엽다고 한다면 아이의 판단력은 흐려지고 맙니다. 일관성있는 반응이 필요합니다. 지금은 말을 익히고 적절하게 사용하는 것을 배우는 시기이기 때문입니다. 뿐만 아니라 아이의 표현력도 부모님이 좋은 본보기가 됩니다. 아이들은 말의 어투까지도 부모님을 따라합니다. 우리 아이가 좋은 언어를 사용하게 된다면 어느 곳에서나 환영받는 존재가 될 것입니다. 우리 모두 아름다운 말을 사용합시다!

5. 영유아 추천 도서(0~4세)

(1) 영유아(0~4세)

〈성경 동화〉

• 우리 아기 첫 성경 세트(전3권)

김은혜 글 | 김은혜, 이혜진, 이인화 그림

발달 단계에 맞춘 우리 아기 첫 성경 시리즈인 초점성경, 까꿍성경, 무릎성경! 시각·두뇌·정서 발달과 함께 하나님의 말씀으로 우리 아기들이 지혜롭게 자라나도록 돕는다. (특별 부록:아기 성장 카드 10p)

• 말씀과 함께 언어 쑥쑥 세트(전7권)

이지숙 글 | 김은정, 최선화, 정미선 그림

신체, 과일과 채소, 동물, 동작, 색깔, 감정, 숫자! 일상의 언어를 성경의 이야기를 통해 배울 수 있도록 구성되어 있다. (특별 부록: 퍼즐)

• 믿음튼튼 개념쑥쑥 세트(전10권)

윤아해 글 | 이갑규, 장순녀, 고수, 홍지혜 그림

노아, 다윗, 베드로, 아브라함, 예수님 등 성경 인물들의 이야기를 통해 다양한 개념을 배워가는 그림책 시리즈

〈신앙 동화〉

• 엄마랑 성경 말놀이

다이앤 스토츠 글 | 사라 워드 그림

창세기부터 요한계시록까지의 20가지 성경 이야기를 중심으로 말씀을 싣고, 그림과 함께 단어를 배치하여 어휘 개념과 단어 학습을 돕는다.

• 아빠랑 성경 말놀이

다이앤 스토츠 글 | 사라 워드 그림

기독교 세계관을 중심으로 매장마다 주제 말씀과 간략한 설명, 기도문을 싣고 그림과 함께 단어를 배치하여 어휘 개념과 단어 학습을 돕는다.

〈교리 교육〉

• 그림으로 배우는 우리 아이 첫 교리 세트(전2권)

김민환 지음

십계명과 주기도문에 관한 3D 애니메이션 그림책 친절하고 상상력 풍부한 그림과 친근한 캐릭터들이 부연 설명 없이도 아이들에게 메시지를 또렷이 심어 준다.

〈활동 교육〉

• 똑딱 스티커북 성경 이야기

Scandinavia Publishing House 지음

8개의 성경 속 이야기와 아이들이 직접 떼고 붙일 수 있는 크고 작은 스티커가 무려 1,000개나 수록된 액티비티북

• 어디어디 숨었나 세트(전6권)

Scandinavia Publishing House 지음

성경 이야기를 읽고 나서 그림 속에 숨어 있는 여러 가지 사물과 사람, 동물 등을 찾아보는 책이다. 각 권마다 5개의 이야기가 수록되어 있다.

참고문헌

- 김도일 외 7인, 교회교육 현장으로 나가다, 동연, 2016.
- 마이클 J 앤서니, 기독교 교육 개론, 정은심, 최창국 역, CLC, 2022.
- 이규민 김난예 김재우 김희영, 인간발달과 기독교교육, 동연, 2023.
- 정갑순, 유아교육, 대한예수교장로회 총회, 2009.
- 조용선 · 임순덕, 아기 학교 이렇게 운영하라, 겨자씨, 2010.
- 충신아기 학교, 와~ 아기 학교다. 1. 아기 학교 이해하기, 아기 학교 지원센터, 2017.
- 충신아기 학교, 와~ 아기 학교다. 2. 아기 학교 운영하기, 아기 학교 지원센터, 2017.
- 헨리에타 미어즈, 주일학교의 모든 것, 조계광 역, 생명의 말씀사, 2023.

3장 – 유치부

(4~6세)

4세가 되면 아이들은 유치부로 가야 합니다. 아이가 유치부로 옮겨가더라도 그들이 배우는 방식은 유아부에 있을 때와 같습니다. 따라서 앞장에서 다룬 내용을 잘 숙지하는 것이 좋습니다. 그러나 아이들이 성장 방식이 개인마다 다르다는 사실을 기억하라. 나이는 같아도 아이들이 성장하는 모습은 저마다 다릅니다.

1. 4~6세 유아의 발달 특성

1) 신체적 발달

이 시기의 유아는 급성장의 단계에 있습니다. 달리고 뛰고 기어오르고 몸을 비틀고 뒹굴고, 어쨌든 계속 움직이는 활동을 합니다. 두 발을 한군데 모은 채 계단을 오르 내리는가 하면 한쪽 발로 뛰며, 돌며, 달리다 멈추었다가 또 재빨리 뜁니다. 세 살 때보다 더 건강하고 의젓해져 있습니다. 소근육 활동보다 대근육 운동을 더 필요로 하며, 때로는 소근육 조절을 위한 활동도 합니다. 지퍼를 올리고 단추를 잠그고 푸는 일, 칼로 자르는 일, 연필이나 크레파스를 잡고 쓰고 그리는 활동을 즐겨 하나 서툴기도 합니다. 계속적인 활동으로 인해 쉽게 피로해 하고 긴장하며 혼돈을 느끼기도 합니다. 5세 유아는 4세 유아보다 토실토실한 면을 잃어가며 키도 커지고 팔다리도 길어집니다. 근육 작용이 원활해지며 여전히 에너지와 활력이 넘쳐 있습니다. 남아는 여아보다 대그룹 활동에서 침착하게 앉아 있을 수 있는 신체적 능력이 부족합니다. 근육 발달은 아직 왕성하지는 못하나 기억력은 왕성해지고 있습니다. 질병에 걸리기 쉽고 면역에 약합니다. 이 시기 유아들의 신체적 발달을 돕고 안전하게 지도하려면 유아가 탁자나 의자에 부딪히지 않고 자유롭게 움직일 수 있는 넓은 공간이 필요합니다. 한 가지 활동에 오랫동안 집중하여 앉아 있을 수 없기 때문에 변화와 활동, 휴식이 조화롭게 구성된 프로그램이 필요합니다. 대근육 활동을 위한 크고 건전하고 독창적인 재료를 제공하며, 때로는 소근육 활동을 위한 자료도 균형 있게 공급해 주어야 합니다. 리듬에 맞춰 몸을 움직이는 동작 활동과 시소, 미끄럼, 정글짐 같은 놀이 기구를 통한 다양한 활동도 유아들의 신체적 발달과 욕구를 충족시키는 좋은 방법입니다.

2) 정신적 발달

이 시기 유아는 호기심이 아주 많고 무엇이든 알기를 원하며, 배우기를 열망하고 있습니다. 3세 유아보다는 주의 집중력이 길지만 아직도 흥미와 집중력이 짧습니다. 질문이 아주 많으며 특히 4세는 질문의 절정상태에 있습니다. 이때 주위 어른들이 보이는 반응이나 태도에 따라 질문이 줄어들거나 질문을 하지 않을 수도 있습니다. 질문이 많은 것은 세상에서 부딪치는 사회적 현상, 논리, 수학적 지식과 관련된 여러 가지 궁금증이 계속 밀려오기 때문이며, 이는 뇌세포가 끝없이 뻗어 나가며 발달해 가고 있다는 증거입니다. 사람들의 지능을 100이라고 할 때 4세에 50%, 8세에 80%까지 발달하고, 17세까지 나머지 20%가 자란다고 합니다. 그러므로 4~6세인 취학 전 유아들의 정신적 발달은 눈부시게 빛납니다. 성경 이야기를 포함한 모든 동화나 이야기 거리에 관심이 많고 듣기를 좋아하며, 그것과 관련하여 대화하는 것을 아주 좋아합니다. 성경을 암송하고 이해하고 생활로 옮기는 것도 즐거워합니다. 그러나 시간과 공간에 대한 개념은 제한된 상태입니다. 아직은 지금 여기에 더 중점을 두고 있습니다. 어휘력도 아직은 제한되어 있으며, 쉽게 잊어버립니다. 이 시기의 유아는 모방의 천재라고 말할 정도로 다른 사람의 행동을 쉽게 모방하며, 상상력이 아주 풍부하고, 감각을 통하여 활동과 생활 속에서 배워 나갑니다. 그러므로 유아들이 이해할 수 있는 것들, 또 할 수 있는 것들을 충분히 제공하여 실패감이나 좌절감보다는 성공감이나 만족감, 성취감을 갖도록 하는 것이 아주 중요합니다. 설명할 때는 천천히 그리고 정확하게 해야 하며, 모든 질문에 정직한 대답을 해주고 유아의 질문 뒤에 숨은 뜻을 생각해 보며, 유아에게 스스로 생각하며, 문제를 해결하는 방법을 알려 주어야 합니다. 역사나 연대에 관심은 있으나 아직은 어려우므로 현재를 강조하여 알고 있는 것과 관련하여 설명하고, 추상적이고 상징적인 것보다는 구체적인 경험을 제공해주는 것이 좋습니다.

3) 사회적 발달

이 시기의 유아는 사회적·도덕적 지식이 급격히 발달하고 변화합니다. 유아들은 환경과 불가분의 관계를 갖고 태어나며 비록 지적 기술이 부족하고 미성숙하다 할지라도, 자기 주위의 사람들이 누구이며, 무엇을 하고, 왜 그것을 하는지 알고 싶어하고 또 알아야만 합니다. 유아는 사람들의 신원을 파악하고(예: '아줌마는 누구에요?'라고 자주 묻는다), 행동을 예견하고 사회적 상호작용에 필요한 능력을 얻기 위해 노력을 합니다. 유아는 사회적으로 고립되어 있지 않습니다. 자신을 길러 주고 반응해 주는 모든 사람들과 사회적 조직망을 형성하고 있으며, 가족 내 상호작용의 중심이 되기도 합니다. 특히 이 시기에는 친구 관계 및 우정을 발달시키는 놀라운 발전을 보입니다. 이런 또래 간의 상호작용은 유아 발달의 필수적인 요소입니다. 5~6세가 되면 유아끼리의 상호작용 시간은 더욱 길어지고 서로 강한 애착을 형성할 수 있습니다. 또래 친구들에 대해 더 긍정적이고 그들의 요구에 반응하려고 노력합니다. 이 시기의 우정은 대부분 상호적이고 낯선 사물이나 환경을 탐색하기 위한 안전 기지로 사용되기도 합니다. 물론 이때의 우정은 나이가 좀더 많은 유아들보다는 덜 안정되어 있고 놀이에 더 치중되어 있습니다.

이 시기의 두드러진 특성은 그룹을 인식하고 거기에 소속되기를 원하며, 인정받기를 원한다는 것입니다. 자기주장을 강하게 표현하면서 싸움을 하고, 가로채고, 뽐내며, 참견하고 이기기를 원합니다. 이는 주변의 어른들로부터 인정받고자 하며 소속되고자 하는 욕구가 있기 때문입니다. 또한 자신의 세계를 시험해 보고자 합니다. 자신의 힘이 어느 정도인지 알아보기 위해 친구를 집적거리거나 때려 보기도 하며, 싸움을 하면서 타인의 관점을 이해하는 폭을 넓혀 가기도 합니다. 이 시기의 사회적 세계는 아주 즐거운 시절입니다. 항상 그런 것은 아니지만 일반적으로 주위 사람들에게 친근하고, 친구들과 즐겨 놀고, 차례를 지키고, 나누는 일에 흥미를 가지며 유익한 사람이 되기를 원합니다. 자신과 주변 사람들에게 유익하고 즐겁게 해주기를 원합니다. 특히 이 시기에는 친 사회적 행동이 발달합니다. 친 사회적 행동이란 일반적으로 자신의 이익과는 관계없이 다른 사람의 복리를 증진 시키기 위해 돕고, 나누는 행동을 의미합니다(Hoffman). 이 행동에는 돕기, 나누기 외에도 기증하기, 구조하기, 위로하기, 동정하기, 행동 지지하기, 협력하기와 같은 이타적 행동이 포함됩니다. 이러한 행동은 3세 이전부터 나타나서 5~6세가 되면 더욱 두드러집니다.

  이 시기에는 "서로 나누어 주기를 잊지 말라"(히13:16)는 성경 말씀과 친 사회적 행동을 가장 많이 보여주신 예수님의 행적을 가르칠 수 있습니다. 이 시기의 유아들은 자신이 좋아하는 사람이나 예수님의 행적을 존경하며 동일시하게 됩니다. 그리하여 닮아가기를 원하는 것입니다. 그러므로 이 시기에는 어른들의 모범적인 행동 모델이 중요하며, 유아에게 친 사회적 행동을 권장하고 격려하고 칭찬을 아끼지 않아야 합니다. 유아들은 다정한 사회적 존재로 변해가고 있지만 아직 그들의 사회적 세계는 자기중심적인 것에서 완전히 벗어나지 않은 상태이며, 사회 인지발달과 함께 성장해가고 있기 때문입니다. 사회 인지란 다양한 사회적 문제를 해결하기 위해서 알아야 할 지식을 말합니다. 즉, 사람들과 그들의 행동에 대한 인지로서 우리 자신과 다른 사람들을 포함하는 사회적 자극들에 대해 우리가 어떻게 지각하고, 알고, 이해하는가 하는 것을 말합니다. 이는 유아의 자기에 대한 이해와 타인에 대한 이해로서 이 시기에 나타나는 중요한 사회적 특성 중의 하나입니다.

4) 정서적 발달

4세 유아는 자신의 감정을 상당히 강하게 자주 나타냅니다. 그러다가 5세 이상이 되면 그의 감정을 계속적으로 표현하지만 표출의 횟수는 점점 줄어들게 되며 자신의 문제를 해결하기 위한 다른 방법들을 찾기 시작합니다. 4세에 나타나는 강한 정서 중 하나는 공포입니다. 이때에는 이유 없는 공포가 많습니다. 그러나 5세가 되면 공포가 줄어들게 되어 동물에 대해서도 더 이상 겁을 내지 않습니다. 그러다가 다시 6세가 되면 공포심이 많아집니다. 이때는 상상력이 풍부해져 도깨비, 유령, 괴물 등을 무서워하고 어둠을 싫어하며 때로는 낮에 느끼는 공포가 무의식 속으로 억압되기도 하는데, 대개 4~6세 사이에 악몽을 많이 꾸기도 합니다. 유아기가 끝날 무렵이 되면 공포가 증가하는데 이는 사회적 세계가 넓어지고 지식이 많아져서 공포의 대상도 증가하며, 지식이 불충분해서 오히려 공포를 느끼게 되는 것입니다. 분노는 다른 유아들에게 공격적인 행동을 보이는 것으로 나타납니다. 질투는 분노의 특수한 경우로서 3~4세경에 가장 심하게 나타나며, 울음은 4세경엔 이전에 비해 상당히 자제하게 되고 5세가 지나게 되면 참을 수 있게 되어 우는 일이 드물고 시간도 짧습니다. 유아의 정서 중 쾌 정서는 기쁨과 웃음으로 자연스럽게 표현되며 애정의 표시도 자연스럽게 나타납니다. 4~5세가 되면 자기보다 어린 아기를 귀여워하며 얼굴을 만져보며 돌보아 주게 되고 예쁜 꽃을 보면 감정을 표출할 줄 압니다. 그러나 감정 표현이 아직도 일시적이고 폭발적이며 유동적입니다. 또 남을 쉽게 믿고 경이로움에 가득 차 있으며, 창조주에 대한 감사, 기쁨 등의 반응을 민감하게 표현할 줄 압니다. 이 시기의 정서는 생후 1~2년 동안 형성된 애착과 신뢰감이 기본을 이루며 외적인 자극에 의해 형성되는 감정이 그 위에 쌓입니다. 특히 주변 어른들의 정서 상태에 아주 민감하게 영향을 받습니다. 우울하고 두려움을 느끼는 부모, 감사와 사랑과 기쁨으로 상호작용하는 부모의 태도는 정상적인 경우와는 아주 다르게 유아의 정서에 영향을 줍니다.

5) 영적 발달

이 시기 유아들은 하나님을 개인적으로 받아들이며 이해하기 시작합니다. 하나님의 위대함, 놀라움 그리고 그분의 사랑이 그들의 생활 속에 구체적으로 전달될 때 그들은 하나님의 속성에 대해 느끼고 이해할 수 있습니다. 즉, 단순히 "하나님께서 천지 만물을 창조 하셨다"고 말하는 것보다 아름다운 꽃이나 맛있는 과일들, 아름다운 자연을 실제로 보면서 "여기에 있는 꽃들을 포함해서 이 세상에 있는 모든 것들을 하나님께서 지으셨단다"라고 할 때 그 말의 의미는 아주 중요한 메시지가 될 수 있습니다. 그리하여 하나님을 인격적인 분으로 생각하고 특별한 뜻 가운데서 자연을 사랑하게 됩니다.

또한 이 시기의 유아는 예수님을, 자신을 사랑하고 보호해 주는 친구로 생각합니다. 그런데 하나님과 예수님을 혼동하는 경우가 많습니다. 그러므로 신학적인 수준까지 삼위일체를 설명할 필요는 없지만 하나님의 아들인 예수님, 그리고 우리를 위해 하나님이 보내신 예수님에 대해 명확하게 구분해 줄 필요는 있습니다. 그리고 이 시기 유아들은 하나님, 예수님 그리고 그들과 관련된 어른들에 대한 믿음이 단순하고, 그들을 받아들일 준비를 갖추고 있기 때문에 성경에 관한 정보, 지식을 정확하게 전하여 성경적 단어, 태도 또는 행위에 대하여 오해가 없도록 유의해야 합니다. 특히 유아의 주변 어른들은 이 시기 유아가 자신이 필요로 하는 것을 직접 하나님께 말하고, 감사할 수 있도록 지도해야 합니다. 이때 예배의 체험은 하나님의 위대하심과 선하심에 대한 마음의 반응으로서 그들에게 매우 현실적인 것이 될 수 있습니다. 또한 모든 생활에서 놀라움, 기쁨, 슬픔, 속상함, 분노 등의 감정을 하나님께 연관하여 표현할 수 있도록 가르쳐야 합니다.

3세 이전에는 도덕률이 없다가 4~5세가 되면 옳고 그름에 대해 깨닫기 시작합니다. 도덕률은 양심과 관련되어 있고 양심의 발달은 영적인 발달과 관련되어 하나님께 속해 있는 마음입니다. 특히 유아기 동안에는 성경에 기초한 많은 이야기를 통해 순종과 불순종, 하나님의 사랑과 용서의 개념들을 배울 수 있습니다. 이 시기 유아들은 죽음에 대해 질문을 하기도 합니다. 이때 막연하고 거짓된 설명보다는 정확한 대답을 해주면 '죽음'은 '사는 것'과 함께 하나님께 속해 있음을 희미하게나마 이해할 수 있습니다. 유아들의 영적인 발달은 정서적인 면, 지적인 면, 사회성, 신체적인 면 등 모든 분야의 발달과 항상 연관되어 있음을 유념해야 합니다.

• 4~5세 유아가 배워야 할 교육 내용

주제	내용
하나님	·하나님은 나와 다른 사람을 사랑하신다. ·하나님은 하나님을 사랑하는 모든 사람을 돌보신다. ·하나님은 가정을 돌보고 사랑하신다. ·하나님은 모든 것을 창조하셨다. ·하나님은 신뢰하고 의지할 만한 분이시다. ·하나님은 어느 곳에나 계신다. ·하나님은 어느 때나 기도를 들으신다. ·하나님은 예수님을 우리 죄를 위해 죽으시도록 보내셨다. ·하나님은 그가 지으신 만물에 대해서 감사할 줄 아는 사람이 되기를 원하신다. ·하나님은 우리가 부모에게 순종함과 같이 그에게도 순종하기를 원하신다 ·하나님은 나를 사랑하신다.
예수님	·예수님은 나를 사랑하시며 나의 가장 좋은 친구이다. ·예수님은 구주로 오셨다. ·예수님은 지금 하늘에 계신다. ·예수님은 내가 순종하고 나누며 살도록 도와주신다. ·예수님은 모든 어린이가 예수님을 사랑하기 원하신다. ·예수님은 항상 나와 함께 계신다. ·예수님은 나를 위해 죽으셨다. ·예수님은 나의 어려운 일을 도와주신다.
성경	·성경은 하나님에 관해서 말씀하고 있다. ·성경은 하나님의 말씀이다. ·하나님은 성경을 통해서 우리의 행할 바를 말씀하신다. ·성경은 내가 해야 할 일이 무엇인지를 알도록 돕는다. ·성경은 참된 이야기를 담은 책이다.
가정과 부모	·하나님은 나를 가르치고 보호하기 위해 부모를 주셨다. ·하나님은 부모에게 나를 위해 기도하도록 하셨다. ·나는 부모에게 순종해야 한다. ·나는 부모를 사랑하고 기쁘게 해드려야 한다. ·내가 부모에게 불순종하거나 불친절하면 죄를 짓는 것이다.

주제	내용
교회와 주일 학교	·교회는 하나님을 배우고 찬양하며, 예배하는 장소이다. ·교회는 예수님을 사랑하는 다른 사람들을 만나는 장소이다. ·교회는 특별한 장소이다. ·교회는 우리가 하나님에 대해서 배우는 장소이다.
다른 사람들	·하나님은 모든 사람을 지으셨다. ·하나님은 모두를 사랑하시며 모두가 하나님을 사랑하기를 원하신다 ·하나님은 우리가 다른 사람에게 예수님을 전하기를 원하신다. ·다른 사람이 나와 같이 나누며 살아가지 않을 수도 있다. ·다른 사람이 나에게 사랑과 친절을 베풀 수도 있다. ·나는 다른 사람을 위해서 친절과 나눔 그리고 기도를 해야 한다. ·하나님은 우리가 가진 돈을 나누어 주기를 원하신다. ·하나님은 우리가 다른 사람을 도와주기를 원하신다.
천사와 최후에 대해서	·어떤 천사는 선하고 어떤 천사는 악하다. ·사탄은 하나님을 거역한 나쁜 천사이다. ·사탄은 우리가 나쁜 짓을 하기를 원한다.

• 6~7세 유아가 배워야 할 교육 내용

주제	내용
하나님	·하나님은 나와 나의 가족, 나의 친구를 사랑하신다. ·하나님은 세상 모든 사람들을 사랑하신다. ·하나님은 사람들이 하나님을 사랑하기를 원하신다. ·하나님은 사람들이 하나님을 위해서 자신의 삶을 바치기를 원하신다 ·하나님은 식물의 성장을 통해서 사람에게 음식물을 제공하신다. ·하나님은 그가 지으신 세계를 돌보신다. ·하나님은 선하시다. 그러나 죄는 대적하신다. ·하나님은 우리가 기도하고 성경 읽기를 원하신다. ·하나님은 거룩하고 실수가 없으신 분이다. ·하나님은 나를 돕기 위한 모든 능력을 갖고 계신다.

예수님	·예수님은 하나님의 아들이시다. ·예수님은 우리의 죄를 위해 죽으시려고 땅으로 내려오셨다. ·예수님은 우리가 그를 개인의 구주로 영접하기를 원하신다. ·예수님은 사람들이 하나님께 나아가도록 돕기를 원하신다. ·예수님은 우리의 죄를 담당하기를 원하신다. ·예수님은 결코 잘못을 저지르지 않으신다. ·예수님은 사망을 이기고 다시 살아나셔서 지금은 하늘에 계신다. ·예수님은 우리를 사랑하시며, 우리의 친구가 되기를 원하신다. ·예수님은 땅 위에서 많은 훌륭한 기적을 행하셨다. ·예수님은 내가 바른 일을 선택하도록 도우신다.
성경	·성경은 하나님의 책으로 하나님에 관해서 말씀하고 있다. ·성경은 하나님이 원하시는 바를 우리에게 말씀하고 있다. ·성경은 하나님이 다른 사람들과 함께 어떻게 일하셨는지 말씀하고 있다. ·성경은 우리에 관한 많은 것을 말씀하고 있다. ·성경은 공부해야 할 훌륭한 책으로서 우리에게 도움을 준다. ·우리는 반드시 성경을 읽고 암송해야 한다. ·성경은 전부 66권으로 되어 있다. ·성경은 크게 구약과 신약의 두 부분으로 구분되어 있다.

주제	내용
가정과 부모	·부모는 우리를 위한 하나님의 대리자이다. ·부모는 우리를 돕고자 하므로 우리는 반드시 그들에게 순종해야 한다. ·부모는 우리를 사랑하므로 우리도 부모를 사랑해야 한다. ·부모는 우리에게 음식, 의복 그리고 가정을 제공한다. ·하나님은 항상 우리 가정의 중요한 손님이시다.
교회와 주일 학교	·교회는 하나님의 집이다. ·교회는 하나님의 백성이 모이는 장소이다. ·교회는 행복하고 즐거운 장소이다. ·교회는 찬송, 기도 그리고 성경 공부를 하는 장소이다. ·교회는 깨끗하고 조용하게 유지되기 위해서 우리의 도움을 필요로 한다. ·교회는 단순히 건물만이 아니라 그 속에 있는 사람들까지 포함한다. ·나는 교회를 통해서 하나님의 사역을 위해 봉사할 수 있다.

다른 사람들	·다른 사람이 나와 같은 일을 하기 원할 수도 있다. 나는 반드시 나누며 살아야 한다. ·다른 사람이 나와 다른 일을 하기 원할 수도 있다. 나는 다른 사람과 협력하는 것을 배워야 한다. ·다른 사람이 무엇을 많이 필요로 할 수도 있다. 나는 주는 것을 배워야 한다. ·다른 사람이 어려움에 직면하게 될 수도 있다. 나는 기도하는 것을 배워야 한다. ·다른 사람이 불친절하게 대할 수도 있다. 나는 용서하는 것을 배워야 한다. ·다른 사람이 예수님을 모를 수도 있다. 나는 이들에게 예수님을 전하는 것을 배워야 한다.
천사와 최후에 대해서	·사탄은 우리가 죄를 짓고 하나님께 불순종하도록 유혹한다. ·천사와 최후에 대하여 선한 천사는 하나님을 예배하고 찬양한다. ·선한 천사는 하나님의 사역자들이다.

자료 : Beers, V, G.(1971) Family Bible Library(Nashville: South Westem) vol. 10. pp,14-15, 18-19.

앞에서 소개된 내용들은 학습 수준별 또는 연령별로 유아가 배워야 할 교리 또는 신학적 개념, 성경적 진리의 일부입니다. 이들 진리의 일부는 유아들이 잘 이해하지 못할 수도 있습니다. 그래서 좀더 단순화시킬 필요가 있습니다. 큰 유아들이나 아동들은 좀더 발전된 개념을 이해할 수 있습니다. 이혜상은 기독교 교육 철학, 유아의 종교적 특성이 주는 시사점 및 교육부의 유치원 교육과정 시안에 기초한 기독교 유아교육과정 모형을 각 생활 영역별로 다음과 같이 제시하였습니다.

• 각 영역별 교육 내용 및 조직

발달목표 영역	내용영역	내용	내용요소
건강생활영역	자기 몸을 귀중히 여기는 생활	·자기 몸을 하나님이 주신 귀중한 것으로 이해하기 ·자기 몸으로 행하는 모든 것은 하나님을 영화롭게 해야 하는 것임을 이해하기 ·부모님을 통해 건강한 몸을 주신 하나님께 감사하기 ·자기 몸을 귀중히 여기기 ·하나님이 자신의 몸에 어떤 것을 주셨는지 어떤 기능을 주셨는지 알기	·우리 몸은 하나님께 부여받은 것으로 하나님이 거하시는 소중한 장소임을 알기 ·하나님이 우리 몸을 어떤 모습으로 지으셨으며 어떤 기능을 주셨는지 알아보기 ·부모님께 감사드리기 ·하나님이 유아 자신의 몸을 어떻게 지으셨는지에 대해 알아보기 ·하나님께 감사하기
	감각운동과 신체조절능력	·감각을 통해 사물의 차이를 식별하기 ·감각 기관을 협응하는 활동하기 ·자기 몸에 관심을 갖고 신체 각 부분을 바르게 사용하기 ·감각과 운동을 협응하는 활동하기 ·근육 활동하기 ·신체 활동에 적극적으로 참여하기 ·놀이 기구 이용해서 신체 활동하기	·하나님께서 주신 감각 운동과 신체 조절능력 기르기

발달목표 영역	내용 영역	내용	내용요소
건강생활영역	건강한 생활	·몸을 깨끗이 하기 ·주변 환경보호와 오염에 관하여 관심갖기 ·운동후 적절한 휴식 취하기 ·신체활동으로 긴장감 해소하기 ·옷을 바르게 입기 ·올바른 식생활 하기 ·질병 예방하기	·부모님을 통해 건강한 몸을 주신 하나님께 감사하기
	안전한 생활	·사고나 위험한 상황알기 ·사고나 위험에 처했을 때 대처하기 ·장난감과 기구를 안전하게 사용하기 ·교통안전 규칙 지키기	
	하나님과 관계갖기	·하나님, 예수님에 대하여 알기 ·하나님과 유아 자신과의 관계 알기 및 관계갖기 ·하나님의 공의와 사랑에 대해 알고 느끼기	·하나님이 어떤 분이신지 알기 ·예수님이 어떤 분이신지 알기(탄생, 죽으심, 부활, 승천) ·나는 하나님의 자녀로서 하나님의 구원 계획에 포함되어 있음을 알기 ·하나님이 유아 자신을 위해 어떤 일을 하시는가를 알고 감사하기 ·나는 하나님의 자녀임을 알기

발달목표 영역	내용 영역	내용	내용요소
사회생활영역	생각과 행동 조절	·나에 대해 긍정적으로 생각하기 ·스스로 하는 일에 즐거움 느끼기 ·상황에 맞게 생각하고 행동하기 ·자기 일 계획하고 끝내기	·자신의 일에 대해 하나님께 기도하기
	다른 사람에 대한 이해와 배려	·하나님과 다른 사람과의 관계 알기 ·사이좋게 지내기 ·평등하게 대하기 ·하나님이 모든 가치 판단의 절대적 기준임을 알기 ·부모 및 가족 관계 알기 ·가족 간에 예의 지키기 ·다른 사람과의 관계 알기	·하나님이 정하신 옳고 그름의 판단 기준을 알기 ·다른 사람도 하나님의 자녀이며 함께 구원 계획에 포함되어 있음을 알기 ·다른 사람을 나 자신처럼 사랑하기 ·다른 사람을 위해 기도하기

발달목표 영역	내용 영역	내용	내용요소
사회생활영역	또래집단에서의 생활	·집단 생활의 규칙 지키기 ·집단 생활의 예절 지키기 ·집단 생활에 적극적으로 참여하기 ·협동하여 문제 해결하기	·다른 사람을 위해 기도하기

	사회현상과 환경에 대한 관심	·주변 지역에 관심 갖기 ·공공 규칙 이해하기 ·사람들의 일에 관심 갖기 ·경제 생활에 관심 갖기 ·주변 환경 보살피고 가꾸기 ·우리나라의 여러 자랑거리 접해보기 ·남북한을 한 민족으로 받아들이기 ·다른 나라에 관심 갖기 ·하나님과 주변 현상과의 관계 알기	·하나님과 주변 현상과의 관계 알기 ·하나님은 모든 일에 관여하신다는 이야기 나누기
표현생활영역	자부심과 성취감	·놀이나 활동에 적극적으로 참여하기 ·시작한 활동에 열중하여 끝까지 하기 ·놀이나 활동에 참여함으로써 기쁨과 성취감 느끼기 ·하나님이 유아 개개인에게 주신 각기 다른 능력에 대해 알기	·하나님이 유아 개개인에게 주신 각기 다른 능력을 개발하기
	긍정적 태도	·자신의 감정을 적절하게 표현하기 ·생활 속에서 느낀 것을 전하고 나누기 ·생각이나 표현을 존중하기	·자신의 생각이나 표현은 하나님께서 주신 것임을 알기
	감상	·여러 가지 소리 듣기 ·다양한 종류의 음악 듣기 ·하나님이 지으신 자연과 사물 감상하기 ·여러 가지 몸의 움직임을 보고 즐기기 ·다양한 종류의 춤 감상하기 ·우리나라의 전통 예술에 친숙해지기	·기독교 관련 음악 듣기

발달목표영역	내용영역	내용	내용요소
표현생활영역	표현	·여러 가지 소리 만들어 보기 ·노래 부르기 ·리듬악기 다루기 ·생각과 느낌 표현하기 ·다양한 소재를 활용하여 조형 활동하기 ·신체로 여러 가지 모양과 움직임 표현하기 ·다양한 소재를 활용하여 신체 표현하기	·자신과 하나님과의 관계를 조형 활동으로 표현해 보기 ·자신과 하나님과의 관계를 활동으로 표현해 보기(찬송 부르기)
역언어생활영역	하나님과의 사소통	·하나님 말씀에 관심 갖기 ·하나님과의 의사소통에 관심갖기	·성경 이야기 듣기 ·일상 생활 속에서 기도하기 ·성경 이야기 듣기
	듣기	·말소리 듣기 ·일상 생활에 관련된 낱말과 ·문장 이해하기 ·이야기 이해하기 ·지시 따르기 ·동화와 동시 즐겨 듣기 ·바른 태도로 듣기	·기독교 문학 작품(동화, 동시)을 즐겨듣기
	말하기	·바르게 발음하여 말하기 ·일상 생활에 관련된 낱말과 문장 말하기 ·묻는 말에 대답하기 ·경험, 생각, 느낌 말하기 ·상황에 따라 말하기 ·바른 태도로 말하기	·기도하기 ·성경이야기 듣고 토론하기 ·하나님과 예수님에 대해 말해보기 ·성경 이야기를 해보기

	표현	·글자와 글에 관심 갖기 ·말과 글자와의 관계 의식하기 ·글자로 놀이하기 ·읽어주는 동화와 동시 즐기기 ·책에 관심 갖기 ·쓰기 도구에 관심 갖기	·어린이 성경책에 관심 갖기 ·읽어 주는 성경과 성경 이야기 즐기기

발달목표 영역	내용 영역	내용	내용요소
탐구생활영	만물의 근원 탐구	·동·식물의 근원 알기, 인간의 근원 알기, 우주의 근원 알기 ·동·식물의 존재 이유 알기, 인간의 존재 이유 알기, 우주의 존재 이유 알기	·우주 창조에 대해 듣고 이야기해 보기 ·인간창조에 대해 듣고 이야기해 보기 ·동·식물 및 인간의 존재 이유에 대해 듣고 이야기해 보기
	과학적 사고와 탐구	·물체의 성질 탐색하기 ·물질의 변화 과정 관찰하기 ·물체의 움직임 관찰하기 ·우리 몸에 관심 갖기 ·생물에 관심 갖기 ·자연 현상 관찰하기 ·자연 현상 관심 갖기 ·자연 및 물체와 하나님의 관계 알기	·하나님께서 창조하신 물체, 물질, 우리 몸, 사물 등에 포함된 하나님이 부여하신 법칙들을 관찰하고 관심 갖기 ·하나님께서 과학적 사고와 탐구 능력을 주심을 알고 감사하기

	논리·수학적 사고와 탐구	·사물 분류하기 ·사물 순서 짓기 ·일상 생활에서 수 활용하기 ·전체와 부분 경험하기 ·기초적인 측정과 관련된 경험 갖기 ·시간에 관한 기초 개념 갖기 ·공간에 관한 기초 개념 갖기 ·기본 도형 인식 및 구성하기 ·기초적인 통계에 관련된 경험 갖기	·하나님께서 논리-수학적 사고와 탐구 능력을 주셨음을 알고 잘 사용하기
종교생활영역	창의적 사고와 탐구	·다양한 문제 상황에 관심갖기 ·문제에 관련된 원인 생각하기 ·다양한 문제 해결의 경험갖기	·창의적 사고와 문제 해결력을 하나님께서 주셨음을 알고 사용하기
	하나님·예수님께 관심갖기	·하나님,예수님께 관심갖기	·성경 이야기 듣기 ·예배에 참여하기 ·성경에 관심갖기 ·예배 드리기

발달목표 영역	내용 영역	내용	내용요소
종교생활영역	하나님·예수님에 대해 알기	·하나님, 예수님에 대해 이야기 듣기 ·하나님, 예수님에 대해 생각하기 ·사후 세계(내세)에 대해 관심 갖기	·하나님, 예수님은 어떤 분이신지, 어떤 일을 하시는지 어떻게 일하시는지에 대해 알아보기 ·죽음과 내세에 대해 알아보기
	하나님에 대해 믿음 갖기	·인간, 동·식물의 존재 이유에 대해 생각해 보기 ·하나님을 유아 자신의 구세주로 영접하기 ·하나님을 믿는지에 대해 생각하기 ·하나님을 믿는 이유에 대해 생각하기 ·하나님께 대한 믿음을 여러 가지 방법으로 표현해보기 ·하나님을 예배하기	·찬송 부르기 ·예배 드리기 ·하나님 예수님과 어떤 이야기를 할지 생각하고 이야기해 보기 ·하늘나라에 대해 이야기 듣고, 이야기해 보기 ·구원에 대해 이야기 듣고 이야기해 보기 ·죽음과 내세에 대해 이야기 듣고 이야기해 보기 ·하나님을 믿는 이유에 대해 이야기 하기
	교회생활하기	·교회에 관심 갖기 ·교회 가보기 ·교회 구성원에 대해 생각해 보기	·교회에 가보기 ·교회에 다니기

자료 : 이혜상(1993) 기독교 유아교육과정 모형 개발 연구 pp.113~177.

2. 유아들의 학습 스타일 파악

유능한 교사나 부모가 되려면, 아이들의 학습 스타일이 제각기 다르다는 사실을 기억해야 합니다. 하나님은 우리를 독특하게 창조하셨고 우리의 독특한 면을 좋아합니다. 아이마다 학습 스타일이 서로 다르다는 것을 이해하면, 하나님이 그들 한 사람 한 사람을 모두 사랑하신다는 사실을 가르칠 수 있는 환경을 더 쉽게 만들 수 있습니다. 연구를 통해 사람들이 지식을 배우고 표현하는 새로운 유형이 끊임없이 발견되고 있습니다. 아래에 그런 유형 몇 가지를 간단하게 설명해 놓았습니다. 먼저, 교사 자신의 학습 스타일을 파악하라. 교사의 학습 스타일은 어떤 활동을 계획할지 선택하는 데 영향을 끼칩니다. 그 다음에는 아이들의 장점을 파악하라. 대부분 아이들의 학습은 여러 가지 유형이 결합되어 이루어집니다. 가장 잘 배울 만한 방식으로 아이들을 격려하고 자극할 활동을 준비한다면, 배우려는 마음 자세와 집중력을 더욱 높일 수 있을 것입니다.

① 시각형

시각형 학습자는 보는 것을 통해 가장 잘 배울 수 있습니다. 이들은 그림 그리기나 블록 쌓기를 좋아하며, 정보를 보고 싶어하기 때문에 읽고 쓰는 법을 배우는 것도 좋아합니다. 이야기를 들으면서 그 장면을 상상하고, 연습장을 사용하며, 배경음악이나 소리를 듣는 것보다는 조용한 것을 좋아합니다. 이들은 어수선한 광경을 좋아하지 않고, 모든 것이 잘 정리된 환경을 좋아합니다. 교사들은 대부분 시각형 학습 스타일에 속하는 것으로 추정됩니다.

② 언어형

언어형 학습자는 말과 대화를 통해 가장 잘 배웁니다. 이들은 말을 통해 개념을 습득합니다. 소리 내어 읽어주는 이야기를 듣거나 책을 녹음한 오디오 테이프를 듣기를 좋아합니다. 곡을 붙여서 들려준 내용을 잘 기억하며, 배경음악이나 소리를 좋아하고, 어수선한 광경에도 크게 개의치 않습니다. 이들은 질문을 많이 합니다. 집중력이 부족해서가 아니라 더 많이 이해하고 싶은 열의 때문입니다. 지나치게 말이 많고, 산만할 수도 있습니다. 언어형 학습 스타일에 속하는 아이들에게는 말하고 듣는 기회를 많이 제공해야 합니다.

③ 운동형

운동형 학습자는 몸을 움직일 때 가장 잘 배웁니다. 대체로 근육이 골고루 발달 되어있고, 손을 사용하거나 몸짓을 섞어 이야기하기도 합니다. 이들은 온몸을 이용해 정보를 습득합니다. 촉각이 발달 된 학습자는 접촉을 통해 배웁니다. 물건을 분해하길 좋아하고, 항상 무엇인가를 만지작거립니다. 이들은 보거나 듣는 것보다는 무엇을 하는 것으로 더 많이 배웁니다. 촉각이 발달 된 운동형 학습자는 만지거나 껴안는 동작, 아늑한 환경과 은은한 불빛에 민감합니다. 이들과는 한 가지 이상의 감각을 사용하는 활동을 하는 것이 좋습니다. 단어와 같은 것을 기억하도록 돕는 활동을 할 때 대근육을 사용하면, 운동형 학습자들은 모두 즐겁게 참여할 것입니다.

④ 관계형

관계형 학습자는 예리한 관찰자입니다. 몸짓과 목소리의 높낮이에 민감하며, 사람들이 어떻게 느끼는지 주시하고 거기에 적절히 반응하여 정보를 습득합니다. 협동적이고, 상호적인 활동을 좋아합니다. 이들은 사람을 좋아하는 사람들, 곧 상호 관계를 통해 활력을 얻는 유형입니다.

⑤ 성찰형

성찰형 학습자는 단체 활동을 피하지는 않지만, 그들이 누구인지 자신이 그곳에 어울리는지를 더 깊이 생각하는 경향이 있습니다. 때때로 집단 상호작용이 지나치면 지치기도 하고, 종종 단독 활동을 하면서 자신을 표현하기도 합니다.

⑥ 논리형

아이는 누구나 어느 정도는 문제를 해결하고 탐험을 좋아하는 성향을 지닙니다. 그러나 그런 성향이 다른 아이들보다 더 강한 아이들이 있습니다. 논리형 학습자는 세상에 있는 유형을 파악해 문제를 해결하는 능력이 뛰어납니다. 이들은 사물이 작용하는 원리를 하나씩 설명해 주는 말을 좋아하고, 어려운 게임과 퍼즐을 즐깁니다. 종종 누가 수를 세라고 하지 않았는데도 스스로 개수를 헤아리고, 장난감을 여러 범주(색깔, 모양 등)에 따라 분류하기를 좋아합니다.

⑦ 음악형

아이들은 대부분 음악을 좋아하지만, 특히 리듬과 음의 높낮이, 시처럼 운율을 갖춘 언어와 같은 것에 더 민감하게 반응하는 아이들이 있습니다. 이들은 다른 사람들 말에 귀를 잘 기울이지만, 음악이 연주되면 가만히 앉아 있지 못합니다. 즉석에서 노래를 지어 부르기도 하고, 음악을 들을 때마다 춤을 추거나 몸을 움직이는 것으로 자신을 표현합니다.

⑧ 자연 친화형

자연 친화형 학습자는 자연 세계를 관찰할 때 가장 잘 배웁니다. 밖에 나가 자연과 교감하기를 좋아하며, 하나님이 창조하신 세계를 탐험하고 조사하고 분류하면서 끊임없이 경이로워합니다. 이들은 교실에 창문이 있는 것을 좋아합니다. 창문을 통해 밖에서 일어나는 일을 볼 수 있기 때문입니다. 자연 친화형 학습자는 자연적 소재를 사용하는 활동을 좋아합니다.

3. 유아를 위한 실제적인 지침들

① 교훈이나 이야기를 들려줄 때 한 번에 한 가지 개념을 가르치라.

수업 시간 내내 한가지 개념에 초점을 맞추고, 그 개념을 다양하게 되풀이하는 방법을 사용하라. 반복은 경험의 폭을 넓혀주어 아이의 이해력을 높일 수 있습니다.

② 아이가 이해하는 것부터 시작하라.

아이들은 사랑하는 행위와 돕는 행위가 무엇인지 알고 있습니다. 둘 다 경험해 보았기 때문입니다. 갓난아이를 직접 보았기 때문에 예수님이 아기로 태어나셨다는 사실도 이해할 수 있습니다. 그러나 '영적으로 거듭나다'라는 개념은 이해하지 못합니다. 아이에게 '예수님이 네 마음속에 계시단다'라고 말하면, 다 큰 어른이 어떻게 자기 안에 들어올 수 있는지 의아해합니다. 그보다는 하나님의 가족이 되는 방법을 설명하라. 가족이 무엇인지는 경험해 보았기 때문입니다. 아이들은 다윗이 양떼를 돌보고 하나님에 관한 노래를 지었다는 사실은 이해할 수 있지만, 우리가 하나님이 이끄시는 양떼라는 사실은 이해하지 못합니다.

③ 익숙한 경험과 새로운 자식을 연결시키라.

성경에는 그림을 보는 듯한 서술이나 은유, 상징이 많습니다. 세상에 계실 때 예수님은 사람들의 일상생활과 관련된 비유나 이야기로 진리를 가르쳤습니다(씨앗을 심는 일, 새들을 관찰하는 일, 집을 짓는 일 등). 예수님은 익숙한 경험이나 사람들이 이미 알고 있는 지식을 영적 개념과 연결하면 하나님 나라를 더 잘 이해할 수 있을 것이라고 생각하였습니다. 훌륭한 교사는 학생들이 이미 알고 있는 지식과 새로운 지식을 서로 연관시킵니다. 그러나 네다섯 살 된 아이가 지닌 사전 지식은 매우 제한적입니다. 아이들은 씨앗이 무엇이고 어떻게 자라는지, 꽃이 어떻게 생겼으며 집을 짓는다는 것은 무엇인지 더 배워야 합니다. 아이는 아직 추상적인 개념이나 비유를 이해하지 못합니다. 따라서 우리도 예수님을 본받아 새로운 개념을 아이의 실제 생활에 연관시키는 학습 방법을 시도해야 합니다.

④ 아이의 실제 생활과 관련된 이야기나 교훈, 노래를 선택하라.

아이에게 가르치려는 것을 직유나 은유로 묘사하지 말라. 예를 들면, 성경은 우리가 매일 먹어야 할 양식이란다 라고 가르치지 말라. 대신 성경은 특별한 책이란다. 성경은 하나님과 그분이 우리에게 원하시는 것이 무엇인지 알려 주거든 이라고 가르치라.

⑤ 4~5세 아이들에게 시간은 아무 의미가 없습니다.

4세 아이에게는 예수님이 2,000년 전에 태어나셨다는 사실이 그리 중요하지 않습니다. 과거라는 개념을 알 수 있을 만큼 많은 시간 동안 세상을 살아온 것이 아니기 때문입니다.

⑥ 아이들이 하는 말과 일치하는 노래를 선택하라.

예를 들어, 예수님은 내가 빛을 비추길 원하세요라는 노래보다는 나는 알아요. 예수님이 나를 사랑하신다는 걸이라는 노래를 선택하는 것이 좋습니다. 전통적인 어린이 찬송가는 좀 더 나이가 든 아이들에게 적합합니다. 4~5세 아이들은 찬송가에 담긴 상징적 의미를 쉽게 이해하지 못합니다. 의미를 좀 더 분명하게 만들 수 있다면 주저하지 말고 가사를 바꾸라. 예를 들어, '하나님의 말씀 위에 홀로 서서'(유치부 아이들은 이 가사를 들으면 누군가가 성경책에 올라서 있는 모습으로 이해한다)라는 노랫말을 하나님 말씀을 듣고 싶어요라고 고칠 수 있습니다.

⑦ 아이들을 가르칠 때는 하나님의 인도하심을 구하는 것이 가장 중요합니다.

예수님은 "하나님으로서는 다 하실 수 있느니라"(막10:27)고 말씀하였습니다. 또한 "나를 떠나서는 너희가 아무것도 할 수 없음이라"(요15:5)고 말씀하였습니다. 기도하면서 예수님이 가르치신 대로 최선을 다해 가르치라. 그러면 아이들이 하나님의 말씀을 기억하고 이해하며 성장하는 모습을 보게 될 것입니다.

⑧ 의도된 대화법을 사용하라.

왜 아이들에게 의도된 대화법을 사용해야 할까요? 그냥 그들에게 이야기하는 것으로는 부족한가? 사실, 교사는 아이들과 즉흥적으로 대화할 때가 많습니다. 의도된 대화는 교회학교 활동의 근간이 되는 성경의 진리를 적용하는 방법을 기억하고 이해하도록 돕습니다. 아이들의 활동과 성경의 진리를 연결시키면, 그들이 하고 있는 것과 성경이 말하는 것이 어떤 관계가 있는지 이해하도록 도울 수 있습니다.

• 1단계, 그 주의 학습 주제와 성경 구절을 숙지하라.

그 주의 학습 주제와 성경 구절을 숙지하면, 가르칠 수 있는 기회가 생길 때마다 학습 개념을 자연스럽게 전달할 수 있습니다.

• 2단계, 들으라.

유능한 교사가 될 수 있는 가장 좋은 방법은 잘 듣는 것입니다. 아이들이 어떤 활동에 몰두해 있거나 함께 어울려 논다고 해서 그 시간을 휴식 시간으로 생각하거나 자리를 비워서는 안 됩니다. 아이의 눈높이에 맞게 자세를 낮추고, 그들이 하는 말에 귀를 기울이라. 듣고 관찰하면, 아이의 생각과 감정을 이해하는 데 큰 도움이 됩니다. 아이들에게 귀를 기울이고 그들을 유심히 관찰하면서 그들의 관심사가 무엇이고, 스스로를 어떻게 생각하고 있으며, 어떤 일에 신경을 쓰는지를 알려줄 실마리를 찾으라. 어떤 아이도 무시하지 말고 그들에게 정신적으로 보조를 맞추라.

• 3단계, 질문을 던지라.

단순히 '예', '아니오'라는 대답으로 끝나지 않는 대화를 시도하라. 개방형 질문을 던져 사물을 묘사하게 하고 사고를 자극하라. 예를 들어, 아이가 블록을 쌓는 것을 보거든 '이 큰 블록을 맨 위에 올려놓으면 어떻게 될까? 이 작은 블록을 올려놓으면 또 어떨까?'라고 물으라. 그 밖에도 '지금 뭘 만들고 있는지 말해줄래?'라고 말해도 좋습니다. '예'와 '아니오'로 간단히 대답할 수 없는 질문은 언어 능력을 길러주고 감정을 표현하게 해주어 아이의 생각과 감정을 더 잘 이해할 수 있는 기회를 제공합니다.

• 4단계, 아이의 생각과 감정을 하나님의 말씀과 연결하라.

아이의 생각과 감정을 하나님의 말씀과 관련지으면, 성경의 진리를 일상생활에 적용하도록 도울 수 있습니다. 어떤 상황을 보고 이렇게 대화를 시작해 보라. 'OO, OOO를 도와줬더구나. 너는 성경 말씀을 잘 지켰어. 하나님은 우리에게 서로 도우라고 말씀하시거든. 고맙다', 또는 'OO, OO와 즐거운 시간을 보낸 것 같구나. 성경은 하나님이 우리에게 친구를 주셨다고 가르친단. OO을 친구로 주신 하나님께 감사하자. 하나님, OO에게 OO을 친구로 허락하셔서 감사합니다'라고 말할 수 있습니다. 친절한 행위나 도와주는 행위가 무엇인지 알려주면, 아이들은 서로 돕고 공유하고 무엇을 교대로 한다는 것이 무슨 의미인지 배울 수 있습니다.

어떤 아이의 행동을 말씀과 관련지으려고 한다면, 그 일을 잊어버리기 전에 즉시 언급하라. 그때에는 아이의 이름을 불러주라. 아이는 자기 이름이 불리지 않으면, 다른 사람에게 말하는 것으로 생각합니다. 아이가 만족이나 호기심, 실망을 느끼거든 그 순간을 가르칠 수 있는 기회로 활용해야 합니다. 아이들은 특히 그런 순간에 새로운 개념을 잘 습득하는 경향이 있습니다. 아이가 문제를 해결하도록 도울 수 있는 말이나 질문을 던지라. '내가 보았는데…'라는 말로 아이가 한 일을 독려하라. 아이의 질문에 대답하고, 그 자리에서 그런 호기심을 느끼게 해주신 하나님께 감사하라. 그 주의 성경 진리를 잘 숙지하고 아이들을 잘 지켜보며 그들의 말에 귀를 기울여 그때그때 적절한 말을 건넨다면, 하나님의 사랑과 그분의 말씀이 그들의 세계와 어떤 관계를 맺고 있는지 깨우쳐줄 수 있습니다.

⑨ 아이의 성장을 독려하라.

유치부 아이들의 발달 범위는 4세에서 7세 수준까지 폭넓게 걸쳐 있습니다. 모든 아이는 저마다 성장 속도가 다릅니다. 바로 이런 차이 때문에 교사는 모든 아이가 이해력과 자신감을 높이고 성취감을 가질 수 있도록 활동을 단순화하거나 좀 더 복잡하게 하는 등, 유연하게 대처해야 합니다. 유치부 아이들은 대부분 어느 시점이 되면 사고력이 갑자기 훌쩍 성장하는 것처럼 보입니다. 학습에 큰 열의를 보일 뿐 아니라 놀라운 질문을 던져 깊은 사고를 하는 듯한 징후를 드러내기도 합니다. 예를 들면, '하늘나라는 어디에 있어요? 왜 물은 파란색이에요? 머리는 어떻게 생각을 하죠?'와 같은 질문들입니다. 아이들은 더 많은 것을 생각하고 싶어하는 열망이 있기 때문에 활동을 늘려 그들을 독려하고 열성적으로 참여할 수 있게 이끌어야 합니다.

• 사고력

　교사는 언제, 어떤 활동을 통해서든 유치부 아이들의 사고력을 독려할 수 있습니다. 사물을 잘 관찰한 다음, 범주화하도록 지도하라. 이 호박과 수박은 뭐가 닮았지? 또 뭐가 다르지? 이 사과랑 색깔이 같은 과일은 뭐가 있을까? 그림에 양이 몇 마리 있지? 갈색 점이 있는 말은 몇 마리지? 꼬리가 검은 암소는 몇 마리지?와 같은 질문을 던지라. 관찰된 사물이나 사람에게서 공통으로 발견되는 특징을 물으라. 누가 또 빨간 옷을 입고 있지? 그림에서 스웨터를 입고 있는 사람을 또 찾아볼까? OO와 내가 입고 있는 것 중에 똑같은 게 뭐지?, 이야기를 읽어주다가 도중에 이따금 읽기를 멈추고, 다음에 어떤 일이 있을지 추측해 보게 하라. 그런 추측을 좀 더 확대 시키려면 아이들에게 나름대로 이야기 결말을 만들어보게 하거나, 다음에 일어날 일이라고 생각하는 것을 그림으로 그리게 하거나, 등장인물이 이야기와 다르게 행동했다면 어떤 결과가 나타났을지 말해 보게 하라. 예수님이 소경에게 조용히 하라고 말씀하셨다면 어떻게 되었을까?
　사무엘이 원하는 것을 엘리에게 말하지 않았다면 어떻게 되었을까? 자유롭게 만들어 갈 수 있는 이야기를 시작해 보라. 아이들에게 각자 차례대로 한두 문장을 만들어 보태게 하라. 그림을 보여주면서 그림에 묘사된 일이 일어나기 전에 어떤 일이 있었을 것 같은지 묻거나, 그 다음에 일어날 일을 추측해 보라고 말하라. 단순한 활동이지만 아이의 사고력을 길러 주는데 많은 도움을 줍니다. 옷차림새를 조금씩 바꾸면서 달라진 점을 찾아보게 하라. 제스처 게임을 활용하라. 제스처 게임은 몸짓 언어의 의미를 이해하는 능력을 길러주고, 말을 사용하지 않고 의사를 전달할 수 있는 방법을 깨우쳐줍니다.

- 언어능력

언어에 대해 아이들이 지닌 자연스런 호기심을 이끌어내고, 수업 시간에도 자연스럽게 글 읽기를 시도하라. 아이들에게 자신이 도울 수 있는 사람이 누군지 묻고, 그 이름들을 큰 종이에 적으라. 기도 시간에는 감사하고픈 사람들의 이름을 말해 보라고 하고, 그 이름들을 종이에 적으라. 아이들이 말한 이름을 적고 나면 그 목록을 소리 내어 읽으라. 아이들이 글을 조금씩 읽기 시작하거든, 성경 구절을 골라 낱말을 카드에 따로따로 하나씩 적으라. 그 낱말을 소리 내어 읽으면서 아이들에게 카드를 한 장씩 나눠주라. 그리고 카드를 순서대로 늘어놓으라고 하라. 읽기에 흥미를 보이는 아이들을 위해 교실 물건들의 이름을 적어 이름표를 붙이라. 유치부 아이들이 성경 구절을 암송하는 것은 매우 인상적이지만, 성경 구절을 외웠다고 해서 그 의미를 이해했으리라는 보장은 없습니다.

아이에게 성경 구절을 외우게 할 때는 그 말씀의 의미를 정확히 일러주어야 합니다. 아이들이 암송하는 말씀을 이해할 수 있도록 도우라. 아이들에게 확실히 이해시킬 수 없는 개념을 가르치는 성경 구절은 나중에 가르치는 것이 현명합니다. 유치부 아이들은 대부분 아직 읽기를 배우지 못했기 때문에 읽기를 배우고 있는 아이와 막 글을 읽기 시작한 아이가 제각기 자신의 수준에 맞게 참여할 수 있는 활동을 다양하게 준비해야 합니다. 글을 읽든 읽지 못하든, 아이들 모두에게 책을 나눠주라. 아이들이 같은 내용의 책을 보는 동안 녹음된 이야기를 들려주라. 그런 식으로 다채로운 활동을 마련한다면, 읽기 능력이 제각기 다른 아이들을 도울 수 있을 것입니다.

• 숫자능력

유치부 아이들은 무엇이든 숫자로 세는 것을 재미있어합니다. 외국어로 1에서 5까지 세는 법을 가르치라. 자나 줄자로 물건의 길이를 재라. 저울을 가져다가 다양한 물건의 무게를 측정하라. 블록, 구슬, 플라스틱으로 만든 동물 등, 손으로 다룰 수 있는 물건들을 다양한 범주로 나누게 하거나 탁자나 바닥에 갖가지 형태로 늘어놓게 하라. 그런 활동을 할 때는 아이들이 재미있게 느낄 수 있는 방법을 사용해야 합니다. 아이들은 그런 단순한 경험에서 우리가 생각하는 것보다 훨씬 많은 것을 배웁니다. 그러나 나중에 옳고 틀린 것을 확인한다거나 올바른 대답을 기대하지는 말라. 그런 활동을 시도하는 이유는 특정한 교육 목적을 달성하기 위해서가 아니라 아이의 탐구심과 관찰력을 자극해 참여율을 높이기 위해서입니다. 모든 학습 활동을 재미있는 놀이로 만들라. 아이들에게 실력을 입증해 보이라고 강요하지 말고, 함께 놀면서 정보를 제공하고 하나님이 그들 모두를 사랑하신다는 사실을 깨우쳐주라. 하나님이 아이들에게 제각기 능력을 허락해 주신 것에 감사하는 마음을 표현하라.

⑩ 아이들을 예수님께 인도하라.

다른 영역과 마찬가지로 우리는 나름의 속도와 방식을 따라 영적으로 성장하는 단계를 거칩니다. 하나님은 우리 한 사람 한 사람을 잘 알고 계시기 때문에 모두의 삶에서 각각 다르게 역사합니다. 각 사람의 성장 속도나 계획이 어떠하든 간에 하나님은 우리와 더 친밀한 관계를 맺으시기 위해 쉬지 않고 역사합니다. 이 사실을 기억하면, 우리는 하나님의 선하신 계획을 의지할 수 있습니다. 더 나아가 우리 자신은 물론 우리가 돌보는 아이들이 영적으로 성장하는 데 그분의 인도하심을 구할 수 있습니다.

아이들이 그리스도를 구주로 영접할 수 있는 토대를 마련하려면, 말과 행위로 일관되게 예수님을 전해야 합니다. 언제쯤이면 아이들이 그리스도를 영접할 준비를 갖추게 될까요? 우리는 하나님의 쉬지 않는 사역을 기억하고, 그 사역을 민감하게 감지해 기꺼이 협력해야 합니다. 하나님은 우리가 정한 시간이 아니라 그분이 정하신 때에 아이와 관계를 맺습니다. 우리는 그 일에 방해가 되어서도 안 되고, 아이를 강요하거나 조종하려고 해서도 안 됩니다. 우리는 아이들에게 질문하고 개념들을 생각하게 하며, 그들의 속도에 맞게 반응할 수 있는 기회와 시간을 허락해야 합니다. 유치부 아이들 가운데는 예수님을 구주로 영접해 하나님의 가족이 되게 해달라고 기도하는 아이도 더러 눈에 띕니다(특히 기독교 가정에서 자라는 아이들이 그렇습니다). 그러나 교사는 아이들이 그런 중요한 성장 단계로 도약할 준비가 되었느냐 아니냐는 저마다 다를 수 있다는 점을 잊어서는 안 됩니다.

아이를 도와 예수님에 관한 생각과 감정을 표현하게 하려면, 너는 어떻게 생각하니?라거나 나한테 좀 더 말해 주지 않겠니?와 같은 개방형 질문을 던지는 것이 좋습니다. 예수님에 관해 네가 가장 좋아하는 것이 무엇인지 말해주지 않겠니?라고 물으면, 아이가 무엇을 이해하고 무엇을 이해하지 못했는지 짐작할 수 있습니다. 아울러, 그런 질문은 아이에게 필요한 정보를 전해 줄수 있는 기회가 되기도 합니다. 특히, 유치부 아이들은 하나님에 관해 여러 모로 더 많이 알고 싶어하는 경향이 있습니다. 아이들의 질문에 대한 교사의 대답은 예수님과 맺는 인격적인 관계를 더 많이 이해하도록 도울수 있는 기회가 됩니다. 아이들과 일대일로 대화하라. 아이가 예수 그리스도와 인격적인 관계를 맺는 것과 같은 중요한 일은 집단이 아닌 개인으로 행할 때 더욱 효과적입니다. 단순하게 표현하라. 거듭나다 라는 말이나 내 마음속에 거하시는 예수님과 같은 표현은 상징적이기 때문에 아이가 이해할 수 있는 범위를 넘어섭니다. 하나님이 어떻게 사람들을 그분의 가족으로 만드시는지에 초점을 맞추라.

- 하나님은 우리를 사랑하신다. 그러나 우리는 잘못(죄)을 저질렀다.
- 잘못을 저지르면 벌을 받아야 한다고 하나님은 말씀하신다.
- 하나님은 예수님을 보내셔서 우리가 저지른 잘못을 대신 짊어지고 벌을 받게 하셨다.
- 우리는 하나님께 우리가 저지른 잘못을 고백하고 뉘우칠 수 있다. 우리는 예수님께 우리의 구주가 되어달라고 기도할 수 있다.
- 그러면 하나님이 우리를 용서하시고, 그분의 가족으로 삼으실 것이다.

아이들이 관심을 보일 때마다 집중하는 시간을 고려해 위와 같은 진리를 일관되게 가르치라. 일생동안 영적으로 견고하고 튼튼하게 성장하도록 좋은 토대를 마련해 주라.

4. 유치부 상황별 매뉴얼

1) 아이들 맞이하기

아이들 한명 한명 편안하게 맞이합니다. 예배를 드려야 하는 유치부 아이들의 마음도 바로 이럴 것입니다. 집이 아닌 다른 공간에서, 전적으로 의지하던 부모님이 사라진 상황에서 아이들에게 빠르게 안정감을 주는 방법! 그것은 바로 아이들에게 조용히 다가가서 '넌 혼자가 아니야. 이곳에서는 내가 너를 돌봐 줄 거야'라는 안정감과 믿음을 주는 것입니다. 유치부를 처음 찾아온 우리 아이들을 편안하게 맞이하는 방법들에 대해 알아보겠습니다.

(1) 아이가 적응하도록 천천히 기다려 줍니다.

아이들의 기질과 성향, 그리고 평소 부모님과 어떤 애착을 형성하고 있는지에 따라 쉽게 분리가 되는 경우와 그렇지 않은 경우가 있을 수 있습니다. 다음 〈애착의 유형 및 특징〉을 참고해서 유치부 아이들의 애착 유형이 어떠한지를 살펴보는 것이 도움이 될 것입니다.

애착의 유형 및 특징
'애착'이란 아이와 양육자 간에 형성되는 친밀한 정서적 유대감을 말합니다. 애착 형성 시기는 개인차가 있지만 대략 생후 6개월에서 24개월까지로 볼 수 있습니다. 발달심리학자 에인스워스(M. Ainsworth)는 '낯선 상황실험'을 통해 어머니가 잠깐 아이와 떨어졌다가 돌아왔을 때 아이가 보이는 반응에 따라 안정형, 회피형, 저항형으로 애착 유형을 분류했습니다. 이렇듯 양육자가 아이의 안전 기지, 즉 믿을 수 있는 대상이 되어 주느냐 아니냐가 안정 애착과 불안정 애착을 구분하는 요소가 됩니다.

구분	특징
안정형 애착	·양육자가 아이의 요구에 민감하게 반응하고, 안정적·일관적으로 상호작용하는 경우에 형성됨 ·양육자와 떨어지면 울기도 하지만 돌아올 것을 아는 경우 곧 대안적인 위안을 찾고 안정적이며 활발하게 주변을 탐색함 ·타인과 협조적이며 긍정적인 모습을 보임 ·양육자와 재회할 때 반기며 품에 안겨서 쉽게 편안해짐
불안정 회피형 애착	·양육자가 자기중심적이며, 지나친 자극을 주거나 강압적 태도로 대하는 경우에 형성됨 ·양육자와 분리되면 크게 불안해하지 않고, 특별한 반응을 보이지 않음, 주변 환경을 파상적으로 탐색함 ·양육자와 재회할 때 가까이 가지 않고 회피하거나 무시함 ·양육자가 기분에 따라 과도한 애정, 또는 무관심과 짜증 등 변덕스러운 양육 태도를 보이는 경우에 형성됨 ·양육자와 분리되기 전부터 불안해하고 곁에서 떨어지지 않음, 양육자에게 매달려 애정을 갈구하고, 양육자와 분리되면 격렬한 분노 행동을 표현함 ·양육자와 재회할 때 강하게 접촉하거나 저항하는 등 양가적인 감정과 행동을 나타냄

안정형 애착을 형성한 아이들은 처음부터 무조건 부모님과 잘 떨어져서 혼자서 예배를 잘 드릴 거라고 오해를 하는 경우가 종종 있습니다. 물론, 부모님과 떨어졌다가 곧 다시 만나게 될 거라는 사실을 알게 되면 안정적으로 적응하게 됩니다. 하지만 이 사실을 알게 되려면 안정 애착형 아이들 또한 부모님 대신 안정감을 느낄 수 있는 대안적인 위안이 필요합니다. 교사가 바로 이 역할을 해주어야 합니다. 부모님에게서 아이를 성급하게 분리시키지 말고, 천천히 아이의 속도에 맞추는 것이 좋습니다. 가능한 한 새 학기에 신입 유아들을 위해서 2~4주간 유치부 적응 프로그램을 가져 보라. 새 학기 적응 프로그램 운영 여부는 교회마다 상황이

다르기 때문에 교회 운영 방침을 우선으로 따르되, 적응 프로그램이 없는 경우 유아들마다 개별적인 배려가 꼭 필요하다는 점을 기억하라. 새 학기 적응 프로그램은 아이들이 유치부에 잘 적응하도록 도울 뿐만 아니라 부모님이 유치부 예배가 어떻게 이루어지는지를 경험해 보는 시간이기도 합니다. 만약 부모님과 분리가 잘 되는 경우에도 최소 1~2주 정도는 부모님이 예배를 함께 드리면서 아이가 좀 더 편안한 상태에서 주변을 탐색하고 편안하게 적응할 수 있도록 해주는 것이 아이의 정서적 안정에 도움이 됩니다.

(2) 유아를 관찰하여 유형별로 다르게 맞이합니다.

첫 만남에서 선생님들은 반가운 마음에 하이톤의 목소리와 큰 동작으로 다소 과도한 스킨십을 하면서 유아들을 맞이할 때가 있습니다. 분명 환영의 의미이겠지만 어떤 아이들에게는 부담이 되고 불안함을 더 증폭시킬 수도 있습니다. 우선, 유치부실에 들어오는 유아들의 눈빛, 행동, 말투 등을 잘 관찰해 보라. 그리고 다음 중 어떤 유형에 속하는지 생각해 보고, 각 유형별로 다르게 맞이해 보면 어떨까요?

- 위축된 아이.
 - 울지는 않지만 잔뜩 긴장하고 위축되어 있다.
 - 말없이 주변을 조심스럽게 살핀다.

큰 소리로 '우리 친구는 이름이 뭐야? 몇 살이지?' 등 유아에게 질문을 하면서 답변을 요구하기보다는 톤을 낮추고 차분한 목소리로 다가가라.

이 유형의 유아들은 낯선 사람이 말을 걸면 더 위축되어서 입을 다물어 버립니다. 따라서 이렇게 접근하는 것이 좋습니다. "ㅇㅇ(아)야, 안녕? 나는 ㅇㅇㅇ 선생님이라고 해. 아빠, 엄마가 예배드리는 동안 ㅇㅇ(이)랑 유치부에서 예배도 드리고, 맛있는 간식도 먹고, 친구들과 재미있게 놀기도 할 거란다".

인사 후에는 가능한 한 친절하게 대하고, '너무 서두르지 않아도 돼. 보기만 해도 괜찮아'라고 미리 알려 줘서 편안함을 느끼게 해줍니다. 다른 교사나 아이들의 모습을 관찰하다가 스스로 하고 싶을 때 천천히 참여할 수 있도록 기다려 줍니다.

- 과 행동을 보이는 아이
  - 과한 몸동작을 보이며 여기저기 뛰어 다닌다.
  - 예배 장소 안에 있는 물건들을 과격하게 만진다.
  - 큰 목소리로 교사에게 이것저것 아는 척을 하며 다닌다.

사실 이런 유형의 아이도 자신만의 방식으로 낯설고 어색한 마음을 표현하는 중입니다. 과 행동을 하도록 내버려 두거나 그 템포에 휩쓸려 교사가 함께 하이톤으로 말하거나 엄하게 야단치지 않도록 주의하라. 그리고 아이를 따라다니며 행동을 제지하기보다 교사가 먼저 자리를 잡고 아이가 직접 해볼 수 있는 무언가로 시선을 전환시켜 행동이 차분해지도록 유도하라. 예를 들어 "와! ㅇㅇ(이)가 기분이 무척 좋은가 보구나. 우선 겉옷을 한번 벗어서 정리해볼까? 여기는 겉옷을 걸어 두는 곳인데 ㅇㅇ(이)는 어떤 색깔 옷걸이에 옷을 걸고 싶어? (기다리기) 아. 초록색을 골랐구

나. ㅇㅇ(이)가 직접 걸어 볼 수 있을까? 선생님이 기다려 줄게". 아이는 아마 옷을 정리한 뒤 다시 뛰어가려고 할 것입니다. 그럴 땐 또다시 유아가 혼자서 할 수 있는 일들을 한두 개 더 알려 주면 좋습니다. '여기 유치부 예배에 처음 온 친구들에게 불이라고 이름표가 있네? 그런데 ㅇㅇ(이) 이름은 어디 있을까? 선생님은 못 찾겠는데……(유아가 찾으면 활짝 웃으며) 와! 거기 있었네. 선생님은 이름표를 여기 가슴에 붙였는데 ㅇㅇ(이)는 어디에 붙이고 싶어?'. 유아가 직접 해보도록 기회를 주고, 고를 수 있는 선택권을 주며, 예배당이 어떤 곳이고 처음 오면 어떻게 해야 하는지 상황을 자세히 알려줍니다. 과 행동을 보이는 아이가 느낄 수 있는 어색함을 줄여 주는 것이 필요합니다.

- 익숙하게 들어오는 아이
  - 아빠, 엄마와 떨어져서 편안한 표정으로 들어온다.
  - (위축해서 경계하듯 살펴보는 아이와 달리) 익숙한 듯 주변을 살펴본다.

기질적으로 불안도가 낮고 외향적인 아이거나 애착이 안정적으로 형성되어 부모님과 잠시 떨어져서 시간을 보내는 것에 익숙해진 경우라고 볼 수 있습니다. 교사는 반갑고 친근한 목소리로 가벼운 스킨십(안아 주기)을 하면서 맞이해 줍니다. 하지만 아이가 너무 부담을 갖지 않도록 직접적으로 아이에 대해서 질문하기보다는 아이가 입고 있는 옷이나 가지고 온 물건 등에 관심을 보이며 접근해 보라. 예를 들어 'ㅇㅇ(아)야. 안녕? 반가워, 공룡이 그려진 옷을 입고 있구나. 여기 앉아서 같이 예배드릴 건데, ㅇㅇ(이)는 예배(기도, 찬양 등) 드려 본 적 있니?'.

> Q : 아이가 유치부 예배에 좋아하는 장난감을 가지고 왔습니다. 예배당에 가지고 들어오지 못하게 하면 아이가 울 것 같고, 가지고 들어오게 하면 예배 중에 계속 가지고 놀 것 같은데 어떻게 해야 할까요?
> A : 유아기 아이들은 자신이 좋아하는 물건을 어디든지 가지고 다니는 특징이 있습니다. 보통 '애착 물건'이라고 부릅니다. 예배에 크게 방해가 되지 않는 물건이라면 아이가 적응하는 기간에는 가지고 있게 해줍니다. 그러다 차츰 안정되면 'ㅇㅇ야, 오늘은 곰돌이를 바구니에 놓고 예배드려 볼 수 있을까?'라고 물어봅니다. 무조건 이렇게 하자고 교사 주도적으로 일방적으로 지시하기보다 아이 스스로 결정해서 행동할 수 있도록 의견을 묻고 천천히 기다려 줍니다.

(3) 예배 시작 전까지 할 수 있는 일

예배당에 들어오는 아이들 한 명, 한 명의 기질과 성향, 특징을 관찰해 따뜻하게 잘 맞이 했지만 그것도 잠시, 새로운 장소에서 예배가 시작되기 전까지 그 시간은 어른도 마찬가지지만 아이들에게는 정말 어색한 시간이 될 수 있습니다. 부모님이 보고 싶다고 하거나, 다시 예배 장소를 뛰어 다니기도 하고, 선생님이 잠시 자리를 비운 사이 혼자 남겨진 유아가 울음을 터트리기도 합니다. 하지만 이 시간을 잘 보내면 아이들과 보다 가까워지는 기회로 만들 수 있습니다. 다음의 방법들을 잘 활용해 봅니다.

• 간식 먹기.

찬양이 시작되기 전 유아들과 자리에 앉아 차분히 예배를 준비해야 합니다. 돌아다니는 아이들을 일단 자리에 앉히기 위해 사용할 수 있는 가장 쉬운 방법은 간식입니다. 교회마다 다르겠지만, 예배 전에 함께 간식을 먹고 바로 유치부 예배가 시작되는 경우도 있습니다. 간식이 제공되지 않는다면, 크기가 작은 유기농 캐러멜처럼 아이들이 한 입에 쏙 넣기 좋은 간식을 교사가 별도로 준비하면 좋습니다.

- 놀이 시간.

아이들에게 단지 말과 사실만 가르치려고 해서는 안 됩니다. 교사가 성경을 읽어주거나 아이들이 성경 구절을 암송하는 것만으로는 충분하지 않습니다. 말은 인간이 활용할 수 있는 효과적인 학습 수단 가운데 하나일 뿐입니다. 말만 들었을 경우에는 이전에 들은 정보를 토대로 추론의 과정을 거쳐야만 효과를 거둘 수 있습니다. 그러나 아이의 지식과 경험은 매우 제한적이기 때문에 말만 들어서는 깊이 이해하기가 어렵습니다. 어떤 개념이 아이들에게 의미를 지니려면 그 개념과 관련된 활동을 해야 합니다. 아이들이 하는 활동을 한마디로 표현하면 '놀이'입니다. 아이들은 자신이 만질 수 있는 것을 가지고 놀면서 이해의 폭을 넓혀나갑니다. 이것이 손으로 하는 활동이 필요한 이유입니다. 놀이를 활용한 활동은 아이들을 가르치는 가장 좋은 학습 방법입니다. 아이들은 놀이 경험을 통해 성경의 진리를 효과적으로 배울 수 있습니다.

그림을 그리고 블록을 쌓고 인형을 가지고 놀 때, 그런 활동과 하나님의 말씀을 연결시킬 수 있는 기회가 자연스레 찾아오기 마련입니다. 아이에게 하나님의 말씀을 행동으로 옮기고 있다는 것을 적절히 상기시켜주면, 놀이가 성경 학습으로 이어질 수 있습니다. 그런 경우, 놀이가 지니는 목적은 단순한 놀이의 차원을 뛰어넘게 됩니다. 예를 들어, 교사는 콩 주머니를 던지는 간단한 놀이를 하면서 이렇게 말할 수 있습니다. 'OO, OO

가 던질 차례라고 생각하고 콩주머니를 건네주었구나. 고마워. 그게 바로 친절이야. 성경은 우리에게 친절하라고 가르친단다'. 성경의 진리를 OO의 행동과 연결시키면, OO는 친절을 베푸는 것이 구체적으로 무슨 의미인지 이해할 수 있습니다. 성경에 관해 생각하고 말하는 기회를 반복해서 제공하면, 갈수록 사고력이 깊어질 수 있습니다. 아이들과 함께 놀이에 참여하면서 그들의 행동을 성경의 진리와 연결시킬 기회를 포착해 인정하고 격려하는 말을 해주는 일은 매우 중요합니다.

놀이 활동은 아이들에게 교사가 나눠준 재료로 무엇인가를 연구하고, 창조하고, 발견할 수 있는 기회를 제공합니다. 미리 아이들이 따라야 할 방식을 결정하지 않아도 됩니다. 일방적인 가르침을 베푸는 대신 교사는 놀이 활동을 하는 동안 자연스레 아이들과 이야기를 나누고, 질문하고, 의도된 대화를 하면서 성경을 가르칠 수 있습니다. 아이들은 교사는 물론 다른 아이들과도 대화를 나눌 수 있습니다. 그런 활동은 결과가 아닌 과정(재료를 사용하는 방법), 그룹의 상호 관계, 성경의 진리와의 연결에 초점을 맞춥니다. 아이들에게 한가지 활동을 제시하고 모두 똑같은 결과가 나오기를 기대하기보다는, 두 가지 이상의 활동을 제시하고 자유롭게 선택하게 하라. 그리고 활동을 완성해나가는 방법도 스스로 결정하게 하는 것이 좋습니다. 또한 소그룹으로 한 번에 한 가지 활동을 하게 한 뒤에 다른 활동으로 자유롭게 넘어가도 괜찮습니다. 모든 아이가 동시에 같은 활동을 해야 할 필요는 없습니다.

• 그림책 함께 읽기.

간식을 다 먹은 아이들 중 몇몇은 벌떡 일어나 돌아다니고 싶어 할 것입니다. 그럴 때는 준비해 둔 그림책을 펴서 함께 읽어 줍니다. 시시하고 재미없는 그림책은 아이들의 마음을 사로잡는 데 어려움이 있습니다. 읽어 주는 방법도 중요하지만, 아이들의 흥미와 연령 발달에 적합한 그림책을 선택하는 것이 우선입니다.

연령별 주제별 추천 도서			
주제	만3세(5세)	만4세(6세)	만5세(7세)
분리 불안 등 다양한 정서적 경험	또르의 첫인사 (토리고에 마리)	소피가 화나면 정말 정말 화나면 (몰리 뱅)	우리는 언제나 다시 만나 (윤여림)
자율성과 주도성, 자존감 발달	난 겁쟁이가 아냐 (맥스 루케이도)	짧은 귀 토끼 (다원시)	이슬이의 첫 심부름 (쓰쓰이 요리코)
또래, 사회적 관계 형성	친구 친구 (김복태)	알사탕 (백희나)	무지개 물고기 (마르쿠스 피터스)
호기심, 상상력 발달, 용기, 도전	오후 한 시의 기적 (앨리슨 미첼)	선 (이수지)	괴물들이 사는 나라 (모리스 샌닥)

2) 찬양

하나님은 인간에게 음악을 만들고, 표현하고, 함께 즐길 수 있는 능력을 선물해 주셨습니다. 그리고 우리 마음속에 인간을 지으신 창조주 하나님을 찬양하고자 하는 열망을 함께 담아두셨습니다. 그렇기 때문에 찬양 시간에 선생님의 역할은 우리 아이들이 하나님이 주신 음악이라는 선물을 가지고 하나님을 높이는 마음을 '스스로' 표현하도록 도와주는 것입니다.

(1) 유아들과 함께 부를 찬양

- 이해할 수 있는 내용의 가사일 때
- 쉽게 따라 부를 수 있는 멜로디일 때

이럴 때 아이들은 더 즐겁게, 진심으로 찬양을 할 수 있습니다. 만 3~5세(5~7세) 유아들은 발달상 노래 부르기를 아주 좋아하고 즐거워할 때입니다. 따라서 만약 아이들이 찬양을 잘 부르지 않는다면 찬양 태도를 잡아 주려고 애쓰기 전에 먼저 다음과 같은 평가가 필요합니다.

- 가사의 내용이 너무 어렵지는 않은가?
- 멜로디가 너무 복잡한 것은 아닌가?

〈연령별 노래 부르기 발달의 특징〉을 참고해 우리 유치부 찬양이 아이들의 수준에 적절한지 평가해 보라.

연령별 노래 부르기 발달의 특징	
연령	특징
만 3~4세 (5~6세)	·짧고 간단한 노래(예: '나처럼 해봐라'를 부를 수 있지만 음정이나 가사를 틀릴 때도 있다. ·'나' 또는 친숙한 소재와 관련된 노래 가사를 좋아한다.
만 4~5세 (6~7세)	·음정과 박자에 맞추어 노래를 부르기 시작한다. ·경험과 기억이 확장되어 좀 더 다양한 주제의 노래 가사를 이해하고 부를 수 있다(예: '밀과 보리가 자라네'). ·친한 친구들과 함께 노래 부르기를 즐긴다. ·가사를 바꾸어 부르거나 짧은 노래를 지을 수도 있다.

만 5~6세 (7~8세)	·음정, 박자, 가사를 거의 틀리지 않고 부를 수 있다. ·집단으로 맞추어 노래 부르기를 즐긴다. ·좀 더 길고 복잡한 가사의 노래를 부를 수 있다(예: 한국을 빛낸 100명의 위인들) ·개인적으로 좋아하는 노래 취향이 생기기도 한다.

(2) 율동 지도

아이들이 율동하며 찬양하는 모습은 참 사랑스럽고, 또 율동이 있을 때 아이들이 찬양 시간에 더 집중을 잘하는 것도 사실입니다. 하지만 우리가 잊지 말아야 할 것은 율동 역시 하나님께 마음에서 우러나와 즐겁게 드리는 찬양의 일부가 되어야 한다는 것입니다. 찬양 가사가 이해하기 쉽고 멜로디가 단순해야 아이들이 잘 부를 수 있는 것처럼, 율동도 마찬가지입니다. 그 동작을 왜 하는지 이해가 되고, 동작을 따라 하기 쉬워야, 즉 유아들의 발달 수준에 맞아야 즐겁게 율동하며 찬양할 수 있습니다.

연령별 대근육 운동 발달의 특징(가능한 동작)	
연령	특징
만 3~4세 (5~6세)	·한발로 설 수 있다. ·몸의 양쪽을 똑같이 움직일 수 있다. ·걸으면서 방향을 바꿀 수 있다. ·발을 바꿔 가며 계단을 천천히 오르내릴 수 있다. ·두 발을 모아 점프할 수 있다. ·선을 따라 걸을 수 있다.

만 4~5세 (6~7세)	·한발로 5초 정도 버티거나 점프할 수 있다. ·장애물을 피하며 달릴 수 있다. ·발을 바꿔 가며 계단을 좀 더 능숙하게 오르내릴 수 있다. ·두 발을 모아 사물을 뛰어넘을 수 있다. ·발끝으로 걷거나 뒤로 걸을 수 있다.

- 찬양 시간을 더 재미있게 만드는 법
  - 이야기가 담긴 찬양이라면 아이들에게 짧은 이야기로 가사를 먼저 소개해주세요.
  - 조용한 가운데 선생님이 혼자 불러 보세요.
  - 음만 먼저 함께 불러보아도 좋아요
  - 다양한 창법으로 불러 보세요. 예를 들어, 아주 작게 불렀다가 아주 크게 부르기,
  - 아주 천천히 불렀다가 아주 빠르게 부르기 등이 있어요. 단, 너무 오래 지속해서
  장난이 되지 않도록 주의하세요.
  - 아이들의 이름을 넣어 불러보세요.
  - 아이들의 의견을 반영해 찬양해 보세요. 예를 들어, 아이들이 제안하는 창법으로 부르기, 같이 율동 만들어 보기 등이 있어요.
  - 몸으로 낼 수 있는 소리(손뼉치기, 혀로 똑딱똑딱 소리 내기 등)를 사용하거나 단순한 리듬악기(마라카스 등)를 사용해 찬양해 보세요.
  - 성별, 연령별, 반별로 나누어 부르는 등 수준이 드러나 비교되는 방법은 별로 좋지 않으니 주의하세요.

3) 말씀 시간

찬양이 끝나고 기도하면서 조용해진 뒤 담당 교역자가 나와 말씀이 시작됩니다. 아이들의 집중력이 최고조에 달할 때입니다. 말씀 시간에 가장 중요한 선생님의 역할은 무엇일까요? 그건 바로 아이들이 말씀에 집중하도록 잘 관리하는 것이 아니라, 선생님이 말씀을 듣는 모습을 보여 주는 것입니다.

(1) 유아가 선생님에게 말을 걸거나 장난을 칠 때

신나게 찬양한 뒤라 아이들은 말씀 시간에도 선생님이나 친구들과 놀고 싶어서 말을 붙이거나 장난을 걸 수 있습니다. 이때 선생님이 함께 큰 소리로 '얘들아, 쉿! 예배 시간에는 떠들면 안 돼요! 똑바로 앉아야지!' 하는 식으로만 반복해서 주의를 주면 오히려 분위기가 점점 더 어수선해질 수 있습니다. 이럴 땐 유아의 손을 가만히 잡아 주거나 애정을 담아 가볍게 토닥토닥하고, 유아의 눈을 보고 고개를 짧게 좌우로 젓거나 검지를 입술에 올리는 식으로 '비언어적인 주의'를 주는 것이 분위기를 더 차분하게 만들 수 있습니다. 그래도 계속 장난이 반복된다면 담당 교역자가 말씀을 전하는 데 방해가 되지 않을 만큼 작고 낮은 목소리로 'ㅇㅇ(아)야, 지금은 말씀 듣는 시간이야. 말씀 다 끝나고 다시 이야기해 줘'라고 말해 주세요. 이때는 짧고 단호하게(하지만 무섭지는 않게) 말하는 것이 좋습니다. 평소 말을 많이 하거나 장난을 자주 치는 유아의 경우, 말씀 시간에 선생님과 가까운 자리에 앉도록 하면 도움이 됩니다.

(2) 유아가 말씀을 듣다가 질문을 할 때

유아가 말씀을 듣다가 질문을 할 경우 '우리 말씀이 끝나면 말씀을 전하신 전도사님(목사님)께 여쭤 보자', 혹은 '말씀 시간이 끝나고 선생님이 이야기해 줄게'라고 작은 소리로 대답해 줍니다. 선생님이 판단하기에 유치부 아이들 모두와 공유할 만한 중요한 질문이라면 어떻게 해야 할까요? 적절한 타이밍에 손을 살짝 들고 '전도사님(목사님), ㅇㅇ(이)가 궁금한 것이 있는데 질문해도 되나요?'하고는 유아에게 직접 질문하게 하거나, 말씀 시간이 끝난 후 선생님이 잊지 말고 유아에게 대답해 줍니다. 유아가 말씀에 질문을 한다는 것은 정말 말씀을 듣고 있었다는 의미이기도 하고, 이 시기 핵심적인 특징인 '주도성'을 보여 주는 지표입니다. 따라서 선생님이 이를 존중해 주는 태도로 정성껏 반응해 주는 것은 매우 중요합니다.

(3) 유아의 개인적인 필요가 있을 때

유아가 말씀 시간에 물을 마시고 싶다거나 화장실에 가고 싶거나 부모님이 보고 싶다고 하는 등 개인적인 필요를 이야기할 수 있습니다. 그땐 작은 목소리로 짧게 유아의 마음을 읽어 준 후 유아의 필요가 얼마나 큰지 확인해 봅니다. '목이 마르구나? (혹은 화장실에 가고 싶어?) 말씀이 이제 곧 끝날 텐데 혹시 조금 더 기다릴 수 있니?'라고 물어봅니다. 유아가 참기 어렵다고 하면 보조 선생님에게 부탁하거나 다른 유아들에게 양해를 구하고 아이를 데리고 조용히 다녀옵니다. 이때 주의해야 할 점은 말씀 시간 도중 선생님과 단둘이 나가는 것이 너무 재미있고 좋은 경험이 되면 습관이 되거나 다른 유아들이 유사한 요구를 반복하게 될 수도 있습니다. 따라서 유아의 필요를 채워주는 것에 초점을 맞추어 바로 예배의 자리로 돌아와야 합니다. 돌아오는 길에는 '우리, 예배드리는 중간에 나와서 말씀을 못 들었네, 그렇지? 다음에는 예배가 시작하기 전에 선생님이 준비해 둔 물을 마시자(혹은 화장실에 한번 다녀오자)'라고 가볍게 일러 줍니다.

또한 유아가 부모님이 보고 싶다고 하는 경우는 주로 말씀이 잘 이해되지 않거나 지루할 때, 목마르거나 화장실에 가고 싶거나 친구 때문에 불편한 점이 있을 때, 문득 예배 장소가 낯설게 느껴질 때일 수 있습니다. 그럴 때는 '맞아, 엄마(아빠) 보고 싶지? 예배가 끝나면 엄마(아빠)가 바로 오시니까 금방 만날 수 있어'하고는 따뜻하게 유아의 어깨를 살짝 안아 줍니다. 그리고 혹시 다른 필요가 있는지 조심스럽게 확인합니다. 이때 유아의 필요가 확인되면 재빨리 해결해 주고 유치부에서는 선생님이 엄마(아빠)처럼 ㅇㅇ(이)를 도와줄 수 있으니까 언제든지 선생님한테 이야기해도 된단다 라고 알려줍니다.

4) 공과 시간

(1) 말씀 수준 조절

아이들이 정말로 말씀을 이해하고 자발적으로 말씀을 기억하는 의미있는 공과 시간을 만들기 위해서는 무엇이 필요할까요? 제 생각에는 진심과 적절한 수준인 것 같습니다. 무엇보다 먼저, 선생님이 그 말씀에 감화되어 있는 것이 중요합니다. 다음으로, 아이들과 나눌 말씀을 수준에 맞게 전달해야 합니다. 공과 시간에 발달 수준에 맞지 않는 내용을 반복적으로 접하게 되면 점차 그 시간을 '어차피 못 알아들으니 다른 재미있는 일을 찾아야 하는 시간', 혹은 '조용히 있으면 되는 시간'으로 받아들이게 됩니다. 따라서 선생님이 어려운 말씀과 아이들의 눈높이 사이를 이어주는 다리 역할을 해주는 것은 정말 중요합니다.

• 다음에 제시한 〈말씀 수준을 조절하는 법〉을 활용해 어려운 성경 말씀을 아이들의 수준에 맞게 바꾸어 봅니다.
  - 어려운 단어는 아이들이 이해할 수 있는 쉬운 단어들로 바꿔요.
  - 긴 문장은 쪼개요.
  - 핵심 메시지 외 유아기 아이들이 몰라도 되는 부분(지명, 사람 이름, 어려운 표현 등)은 과감히 생략해요.
  - 등장인물이 말하는 내용은 큰따옴표 안에 넣어 대화하듯 말해요(다양한 몸짓과 형용사, 목소리 변화 사용)
  - 성인보다 경험이 부족해 배경 상황을 상상하기 어려운 아이들을 위해 다양한 매체를 활용해 생동감 있게 이야기를 전달해요(예 : OHP, 그림자 동화, 막대 인형, 손 인형, 용판 동화 등)

• 그러면 이제 다음 말씀을 예시로 성경 말씀 수준 바꾸기 연습을 해 볼까요?

> **말씀**
> "여호와께서 아브람에게 이르시되 너는 너의 고향과 친척과 아버지의 집을 떠나 내가 네게 보여줄 땅으로 가라"(창 12:1).

> 수준 바꾸기 연습
> "여호와께서 아브람에게 이르시되"→ 끊기 쉬운 단어로 바꾸기
> (따옴표에 넣기, 목소리 바꾸기)
> "너는 너의 고향과"→ 끊기 쉬운 단어로 바꾸기
> "친척과 아버지의 집을 떠나"→ 끊기 쉬운 표현으로 바꾸기
> "내가 네게 보여줄 땅으로 가라"→ 끊기 쉬운 단어로 바꾸기

> 수준 바꾼 말씀 예시
> "하나님께서 아브람에게 말씀하셨어요".
> (차분하고 낮은 목소리로)
> "아브람아, 너의 고향, 네가 태어나서 지금까지 살고 있는 곳을 떠나거라. 그곳엔 네 친척들도 살고 너의 아버지도 살고 있지만 그 땅을 떠나거라. 그리고 내가 앞으로 너에게 보여줄 땅으로 가거라".

찬양 시간과 마찬가지로, 어린이 선교단체에서 나온 교재를 활용하고 있는 경우에도 말씀 본문의 수준이 어렵다고 생각되면 수준을 조절해서 사용해도 좋습니다. 평소 유아용 어린이 성경을 자주 읽어 보세요. 난이도 조절에 많은 도움이 될 것입니다.

(2) 도입

기도가 끝나고 공과를 시작할 때는 바로 이야기를 들려주어도 좋지만, 오늘 말씀에 등장하는 주인공이나 주제에 대해 아이들의 흥미를 유발해 주면 좋습니다.

- 도입의 예를 한번 들어볼까요?
㉠ 만 3~4세(5~6세) : 미리 만들어 둔 등장인물 인형을 살짝 꺼내며 '

애들아 안녕! 반가워', '너희들 혹시 내 이름이 뭔지 아니?', '오늘 나에게 있었던 일을 들려줄게'등으로 대화를 나누며 시작합니다.

ⓛ 만 5세(7세) : 선생님이 퀴즈를 하나 내 볼게. 어떤 사람인지 맞혀 보는 거야. '나는 형이 한 명 있어요. 형의 이름은 에서예요. 나는 누구일까요?'등 간단한 퀴즈로 오늘의 주제에 대한 관심을 불러일으키며 시작합니다.

ⓒ 오늘의 말씀과 주제에 관련된 경험이 있는지 질문하고 아이들의 이야기를 들으며 시작합니다. '혹시 동물원에 가 본 적이 있니? (아이들의 이야기를 들은 뒤) 그런데 너희들이 보고 온 동물들의 이름은 누가 지은 걸까? 오늘 말씀에 그 이야기가 나온대', '감기에 걸린 적이 있니? (아이들의 이야기를 들은 뒤) 오늘 말씀에도 너희들처럼 아주 많이 아팠던 사람의 이야기가 나온대'등 유아들의 경험과 말씀을 연결합니다.

(3) 전개

도입으로 아이들의 흥미를 유발했다면 이제 본격적으로 준비한 공과 말씀을 전합니다. 소집단으로 공과를 진행할 때 가장 큰 장점은 선생님이 유아 한 명, 한 명과 개별적으로 대화를 나눌 수 있다는 것입니다. '공과를 열심히 준비했으니 방해받아서 끊기지 않도록 잘 진행해야 해'이런 부담은 살짝 내려놓고 말씀을 주제로 유아들과 편안하게 대화를 나눠 봅니다. 다음 내용을 활용해 유아들이 말씀에 더 잘 참여하도록 도울 수 있습니다. 유아들과 진지한 태도로 대화를 나누다 보면 예상 외로 많은 생각과 느낌을 갖고 있는 유아들의 모습에 놀라게 될 것입니다.

유아들에게 질문하기

· 유아가 이해할 수 있고 대답할 수 있는 수준의 질문을 합니다.
· 답이 정해진 질문보다 답이 정해지지 않은 질문을 '너라면 어떻게 했을 것 같아?' '어떤 느낌이 들었을까?' 등이에요.
· 질문한 뒤에는 생각할 수 있는 시간을 충분히 줍니다.
· 정답을 마음속에 정해두지 않고 '그렇게 생각했구나', '그럴 수도 있겠다' 등으로 수용해 줍니다.
· 장난처럼 대답한 유아의 질문도 유쾌하게 수용하되, 진지한 태도로 다시 돌아옵니다.
· 유아들이 질문에 답하기 어려워할 경우, 선생님이었으면 너무 속상하고 화가나서 '야!' 하고 소리 질렀을 것 같아와 같이 교사의 생각을 먼저 표현합니다.
· 유아들이 한 대답을 한 번 더 그대로 말해 준 뒤 질문을 반복합니다. 예를 들어, 'ㅇㅇ아빠한테 도와 달라고 했을 것 같다. OO(이)는 어떻게 했을 것 같아?' 등이에요.
· 적극적으로 참여하는 유아들이 우선 되지 않도록 참여한 유아를 기억하고 대답할 기회를 골고루 줍니다.
· 대답을 거부하는 유아에게는 '조금 더 생각해 볼래?'라고 말하며 편안하게 수용해줍니다.

나 전달법(I-message)

· 나 전달법(I-message)은 상대방과의 관계에서 화가 나거나 문제의식을 가지게 될 때, 상대방의 행동과 그 행동으로 인해 가지게 되는 나의 감정을 분리해서 하고 싶은 말을 명확하게 전달할 수 있는 의사소통 기법입니다.
· 앞서 살펴본 교사가 '오른쪽으로 움직이라고 했는데, 일부러 혼자서만 왼쪽으로 가면서 대형을 이탈하는 아이'의 예를 가지고 다시 살펴볼까요?
· 이때 교사가 아이에게 'OO(이)가 계속 왼쪽으로 움직이니까 우리가 만드는 별 모양이 다 찌그러졌어. 네가 그렇게 하면 안 돼'라고 한다면, 아이 입장에서는 '네가 그렇게 해서 별 모양이 안 만들어졌어. 너 때문이야'라고 해석될 수 있습니다. 이런 표현은 '너 전달법'(You-message)이라 하며, 상대방의 저항을 불러일으킬 수 있습니다.
· 하지만 아이의 어떤 행동과 그 행동으로 인한 교사의 감정이나 느낌을 분리해서 'ㅇㅇ이가 계속 왼쪽으로 움직이니까(아이의 행동) 우리가 만드는 별 모양이 찌그러져서(행동으로 인한 결과) 너무 아쉽다(일하는 이의 감정)'라고 전달하게 되면, 아이의 행동에 비판이나 비난이 섞이지 않고 있는 그대로의 행동을 서술하게 되므로, 유아의 저항과 긴장을 훨씬 덜 일으키게 됩니다. 따라서 교사와 유아의 관계도 건전하게 유지되고, 아이 스스로 자신의 행동을 돌아보고 수정하게 되는 효과를 기대할 수 있습니다.

5. 유치부 어린이(4~6세) 추천 도서

〈성경 동화〉

• 내가 좋아하는 그림성경

사라 영 글 | 캐롤리나 파리아스 그림

사라 영의 베스트셀러 지저스 콜링을 어린이 그림성경과 접목시킨 것으로 수년간의 연구와 기도묵상의 기록을 통해 완성되었다.

• 예수님을 알고 싶어요 시리즈 세트 A(전5권)

앨리슨 미첼 칼라튼 트릴리아 뉴벨 글 | 카탈리나 에체베리 그림

• 예수님을 알고 싶어요 시리즈 세트 B(전5권)

댄드워트 로렌 챈들러 앨리슨 미첼 핸들 굿게임 밥하트만 글 | 카탈리나 에체베리 그림

하나님의 창조부터 예수님의 구원 사역에 이르는 과정을 알려 주는 그림책 시리즈. 멋진 그림과 예쁜 색채가 눈을 뗄 수 없게 만들며, 아이들의 눈높이에 맞는 감동적인 이야기로 예수님에 관한 진리를 전한다.

〈신앙 동화〉

• 난 겁쟁이가 아냐

맥스 루케이도 글 | 설리 Ng-베니테즈 그림

두려움의 대상보다 훨씬 더 크고 든든한 하나님이 계시고 하나님이 지켜 보호하고 계신다는 메시지를 전하는 책이다.

• 고맙습니다(유아용/평생감사)

전광 박보영 글 | 김윤이 그림

　기독교 베스트셀러 '평생감사', '어린이를 위한 평생감사'에 이은 유아를 위한 감사 이야기 그림책이다.

• 참좋은 우리 왕

크리스탈린 팻 배럿 글 | 로나 핫세 그림

　하나님이 어떤 분이신지 재미있는 우화로 알려 준다. 이야기 안에 하나님이라는 말은 나오지 않지만, 하나님의 별칭이 나올 때마다 해당되는 성경 구절을 달아 설명을 도왔다.

〈교리 교육〉

• 어린 자녀를 위한 교리 교육 시리즈 세트(전3권)

서은경 글 | 그림

　아이들이 십계명, 사도신경, 주기도문을 달달 외우는 것으로 그치지 않고, 그 의미를 깨닫고 공감할 수 있도록 했다.

• 우리 아이 교리 첫걸음 세트(전3권)

데본 프로벤처 글 | 제시카 로빈 프로벤처 그림

　단어를 배우듯 각 책의 주제와 관련된 핵심 용어를 익히며 기독교의 기본진리를 자연스럽게 깨닫게 한다.

〈활동 교육〉

• 온 가족이 함께 채우는 바이블 컬러링북

이승애 지음

하나님의 구원 이야기가 담긴 28가지 신구약 성경 이야기와 감성과 창의력을 길러주는 재미있는 채색놀이를 한 권에 담았다.

• 방콕묵상 시리즈(유치용)

제이콥스 래더 지음

비대면이 일상화된 아이들에게 거룩한 습관을 세워 주기 위한 어린이 큐티 아이들이 매일 성경을 묵상할 수 있으며 필사 암송, 미션 만들기 등 다양한 콘텐츠와 활동으로 쉽고 재미있게 구성되어 있다.

• 하나둘셋 숨은그림찾기 성경 세트(전2권)

사라 파커 글 | 안드레 파커 그림

성경 이야기 속 450가지가 넘는 숨은 그림을 찾으며 숫자를 세어 보자. 어느새 아이들이 세상에서 가장 귀한 보물인 하나님을 발견하게 될 것이다.

6. 아동 성격 심리 프로그램

1) 아동 성격 심리 프로그램이란

(1) 아동 성격 심리치료 프로그램의 목적과 팀워크

아동은 밝고 명랑하며 인생을 좌우할 개개인의 성격에 관한 심리치료의 목적과 그에 따른 팀워크 요약은 다음과 같습니다.

- 아동 성격 프로그램의 목적

취미,특기	올바른 자아상	사랑
성격교정	프로그램 목적	리더십
비전	학습효과	협동생활

- 아동 성격 프로그램의 팀워크

가족	피교육생(아동)	보조교사
학부모	프로그램 팀워크	교사
교회공동체	목회자	전도사

(2) 아동 심리적 문제발견과 치료과정

인간은 누구나 심리 상황적 상태에 따라 사고하고 말하며 행동합니다. 특히 미성숙한 아동은 심리적 문제의 발견에 따른 치료과정은 다양한데 대체로 다음과 같습니다.

- 아동심리 문제 발견과 치료과정

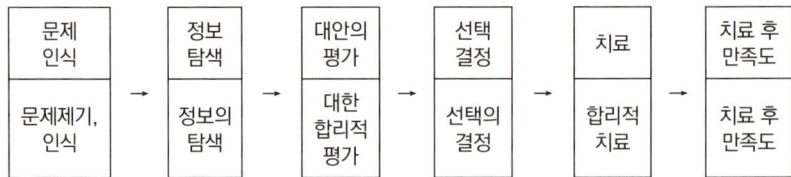

2) 아동 심리 치료 교육 프로그램 방법론

(1) 아동 심리 치료 교사의 자격

교회의 특수성으로 교사는 기본적으로 예수 사랑과 교회 관련 및 목회자의 관계가 바른 사람으로 교회학교에서 섬김이 강해야 합니다. 또한 전문성으로는 교육학 수료와 아동에 대한 특별한 사랑이 있어야 하며 개인적 감정을 표출하지 않고 모든 아이들을 주관적으로 대할 수 있어야 합니다.

• 교회 아동 교사의 자격

인도자	섬기는 자	교육자
관리자	교회 아동 교사 자질	경영자
방향 제시자	지휘자	전문가

(2) 심리 치료 교육이 필요한 어린이

다음과 같은 어린이는 반드시 참석하는 것이 효과적입니다.

• 심리 치료 교육이 필요한 어린이

구분	내용
성격 보완이 필요한 어린이	모범적인 어린이면서 조금 부족한 어린이

성격 치료가 필요한 어린이	집중력이 없고 산만한 어린이, 학습효과가 없는 어린이. 논리적이지 않은 어린이, 수줍어 발표력이 부족한 어린이, 언어구사력이 뒤진 어린이, 단체 활동이 부족한 어린이, 언어가 폭력적인 어린이 행동이 난폭한 어린이
고차원적 업그레이드 필요 어린이	리더십을 키우려는 어린이, 똑똑해지고 싶은 어린이, 장차 지도자가 되고 싶은 어린이

(3) 아동 심리 치료 교육 일정표(시안)

교회에서의 아동 치료 교육 프로그램 일정은 교회, 지역, 시기, 등등에 따라 차이가 있겠으나 대체로 다음과 같으므로 참고 바랍니다.

• 아동 심리 치료 교육 일정표(시안 : 사정에 따라 변화 요망)

일차	시간	내용	비고
1일차	30분	오리엔테이션 예배	교역자
	40분	체크리스트 설명	
	60분	체크리스트 실시	보조교사
2일차	30분	예배	교역자
	40분	놀이1(그림, 색종이 접기, 일기쓰기)	
	60분	놀이2(협동놀이, 고전놀이)	
3일차	30분	예배	교역자
	40분	놀이3(가락에 맞춘 그릇 두드리기 조화, 개임)	
	60분	놀이4(컴퓨터, pc방)	
	30분	종합정리, 수료식	교역자, 학부모

주의점	계절, 요일, 상황에 따라 변화 요망함

3) 아동 심리 치료 성장발달 위한 체크 리스트

(1) 개인별 색상 심리 체크 리스트 1

아이들이 가장 좋아하는 색상은 다음 중 어느 색상입니까? (이 테스트는 만 5세 이후 아이를 대상으로 실시하세요)

• 개인별 색상 심리 체크 리스트

색상	특성	참고사항
빨강색	매우 활발하고 친구들 간에 자기의 주장을 많이 내세운다. 집안 식구가 많다. 의식적인 거친 행동을 많이 함. 친구를 오래 사귀지 못함. 생각 없이 앞장서는 경우가 많다. 부모의 말을 잘 듣지 않는다.	어린이들이 흔히 태양의 색을 빨강으로 칠하는 경우가 많다. 이것은 태양 색에 대한 보편적인 생리일 수도 있으며 자신의 심리적 표현일 수도 있다.
분홍색	내성적이며 표현력이 부족하다. 솔직하고 순진한데 지구력이 약하다.	심장이나 가슴 부위 또는 기관지가 안 좋은 경우가 있으며, 부모의 화풀이가 어린이에게 충격이 되었을 때도 나타난다.

밤(고동)색	우유를 많이 먹고 자란 아이들에게서 나타남. 의지력이 약하여 의존심이 강하다. 항상 불만이 많고 자기주장을 잘 나타내지 않는다. 외로움을 많이 타며 형제가 적다.	자기행동과 손의 사용에 자신감이 부족하여 무조건 참으려고 한다.

보라색	고집이 세고 지구력이 강하다. 지능이 높고 응용력이 강하다. 치밀한 성격으로 어떤 일이든지 잘한다. 운동을 좋아하며 친구를 잘 사귄다.	기분이 좋을 때 또는 부모와의 문제가 있을 때 보라를 쓰는 경우가 있다.
노랑색	성격이 매우 냉정함, 친구들을 골라서 사귈 지능지수가 높음. 외부와의 접촉을 많이 하지 않으려고 함, 결단력이 강하고 의지력이 강함 신경이 예민함, 권위주의적이다.	태양을 노랑으로 그렸다면, 아버지와의 관계에 대해 생각해 볼 필요가 있다.
하얀색	내성적이며 폐쇄적임. 고집이 강하고 친구가 적음, 자기 주관이 매우 강하여 남에게 과시욕이 있음.	사고력 부족과 신체 건강에 문제가 있다.
검정색	짓궂거나 실천력이 강하고 적응력이 뛰어남 가정환경이 대체로 밝지 못함. 지능지수가 높음.	부모와의 사이가 원만치 못하며 남의 눈치를 보는 경향이 있다.
회색	경계심이 많고 외로움을 많이 담, 냉철하고 내성적 성격임, 창의력이 있다. 편식습관이 심하다.	
초록색	집안이 완고한 경우가 많다. 자기주장이 강하다. 친구들과 잘 어울린다. 사물의 판단을 잘한다.	상상력이 풍부하며 노력형이다.
파랑 (남색)	긴장하고 불안스런 성격이다. 공상적인 꿈을 많이 꾼다. 잘 놀란다.	기분이 좋을 때, 파랑을 칠하는 경우가 많다.
하늘색	내성적이며 몸이 약하다. 가정에 여성이 많다. 남과 잘 어울리지 않는다.	하늘색으로 태양을 표현하면 건강상의 문제와 아버지와의 문제가 있다.

* 주의 : 이 테스트로 아이의 성격을 다 파악할 수는 없다. 다른 테스트나 장기적으로 살펴보거나. 부모의 자문을 구하여 판단해야 한다.

(2) 개인별 심리 체크 리스트 2

• 교사와 부모가 각각 체크해야 합니다.
〈긍정(O), 보통(△), 아님(X)으로 체크〉

영역별	내용	체크
청각적 문제	1. 이름을 불러도 반응하지 않는다. 2. 듣기 집중력이 떨어진다. 예를 들어 긴 이야기를 듣는데 다른 아이보다 더 많은 시간이 걸리고 (집중을 못해 이야기가 자주 끊어져서) 짧은 이야기에만 집중을 보인다. 3. 한 말을 되풀이해서 말해 달라고 요구한다. 4. 또래 아이들은 동요나 요일 명을 쉽게 배우는 데 비해 힘들어 한다. 5. 비슷한 소리가 나는 몇몇 단어를 잘 구별하지 못한다. 6. 들은 이야기 중 중요한 부분을 상세히 기억하지 못한다. 7. 시끄러운 환경에서 다른 아이들보다 쉽게 흐트러지고 이해하는데 훨씬 힘들어 한다. 8. 가까이 있거나 얼굴을 보면서 말하면 더 쉽게 이해한다. 9. 몸짓이나 시각적 표시를 함께 사용할 때만 이해한다. 예를 들어 설명하는 물건을 가리켜야만 쉽게 알아듣는다. 10. 종종 질문에 대답하지 못하고 그냥 쳐다보고 있거나, 어리둥절한 표정을 짓거나, 질문과 상관없는 대답을 한다. 11. 그룹 활동에서 다른 친구와의 언어적 교류에 기대만큼 참여하지 못한다. 그래서 따로 떨어져 지내 항상 외로워 보인다.	

심리학적 문제	1. 아래에 기술된 활동 수준을 보인다. 과잉행동/가끔 매우 활동적 / 중간 정도의 활동 / 또래보다 덜 활동적/활동이 거의 없음 2. 부정적 경험으로부터 배운 것이 없어 보인다. 3. 5세 반 때까지 오른쪽, 왼쪽을 구별하지 못한다. 4. 쉽게 지친다. 5. 쉽게 산만해진다. 6. 한 번에 하나씩 집중하지 못한다. 7. 한결같거나 지나치게 흥분된 모습을 보인다. 8. 그룹의 다른 아이를 방해한다. 9. 말해 준 대로 정확히 뭔가를 시키려면 계속적인 감독이 필요하다. 10. 요구한 것을 이해하거나 지시한 대로 적절히 움직이지 못한다. 11. 잘 기억하지 못해 정보를 반복해 주어야 한다. 12. 단체나 가족 활동에서 관계상 지켜야 하는 규칙을 이해하는데 어려워한다. 13. 타협하기, 협동하기, 다른 사람 이해하기 등이 어렵다. 14. 유치원에 적응하기 힘들어한다.	
언어문제	1. 친구나 어른과 대화하고 싶어 하지 않는 것처럼 보이며, 다른 사람과 관계 맺기를 어려워한다. 2. 단순한 요구나 질문, 예를 들면 누가, 무엇을, 어디서 어떻게 했나 등을 이해하지 못해 다른 아이의 행동으로 판단하는 것처럼 보인다. 3. 언어보다는 주로 표정, 몸짓, 소리 등으로 표현하려고 한다. 4. 말로 자기가 원하는 것을 표현하기, 부탁하기, 주문하기, 의견 말하기, 질문하기 등을 어려워한다. 5. 5세까지 일어난 사건을 순서대로 말하지 못한다. 6. 또래에 비해 미성숙하고 제한된 어휘를 사용하며, 심지어 자기 생각을 표현할 때 친숙한 단어도 잘 구사하지 못한다. 7. 15개월까지 한 마디의 말도 못하고, 2세 때까지 두 단어 문장을 만들지 못한다. 3세 때 3~4개 단어로 이루어진 단순한 문장을 말하지 못하고, 4~5세 때까지 문법에 맞지 않는 말을 하며 형용사 시제변화를 바르게 사용하지 못한다. 8. 2세 반~3세에도 발음이 부정확하고, 4세 때에도 제대로 말하지 못한다. 9. 5세가 되어도 여전히 단어와 문장을 왜곡한다.	

읽기와 쓰기문제 (6~7 세용)	이 체크 리스트는 취학 전(만4~5세) 아동의 발달보다는 학습과 더 관련이 있다. 1. 읽기 행위를 인식하지 못한다. 2. 기본 읽기 기술을 터득하지 못했다. 기본 읽기 기술이란 왼쪽에서 오른쪽으로 읽어가거나 위에서 아래로 읽어 나가는 것 등을 말한다. 3. 읽은 책의 제목을 기억해내지 못한다. 4. 책에서 페이지를 찾지 못한다. 5. 친숙한 단어를 혼자 찾아내지 못한다. 6. 다음 단어를 이해하지 못한다. 페이지 중간/ 페이지 위/ 페이지 아래 7. 주변의 광고 표시나 로고를 최소한 4개 정도 생각해 낼 수 없다. 8. 2~3개의 자음과 모음조차 모른다. 9. 비교 표현, 즉 더 많이 더 적게, 비슷한 것을 모르거나 이해하기 힘든 것처럼 보인다.
운동 협동문제	1. 자신의 힘을 알지 못하는 것 같다. 예를 들어 연필을 너무 세게 쥐거나, 친구를 너무 꽉 껴안는다. 2. 근육의 저긴장 양상을 보인다. 예를 들어 항상 무언가에 기대어 있고, 몸으로 다리 모양을 만들거나 비행기 흉내를 내기 힘들다. 3. 높은 곳을 무서워하며 미끄럼이나 시소를 조심스럽게 탄다. 4. 매사에 서투르다(운동신경이 부족하다). 손재주가 없거나 자주 물건을 떨어뜨리며 자기 발에 걸려 넘어지거나 물건에 부딪치는 경우가 많다. 5. 보드게임에 관심이 거의 없고, 무조건 피하려고 든다. 6. 연필을 서투르게 쥐며, 가위사용이 힘들다. 7. 선이나 단순한 도형을 따라 그리는 것이 어렵다. 8. 그림을 매우 미숙하게 그리며, 여전히 낙서수준이다. 9. 행동이 느리고 조직적이지 못하며, 주어진 과제를 어떻게 해결해야 하는지 제대로 모른다. 10. 신체접촉을 피한다. 풀, 페인트와 같은 특수 감축에 불편을 느끼고 온몸을 온전히 감싸는 옷을 좋아하거나, 반대로 구속이 없는 옷을 좋아한다.

시각문제	1. 책을 너무 가까이 보고 읽거나 글씨를 쓸 때 눈을 노트에 바짝 갖다 대며, 사물도 다가가서 눈을 대고 본다. 2. 집중한 후에는 눈이 빨개지고 눈물이 난다. 3. 멀리 볼 때 눈을 가늘게 뜨고, 텔레비전을 가까이 앉아서 본다. 4. 자주 눈을 깜박이고 눈동자가 빨갛게 달아오르거나 따끔거린다. 5. 잘 보려고 할 때 한쪽 눈을 가리며, 겹쳐 보인다고 불평을 한다. 6. 자르거나 색칠하기 같은 정교한 활동에 서투르다. 7. 스포츠와 게임을 못한다. 8. 시각-공간 조직에 어려움이 있다. 9. 책을 읽을 때 단어나 줄을 빠뜨리거나 위치를 잃어버린다. 10. 읽거나 쓸 때 글자, 음절, 단어를 반대로 한다.

위의 체크 결과에 따른 아동의 진단과 결과로서의 심리치료는 부합된 프로그램 실시와 함께 학부모와의 상담 및 장기적인 치료가 필요합니다.

4) 아동 심리 치료 프로그램 실무

(1) 아동 심리 치료 프로그램의 유형

어디까지나 교육은 피교육생을 위한 것이므로 아동 개개인의 처한 치료가 다양하므로 교육프로그램은 다양해야 합니다. 그러나 시간과 비용상, 충족시킬 수 없으므로 상황 분석한 후 가장 효과적인 프로그램을 채택 보완해 실시함이 필요합니다.

- 아동 심리 치료 프로그램의 유형

구분	활동	내용	장점	단점/보완점	비고
성경 성경	찬양	즐겁고 신나는 것	호소력 즐거움 감정표현	찬양을 싫어하는 아이들은 참여하지 않는다. /모든 아이들이 좋아하는 동요를 섞어서 부른다.	
	성경 퀴즈	인물 배운공과	지혜 기억력	하는 아이만 참여한다./ 누구나 대답할 수 있는 기초적인 것으로 선택하고 손들지 않고 소극적인 아이들을 시킨다.	
읽기 쓰기 언어	글짓기	읽기, 쓰기	표현력, 쓰기 능력, 창작력	글을 읽고 쓰지 못하는 아이/6~7 아동에게 한다.	
	동화 읽기	감정넣기,듣고 발표,독후감	발표력, 표현력, 쓰기능력	글을 읽고 쓰지 못하는 아이/6~7 아동에게 한다.	
심리	그림 그리기	가족그리기 어항그리기 집,나무그리기	심리상태 파악, 집중력	그림을 못 그리는 아이 / 칭찬과 함께 표현 할 수 있는 것까지만 하게 한다.	
	색종이 접기	새,배 등	침착성, 신중성,집중력	접을 수 있는 6~7세 대상으로 한다.	
	진흙 놀이	진흙,형상화 하지 말것	재미, 개인보상	자기표현과 협동심을 키워 준다. / 자기표현이 안 되는 아이들이 있다(지금의 느낌을 진흙을 통해서 만들어 보라고 한다.)	
	전통 놀이	오자미 피구놀이 제기차기	협동력 집중력, 희생 리더십	움직이기 싫어하는 아이 / 활동이 적은 아이끼리 모아서 부드럽게 하게하고 익숙해지면 합류한다.	

	난타 (그릇)	집에 가져온다	즐거움, 협동	시끄럽다/ 방음이 되거나 구석진 곳에서 하게 한다.	
시청각 시청각	컴퓨터 게임	PC방을 빌려서		시력이 나빠짐/ 시간을 정해주고 조금만 하게 한다.	
	비디오 (영화)	인기영화 상영			
운동 운동 운동	달리기	사탕 물어오기		달리지 못하는 아이는 올 때까지 기다려준다.	
	씨름 닭싸움	씨름: 두사람이 한다. 닭싸움 여럿이 한다.		힘이 없고 소극적인 아이/아이에 맞는 아이와 붙여주어 할 수 있도록 용기를 북돋아준다.	
	꼬리 잡기	큰원으로 만든다.	리더십 섬김	움직이기 싫어하는 아이 / 앞장 세워서 흥미를 일으키게 한다.	
심리 심리	뜨개질	바느질	신중성, 집중		
	요리 하기	떡볶기 화채 등	협동, 침착성	칼이나 불의 위험 / 큰아이나 선생님이 관리	

* 이 외에 다양한 놀이를 통해서 아이들 개인별 체크를 할 수 있다.

이 놀이는 체크와 치료를 함께 함으로 많은 인원이 함께 하는 것보다 작은 인원으로 활동을 하는 것이 바람직하고 정확한 체크가 필요하다.

단 아이 3~5명에 한 선생님이 담당하여 세밀하게 관찰하고 유도해야 한다.

(2) 아동 심리치료 교육 시 주안점

구분	장점	단점
흥미위주	순간은 재미있어 시간 가는 줄 모름	효과는 떨어짐
효과위주	프로그램 중심은 변화되는 효과는 있다.	무미건조하다.
혼합위주	변화와 민족을 가져온다.	부모의 협조와 시간이 많이 걸린다.

(3) 성격 체크 후, 치유 프로그램

성격은 모두 다를 수밖에 없으나 일반적인 또래 아이들과 유별나게 다른 경우 이에 대해 문제인식 이후 치료과정은 다음과 같습니다.

• 대인관계에서 형성된 성격 치유 프로그램

구분		목표	활동
1단계	공감대 형성	교사는 아이가 좋아하는 것을 통해 아이와 교감을 나누도록 한다.	아이의 사전조사 필요. 공감대가 형성이 되면 대화를 시작(축구, 야구, 농구, 게임 등 아이의 기호조사)
2단계	대화기법을 통해 교사가 아이에게 구체적인 상황질문	아이에게서 자신의 피해상황을 구체적으로 들어보도록 한다.	먼저 교사의 경험을 나눈 후에 아이의 대답을 유도하도록 한다.

3단계	하나님의 사랑 체험	하나님이 자신을 사랑하고 계시다는 것을 아이에게 인식시킨다.	이를 위해 교사는 성경말씀을 같이 찾고 비슷한 예의 간증을 들려준다.
4단계	부모님 이해시키기	아이에게 부모님의 상황을 알아가도록 해 본다.	부모님과의 대화시간을 갖도록 한다. 교사는 아이와 역할(미워하는 사람의 입장)을 바꾸어서 말해 보도록 한다.
5단계	학대 촉발 원인에 대한 자가진단 및 대처	피해 상황에 대한 근본적인 해결책을 찾아가도록 한다.	아이에게 자신이 생각하는 학대 원인이 무엇인지 생각해 보도록 하며, 똑같은 상황을 만들지 않도록 권면하거나 그런 상황이 닥치면 피할 수 있는 방법을 제시해 본다.
추후 대책		아이가 교회에서 적극적인 활동을 할 수 있도록 임무부여, 선생님들의 지속적인 긍정적 반응	
준비물		아이의 변화에 대한 체크리스트, 상담일지	

본 프로그램이 실시되고 있는 동안 특히 교사와 부모는 끊임없는 중보기도로 아이를 돌보아야 하며 특히, 아이가 긍정적이며 자존감을 높일 수 있도록 세심한 관찰과 배려가 필요합니다. 이때 단계를 넘을 때마다 아이에게 본인이 잘하는 것을 적어보게 하며 이 외에 다른 놀이를 통해 아이들의 성격 향상을 이룰 수 있으므로 지속적인 관리와 체크가 필요합니다.

참고문헌

- 글로벌문화선교클럽, 테마별 성경학교, 에벤에셀, 2008.
- 김도일 외 7인, 교회교육 현장으로 나가다, 동연, 2016.
- 김상윤, 유아유치부 사역매뉴얼, 생명의 양식, 2023.
- 마이클 J 앤서니, 기독교 교육 개론, 정은심, 최창국 역, CLC, 2022.
- 신혜영, 신보원, 네? 주일학교 교사를 하라고요? 생명의 말씀사, 2022.
- 이규민 김난예 김재우 김희영, 인간발달과 기독교교육, 동연, 2023.
- 정갑순, 유아교육, 대한예수교장로회 총회, 2009.
- 최임선, 신앙의 발달 과정, 종로서적, 1992.
- 헨리에타 미어즈, 주일학교의 모든 것, 조계광 역, 생명의 말씀사, 2023.

4장 – 유년부

(6~7세)

1. 6~7세 아동의 발달 특성

1) 신체적 발달

유치부 시기의 급속한 성장은 유년부 시기에는 떨어지게 됩니다. 그리고 불규칙적으로 성장합니다. 유년부 초기 아동은 힘이 세지 못하기 때문에 힘이 드는 활동에서는 쉽게 피로해집니다. 이들의 성장은 불규칙하며, 이들의 신장은 신체의 다른 부분에 비해 성장을 하지 못합니다. 그러나 성숙한 유년부 아동은 그 힘이 급속히 세어져서 두 배까지 강해질 수가 있습니다. 유년부 아동들은 10~15분 정도의 시간 동안에는 관심과 흥미를 집중할 수 있지만 잠시도 쉬지 못하는 본성은 끊임 없이 활동을 하게 됩니다. 신체적인 측면은 활동력입니다. 이것은 보통 3학년에서 4학년까지의 과정에서 발생합니다. 이 시기부터 남자는 여자보다 더 강해집니다. 일반적으로 말해서 1학년과 2학년 사이의 남아와 여아는 동일한 신체적 활동에 함께 참여할 수가 있습니다. 그러나 3학년이 되면 남아의 활동은 거칠어지는 반면에, 여아는 그것으로부터 분리되기 시작합니다. 남자 아동들은 놀이가 주로 열정적이고 충돌적인 것들입니다. 그러나 여자 아동들은 인형이라든가 소꿉장난 등의 정적인 놀이를 더 좋아합니다. 현명한 교사라면 남자 아동의 거친 놀이를 허락할 것이며, 모든 활동을 여아의 수준에 맞추려고 하지는 않을 것입니다. 이러한 시기의 유년부 아동의 활동력은 계속해서 높은 수준을 유지합니다.

성인과 마찬가지로 유년부 아동이 오랫동안 조용히 앉아 있는 것은 이상한 현상입니다. 교실에서의 학습계획과 학습 활동은 언제나 이러한 특성을 마음에 두고 세워져야 합니다. 그러므로 아동으로 하여금 지켜보는 것 대신에 신체적인 활동을 통하여 동요를 배우도록 해야 합니다. 교사가 아동에게 책이나 크레용이나 다른 소모품을 나누어 줄 때에도 아동으로 하여금 앉아 있는 것 대신에, 그것을 받기 위하여 걸어 나오도록 하라. 교사의 학습계획에 움직이는 활동을 포함시키라. 여리고 성 주위를 행진하는 군인이나 씨앗을 뿌리는 농부의 역할 등을 포함하면 좋습니다. 교실에서의 자유분방한 신체적 활동은 아동으로 하여금 듣는 시간에는 조용히 앉아 있도록 만들 것입니다. 활동 자체에도 학습 효과가 있으므로 아동은 이러한 학습 배정을 통하여 2배의 유익을 얻을 수 있습니다. 그리고 감각 및 근육 활동의 조절에 대한 인식이 높아짐으로 운동에 대해 보다 더 많이 지각하게 되고 운동이 정확해지게 됩니다. 걷고, 달리고, 기어오르고, 던지고 할 때 체내의 보다 큰 근육운동은 거의 자동적이 됩니다.

통합 능력은 유치부 시기를 통하여 증진되므로, 유년부 아동은 복잡한 운동 기능에 있어서도 큰 발달을 보게 되며, 정신적 측면과 신체적 측면이 동시에 발전해 갑니다. 유년부 아동은 줄넘기, 스케이트, 수영 등을 배우며 연필과 크레용을 훨씬 능숙하게 사용하게 됩니다. 유년부 아동들은 자기의 보다 섬세한 근육들을 발달시키는데 있어서 문자 그대로 투쟁적입니다. 유년부 시기에는 맹목적인 활동력과 함께 계속해서 증가하는 통합력으로 인하여 일생을 통해 가장 휴식이 없는 기간으로 알려지고 있습니다. 따라서 유년부 아동은 보다 능숙하게 활동을 할 수 있고, 그에 필요한 충분한 활동력도 가지고 있지만, 일반적으로 그러한 모든 활동에 대한 목적이 결여되어 있습니다. 그러므로 교사에게 필요한 기술은 이러한 통합력과 기능과 활동력을 억압하는 것이 아니라 활용하는 것입니다. 즉, 활동력에 목적을 부여하고 아동으로 하여금 그것들을 통하여 학습을 성취하도록 도와주며, 이들을 위한 계획이 좌절되거나 중도에 포기되지 않도록 세심한 주의를 기울여 선택해야 합니다.

유치부 시기에 음정에 맞추어서 노래하는 능력이 발달되지 아니한 아동은 이 시기에 발달하게 됩니다. 새로운 언어를 그 언어의 발음대로 말하는 능력도 이 시기에 자라나기 시작합니다. 어린 아동은 어떠한 언어로도 발음할 수 있기 때문에 그들이 접촉하는 어떠한 언어로도 발음하는 것을 배우게 됩니다. 그러나 7세가 되면 다른 언어의 발음은 그들이 낼 수 있는 발음으로부터 분리되게 됩니다. 이것은 7세가 넘어서 새로운 언어를 배우는 아동은 그것을 모국어처럼 발음할 수 없다는 것을 의미합니다. 그러나 초기 단계에 2개국어나 그 이상의 외국어를 할 수 있는 아동은 더 많은 발음을 할 수 있는 능력을 보유하고 있습니다. 따라서 그러한 아동은 후에 외국어를 말함에 있어서 더 나은 능력을 갖게 될 것입니다. 또한 이 시기에는 눈과 손의 조정이 발달합니다. 8세 아동들은 눈과 손의 조정 기능이 많이 향상되며, 읽고 쓰고 하는 일을 보다 정확하게 할 수 있게 됩니다. 아동이 조정기능에 있어서 어려움을 겪고 있다면 읽기에 있어서의 문제는 보다 분명하게 나타날 것입니다.

2) 사회-정서적 발달

초등학교에 입학하는 연령의 아동은 다른 아동과의 상호 교류를 통하여 정서적인 안정이 크게 발달하게 됩니다. 즉, 정서적으로 쉽게 자극을 받으며 곧바로 반응을 합니다. 아동은 그룹의 일원이 되고자 하는 강한 욕망을 가지고 있기 때문에, 교사는 이러한 동기를 이용하여 더 나은 사회적 행위를 가르칠 수가 있습니다. 유년부 아동은 다른 사람과의 관계에서 어떻게 행동하는가에 대한 많은 지도가 필요합니다. 때때로 아동의 치근거림과 공격적 행동은 친해지기 위하여 취하는 서투른 시도일 경우가 있습니다. 아동은 다른 사람이 자신에 대하여 반응을 보이기를 원하며, 때때로 그것을 공격적인 행동으로 나타냅니다. 그들의 시도가 다른 아동의 분노를 일으켰을 때 그들은 당황하게 됩니다. 여기에서 교사는 어느 때보다도 권위적 존재가 아닌 인도자가 되어야 할 것입니다. 한 아동이, '선생님, 저 아이가 나를 때렸어요'라고 말할 때 즉시 취할 수 있는 가장 쉬운 반응은 어느 아동이 잘못되었는가를 결정해서 그 아동을 꾸짖거나 처벌하는 것이 될 것입니다. 그러나 이것은 어느 아동에게도 더 나은 사회성을 가르쳐 줄 수 없으며, 교사로 하여금 셀 수 없는 사소한 싸움에서 교사가 심판자의 역할을 담당해야 한다는 함정에 빠지게 합니다. 이점은 교사의 정력과 시간을 더 유익한 가르침으로부터 빼앗아갈 것입니다.

불평하는 아동으로 하여금 그 문제를 해결할 수 있는 방법을 스스로 찾을 수 있도록 도와주는 것이 더 좋은 방법입니다. 아동 스스로가 자신이 취해야 할 선택을 찾아낼 수 있도록 도와주라. '아무개의 앞에 앉기를 원하니?'라고 간단히 말할 수도 있습니다. 그러나 놀랍게도 아동은 항상 자리를 바꾸는 것만을 선택하지는 않습니다. 때때로 아동은 자신을 때린 친구의 옆에 앉기를 원하기도 합니다. 그리고는 싸움을 걸어서 교사를 자기의 편으로 끌어들이려고 합니다. 교사가 편들지 않을 때 아동은 그것을 스스로 해결해서 사회적 성숙을 향하여 한걸음 더 내딛게 됩니다. 유년부 아동들은 자기 나이 또래의 아동들에게 특별한 관심을 갖습니다. 또 아동은 모든 사람들에 대해서도 동정과 관심을 보여줍니다. 그리하여 이 시기에 아동들은 동정심을 배울 수 있습니다. 그들은 골목대장의 불행에 대해서도 동정할 수도 있습니다. 그러나 그들은 분노로 반응을 보이지 않고, 악을 선으로 갚는 것을 배울 수 있는 것입니다. 그들은 결함을 가진 아동이나, 부끄러워하고 늦게 배우는 아동에게 친절을 베풀 수 있습니다. 그러나 이것은 아동이 항상 그렇다는 의미는 아닙니다. 그러므로 이러한 마찰이 함께 하는 유년부 집단은 이러한 자세와 태도를 배울 수 있는 좋은 실험실이 됩니다.

어느 특정한 아동이 주로 분쟁의 중심에 있을 때 교사는 그 아동에게 부수적인 도움을 줄 수 있습니다. 그에게 더 좋게 행동 할 수 있는 방법을 보이고, 그렇게 함으로써 얻어지는 보상을 알 수 있도록 도와주라. 그가 선을 행할 때 다른 아동들은 그를 더욱 좋아하게 되고, 그는 더욱 행복하게 된다는 것을 그가 알 수 있도록 도와주어야 하는 것입니다. 행위에 있어서 접근할 수 있는 기본적인 방법에는 주로 2가지가 있습니다. 그 하나는 교사 자신이 권위자가 되어서 교사가 맡고 있는 아동에게 그가 제정한 규칙을 부과하는 것입니다. 다른 하나는 교사가 접근방법을 택해서 아동이 스스로 훈련할 수 있도록 인도하는 것입니다. 이것은 교사가 주위에 없을 때에도 아동에게 효과를 가져올 것입니다. 교사는 이 두 가지 접근을 혼합하여 교사 자신의 방법을 개발함으로써, 가르치는 효과가 느리고 아동의 행위가 다른 중요한 문제를 방해하고 있을 때에도 권위자가 될 수 있을 것입니다. 상식적인 교육 접근을 가지고 있는 대부분의 교사들은 이러한 혼합적 방법을 선택할 것입니다.

3) 도덕적 발달

오늘날에 있어서 콜버그(L.Kohlberg)의 이름을 언급하지 않고 도덕적 발달을 말하는 것은 거의 불가능합니다. 콜버그는 삐아제(Piaget)의 '단계'와 일치해서 도덕적 판단단계를 나누었습니다. 다음은 4가지 수준과 각 수준에 포함된 단계에 대한 간단한 설명입니다.

- 전도덕적 수준 – 0단계 : 아동이 도덕적인 문제에 대하여 이해하거나 판단할 수 있다고는 전혀 말할 수 없습니다. 아동은 다른 사람이나 권위에 대한 복종의 개념을 가지지 못합니다. 아동에게 있어서는 즐거운 것이 선이고 괴로운 것이 악이 됩니다. 그러므로 아동은 자신이 할 수 있다고 생각되는 것을 하거나 하기를 원합니다.

- 전전통적 수준 – 교육을 받은 아동은 성장에 따라서 자신이 속한 사회가 선과 악, 혹은 의와 불의로 규정짓는 방식에 대해 반응하게 됩니다. 그는 자신에게 주어지는 결과에 따라 반응합니다. 1단계 : 이 첫 단계에

서 아동은 처벌이나 보상에 의하여 인도됩니다. 그는 존경심 때문이 아니라, 처벌을 피하는 것 자체가 '선'이기 때문에 권위나 권세에 복종합니다. 2단계 : 이 단계에서 아동은 개인적인 만족감에 의해서 인도됩니다. 그의 행위는 만족감을 얻기 위한 수단이 됩니다. 이 단계는 '교사가 내게 선하다면, 나도 교사에게 선할 것이다'라는 말로 특징지을 수 있습니다. 대부분의 유년부 아동은 전전통적 수준의 1단계, 혹은 2단계에 속해 있습니다.

• 전통적 수준 – 이 수준에서 개인은 자신을 초월하여 충성에 대한 사회의 기대에 반응하게 됩니다. 소수의 유년부 아동은 전통적 수준의 3단계 혹은 4단계에 이르기도 하지만 그 평균 연령은 약 13세입니다. 성인의 많은 숫자가 이 수준을 넘어서 성장하지 못하고 있습니다. 3단계 : 이 단계에서 개인은 다른 사람의 기대에 인도됩니다. 그는 다른 사람의 인정을 받기 위하여 행동합니다. 이 단계에 대한 오래된 이름은 '다른 사람에 의해서 지시되는' 개인이었습니다. 콜버그는 이것을 '착한 아동' 단계라고 불렀습니다. 4단계 : 이 단계에서 개인은 권위, 법규, 그리고 사회의 질서에 대한 필요성을 이해하게 됩니다. 이러한 것들에 대한 존경심은 '선한 것'이며, 의무도 '선한 것'입니다.

• 원리적 수준 – 원리적 수준에 이르면 개인은 다른 사람이나 집단의 지지와는 상관없이 그 자체로써 정당성을 지니는 가치를 발견하려고 노력합니다. 이 수준은 청년기의 마지막이나 20대 초반에 이르게 됩니다. 콜버그는 만일 한 개인이 이러한 '정상적인' 연령에 원리적 수준에 이르

지 못한다면, 그의 성장은 방해를 받아서 결코 이 수준에 이르지 못하게 될 것이라고 생각했습니다. 5단계 : 이것은 어느 정도 사회계약 사상과도 같습니다. 5단계의 판단기준은 모든 사회로부터 평가되고 동의를 받은 기준입니다. 그러나 법이 최선의 것으로 보일 때에는 변화될 가능성이 있는 것입니다. 6단계 : 기준은 법이나 사회적 인정에 놓여 있지 않고 개인의 양심에 놓여 있습니다. 원리는 보편성과 논리적 일관성의 기초 위에서 스스로 선택됩니다. 이러한 원리는 추상적인 것이며, 종교나 철학이나 혹은 다른 어느 것에서 찾을 수 있는 구체적인 법칙이 아닙니다. 콜버그는 이러한 추상의 최고점이 정의라고 믿고 있습니다. 그는 극소수의 사람만이 이 단계에 도달한다는 이유로 그의 연구에서 6단계의 대부분을 생략했습니다.

그리스도인 교사는 도덕적 판단에 대한 모든 가르침에 하나님을 도입할 필요가 있습니다. 아동이 처벌과 보상의 결과에 의해서 인도되는 1단계에서는 하나님께서 악은 징벌하시고 선은 보상하신다는 것을 가르치는 것이 합당합니다. 많은 성경 속의 이야기는 이것을 명확하고 구체적으로 보여주고 있습니다. 오늘날에 있어서의 하나님은 아나니아와 삽비라 이야기에서와 같이 즉시 징벌하지 않고, 홍수 이야기에서와 같이 징벌을 지연하시는 것처럼 보입니다. 그러나 그것이 즉각적이건 지연적이건 간에 하나님께서 죄를 징벌하신다는 것은 진리입니다. 이것이 바로 의를 선택하는 이유입니다. 1단계의 아동에게 있어서 이것은 매우 중요합니다. 부모나 교사가 징계하는 것처럼 하나님께서도 징벌하신다는 사실을 가르쳐야 합니다. 이것은 아동의 생애에 있어서 모든 권세를 '선'한 면으로 사용하도록 인식시켜 줍니다. 1단계에 있는 아동은 징계를 피하기 위하여 선을 행하며 때로는 선행으로부터의 만족도 경험합니다. 이것은 아동을 2단계로 인도합니다. 아동은 다른 사람을 위하여 선을 행하는 것은, 그에게 친구를 얻게 하는 만족감이나 다른 사람과 함께 일하거나 노는 즐거움을 가져다준다는 것을 깨닫게 됩니다. 그는 이러한 만족감을 2단계에 있어서의 선을 행하는 이유로 생각합니다. 아동이 다른 사람에게 선을 행함에 있어서 만족감을 알게 되면 그는 3단계로 들어갈 수 있습니다. 교사나 친구의 인정은 매우 중요한 요소가 됩니다. 여기에서도 역시 하나님을 도입시켜야 합니다. 아동이 선을 행할 때 하나님께서 기뻐하신다는 것을 아동에게 가르치라. 아동은 교사나 부모 혹은 친구들로부터 인정을 받음으로써 그 의미를 배우게 됩니다. 물론 이것은 우리의 의는 하나님 앞에서 더러운 옷조각에 불과하며, 따라서 하나님을 기쁘시게 하기 위해서는 그리스도의 의가 필요하다는 신학적인 논쟁을 불러일으킵니다. 어떤 교사는 아동에게 그들이 구원받기 전에는 하나님을 기쁘시게 할 수 없다고 가르칠 것입니다. 이것의 이면에는 아동이 구세주의 필요성을 알기 위해서는 의와 불의에 대한 하나님의 법을 배워야 한다는 사실이 놓여 있습니다. 이것은 다시 율법은 우리를 그리스도에게로 인도하는 몽학 선생이라는 생각으로 인도합니다.

상식적인 교사라면 '아동은 그리스도의 의를 발견하기까지는 의로울 수가 없다'라고 고집하면서 천박스러운 가르침을 계속하지는 않을 것입니다. 모든 교사는 구원에 대한 가르침과 하나님께서는 우리가 의롭기를 원하신다는 가르침에 있어서 균형을 유지해야 합니다. 도덕적인 딜레마에 대하여 토론하는 것은 아동으로 하여금 도덕적 판단을 기를 수 있도록 도와주는 좋은 방법이 됩니다. 그러나 아동은 이 단계를 도약할 수는 없고, 오직 한 번에 한 단계씩만 오를 수 있다는 사실을 기억해야 합니다. 만일 교사가 1단계의 아동에게 의나 사랑과 같은 추상적인 원리에 대하여 이야기하려고 한다면, 그들은 그것을 전혀 이해하지 못하게 될 것입니다. 그러나 그 수준보다 한두 단계 높은 단계에 대한 설명은 비록 아동이 아직 그것을 자신의 판단으로 받아들이지 못할지라도 알아듣기 쉬울 것이며, 새로운 생각을 할 수 있도록 도와줄 것입니다. 예를 들면, 이삭과 우물에 대하여 토론할 수 있습니다. 이삭은 자신의 우물을 사용하기 위하여 싸워야만 했는가? 그가 우물을 팠으므로 우물은 그의 것이었습니다. 그러한 우물을 포기하고, 옮겨서 다시 다른 우물을 파는 것은 옳은 것인가? 1단계나 2단계의 아동은 '의'에 대한 판단과 '왼쪽 뺨까지 내주라'는 사상을 이해하지 못할 것입니다. 이러한 추론은 그들의 한계를 넘어선 것입니다. 그러나 그들은 하나님께서 기뻐하신다는 3단계의 해답은 기쁘게 받아들일 것입니다. 이 이야기에서는 하나님이 나타나셔서 자신의 승리를 보여줍니다. 1단계와 2단계의 아동은 3단계의 이유가 1단계의 이유(만일 그가 싸운다면, 하나님께서 그에게 벌을 내리실 것이다) 보다는 낫다는 것을 어느 정도 느낍니다. 또한 아동의 수준보다 약간 높은 판단 수준에서의 논쟁에 참여시키는 것도 아동으로 하여금 스스로 더 높은 단계로 올라설 수 있도록 도와주는 것이 될 것입니다.

또 다른 예로는 아브라함이 롯을 구출하는 이야기를 할 수도 있습니다. 여기에서 전쟁은 옳은 것인가 혹은 그른 것인가와 같이 전쟁의 도덕성에 대하여 말하는 것은 지나치게 추상적이고도 원리적입니다. 그러나 3단계의 아동은 가족에 대하여 충실하고 '착한 어린이'가 되며, 하나님의 인정을 받는 이유를 모두 이해하게 됩니다. 이러한 모든 가르침이 도덕적 행위가 아닌, 도덕적 판단에 대한 것임을 이해하는 것은 매우 중요합니다. 의를 아는 것이 의를 행하는 것을 보증하는 것은 아닙니다. 콜버그의 조사는, 원리적 수준에 있는 사람이 그보다 낮은 수준의 사람보다 자신이 의로 믿고 있는 것을 더 간절히 행하고자 하고 있음을 보여주고 있습니다. 오늘날에 있어서는 이러한 흥미가 보다 많은 사람을 최고의 수준으로 이끌어 올립니다. 그리스도인들은 하나님께서 모든 수준에 계시다는 사실에 더욱 관심을 기울여야 합니다. 전전통적 수준의 아동은 하나님을 믿는 부모와 교사로부터 가르침을 받을 필요가 있습니다. 아동이 그들로부터 받은 가치관은 나중에는 그 자신의 가치관이 될 수가 있습니다. 인정과 규범과 율법을 이해하는 전통적 수준의 아동은 하나님의 법과 하나님의 인정에 의해서 가르침을 받아야 합니다. 많은 사람들이 이러한 율법적 단계에서 그들의 여생을 살기 때문에 그들 모두가 하나님의 율법에 있어서 확고한 기반을 가지고 있다고 해도 그것은 결코 사회에 해가 되지 않을 것입니다. 그러나, 원리적 수준에 의거해서 가르치는 것은 유년부 연령에는 일반적으로 적합하지 않습니다.

4) 영적 발달

어떤 교사도 아동을 그 육체적 자아나 정신적 자아, 영적인 자아 등의 용어로 생각하지는 않습니다. 아동은 보다 전체적으로 보아야 합니다. 오직 이와 같은 책에서만 아동은 분리될 뿐입니다. 교사가 영적인 자아를 분리시켜서 "OO가 구원받을 수 있도록 기도해 주세요"라고 말하는 것은 OO의 행위에 문제가 있어서 영적인 출생에 의해서만 그 문제가 해결

될 것이라고 믿고 있기 때문입니다. 그것은 그럴 수도 있습니다. 영적인 자아는 다른 것이 그렇듯이 전체적인 자아에 영향을 끼치고 있기 때문입니다. 만일 우리가 특별한 주의를 집중시키기 위하여 아동의 어느 한 부분을 분리시키려고 한다면, 그것은 영적인 부분이 되어야 합니다. 성경은 영적인 생명이 어떤 사람에게는 있지만, 다른 사람에게는 없다는 것을 분명히 말하고 있습니다. 성경은 이러한 영적인 생명이 태어나야만 하고, 자라야만 하고, 그것은 결코 죽지 않을 것임을 명확히 말하고 있습니다. 교사에게 있어서 이러한 영원한 생명보다 더 큰 관심을 기울이게 하는 것이 있겠는가? 아동의 판단 문제가 해결되고, 그 사회적 생활이 평정되며, 그의 큰 힘이 가라앉은 오랜 후에도 그의 영적인 생명은 이 세상과 내세에 있어서까지 살아남을 것입니다. 이것이 바로 교사가 판단 문제와 행위 문제를 가지고, 시끄럽게 움직이는 아동과 투쟁해야 하는 이유입니다. 교사는 자신이 하고 있는 일의 영원한 가치를 알고 있어야 합니다.

유년부 교사의 대부분이 '거듭남'을 경험할 수 있는 특권을 가지고 있습니다. 정상적인 교육을 동반한다면 소수의 아동은 유치부 시기에, 대부분의 아동은 유년부 시기에, 그리고 나머지 소수의 아동은 중등부 시기에 구원을 받는 것이 일반적인 형태입니다. 이것이 유년부 교사에게 의미하는 것은 교사가 구원에 대하여 가르치고, 아동을 그리스도께로 인도할 준비가 되어 있어야 한다는 것입니다. 이것은 또한 여름 성경학교나 노방 전도와 같은 전도 사역의 확장을 의미하고 있습니다. 만일 구원받을 수 있는 최대의 가능성이 유치부보다는 유년부 연령에 있고, 사역자와 자원이 제한되어 있다면 그러한 자원은 가장 효과가 큰 유년부 연령의 아동에게 쓰여져야 합니다. 만일 유년부 아동들에게 영적 문제에 대해 올바른 태도를 갖게 하려고 한다면 그에 대한 좋은 첫인상이 무엇보다 중요합니다. 단체가 드리는 예배를 경험하는 일은 질서있는 프로그램, 분위기, 깊은 존경심을 자아내게 하는 비품들의 배치에 의해서도 도움을 받게 될 것입니다. 물론 교회는 부모와 연결되거나 다른 이유로 인하여 유치부 아동에게 중점적인 사역을 할 수도 있지만, 이럴 때의 주요 목적은 아동에게 복음을 전하는 것만이 아니라는 사실을 분명히 알아야 합니다.

구원 다음에는 성장이 옵니다. 여기에서 아동이 받는 가르침은 극히 중요합니다. 대부분의 아동은 성경을 스스로 읽을 수 없기 때문에 교사로부터 배워야 합니다. 물론 부모로부터 배울 수 있다면 더욱 이상적입니다. 매 주일 교사는 아동이 평생 배우게 될 중요한 것을 가르치게 될 것입니다. 하나님은 어떤 분이신가? 예수님은 누구인가? 우리는 어떻게 하나님께 예배드릴 수 있는가? 어떻게 하나님께 기도드릴 수 있는가? 성령은 누구인가? 성경의 모든 중요한 주제들은 유년부 아동에게도 이해될 수 있습니다. 아동은 말씀을 통하여 성장할 것입니다. 그리고 아동들은 예배를 통하여 하나님을 만나는 특권을 사모하고 이해하게 되며 하나님을 아는 능력도 경험에 따라 증가하게 될 것입니다. 또한 기독교의 기념일들로 인해 친척들 뿐만 아니라 그리스도 자신과도 연합, 성장하게 되어갈 것입니다. 기독교 교육에 있어서 그리스도인의 성장 과정은 보다 전문화하여 작은 부분으로 분류해서 정의할 필요가 있습니다. 이것은 평가를 내리고 적절한 목표를 설정함에 있어서 교과과정 계획자와 교사에게 도움을 줄 것입니다.

- 유년부의 영적 발달과제

㉠ 사랑, 안전, 훈련, 기쁨, 예배의 경험.
㉡ 하나님, 예수님, 기타 기독교의 기본적인 실체에 대한 인식과 관념이 발달하기 시작함.
㉢ 하나님, 예수님, 교회, 자아, 성경에 대한 태도의 발달.
㉣ 선과 악에 대한 개념이 발달하기 시작함.

이 발달과제는 건전한 기독교 가정과 교회의 환경을 가정한 것입니다. 따라서 영적인 발달과 관련해서, 이와 같은 배경을 가지고 있지 않은 아동이 자기 반에 있을 수도 있습니다. 이러한 아동을 기본적인 수준에 도달시키기 위해서는 교사가 유치부 수준의 과제부터 시작해야 할 것입니다. 만일 어느 아동이 초기에 사랑을 경험하지 못하였다면 하나님의 사랑을 이해하고 구원으로 인도되기 전에 교사를 통하여 사랑을 경험해야만 할 것입니다. 만일 어느 아동이 하나님이나 예수님, 혹은 성경에 대하여 들어보지 못하였다면 이러한 관념을 형성시키기 위하여 유치부 수준에서 시작해야 할 것입니다. 이러한 모든 과제에 있어서 먼저의 과제가 나중의 것들을 선행할 필요성이 있습니다. 다른 예로는, 아동은 나중에 자아 훈련을 발달시키기 위하여 초기에 훈련을 경험해야만 합니다. 훈련은 모든 학습에 있어서 선행 조건이 됩니다. 또 다른 예로 초기에 있어서 자아에 대한 좋은 태도는 나중에 다른 사람에 대한 자각과 관심의 성장에 있어서 필수적인 것이 된다는 것입니다. 예를 들면, 유치부 단계에 있어서 사랑과 안정과 기쁨의 환경 속에서 하나님과 예수님에 대하여 들은 아동은 그에 대하여 좋은 태도를 형성하기 쉽다는 것입니다. 또한 사랑과 훈련을 경험한 아동은 선과 악에 대한 개념을 발달시킬 수 있습니다. 유년부 단계에서 성경의 중요한 기본적인 학습을 받은 아동은 점차적으로 그리스도인의 사랑과 다른 사람과의 관계에 있어서 책임감의 필요성을 깨닫게 될 것입니다. 만일 아동에게 있어서 어느 한 분야의 발달이 부진하다면 다른 분야의 발달도 역시 부진할 것입니다. 반대로 어느 한 분야에서의 좋은 발달은 다른 분야에서의 발달을 돕게 됩니다. 성장은 상호 관계에 의하여 이루어지는 것입니다. 따라서 이러한 영적인 과제는 다음과 같이 볼 수 있습니다. 첫째, 연령층에 있어서 상호 관계를 가집니다. 둘째, 연령층을 통하여 계속적인 관계를 가집니다. 이것은 그리스도인의 성장에 대한 '확대된 정의'라고 불려질 수 있습니다. 이 정의는 성장 과정을 세분화해서 더 다루기 쉬운 부분으로 나눕니다. 세분화함으로써 교사는 아동이 어느 단계에 있는지를 구체적으로 알 수 있고, 교사의 가르침에 대하여 구체적인 계획을 세울 수도 있게 됩니다.

유년부 (6~7세)	
특징들	사역을 위한 시사점들
• 신체적 ·때로는 서투르지만 증진된 작은 근육 협응력 ·성장 속도가 늦어짐, 여아들이 남아들보다 앞서감 ·끊임없는 움직임 꼼지락거려야 함 ·만드는 것을 좋아함	·찢고 자르는 것 같은 기술을 사용하는 활동에 참여할 수 있음 ·활동과 속도를 종종 변화시킬 기회를 제공하라 ·이 활동에서 저 활동으로 그리고 방에서 이리저리 신체적으로 움직일 기회를 제공하라 ·성경 이야기를 재연하라 ·성경 이야기의 구체적 양상들에 적절한 활동을 만들라

• 인지적 ·배우고 싶은 열망 ·질문을 많이 함 ·여전히 제한된 시공 개념 ·읽는 능력이 천차만별 ·한 번에 이야기나 경험의 세세한 것 한두 가지에만 집중하는 경향 ·7~10분 정도로 제한된 주의 집중 시간 ·문자적 사고과정 ·간단한 범주 사용 가능	·아이들의 질문을 주의 깊게 듣고 응답하라 ·성경 이야기와 개념을 말할 때 상징적인 것을 피하라 ·성경 이야기를 지지하는 시각자료를 사용하라 ·성경학습에 적극적으로 참여시키는 계획을 세우라 ·인쇄 교육 과정 자료를 활용하려 할 때 아이의 읽는 능력에 의존하는 것은 피하라 ·하나의 주된 점을 강조하라-한 번에 하나만 ·성경을 동화나 공상 모험을 하나 더 추가하는 실수를 할 수 있는 이야기가 아니라 실제 이야기가 기록된 책으로 가르치라
• 사회적/정서적 ·어른의 안정이 필요 ·비평에 민감함 ·독립심을 시험 ·다른 사람과 잘 지내는 방법을 알아가는 것을 어색해함 ·'베프'와 짝을 짓기 시작함 ·형제들과 경쟁적 ·학교와 교회에 긍정적 태도 ·기분 변화가 심함	·아이들이 각각 돌봄 받는다고 느끼도록 전달하라 ·아이들이 서로를 수용하고 친절한 행동을 실천하도록 도우라 ·그룹 활동을 조성하라 ·혼자 하는 활동을 위한 시간 필요

• 영적 ·창조 이야기 ·성경 인물들과 그들이 하나님께 어떻게 순종했는지 그리고 우리도 왜 그리해야 하는지에 관한 이야기 ·하나님께 예배드리는 방법 ·예수님은 하나님의 아들이며 나의 친구이고 내가 어떻게 살아야 하는지를 가르쳐 주신다 ·예수님의 생애와 사역에서 사건들을 확장함 ·성경은 두 부분으로 나누어져 있다. 여러 권의 다른 책들과 장들과 구절들을 가지고 있다 ·예수님처럼 살고 싶음 ·성경말씀 안에 있는 정서들을 이해하기 시작함	·1~2학년 아이들은 이제 간단한 방식으로 그들의 성경을 사용하기 시작할 수 있다. - 성경 구절을 찾아서 읽기 ·성경 이야기의 진실성을 강조하라 ·가능한 한 많은 성경 이야기를 경험할 기회를 제공하라 ·예배와 기념적인 예전 경험으로 인도하라 ·다른 사람들과 함께 하나님께 기도하기

2. 영적 진리가 담긴 이야기를 들려주기

이야기를 통해 영적 진리가 생생하게 살아나게 만들라. 다른 방식으로는 아이들에게 영적 진리를 납득 시키기가 어렵습니다. 예수님은 비유를 사용하셨습니다. 이야기로 진리를 가르치는 방법을 무시하지 말라. 경건한 교사가 신중하게 만든 이야기보다 효과적인 교육 수단은 없습니다. '기억하게 하려면 관심을 끌어야 한다'는 말이 있습니다. 학생들을 가르칠 때, 그들의 관심을 집중시키는 것은 어려울 수 있습니다. 그들의 신체와 정신의 활동적인 특성을 이해하지 못하면, 그런 어려움은 더욱 고조될 수밖에 없습니다. 유년부 아이들을 위해 이야기를 선택할 때는 사람들, 삶,

살아 있는 것에 관한 것이 좋습니다. 사람들의 삶을 토대로 만들어 낸 이야기, 곧 인격 형성을 돕는 간단한 교훈이나 삶의 원리를 가르치는 이야기가 바람직합니다. 아이들을 가르칠 때 추상적인 개념은 큰 도움이 되지 못합니다. 아이들에게는 교리보다 복종을 가르치는 것이 훨씬 낫습니다. 아이들은 이해하기 전에 느낄 수 있고, 사랑의 감정을 느끼는 이유를 알기 전에 사랑할 수 있습니다. 아이들은 추상적인 것에 관심이 없다는 사실을 항상 기억해야 합니다. 사람은 누구나 이야기에 익숙합니다. 이야기는 진심에서 우러나오는 중요한 정보를 전달하는 수단입니다. 이야기는 성경이 기록된 방식이기도 합니다. 족장들의 이야기가 수세기에 걸쳐 부모에게서 자식에게로 대대로 전해졌습니다. 예수 그리스도께서 부활하시고 승천하신 뒤에 제자들은 그분에 관한 이야기를 널리 전했습니다. 신약 성경은 바로 그런 과정을 통해 완성되었습니다. 교사가 성경 이야기를 들려주는 것은 곧 이야기를 통해 하나님의 말씀을 전해 준 옛 신자들의 위대한 전통을 계승하는 것입니다. 참으로 큰 책임과 특권이 뒤따르는 일이 아닐 수 없습니다.

1) 이야기를 효과적으로 전하는 방법

① 이야기의 소재를 파악하라.

이야기를 연구하라. 주제와 중심인물을 파악하고, 필요하다면 배경도 조사하고, 질문에 대답할 말도 준비하라(특히 '왜요?'와 '어떻게요?'라는 질문에 대비하라). 스스로 이야기에 깊이 빠져드는 것이 중요합니다. 이야기를 읽어줄 때는 다음 질문을 생각하라. '주인공이 누구인가? 이야기가 발생한 장소는 어디인가? 배경을 설명해야 하는가? 이야기의 구성 요소(등장인물, 소재, 감정, 행동 등)가 학생들의 경험과 비슷한가? 이야기가 학습 주제를 구체적으로 예시하는가? 학생들에게 가르쳐서 한 주간 동안 적용시키려는 성경의 진리는 무엇인가? 이야기에 드러난 갈등은 무엇인가? 좋은 이야기는 항상 해결해야 할 갈등과 문제를 지니고 있기 마련입니다(감옥에 갇힌 요셉 이야기, 애굽을 탈출하고 군대에 쫓긴 이스라엘 백성 이야기, 체포된 바울 이야기, 요단강물에 들어갈 수 없었던 나병환자 이야기 등). 문제가 어떻게 해결되었는가? 하나님이 문제 해결에 어떻게 개입하셨는가? 등장인물의 삶이 어떻게 변화되었는가?'

② 아이들에게 익숙한 용어를 사용하라.

학생들이 이해하기 어려운 성경 구절은 다른 말로 쉽게 옮기라. 고압적인 태도로 말하지 말고, 옛말 대신 현대어를 사용하라. 자료가 없는 경우에는 쉬운 용어로 쓰인 어린이 성경을 참조하라.

③ 이야기를 상세하게 묘사하라.

한 번에 여러 진리를 가르치려고 하지 말고, 한가지 진리를 여러 가지 방식으로 가르치라. 등장인물을 상세히 묘사해 생동감 있게 전달하라. 그들의 차림새가 어땠는지, 머리는 어떤 모양이고 눈은 어떻게 생겼는지 자세히 묘사하라. 다윗과 다니엘의 모습을 생생하게 설명하라. 아이들이 마음의 눈으로 그들의 모습을 상상할 수 있게 하라. 아이들의 상상속에 그들의 모습이 생생하게 떠올라야만 마음을 움직여 행동하도록 이끌 수 있습니다.

④ 외워서 말하거나 읽어주는 것을 피하라.

성경에 기록된 대로나 커리큘럼에 제시된 대로 이야기를 정확하게 외워 전달하지 않아도 됩니다. 성경책을 펴놓고 참고하되, 이야기를 정확하게 읽어주기보다는 완전히 소화해 흥미롭게 전달하는 것이 좋습니다. 읽는 것보다 말로 전해야 좀 더 자연스럽고 재미있게 이야기를 전달할 수 있습니다. 책을 보면서 이야기를 읽으면 고개가 책에 파묻히기 때문에 아이들의 얼굴을 바라볼 수 없습니다. 이런 이유에서 철저한 준비가 필요합니다. 이야기를 잘 알고 있을수록 책을 참조하는 횟수가 줄어듭니다. 또한 내용을 잘 알고 있으면, 이야기가 잠시 엉뚱하게 빗나갈 때도 즉시 본래의 줄거리로 돌아올 수 있습니다.

⑤ 연습하고 연습하고 또 연습하라.

이야기를 전달하는 것을 어렵게 생각하는 사람이 많습니다. 사람들 앞에서 말해 본 경험이 부족하기 때문입니다. 연습하고 반복할수록 이야기를 전달하는 기술이 늘고 자신감도 높아집니다. 집에서 거울을 보며 이야기를 전달하는 연습을 하라. 가족 앞에서 말해 보라. 이야기를 녹음하고, 다시 들으면서 고쳐야 할 점이 없는지 생각하라. 잘못된 부분은 얼마든지 다시 고칠 수 있습니다.

⑥ 자신 있게 전달하라.

극적인 몸짓이나 동작, 얼굴 표정을 통해 이야기를 생동감 있게 전달하라. 약간의 허풍과 과장은 이야기를 생생하게 전달하도록 돕습니다. 자유롭게 용어를 강조하고, 표현력을 연출하라. 심지어는 좀 바보스럽게 보여도 괜찮습니다. 목소리에 변화를 주면서 어떤 부분은 크게 어떤 부분은 부드럽게 말하라. 꼭 필요한 것은 아니지만, 경우에 따라서는 등장인물마다 다른 목소리를 사용해도 상관없습니다.

⑦ 믿음으로 전하라.

이야기를 신뢰하라. 성경 이야기는 오늘날의 사람들을 위한 하나님의 말씀을 담고 있기 때문에 강력한 힘을 발휘합니다. 항상 기대감을 가지라. 부모에게 자녀가 이룬 것을 말해 줄 때 그들이 기뻐할 것을 생각하라. 이야기를 전할 때는 열정을 드러내라. 교사가 이야기에 온전히 매료되어 깊은 흥미를 드러낸다면, 아이들도 그럴 것입니다. 아이들과 항상 눈을 맞추라.

⑧ 관련성을 강조하라.

오늘날 성경이 왜 중요한지 알려주라. 성경은 재미삼아 읽는 2,000년 전의 동화책이 아닙니다. 성경 이야기와 아이들의 삶을 서로 연결시키라. 창세기에 나오는 요셉 이야기를 전달하고 나서는 아이들의 집에서 벌어지는 형제간의 갈등과 가족 관계에 대해 나눠보라. 노아의 홍수를 들려주고 나서는 올바른 일을 했는데도 놀림을 받으면 어떤 기분일지 물어보라.

2) 아이들을 참여시키는 방법

아이들은 행동을 통해 배웁니다. 아이들을 이야기에 참여시키라. 이 방법은 이미 알고 있는 이야기를 다시 듣는 것을 지겨워하는 학생들에게 특히 효과적입니다.

① 이야기를 행동으로 연출하라.

학생들이 무언극이나 연극으로 이야기를 연출하게 하라. 융판에 그림을 붙이거나 그림을 들어 보여주거나 꼭두각시를 사용할 수 있습니다. 이미 이야기를 알고 있는 학생이 있다면, 친구들에게 이야기를 읽어주게 하거나 교사가 말하는 동안 중간에 잠깐씩 이야기를 거들게 할 수도 있습니다. 또 학생이 직접 이야기를 전하게 할 수도 있습니다. 이야기를 잘 알고 있는 학생에게는 '그 다음에 무슨 일이 일어났지?'라고 물어도 좋습니다. 예를 들면, '모세가 산에서 내려왔습니다. OO, 그 다음에는 무슨 일이 벌어졌지? 모세는 무엇을 보았니?'라고 물어볼 수 있습니다.

② 음향 효과를 연출하라.

'큐 워드'를 들려주고 아이들에게 적절한 소리를 내게 하라. 예를 들면, 동물의 이름을 들으면 그 동물의 울음소리를, 시냇물이라는 단어를 들으면 '졸졸'이라는 소리를 '걷다'라는 단어를 들으면 발을 굴러서 걷는 소리를, 등장인물이 피곤하거나 배가 고픈 상태라는 말을 들으면 투덜대는 소리를 내게 할 수 있습니다. 이야기에서 반복되는 말이나 개념이 있는지 살펴보고, 어떤 소리를 지시할지 생각하라. 이런 방식을 동원하면 아이들의 집중력을 높일 수 있습니다. '큐 워드'를 놓치지 않으려고 열심히 귀를 기울일 것이기 때문입니다.

③ 성경을 사용하라.

학생들에게 성경에서 이야기를 찾아보게 하라. 이렇게 하면 학생들이 성경책에 익숙해지고, 이야기가 근거 없이 만들어진 것이 아니라는 사실을 보여줄 수 있습니다. 조금만 도와주면 아이들도 얼마든지 성경의 장점을 찾을 수 있고, 심지어는 성경 이야기에 등장하는 인물의 이름까지 찾아낼 수 있습니다.

④ 연구하고 조사하게 하라.
아이들은 성경 사전에서 낯선 단어를 찾아보고, 성경 지도에서 도시의 위치를 확인하며, 성경 백과사전을 통해 이야기의 등장인물에 관해 더 많은 정보를 얻을 수도 있습니다. 인터넷에서 더 많은 정보를 찾아보게 하고, 홈비디오를 만들어 이야기를 극화할 수 있게 하라.

3. 어린이 성경 암송

아이들에게 성경 암송이 유익한가? 성경 암송은 교회학교에서 앞으로도 절대 없어지지 않을 교육 프로그램 중의 하나인가? 아마 이런 의문을 품어 본 부모나 교사들이 많이 있을 것입니다. 나는 이 두 가지 질문에 대해 확신 있게 '그렇습니다!'라고 대답할 수 있습니다. 아이들이 성경 암송을 통하여 큰 유익을 얻을 뿐 아니라, 성경 암송은 하나님께서 원하시는 것이기 때문에 절대 없어지지 않을 것입니다. 골로새서 3:16절에서 사도 바울은 "그리스도의 말씀이 너희 속에 풍성히 거하게 하라"고 명하고 있습니다. 또한 신명기 6:6절에서 "오늘날 내가 네게 명하는 이 말씀을 너는 마음에 새기라"고 명령하고 있습니다. 하나님의 말씀은 매우 중요하기 때문에 외울 가치가 있습니다. 성구 암송은 아이가 일생동안 누릴 수 있는 풍성한 영적 자산이 되고, 믿음의 강력한 토대를 마련해 줍니다. 아이들이 자라 십 대나 성인이 되어 의심이 생기거나 우울해질 때, 또는 스트레스를 받을 때면 어린 시절에 외운 성경 구절을 떠올리게 될 것입니다. 중요한 성경 구절을 외우고 있으면 다른 사람들에게도 훨씬 수월하게 믿음을 전할 수 있습니다. 하나님의 말씀을 암송하는 일은 어릴 때부터 시작하는 것이 가장 좋습니다. 아이들은 마음 밭이 좋을 뿐더러 감수성이 예민하기 때문에 진리인 하나님의 말씀을 쉽게 잘 받아들입니다. 아이들은 암송을 쉽게 할 수 있습니다. 호기심에 가득 찬 그들의 마음은 늘 무엇인가로 채워지기를 기다리고 있습니다. 참으로 초등학교 시절은 '암송의 황금기'라고 해도 과언이 아닐 것입니다.

1) 성경 구절을 이해시키라.

① 의미를 파악하게 하라.

성구 암송의 목적은 단순히 말을 외우는 것이 아니라 외운 내용을 이해시키는 데 있습니다. 아이가 성경 구절을 삶에 적용해 영적으로 성장하는 결과가 나타나지 않는다면, 성구 암송은 아무런 가치가 없습니다. 아이들에게 성경을 외우는 원리를 가르쳐주고, 암송을 요구하기 전에 그 의미를 먼저 설명하라. 토론과 학습 활동을 통해 성경 구절을 적용할 수 있는 방법을 찾으라. 어렵거나 낯선 단어를 설명해 주고, 암송할 구절을 문맥 안에서 파악하게 도와주며, 그 구절이 단락이나 장에서 어떤 의미로 사용되었는지 이해할 수 있게 이끌라.

② 성경 구절을 외우는 목적을 분명히 하라.

단지 성경 구절을 알기 위해서나 상을 타기 위해 암송하는 것은 옳지 않습니다. 아이들이 흥미롭고 유익하게 생각하는 성경 구절을 선택하라. 구원에 이르는 길을 보여 주는가? 하나님의 약속을 제시하는가? 예수님에 관한 중요한 사실을 전하는가? 커리큘럼을 선택할 때는 성경의 사실이 아니라 성경의 진리를 삶에 적용하는 데 초점을 맞춰 암송 구절을 찾으라.

③ 성경 구절을 찾게 하라.

성경 구절을 외우는 목적 가운데 하나는 성경책에 익숙해지는 것입니다. 아이들 각자가 성경책을 한 권씩 소유하게 하라. 성경책을 가져오지 않은 아이들을 위해 교실에 여분의 성경책을 비치해 놓으라. 성경 목차를 이용해 각 책의 위치를 찾고, 장절 표기를 통해 장과 절을 찾는 법을 가르치라. 아이들이 암송 구절이 기록되어 있는 책과 장절을 찾도록 도와주라. 성경 구절을 외울 때는 내용은 물론 장과 절도 함께 기억하게 하라.

④ 현대어로 된 성경 역본을 활용하라.

성경 구절을 외우고 하나님의 말씀을 이해시키려면, 아이들이 쉽게 읽을 수 있는 역본을 사용하는 것을 고려해야 합니다. 아이가 교회학교에서 사용하는 성경책과 다른 성경책을 가져왔을 때는 그 기회를 통해 성경을 더욱 폭넓게 이해시키라. 아이들과 함께 서로 다른 역본에 사용된 단어들을 비교해 볼 수 있을 것입니다.

2) 성구 암송을 도와주는 방법

① 반복하고 복습하라.

학교에서 매일 곱셈을 공부하듯 똑같은 것을 여러 번 듣거나 반복하면, 자연스레 외울 수 있을 것입니다. 따라서 성경 구절을 다 같이 여러 차례 반복하는 것이 좋습니다. 아이들이 성경 구절을 듣고, 보고, 쓸 수 있는 다양한 활동(게임, 음악, 토론 등)을 활용하라. 그러다 보면 아이들은 자기도 모르는 사이에 성경 구절을 외웠다는 것을 알게 될 것입니다. 외운 성경 구절은 반드시 정기적으로 다시 점검하라. '사용하라. 그렇지 않으면 잃을 것이다'라는 원리를 적용하라. 아이들은 자주 반복하지 않으면, 성경 구절을 쉽게 잊어버립니다.

② 음악을 활용하라.

익숙한 가락에 맞춰 성경 구절을 노래로 부르게 하라. 현대 찬송가 가운데는 시편 구절을 그대로 노랫말로 옮긴 것이 많습니다. 음악을 사용하면 외우는 데 많은 도움이 됩니다. 성경 명칭이나 십계명처럼 긴 목록도 노래로 만들면 쉽게 기억할 수 있습니다.

③ 여러 가지 작품활동을 활용하라.

짧은 성경 구절을 여러 가지 작품활동에 이용하라. 성경 구절을 책갈피, 상자, 두루마리, 점토판에 기록하거나 글자를 적은 것과 구슬을 한 줄에 꿰는 활동을 할 수 있습니다. 포스터나 깃발에 성경 구절을 적어 교실 벽이나 교회 복도에 여러 주 동안 매달아 놓는 방법도 있습니다.

④ 게임을 이용하라.

경쟁과 상관없이 즐거우면서도 교육적인 게임에 성경 구절을 활용하라. 아이들은 학습 활동을 하고 있다는 사실을 의식하지 못하는 상태에서 배우는 것을 좋아합니다. 커리큘럼에 제시된 게임을 활용해도 좋고, 성경 구절을 가르치는 카드 게임이나 보드게임을 따로 구입해도 좋습니다. 그러나 그런 게임은 비용이 많이 들어 한정된 교회 예산으로 구입 하기 어려울 수도 있습니다. 게임 도구를 구입 하기 전에 여러 번 사용할 수 있는지, 얼마나 많은 연령층이 사용할 수 있는지, 아이들이 쉽게 지루하다고 느끼지는 않을지 꼼꼼하게 따져보라. 성경 구절을 이용한 간단한 게임은 생각보다 많습니다.

㈀ 짝 맞추기 게임 : 성경 구절 단어를 카드에 하나씩 적고 카드들을 탁자 위에 뒤집어놓습니다. 아이들이 차례로 한 번에 한 장씩 카드를 뒤집어 성구 낱말들이 이어지게 만듭니다. 올바른 카드를 선택한 경우에는 그대로 놔두고, 문장을 만들지 못하는 카드는 탁자 위에 다시 뒤집어놓습니다.

㈁ 카드 찾기 게임 : 성경 구절 단어를 카드에 하나씩 적고, 카드를 교실 이곳저곳에 숨겨놓습니다. 아이들은 카드를 찾아서 순서대로 카드를 맞춥니다.

㈂ 풍선 게임 : 성경 구절 단어를 가느다란 종이 띠에 하나씩 적어 풍선 안에 넣은 다음, 풍선을 붑니다. 아이들은 풍선을 터뜨려 종이 띠에 적힌 단어를 큰소리로 읽으면서 순서대로 맞춥니다.

⑤ 상을 주라.

상을 받는 것이 성경 구절을 암송하는 목적은 아니지만, 아이들은 노력을 인정받는 것을 좋아합니다. 서로 협력해 정해진 개수의 구절을 외우는 공동 과제를 제시하고, 아이들이 목표를 달성했을 때는 모두에게 상을 주라(팝콘, 아이스크림, 신나는 게임 등).

3) 성구 암송의 실제

① 암송 카드 108개

	시리즈 1. 구원의 확신	시리즈 2. 하나님을 알아감
1단계	1. 죄란 무엇인가? 요한일서 5:17 2 죄의 결과는 무엇인가? 로마서 6:23 3 누가 나를 죄에서 구원하는가? 요한복음 1:29 4. 구원을 받으려면 어떻게 해야 하는가? 요한복음 3:16 5. 다른 길은 없는가? 로마서 3:23 6. 내가 구원받은 것을 어떻게 확신 하는가? 요한복음 3:36	•하나님의 아들 예수님 1. 누가복음 1:35 2. 마태복음 16:16 3. 히브리서 13:8 •나를 구원하신 예수님 4. 누가복음 2:11 5. 마태복음 1:21 6. 디모데전서 1:15
2단계	7. 죄란 무엇인가? 야고보서 4:17 8 죄의 결과는 무엇인가? 요한복음 8:24 9. 누가 나를 죄에서 구원하는가? 로마서 5:8 10. 구원을 받으려면 어떻게 해야하는가? 요한복음 5:24 11. 다른 길은 없는가? 에베소서 2:8~9 12. 내가 구원받은 것을 어떻게 확신하는가? 요한일서 5:13	•아버지 하나님 7. 요한복음 20:17 8. 갈라디아서 3:26 9. 누가복음 1:37 •나를 만드신 하나님 10. 창세기 1:27 11. 시편 100:3 12. 시편 95:6

3 단 계	13. 죄란 무엇인가? 이사야 53:6 14. 죄의 결과는 무엇인가? 이사야 59:2 15. 누가 나를 죄에서 구원하는가? 베드로전서 3:18 16. 구원을 받으려면 어떻게 해야 하는가? 요한복음 1:12 17. 다른 길은 없는가? 요한복음 14:6 18. 내가 구원받은 것을 어떻게 확신하는가? 요한일서 5:11~12	•성령 13. 고린도후서 13:13 14. 요한복음 14:26 15. 고린도전서 2:12 •내 안에 계신 성령 16. 고린도전서 3:16 17. 로마서 8:9 18. 갈라디아서 5:22~23

	시리즈 3. 하나님 안에서 자라감	시리즈 4. 하나님을 기뻐함
1 단 계	•말씀 1. 마태복음 4:4 2. 시편 119:105 3. 시편 119:11 •기도 4. 요한복음 16:24 5. 요한일서 5:14 6. 데살로니가전서 5:16~18	•하나님은 나를 사랑하신다 1. 요한일서 3:16 2. 예레미야 31:3 3. 요한일서 4:11 •하나님은 나를 돌보신다 4. 베드로전서 5:7 5. 나훔 1:7 6. 빌립보서 4:19
2 단 계	•하나님께 순종 7. 야고보서 1:22 8. 요한복음 14:15 9. 시편 119:44 •예수님을 전함 10. 사도행전 1:8 11. 마가복음 5:19 12. 마가복음 16:15	•하나님은 내게 평화를 주신다 7. 요한복음 14:27 8. 빌립보서 4:6~7 9. 데살로니가후서 3:16 •하나님은 나를 지켜 주신다 10. 시편 91:11 11. 시편 91:14 12. 시편 121:7

3 단 계	•그리스도인과 사귐 13. 히브리서 10:24 14. 히브리서 3:13 15. 잠언 17:17 •하나님과 사귐 16. 마가복음 1:35 17. 시편 5:3 18. 출애굽기 33:11	•하나님은 나를 도와 주신다 13. 시편 121:1~2 14. 이사야 41:10 15. 빌립보서 4:13 •하나님은 나를 받아 주신다 16. 시편 139:13 17. 시편 139:14 18. 시편 139:15~16

	시리즈 5. 하나님을 닮아감	시리즈 6. 성경의 위대한 진리들
1 단 계	•부모님께 순종 1. 에베소서 6:1 2. 골로새서 3:20 3. 잠언 1:8 •정직 4. 레위기 19:11 5. 골로새서 3:9 6. 사도행전 24:16	•용서 1. 요한일서 1:9 2. 골로새서 3:13 3. 마태복음 18:21~22 •성경-하나님의 말씀 4. 디모데후서 3:16 5. 마태복음 24:35 6. 잠언 30:5
2 단 계	•성실 7. 민수기 23:19 8. 누가복음 16:10 9. 잠언 28:20 •섬김 10. 마가복음 10:45 11. 에베소서 6:7 12. 마태복음 20:26	•다시 오실 예수님 7. 사도행전 1:11 8. 마태복음 24:44 9. 골로새서 3:4 •교회-그리스도의 몸 10. 에베소서 2:22 11. 시편 122:1 12 에베소서 4:16

단계		
3단계	•사랑 13. 고린도전서 13:4 14. 고린도전서 13:5 15. 고린도전서 13:6~7 •헌신 16. 로마서 12:1 17. 로마서 12:2 18. 로마서 12:3	•나의 목자 되신 주님 13. 시편 23:1 14. 시편 23:2 15. 시편 23:3 16. 시편 23:4 17. 시편 23:5 18. 시편 23:6

② 암송 카드

다음 페이지에 실제 카드와 같은 모양의 그림이 소개되어 있습니다. 각각의 카드에는 주제와 장점이 기록되어 있는데, 본서에서는 아이들이 이해하기 쉽도록 주제를 '이름', 장절을 '주소'라고 부르기로 하겠습니다. 각 구절에 이름을 붙이면 암송에 크게 도움이 됩니다. 이름은 그 구절의 의미를 대강 알 수 있도록 도와 주기 때문입니다. 따라서 암송을 할 때는 구절의 내용을 읽기 전에 이름과 주소를 먼저 외어야 합니다.

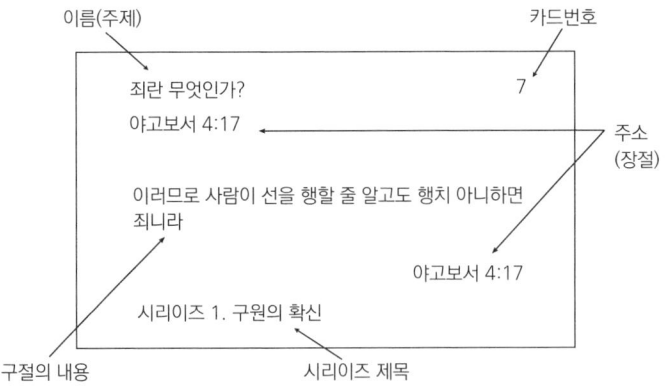

③ 암송 카드 설명

시리즈 제목은 필요하면 외어도 되지만, '1'이나 '7'과 같은, 시리즈 번호나 카드 번호는 외울 필요가 없습니다. 왜냐하면 아이들이 이런 숫자들 때문에 갈피를 못 잡을 수 있기 때문입니다. 암송하는 순서는 다음과 같습니다.

㈀ 구절의 이름(주제) ㈁ 구절의 주소(장절) ㈂ 구절의 내용 ㈃ 주소를 반복

앞에서 소개한 개요를 살펴보면, 위에서 아래로 세 단계가 있음을 알 수 있습니다. 108구절을 암송해 나가는 순서는 먼저 1단계의 36절을 마친 후, 2단계, 다음에 3단계 순으로 하도록 하십시오. 단계에 따라 난이도가 증가하기 때문입니다. 각 단계를 끝마칠 때마다 한 자리에서 한 번에 36구절을 막힘없이 암송할 수 있어야 합격입니다.

4) 교회에서의 활용

본 성경 암송 과정은 교회에서 진행 중인 모든 교육 과정에 보조 교재로 사용될 수 있습니다. 또한 본 암송 프로그램을 독립된 하나의 교과과정으로 활용해도 손색이 없습니다. 각 주제에 맞는 성경 이야기를 적절히 가미하기도 하고 실생활에 적용하도록 이 과정을 진행 시켜 나가면, 본 과정을 통해 균형 잡힌 그리스도인 생활의 참모습을 가르쳐 줄 수 있습니다. 성경 말씀을 암송하며 복습하는 것은 지속적인 학습 효과를 보장합니다. 연구에 의하면, 주일 공과 시간에 딴전을 피우지 않고 열심히 참여한

아이들도 수요일쯤이 되면 배운 것의 70% 정도를 잊어버린다고 합니다. 그러나 체계적인 성경 암송 과정을 지속적으로 활용하면 100%를 기억할 수 있습니다. 어린이들의 마음 속에 깊이 심기운 하나님의 말씀은 삶을 변화시킬 수 있는 능력을 갖고 있습니다.

  본 암송 과정의 각 시리즈는 세 단계로 나뉘어져 있습니다. 각 단계는 서로 연관되어 있으며, 점점 어려운 수준으로 진행되어 갑니다. 본 과정은 어느 학년에서 시작해도 좋으며 3년 동안 활용할 수 있습니다. 또한 본 과정을 6년 동안에 걸쳐 활용할 수도 있는데, 2학년은 1학년 때 암송한 것을 복습하고, 4학년은 3학년 때 암송한 것을 복습하고 6학년은 5학년 때 암송한 것을 복습하도록 하면 됩니다. 이 방법은 교회학교의 다른 교과 과정과 함께 진행할 때 효과적입니다. 6년으로 늘리면 복습에 강조점을 둘 수 있는데, 복습은 성경 암송 프로그램에서 소홀히 하기 쉬운 부분입니다. 또한 새로운 구절을 암송한 다음 해에는 훨씬 쉽게 진행할 수 있으며, 진도가 느린 아이들에게는 따라 잡을 수 있는 기회를 주게 됩니다. 본 성경 암송 프로그램은 교회학교의 1년 일정에 쉽게 맞출 수 있습니다. 선택한 방법에 따라 두 학기 또는 1년 동안 36구절을 외우게 될 것입니다. 본 과정의 목표는 각각의 어린이가 각 단계의 36구절을 한자리에서 한 번에 정확하게 암송할 수 있도록 돕는 것입니다.

  아래에 소개된 계획은 본 프로그램을 교회학교 과정에 포함시키는 한 가지 방법을 예로 든 것입니다. 첫 번째 방법은 봄, 여름, 가을에 새로운 구절을 외우는 것입니다. 각 계절에 해당하는 3개월의 첫 12주 동안은 매주 한 구절씩 암송하도록 하고, 마지막 한 주는 보충을 하거나 복습을 하도록 하면 됩니다. 겨울에는 복습에 시간을 들이거나 못다 한 부분을 따라잡을 수 있도록 시간을 사용하면 됩니다. 이렇게 해서 3년 혹은 6년 동안 진행하면 본 과정을 끝낼 수 있습니다. 두 번째 방법은 일년 동안 지속적으로 새로운 구절을 암송하도록 하는 것입니다. 2개월을 단위로 하면 각 단계마다 각 시리즈의 6개의 구절을 암송할 수 있을 것입니다. 매주 한 구절씩 새롭게 암송해 나가면 다음 시리즈를 시작하기 전까지 2~3주의 여유가 생깁니다. 이 기간 동안에는 암송한 구절들을 삶에 적용하고 복습하며 못다 한 부분을 따라잡을 수 있게 됩니다. 첫 번째 방법과 마찬가지로 3년 또는 6년 과정으로 할 수 있습니다. 또는 위에 소개한 두 가지 방법 외에도 각 교회의 형편에 맞게 활용 방법을 연구하여 사용하는 것도 아주 좋습니다.

봄

구원의 확신	하나님을 알아감

여름

하나님 안에서 자라감	하나님을 기뻐함

가을

하나님을 닮아감	성경의 위대한 진리들

5) 암송과 복습을 재미있게 하는 방법

지혜로운 선생님은 재미있게 가르쳐서 배우는 사람이 재미있게 배우게 합니다. 유명한 저술가인 테리 홀은 학생들이 동기력을 갖고 지속적으로 배울 수 있도록 해주려면 다양성, 시청각, 참여의 세 가지 요소가 필요하다고 했습니다. 이 프로그램을 진행하면서 활용할 수 있는 방법을 몇 가지 소개합니다.

(1) 활동 및 게임

① 그림 그리기

암송 구절에 대하여 간단히 그림을 그리게 하십시오. 그러면 나머지 학생들은 이 그림을 해석합니다. 시편 119:105절을 예로 들면 다음과 같습니다. 오버 헤드 프로젝터나 칠판, 또는 괘도 등에 그리도록 하면 좋을 것입니다.

② 동작 게임

학급 인원이 충분하면 3명씩 한 그룹을 짓게 한 후, 어느 한 그룹이 나와서 무언(無言)으로 그 구절의 내용을 연기하면, 나머지 학생들은 그들의 동작을 보고 그 구절이 무엇인지 알아맞히도록 하는 것입니다.

③ 이야기 만들기

아이들은 이야기 꾸미기를 좋아합니다. 어떤 구절을 주제로 한 이야기를 만들게 하되, 이야기 속에는 그 구절을 사용하지 않도록 합니다. 나머지 학생들은 그 이야기를 듣고 그 구절을 알아 맞추는 것입니다.

④ 구절 줄이기

고학년들에게 암송 구절을 여덟 어절 정도로 줄여 보게 하십시오. 그 구절에 나오는 단어는 사용할 수 없습니다. 이 짧은 문장을 듣고 다른 학생들은 그 구절을 알아 맞추는 것입니다. 이 방법은 위에 나오는 ②번, ③번과 함께 아이들이 그 구절의 의미를 제대로 이해했는지 점검해 볼 수 있는 아주 좋은 방법입니다.

⑤ 암송 탁구

이 게임은 저학년 학생들에게 더욱 인기가 있습니다. 두 사람이 한 조가 되어, 구절의 주제부터 시작하는데, 한 사람이 주제(이름)를 말하면, 다른 한 사람은 장절(주소)을 말하고 그러면 첫 번째 사람이 구절의 첫 단어를, 두 번째 사람은 두 번째 단어를 말하는 식으로 하여 구절 전체를 마지막 장절(주소)까지 번갈아 가며 말하는 게임입니다.

⑥ 순서 맞추기

본문 말씀의 각 단어를 따로따로 카드에 기록한 후 뒤섞어 놓은 다음 학생들에게 올바른 순서로 맞추게 하는 것입니다. 맞추는 과정에서 서로 협력해도 좋습니다.

⑦ 선물 게임

크리스마스나 생일 때에 특히 좋은 게임입니다. 큰 상자에 조그만 선물을 많이 넣습니다. 상자를 받은 사람이 주제와 장절, 그리고 본문까지 정확하게 암송하면 상자 속의 선물을 하나 꺼낼 수 있습니다. 그 다음 옆 사람에게 상자를 전달합니다. 틀리게 암송했을 경우에는 선물을 꺼낼 수 없습니다. 이 게임은 특히 모든 교사들이 모여 먼저 아이들에게 시범을 보여 주면 재미있습니다. 선물을 충분히 넣어 이긴 선생님 반 아이들이 다 나누어 가질 수 있는 정도가 되도록 해야 합니다.

⑧ 신호등

자녀와 함께 차를 타고 갈 때 빨간 신호등을 만날 때마다 자녀에게 암송한 구절을 하나씩 외워 보게 합니다.

⑨ 동전 게임

자녀에게 동전 3개를 주고, 당신도 3개를 갖습니다. 자녀가 구절을 정확히 암송하면 당신이 가지고 있는 동전을 하나씩 주며, 틀리면 당신이 그의 동전을 갖게 됩니다. 이 게임은 한 사람이 동전 6개를 가지면 끝납니다. 자녀가 이겼을 때 그 동전들을 그대로 갖게 하는 것도 조그만 상이 될 것입니다.

(2) 학습 놀이터

교회에 일찍 도착하는 아이들을 위하여 학습 놀이터 같은 것을 만들어 주면 시간을 잘 활용할 수 있도록 도와 줄 수 있습니다. 책상 하나 정도의 크기에 각각 놀이터를 꾸며, 한 놀이터에 있는 학생 수를 일정하게 하는 것이 좋습니다. 각각의 놀이터는 서로 다른 활동과 구절들로 꾸며야 합니다.

① 조각 맞추기
암송 구절을 두꺼운 마분지에 기록합니다. 그리고는 이 종이를 여러 조각으로 잘라 흐트러 놓습니다. 아이들은 이 조각들을 맞추어 완성해야 합니다.

② 낱말 맞추기
구절의 주제와 핵심 단어를 이용하여 만드십시오. 예를 들면 다음과 같습니다.

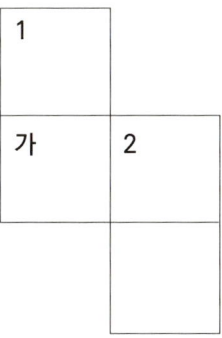

세로 :

1. _____ 된 자는 복이 많다.
2. 하나님께서는 하신 말씀을 _____ 하신다.

가로 :

가. 누가복음 16:10의 주제.

③ 빈칸 채우기

새로 외우고 있는 구절을 적은 다음 몇 개의 단어를 지우십시오. 그리고 나서 아이들에게 빈칸을 채우게 하십시오. 디모데후서 3:16을 예로 들면 다음과 같습니다:

디_데_서 3:16 - 모든 ____은 하__의 ____으로 된 것으로 __훈과 책__과 바__게 함과 __로 ____하기에 유__하니.

④ 짝짓기

카드 한 장에는 구절의 내용을 적고, 한 장에는 주소(장절), 한 장에는 이름(주제)을 적는 식으로 하여 여러 구절을 적습니다. 이 카드들을 섞어 놓으면 아이들은 같은 구절의 카드를 세 장씩 짝짓습니다.

⑤ 듣기

녹음기에 복습 내용을 담은 테이프를 준비해 놓아 임의로 들을 수 있게 합니다.

⑥ 모래판

25cm x 40cm 크기 상자에 모래를 10cm 두께로 담습니다. 구절의 각 단어를 카드에 기록한 다음 각각의 카드를 작은 막대기에 붙여 작은 피켓을 만듭니다. 그러면 아이들은 이 피켓들을 모래판 위에 순서대로 세웁니다.

4. 어린이 예배

"예배 없이는 누구도 교회의 그리스도인이 될 수 없다. 예배는 교회로 하여금 교회 되게 하는 하나님의 능력인 것이다". 프랭크린 M. 지글러가 예배학 원론에서 한 말입니다. 이 말은 예배의 중요성을 잘 나타내 주고 있습니다.

1) 어린이 예배 갱신의 방향

김만형은 그의 책에서 어린이 예배의 갱신을 위해 다음 아홉 가지를 제시합니다. ① 예배를 기획하라. ② 예배의 진행과 흐름에 민감하라. ③ 예배에 환희와 기쁨, 즉 축제적 요소를 넣어라. ④ 간절한 기도와 찬양으로 하나님을 만나게 하라. ⑤ 다양한 방법으로 말씀에 접근하라. ⑥ 예배 분위기를 따뜻하게 하라. ⑦ 변화감이 느껴지는 예배를 만들라. ⑧ 예배를 지속적으로 점검 발전시켜라. ⑨ 예배와 교육을 통합하라.

최윤식은 그의 책에서 예배의 업그레이드를 위한 패스워드를 다음 일곱 가지로 말합니다. ① 예배와 주중 교육을 한 주제로 통일하라. ② 예배에 어린이들을 참여시키라. ③ 느슨한 예배는 이제 그만하라. ④ 찬양에는 신앙고백이 있어야 한다. ⑤ 멀티미디어를 사용하라. ⑥ 타협하는 메시지는 악이다. ⑦ 결단을 이끌어 내는 기도를 하라.

• 이상의 제안들을 중심으로 요약 정리하면 다음과 같습니다.
① 예배는 기독교 교육의 핵심이라는 사실을 담임목사와 부서 담당 교역자들이 인식해야 합니다. ② 예배를 위한 교육이 선행되어야 합니다. 예배의 본질과 목적, 그리고 참여하는 태도가 교육되어야 합니다. ③ 예배의 본질과 예배 원리에 입각해야 합니다. ④ 철저한 계획과 준비, 그리고 평가가 있어야 합니다. ⑤ 하나님 만남을 가능하게 하고 경험하는 설교, 기도, 찬송이 되어야 합니다. ⑥ 참여하는 예배가 되어야 합니다. ⑦ 예배와 교육의 통합을 고려해야 합니다. ⑧ 예배는 즐거운 경험이 되어야 합니다. ⑨ 예배의 흐름과 진행에 민감해야 합니다. ⑩ 다양한 방법과 매체의 활용이 필요합니다. ⑪ 예배실의 환경은 가능하면 밝은 분위기로 만드는 것이 좋습니다.

2) 어린이 예배의 모델

어린이 예배의 개발을 위해서는 다음과 같은 점을 고려할 필요가 있습니다. 첫째, 어린이 예배의 일반적인 형식을 우선 개발하고, 절기(교회력 감안)에 맞춘 연중 어린이 예전의 개발이 필요합니다. 둘째, 가능하면 어린이 예배도 연령별로 지나치게 세분화 하지 않는 것이 좋을 것입니다.

모든 예배를 연령별로 분리한다고 다 좋은 것은 아닙니다. 여러 가지 이유로 유치부, 초1,2,3. 초4,5,6의 예배를 따로 드리는 경우에도 함께 드리는 예배를 조화 있게 진행하는 것이 좋습니다. 셋째, 예전의 기본 의미는 '예배자의 참여'를 강조합니다. 이 점을 감안하여 어린이 예배를 구상하는 것이 좋을 것입니다. 넷째, 분반 활동(공부)은 예배와의 관계 속에서 진행하도록 합니다. 먼저 분반 활동을 하고 예배를 드리는 것이 좋을 것입니다. 분반 활동 시간에는 예배를 준비하는 시간을 할애하도록 합니다. 헌금, 암송, 발표 등을 준비합니다. 찬송, 성경을 준비하고 교리문답을 가르쳐 따라 하도록 합니다. 설교의 내용, 교리문답의 낭독 및 공부 등이 연결되어야 하며, 가능하면 한 주제로 예배가 통일성을 이루도록 하면 좋을 것입니다. 다섯째, 예배를 진행하면서 각 순서의 성격을 설명하는 적절한 멘트가 포함되도록 합니다. 여섯째, 교단적인 어린이 예배(예전) 지침이 마련되기를 바라고, 각 교회는 '예배위원회'를 구성하고, 어린이 예배를 기획, 평가하도록 합니다.

3) 어린이 예배의 순서

여기서 제시하는 예배의 순서는 이대로 해야 한다기보다는 논의를 위한 자료로 제공하는 것입니다. 이 순서는 매우 복잡한 것 같지만, 좀 더 세밀하게 순서를 묘사한 것이기 때문에 그렇게 보입니다. 교회의 상황에 맞추어 선택하여 사용하면 될 것입니다. 물론 새로운 시도로 제안한 것들도 있습니다.

예배 순서

예배의 준비	·예배실 입장 준비 (교회의 마당이나 혹은 다른 공간에서) ·예배실 입장 (입례송)
예배의 시작	·인사 나누기 ·전주 ·예배에의 부름 (성경 말씀 낭독) ·(찬송) 영광송 ·죄의 고백과 용서
신앙고백과 말씀의 가르침	·신앙고백 (사도신경, 혹은 신앙고백의 간결한 형식) ·시편 낭독 (함께, 짧은 형식으로) ·소교리 문답 낭독 ·찬양 (대표, 연합) ·대표기도 ·성경 봉독 (참여자는 일어선다) ·설교
응답과 봉헌	·(설교 말씀에 대한) 응답의 기도 ·(설교 말씀에 대한) 응답의 찬송 ·봉헌(헌금)을 위한 기도 ·봉헌 ·섬김과 결단의 이야기
축하와 교제	·생일 축하(선물 나누기 및 축하 노래) ·특별한 소식들 ·새 친구 소개
중보와 파송	·형제를 위한 기도 (중보기도) ·주기도문(노래) ·중보와 파송 ·파송(보냄)의 노래 ·축복기도 ·폐회

4) 새로운 어린이 예배 형식의 등장

전통적인 형식의 어린이 예배에 대한 대안으로 축제 분위기를 도입한 새로운 어린이 예배 형식(New Formation of Kids Worship)이 2000년을 전후로 나타나기 시작했습니다. 메빅(MEBIG), 윙윙(Wingwing), 와우큐키즈(wow-Q-KIDZ), 앤프랜즈(nFRIENDS) 예배와 어와나(AWANA) 프로그램이 그것들입니다. 이 예배들은 어린이들의 집중력과 흥미를 유발 시키고, 축제적 분위기를 조성하며, 어린이의 참여를 극대화하는 방식으로 외국에서 수입되거나 혹은 한국교회에서 변형되어 형성된 어린이 예배 형식입니다.

① 메빅(MEBIC)

메빅(MEBIC)은 기억을 뜻하는 MEMORY의 앞두자 ME와 성경을 뜻하는 BIBLE의 앞두자 BI, 그리고 GAME의 첫 자 G를 붙여서 이루어진 조어입니다. 성경을 암송하고 신나는 놀이를 통한 게임으로 마음 문을 열어 예배에 집중할 수 있도록 한다는 의미로 만들어진 예배 활동입니다. 메빅은 선교가 잘되지 않는 일본의 우치코시 곤베이 목사가 1985년 4월 일본 삿보로 아이런 채플 그리스도교회에서 어린이들의 관심을 끌고 그들을 전도하기 위해 게임을 예배에 접목하면서 시작된 어린이 예배 형식입니다. 이 어린이 예배 형식을 1997년 삼일교회(서울 중계동 소재)에서 받아들여 한국교회에서 처음으로 시작되었습니다. 이후 많은 교회들이 메빅의 예배 형태를 따라함으로 엄청난 반향을 일으켰고, 게임, 그리고 캐릭터를 통한 전혀 새로운 형식의 예배가 진행되었습니다.

② 윙윙(Wingwing)

윙윙(wingwing)은 2002년에 한국에서 메빅을 처음으로 시작했던 삼일교회가 일본으로부터 메빅 자료를 제공 받기 어렵게 되자 자체적으로 메빅의 원리에 셀의 대그룹과 소그룹의 양 날개(사40:31) 개념을 도입하여 한국형 어린이 예배 활동으로 개발한 프로그램입니다. 매빅과 비슷하게 게임과 캐릭터가 등장 하지만 예배 중간에 게임이 등장하는 메빅과 달리 윙윙은 예배 선언 전에 게임을 주로 진행하고, 공원 전도나 리더 캠프와 같은 이벤트 행사들을 보다 다채롭게 진행하였습니다.

③ 와우큐 키즈(WOW-Q-KIDZ)

와우큐 키즈(WOW-Q-KIDZ)는 '예배의 모든 것'을 뜻하는 Whole of Worship의 약자인 WOW와 '문화를 통한 전도'를 의미하는 Culture unto evangelism과 '어린이'를 뜻하는 KIDZ를 붙인 말입니다. 미국의 〈Metro Ministry〉에서 시작한 사역을 2002년에 한국의 '낮은 울타리'라는 문화선교단체에서 여름성경학교 프로그램으로 도입하면서 시작되었습니다. 이름에서 알 수 있듯이 와우큐 키즈는 낮은 울타리가 n세대의 예배 프로그램으로 받아들여서 예배의 회복에 초점을 맞추되 어린이 문화 코드에 맞게 접근하여 듣기만 하는 설교가 아닌 오감을 활용한 설교를 중심으로 전체 예배가 진행되도록 하였습니다.

④ 앤프랜즈(nFRIENDS)

앤프랜즈(nFRIENDS)는 2005년 명성교회가 메빅의 토착화 예배 프로그램으로 발전시킨 것으로 Jesus and Friends에서 and를 n으로 줄여 쓴 형태의 이름입니다. 예수님과 친구들, 그 사이에서 다리가 되겠다는 다짐의 의미로 사용하였다고 합니다. 전술 한 다른 예배 형식들이 지금은 조금은 소강상태에 있는 듯하나, 앤프랜즈는 현재도 활발하게 진행되고 있는 어린이 예배 형식으로 여러 찬양 앨범과 다양한 활동들을 지속적으로 발전시켜 나가고 있는 것으로 보입니다.

⑤ 어와나(AWANA)

엄밀히 말하면, 위의 어린이 예배 형식들과는 궤는 달리하지만 어와나(AWANA)도 게임과 성경 공부 그리고 캐릭터가 등장하는 이 새로운 예배 형식의 흐름을 그대로 반영하는 프로그램 중 하나로 볼 수 있습니다. 어와나(AWANA)는 디모데후서 2장 15절의 '부끄러울 것이 없는 인정된 일꾼'이라는 뜻의 Approved Workmen Are Not Ashamed의 약자입니다. 세상의 모든 어린이와 청소년들이 예수 그리스도를 알고, 사랑하고, 섬기게 되도록 하는데 그 목적을 두고 1943년에 시작되었고, 한국교회에는 1990년에 온누리교회를 중심으로 소개된 것으로 알려져 있습니다.

• 어린이 예배 형식 순서와 공통점

	메빅	윙윙	앤프랜즈	와우큐 키즈	어와나
시작된 곳	일본	한국(화)	한국(화)	미국	미국

예배 구조 (순서)	·영어찬양 ·신앙고백 ·찬양 ·게임 ·찬양 ·캐릭터 ·찬양단 ·광고 ·말씀 암송 ·기도 ·찬양 ·설교 ·헌금 ·목회기도 및주기도문 ·분반 공부	·교사 기도회 ·시작선언 ·오프닝 ·게임 시간 ·캐릭터 시간 ·예배 선언 ·찬양&경배 ·통성기도 ·헌금 ·성구 낭송 ·설교 ·통성 기도 ·성구 암송 ·찬양 ·주기도, ·축도 ·광고 ·추첨 ·마지막 인사 ·분반 모임	·예배 전 활동 ·카운트다운 ·게임 ·찬양과 율동 ·예배에로의 부름 ·신앙고백 ·경배와 찬양 ·기도 ·암송 ·찬양대 ·무비 ·설교 ·결단 찬송 ·헌금 ·주기도 ·예배 후 활동 ·광고 ·새 친구 환영 ·반별 모임	·오프닝 준비 ·팀리더 소개 ·게임 ·카운트다운 ·규칙 설명 ·기도 시작 ·요절/챤트 ·찬양 ·침묵시간 ·드라마 ·실험 ·동화 ·말씀 ·결단의 기도 ·캐릭터 ·헌금 ·주기도문 ·시상 ·축하/광고 ·축복하며 보내기	·게임 시간 ·핸드북(공과) 시간 ·암송 ·성경 연구 ·교제 시간 ·찬양, 율동 ·광고, 시상식
공통점	공통점 예배에 게임, 캐릭터 등을 통해 축제 분위기를 만들어 어린이의 참여를 극대화함. 성경 암송을 중심에 두고 있음. 준비하는데 많은 시간과 노력이 필요함. 공동체적인 활동이 많음. 상황에 대한 적응성이 높음. 어린이 예배 특성상 성례 순서가 없음. 설교 후 화답하는 결단 기도와 찬송 등의 순서가 있음. 윙윙을 제외하면 축도가 없음.				

• 어린이 예배 형식 특징과 비평

	특징	비평 : 개혁주의 예배 특징으로 살펴본 예배구조
메빅	게임과 캐릭터를 예배 형식에 최초 도입	예배와 게임의 혼재로 인해 예배의 경계가 모호함. 말씀 선포 이전의 순서가 많아 말씀 증거가 강조되지 못함. 단순하지 않고 복잡함. 어린이들의 참여도와 공동체성은 확보 되었지만 어린이들이 직접 참여하는 순서는 부족함. 준비 하는데 많은 노력이 필요시편이 강조되지 않음.
윙윙	메빅의 형태를 한국화한 처음 시도. 예배 전, 예배 중, 예배 후의 구조를 만들었음. 2002년부터 시작	예배와 게임을 구분하고, 어린이 참여를 극대화 함. 통성기도를 통해 직접 순서에 참여함. 공동체성과 적응성은 좋으나, 순서가 단순하지 않고 복잡함. 말씀이 중심이 되어 앞뒤에 성구 암송 등이 있는 것이 강점. 시편이 강조되지 않음. 여전히 교사는 준비, 학생은 간접적으로 참여하는 방식
앤프랜즈	메빅을 한국화 한 두번째 시도. 윙윙과 비슷하게 구조를 바꾸면서 와우큐키즈의 카운트다운 순서를 가져옴	예배와 게임의 구분을 명확히 하여 경건성을 확보하려 노력함. 어린이 참여를 극대화함. 공동체성과 적응성은 좋으나 순서가 복잡함. 말씀이 중심이 되도록 배치하였고, 찬양대를 통해 학생들이 순서에 직접 참여함.
와우 큐키즈	카운트다운과 드라마, 실험 등 다양한 시도를 했으며, 이후의 반별 모임은 없고 예배로 모든 모임이 종결됨. 침묵시간을 두어 어린이 스스로 내면화 할 수 있는 기회를 부여함.	게임과 예배 시작의 구분이 명확하고 말씀 전에 실험, 드라마, 동화 등으로 말씀에 집중하게 함. 어린이들의 공동체적인 활동과 적응성이 좋음. 하지만 순서가 단순하지 않고 복잡하고 시편이 강조되지 않고 있음. 어린이들이 순서에 직접 참여하지는 못함.
어와나	예배는 없고, 성경 공부를 중심으로 게임과 반별 모임과 같은 활동이 있고, 성경 암송이 중심에 있음.	정식 예배 활동으로 보기 어려움 단순성과 공동체성은 강조되고 있지만 하나님께 나아가는 기도와 말씀 선포가 없음. 하나의 활동에 가까움

5) 새로운 어린이 예배 형식을 제안하며

• 앞으로 있을 새로운 형식의 어린이 예배를 발전시키기 위하여 박신웅은 다음의 몇 가지 내용을 제언합니다.

① 어린이 예배는 본질적으로 어린이가 예배의 주체인 만큼 어린이의 정서적, 인지적, 신체적 필요와 상황을 잘 반영하는 방식으로 기획되고 준비되어야 할 것입니다. 이를 위해 2000년대 활발하게 진행된 새로운 어린이 예배 형식에 대한 보다 심도 깊은 신학적인 반성 작업은 거치되, 어린이들을 이해하는 교육학적인 이해와 고려도 해야 할 것입니다.

② 어린이 예배에 대한 논의를 할 때 '어떻게 하면 많은 아이들이 예배를 지루해하지 않으며, 많은 아이들이 참여하게 할 수 있을까?'라는 질문을 던지기보다 '어떻게 하면 아이들이 예배를 통하여 하나님을 만나고 합당한 영광을 돌려드리게 할 수 있을까?'라는 근본적인 질문을 던져야 할 것입니다.

③ 어린이 예배를 기획하되, 전술한 것과 같이 어린이와 부모의 예배의 분리가 신앙의 분리로 이어지지 않도록 어린이와 부모가 함께 드리는 예배(통합예배)를 드리되, 어린이 예배에 부모를 초대하는 예배의 형식도 나쁘지 않다고 여겨집니다. 혹, 성인 예배의 설교주제와 어린이 예배의 주제를 통일하는 방식으로 진행하는 방법도 고려해 볼 만합니다.

④ 어린이 예배를 기획할 때 교사와 교역자가 중심이 되어 신앙을 '교육'하는 방식의 예배에만 그치지 않고, 어린이들도 하나님 앞에서 참된 예배자로서야 함을 잊지 않고 그들로 직접 예배에 참여하고 심지어 주도

하는 방식으로 진행되도록 해야 할 것입니다. 이를 위해 어린이들이 직접 사회, 기도, 찬양대 및 헌금 수전과 같은 것을 할 뿐 아니라, 그들이 주도하는 예배가 되어야 함을 가르치고 교육하여 스스로 진행하는 예배가 되도록 기획해야 할 것입니다.

⑤ 어린이 예배에 대한 부모와 교사의 인식의 재고가 필요하리라 생각됩니다. 어린이 예배는 뭔가 부족한 예배나 부모들의 예배 시간에 보모가 필요하기에 해야 하는 정도의 수준으로 낮게 생각하지 않도록 교육해야 할 것입니다. 무엇보다 어린이 스스로 하나님이 부르신 예배, 하나님을 만나는 예배임을 깨닫도록 교육하고 예배의 경건한 분위기를 조성하는 것이 필요할 것입니다.

⑥ 예배를 기획할 때 전제한 것처럼 어린이 예배도 바른 형식(모형)의 개발이 필요합니다. 가장 기본적인 '예배로 초대-죄의 고백과 사죄의 선포-하나님의 말씀 선포-찬양으로서 화답-헌금-주기도' 등의 구조를 가지도록 준비하되, 그들의 언어와 문화를 고려하고 무엇보다 복잡 하지 않고 심플하면서도 하나님이 기뻐하시는 방식을 고민하여 준비하도록 해야 할 것입니다.

⑦ 마지막으로 예배의 형식(모형)이 준비되었다면, 이와 함께 어린이 교사, 교육자들에게 바른 예배가 무엇이며, 어떻게 드려야 하고, 왜 드려야 하는지에 대한 반복적인 예배 교육이 필요할 것입니다. 나아가, 예배가 그들의 삶과 연결이 되도록 적용성 있는 말씀 선포와 화답, 그리고 삶으로의 예배에 대한 고민의 반영이 있어야 할 것입니다.

6) 세대 통합 예배

• 세대 통합예배의 실천을 위해서는 다음 몇 가지 사항을 고려해야 합니다.

① 무엇보다도 담임목사의 의식을 바꾸는 일이 선행되어야 합니다. 그래야 담임 목사는 세대 통합예배에 대한 당위성을 성도들에게 충분히 가르칠 수 있습니다. 또한 교회의 지도자 그룹이 먼저 동의할 수 있어야 합니다.

② 앞에서 언급한 바와 같이 성인들의 어린이 참여에 대한 반응들은 부정적입니다. 지도자들은 이런 생각들을 수렴하고 설득하는 일이 중요합니다. 이미 제시한 세대 통합예배의 유익을 부각 시키는 것이 중요합니다.

③ 중학생 이상의 경우는 가급적(성인)예배에 참석하도록 하는 것이 좋습니다. 물론 부서별 프로그램은 따로 얼마든지 가능합니다.

④ 부분적이나 병행적 시도로 시작할 수 있습니다. 세대 통합예배는 적어도 한 두 해의 점진적인 준비 기간 혹은 실험 기간을 거치면서 실시 하는 것이 유익할 것입니다. 물론 교회마다 상황이 다르므로 개교회의 형편에 알맞은 세대 통합예배를 구상할 수 있을 것입니다. 현유광은 3단계로 나누어 접근합니다. 첫 단계는 성탄절, 부활절 성령강림절 같은 주일을 활용하여 연합예배를 시행하는 것입니다. 둘째 단계는 오후 예배 시간에 자원하는 가정들을 중심으로 자녀들을 예배에 참석시키는 것입니다. 이때에도 비교적 훈련이 잘된 어린이들을 가진 가정부터 참여하고 점차로 확대해 나가는 것입니다. 셋째 단계는 오전 예배를 세대 통합예배로 드리는 것입니다.

⑤ 세대 통합예배의 전 단계로 어린이 예배에 부모와 성인들이 함께 참여하는 형식이 가능합니다.

⑥ 세대 통합예배의 형태로 처음부터 끝까지 어린이들과 함께 드리는 예배가 이상적이지만, 성경 봉독 전에 어린이들이 다른 장소로 가서 다른 사역자를 통해서 눈높이에 맞는 설교를 듣고 예배를 진행할 수도 있습니다. 또 다른 경우는 성인들을 대상으로 설교를 하기 전에 설교자가 어린이들을 설교자 가까이 불러 모으고 어린이들을 위한 설교를 한 후에 다른 장소로 옮기는 경우입니다. 이 형태는 대안 혹은 타협(compromise)의 형태로 유용해 보이기는 하지만, 이에 대한 비판도 만만치 않습니다.

• 세대 통합예배를 위한 구체적인 제안으로 다음과 같은 것을 들 수 있습니다.

안재경은 다음 몇 가지를 제시합니다. ㈀ 예배를 경건하게 드리는 것을 포기(?)해야 합니다. ㈁ 설교에 집중할 수 있는 환경을 갖추어야 합니다. ㈂ 자녀와 더불어 예배를 미리 준비해야 합니다. ㈃ 절기 때 세대 통합예배를 시험해 봅니다. 드종은 예배를 위한 개인적 준비, 가정적 준비, 회중적 준비에 대해서 자세히 논하고 있습니다. 특히 그는 어린이와 함께 드리는 예배를 위한 가정과 부모의 역할을 강조하고 있습니다. 물론 부모가 이 일을 감당하기 위해서는 교회의 배려와 뒷받침이 전제되어야 합니다. 부모의 역할을 몇 가지로 정리하면 다음과 같습니다. ㈀ 부모는 자녀들에게 예배에 참석하는 것이 왜 중요한가를 인식시켜야 합니다. ㈁ 예배를 준비하는 일에 어린이들을 참여시킵니다. ㈂ 예배에서 사용하는 용어의 의미를 바르게 이해하도록 돕습니다. (ㄹ) 자녀를 예배에 참석시키는 시기를 너무 서두르지도 말고 너무 지체하지도 말아야 합니다. (ㅁ) 부모는 자녀들에게 죄악을 누르시고 승리하시는 하나님께 영광을 돌리는 감사와 찬양의 태도를 늘 지니도록 해야 합니다. (ㅂ) 가족의 경험을 통해 예배의 경험을 더욱 강화 시켜 주고 늘 하나님의 전을 향해 나가는 풍토를 자연스럽게 조성해야 합니다. (ㅅ) 설교 말씀에 함축되어 있는 의미에 대해서 폭넓은 대화가 있어야 합니다. (ㅇ) 주일 오후는 자녀들과 보내는 시간을 마련하고, 형제와 이웃을 초대하여 그리스도인의 교제를 나누도록 합니다. (ㅈ) 주일이 지나면 다음 주일에 드릴 예배를 준비해야 합니다. 주간에 이루어지는 다양한 봉사활동은 예배를 위한 실천이 되며, 이를 통해 하나님의 통치하심은 계속됩니다.

김세광은 세대 통합예배의 필요성과 가능성을 논의하면서 다음 몇 가지 실제적인 제안을 합니다. (ㄱ) 하나 되게 하시는 성령의 역사를 기대합니다. (ㄴ) 스토리텔링을 사용합니다. (ㄷ) 예술적 표현을 활용합니다. (ㄹ) 예전의 활용을 활성화합니다. (ㅁ) 멀티미디어의 적절한 사용은 매우 효과적입니다. (ㅂ) 신체언어를 적극적으로 활용합니다. (ㅅ) 예배 기획과 진행에 참여하도록 격려합니다. (ㅇ) 세대 통합예배는 예배 밖에서부터 시작됩니다(준비와 역동적 교제).

세대 통합예배를 위해서는 부모교육이 무엇보다도 중요하고, 예배에서 부모의 역할을 해 줄 봉사자들이 많이 필요합니다. 이상과 같은 점들을 생각해 보면서 우리의 상황에서 이 예배만을 성급하게 고집할 수는 없다고 보며, 더 많은 준비를 통해서 필요성과 분위기를 성숙시켜 나가야 할 필요가 있습니다.

5. 어린이 성품훈련

1) 성품훈련의 필요성

성품훈련은 다른 식으로 표현하면 예절교육 혹은 자리교육이라고 할 수 있습니다. 성경에서는 주님을 '질서의 하나님'(고전 14:33)으로 묘사합니다. 질서가 무엇일까요? 각자가 있어야 할 자리에서, 자기의 일을 하는 것입니다. 예수님이 그런 성품을 가진 분이라면 예수님을 닮은 사람들도 그렇게 행동하는 게 당연합니다. 목사도, 부모도 자녀도 각자의 자리에서 예의를 지키며 제 역할을 감당하도록 하는 것이 바로 성품훈련입니다. 이미 여러 교회들이 교회학교나 부설 교육기관 등에 성품훈련을 도입하고 있습니다. 교회들뿐만 아니라 흉악범죄, 증오범죄, 갑질 문제 등으로 몸살을 앓으면서 심각성을 절감한 우리 사회에서도 정부, 학계, 교육계 등이 중심이 되어 인성교육의 연구와 도입에 열을 올리는 중입니다. 그런데 그런 교육 방식에는 한계가 있음을 봅니다. 기대했던 것만큼 큰 효과들을 거두지 못하고 있는 것입니다. 성경 속 예수님의 성품을 가르치느냐, 세상의 윤리 도덕 차원의 성품을 가르치느냐 하는 부분에서 근본적인 차이가 있습니다. 성품의 변화는 단지 지식과 훈련만으로 되는 것이 아닙니다. 바리새인들이나 사두개인들을 보라. 엄청난 지식과 훈련에도 불구하고 타락한 본성을 극복하지도 구원의 길에 서지도 못했습니다. 예수 그리스도의 십자가와 보혈만이 타락한 인간을 구원하고 그 죽은 양심을 변화시켜 새사람으로 만들 수 있습니다(히9:14). 오로지 예수님 닮기 성품훈련만이 해답인 이유는 바로 여기에 있습니다.

예수님의 성품을 본받으라는 것은 성경의 명령입니다. "너희 안에 이 마음을 품으라 곧 그리스도 예수의 마음이니"(빌2:5)라고 말씀합니다. 죄인들을 죽기까지 사랑하사 그 몸을 희생해 주신 예수님, 겸손히 허리 굽혀 제자들의 발을 씻기신 예수님, 자비와 긍휼로 병든 자와 약한 자들의 친구가 되어 주신 예수님의 마음을 배우고 훈련해서 그대로 따르라는 교훈입니다. 특히 성품훈련은 어릴 적 조기교육이 대단히 중요합니다. 성품훈련은 어른들에게도 변화를 기대할 수 있지만, 아직 어떤 성격이나 습관이 고착화 되지 않은 어린 세대들에게 더 큰 효과를 나타냅니다. 그리고 아이들 성품훈련을 진행하는 과정에서 교사와 부모들은 자신들이 먼저 본이 되어야 한다는 부담감을 가집니다. 따라서 교회학교 성품훈련이 곧장 온 세대의 성품훈련으로까지 역할을 확대하게 되는 것입니다.

2) 매 주일 성품훈련 시간표

거창중앙교회(이병렬목사)는 성품훈련을 도입하기로 결심하면서 4~5년에 걸쳐 여러 가지의 성품훈련 방식에 대해 연구하고, 매일 아침, 이 문제를 가지고 집중적으로 씨름한 시간들이 있었습니다. 그 결과 진실, 정화, 엄격, 근면, 관대함, 섬세함, 견고함, 오래참음, 깊이있음, 순수, 올바름, 침착, 몰두 등 총 30가지에 달하는 예수님 성품을 차례대로 한 가지에 8주간씩 훈련하는 교육과정을 만들었고, 이를 '예수님 닮은 아이'를 키운다는 의미에서 '예다미 성품훈련'이라고 이름 붙였습니다.

• 매 주일 예다미 성품 훈련 시간표

구분		구분	예배 순서	
			순서	설명
오전	8:50~9:00	인도자	찬양준비	불꽃 찬양단 준비 기도
	9:00~9:40	인도자	불꽃찬양	통성기도로 마무리
	9:00~9:40	인도자	신앙고백	다같이 한목소리로 고백
	9:40~9:50	설교자	에니메이션 시청	마음 깊이 새겨지도록 집중 유도
	9:50~10:10	설교자	말씀읽기	다 같이 한 목소리로 읽기
	9:50~10:10		말씀선포(PPT)	성품 관련 말씀
	10:10~10:15	인도자	찬양&헌금	'하나님께 드릴 수 있어서 너무너무 좋아요!' 외친 후 찬양하며 헌금
	10:15~10:20	인도자	광고	광고시 성품 실천 시상
	10:15~10:20	설교자	축도	한 목소리로 기도 후 축복 기도
	10:20~10:25	인도자 설교자	새친구 환영 및 모범어린이 시상	새친구 환영 및 모범 어린이 시상(사진 촬영)
	10:25~10:30	인도자	찬양	찬양하면서 아이들 귀가
오후	1:50~2:10	인도자	찬양	통성기도로 마무리
	2:10~2:30		오후 프로그램	〈아래 표 참조〉
	2:30~2:40	영어 선생님	영어말씀암송	집중 몰두하며 영어 암송하기
	2:40~2:45	인도자	광고	
	2:45~3:10	각반 교사	분반공부	열정적으로 분반 공부
	3:10~3:20		간식	보조교사 및 불꽃 목자 간식 준비

* 인사 잘하기, 침대보 정리, 책상 정리, 신발 정리 바로 하기

• 오후 프로그램 (매주 오후 2시10분~2시30분)

주별	내용	설명
1주	복습 게임	성품 애니메이션 내용에 대한 재학습을 위해, 질의응답 방식으로 반복해서 진행한다.
2주	성품 동화 그림 순서대로 배열하기	이야기 순서대로 그림 배열하기를 하면서, '성품동화'의 내용을 더욱 정확하게 익힌다.
3주	20자 명언 만들기	20자 명언을 만들어 가면서, 예수님의 성품을 실천하는 삶을 살도록 다짐하게 한다.
4주	스킷드라마	해당 성품에 관련된 스킷 드라마 공연을 통하여, 생활 현장에서 예수님 성품을 꼭 실천하도록 다짐하게 한다.
5주	성품동화 내용 빈칸 맞추기	빈칸 채우기 퀴즈를 통해 아이들이 성품동화 내용을 더욱 깊이 숙지하고 해당 성품을 실천하도록 유도한다.
6주	성품 실천 다짐하기 게임	교회, 학교, 집에서 해당 성품의 실천 항목들을 찾아보는 게임을 통해, 다음 주 '간증문 쓰기'의 준비가 되게 한다.
7주	특별 프로그램	성품 진행 상황을 참고하여 신나고 즐거운 놀이를 준비, 새삼스럽게 성품실천을 더욱 촉구한다.
8주	전체 성품 되새김 게임	다양한 방법의 게임을 통해, 지금까지 배웠던 성품 항목들을 상기시킨다.
8주	생일 파티 (2달에 한번)	예수님 안에서 하나 됨을 일깨우기 위해 생일 파티를 하는 시간을 가진다.

※ 이 모든 프로그램은 '예다미 기획팀에서 담당하고, 계속 새로운 방식을 고안한다.

3) 예다미 성품 교육은 어떻게 진행되는가?

예다미 성품 교육은 어떻게 이루어지는지 자세하게 살펴보자. 철학자 데카르트의 명언 중 '생각을 바꾸면 행동이 바뀌고, 행동이 바뀌면 습관이 바뀌고, 습관이 바뀌면 인격이 바뀌고, 인격이 바뀌면 운명이 변한다'라는 말이 있습니다. 이를 줄여서 '사행습인운(思行習人運)'이라고도 부르는데 조금 억지스러운 조어이기는 하지만 그 원리만큼은 옳다고 봅니다. 예다미를 키우는 성품훈련도 이 원리를 따릅니다. 거창중앙교회는 매주일 아침 9시 예배는 성품 설교를 중심으로 진행됩니다. 성품 설교는 한 가지 주제를 8주 동안 연속해서 다루는 방식으로 이어집니다. 한 연구에 따르면 어떤 성품을 개인의 삶에 체질화하고, 의식세계를 넘어 무의식 세계까지 터치할 수 있기까지는 두 달의 시간이 걸린다고 합니다. 거창중앙교회는 하나님의 인도에 따라 한주 한주 진행하다 보니 8주 코스로 정착하게 되었습니다. 첫 주부터 여섯째 주까지는 각 성품과 관련된 스토리를 중심으로 제작된 애니메이션을 시청하여 먼저 이야기를 들려주고, 거기서 놓치지 말아야 할 핵심 포인트와 교훈들을 설교 주제로 삼습니다. 애니메이션은 각 성품마다 준비되어 있는 성품동화 이야기(Story Telling)를 애니메이션으로 만든 것입니다. 일상 속에서 나타나는 습관이나 태도 등을 소재로 성품 이야기를 다루는데 모든 세대에서 인기가 높습니다. 일곱째 주에는 아이들 각자가 지난 여섯 주 동안 해당 성품 실천하면서 있었던 뜻깊은 이야기들을 간증문으로 쓰게 하고, 마지막 주에는 각 부별 대표로 선정된 아이들이 자신이 작성한 간증문을 직접 발표하도록 합니다.

- 8주간의 예다미 성품 설교 계획 (예다미 성품 '몰두'의 예)

(핵심사항). 성품 동화 내용에서 설교 포인트 도출

- 주간별 설교 포인트 도출
- 매주 선명한 적용점 제시

[몰두정의 - 산만하지 않고 집중해요.] [성품동화-빨간 모자따구리]

설교프레임	주별	1주	2주	3주	4주	5주	6주	7주	8주
	본문 말씀	눅 22:44	막 15:34	사 53:7	요 19:17	막 10:45	눅 24:49	요 19:30	빌2:5
1단계	성품 동화중 설교 포인트	·등장 인물 ·순서 ·정의	주요 대사 중심으로 설교 포인트 잡기						세가지 유 관 성 품
	주제	하나님 사랑	하나님 사랑	하나님 사랑	하나님 사랑	이웃 사랑	이웃 사랑	이웃 사랑	하나님 사랑/이 웃사랑
	주제 내용	기도	예배	가난한 자	말씀	제자의 삶	영혼 사랑	전도	예다미
2단계	성경 인물 성경 인물	-	출 34:28 모 세 시내산 40일 오 직 하나님 집중	삼상 17:45 다윗 집중 여호와 이름 골리앗 전 승리	창 7:5 노아 방주 하나님 명령 집중	마14: 30,31 베드로 말씀 집중 물위 걸음	행4: 24,31 성도 들 집중 기도 성령 충만 능력 으로 말씀 전함	행 18:6 바울 유대인 대적 전도 집중	유관 성품 조화를 통한 진정한 예다미 모델 제시
3단계	예수님 십자가 복음 예수님 십자가 복음	눅 22:44	막 15:34	사 53:7	요 19:17	막 10:45	눅 24:49	요 19:30	
		예수님의 십자가 복음 중심							

| 4단계(필요시 간단한 동영상) | 구체적 적용점 | 기도 응답 받기까지 하나님께 집중 기도 | 예배 시간에 하나님만 바라보며 집중 몰두 | 열공을 위해 핸드폰과 게임을 하지 않기 | 참된 목자가 되기 위해 집중 몰두 | 불꽃 목자로서 선생님을 돕기위해 집중 몰두 | 성령 충만하고 어려운 친구를 돕기 위해 집중 | 우리반의 복음화를 위해서 집중 전도 | |

• 주간별 설교 프레임 작성 (몰두의 2주차 예시)

단계	단계별 설교 포인트 및 예문	비고
1단계	성품동화 내용 중, 한 포인트 선정	설교주제 선정
	예)따구리는 집을 짓는 동안 절대로 옆을 쳐다보지 않아?	
2단계	성경말씀(인물) 예시	성경인물 예시
	예)모세는 시내산에서 40일간 하나님께만 집중	
3단계	예수님 말씀(십자가 복음)	예수님의 십자가 복음
	예)십자가에 달려서도 아버지께 몰두하심	
4단계	구체적인 적용점	구체적인 적용점
	예)몰두를 실천하는 어린이는 예배 시간에 하나님께 집중해요.	

4) 30가지 성품의 조화

각 성품들은 개별적으로 다루어지는 것이 아니라, 연관된 성품 혹은 서로 보완 관계를 이루는 성품들끼리 세 가지씩 묶어서 교육합니다. 그러니까 30개의 성품이 10개의 그룹으로 다시 분류되는 셈입니다. 만약 이들 성품을 개별적으로만 다루게 된다면 문제가 생길 수가 있습니다. 예컨대

'온유'라는 성품만 집중적으로 강조하다 보면 자칫 연약한 아이들로 만들 위험이 있습니다. 또는 온통 '순종'만을 미덕으로 가르치다 보면 '예스맨'으로 자라기에 십상입니다. 따라서 이들 성품을 훈련할 때는 '강함'이라는 성품을 함께 묶어서 다루어야 합니다. 예수님께서 자신을 십자가에 못박고 조롱하는 로마 병사들과 이스라엘 백성들을 위해 '저들의 죄를 용서해 주세요. 저들은 자신이 무엇을 하고 있는지 알지 못합니다.'라고 기도하시는 모습에서 우리는 온유의 성품을 배웁니다. 또한 자기 목숨을 바치면서까지 아버지의 뜻을 따르는 모습에서 우리는 순종의 성품을 배웁니다. 나아가 아버지께서 맡기신 사명 때문에 십자가 형벌의 그 처참함을 잘 아시면서도 꿋꿋이 감당하시는 예수님의 성품, '강함' 앞에 우리 모두는 절로 엎드릴 수밖에 없습니다. 이와 같이 예수님의 이 세 가지 성품은 그의 십자가 위에서 적나라하게 드러나고 있습니다. 그러므로 예수님의 성품은 강함이 전제된 온유이며, 강함이 포함된 순종입니다. 예수님의 십자가를 중심으로 해석하니 그 성품들이 서로 조화를 이루고 있다는 사실을 잘 알 수 있습니다. 30가지의 성품을 한 성품당 8주씩 다루기에, 전체 과정을 마치는 데는 약 5년 정도의 시간이 소요됩니다. 끝나고 나면 처음부터 다시 시작하며 전체 과정이 반복됩니다. 전체 과정을 한 차례 이상 경험하고 나면 교사들도 아이들도 대부분의 스토리를 알고 삶의 체험까지 겸비하니 서로 가르치고 훈련하는 데 더욱 용이하게 됩니다. 그렇지만 항상 새삼스러운 마음으로 임합니다. 어차피 우리의 성품훈련은 예수님의 장성한 분량에 도달하기까지 평생 계속해야 할 훈련이기 때문입니다.

- 예다미 30가지 성품별 세부 내용

그룹	번호	성품	책 제목	정의
I	1	진실	누림이네 씨앗 가게	참되고 거짓이 없어요
I	2	정확	바로 그거요	시간과 말과 일에 정확해요
I	3	엄격	지금은 훈련 중	느슨하지 않고 철저해요
II	4	근면	지금부터 할 거예요	게으르지 않고 부지런해요
II	5	관대	싸움 대장뿔코가 나타났어요	크고 넓은 마음이에요
II	6	섬세함	덜렁대는 게 탈이야	모든 일에 소홀히 하지 않고 꼼꼼해요
III	7	견고함	쪼르네 이야기 들어보셨나요	마음과 뜻이 쉽게 흔들리지 않아요
III	8	오래참음	똘이 씨의 겨울	조급해 하지 않고 기다릴 수 있어요
III	9	깊이있음	난 덜펑나무야	깊고 진지하게 생각하고 행동해요
IV	10	순수	아빠 구두 닦는 행복을 아세요?	섞인 것이 없이 동기가 깨끗해요
IV	11	올바름	칭찬 받게 해 주세요	치우치지 않고 공정해요
IV	12	침착	제 동생을 살려 주세요	성급하거나 당황하지 않고 신중해요
V	13	몰두	빨간모자 따구리	산만하지 않고 집중해요
V	14	공정임	뻐꾹나리 피는 날	이기적이지 않고 서로를 위해요
V	15	열려있음	꼬미와 토담이	도움을 주고 도움을 받을 수 있는 열린 마음이에요
VI	16	다정함	내 짝 성은이	친근하고 사랑스러워요
VI	17	열렬함	고슴이와 도치	마음과 힘을 다해 남을 돕는 것이에요
VI	18	가까이함	목동이 된 임금님	자신을 낮추어 누구하고도 어울려요
VII	19	강함	꽁지 빠진 알록이	바른 뜻을 위해 용기 있게 말하고 행동해요
VII	20	온유	내 이름은 온유	자신을 위해 다투지 않는 부드러운 마음이에요
VII	21	순종	꺼벙이의 눈물	보호자의 말을 진심으로 따라요

VIII	22	고통을 참음	애벌레의 기도	목표를 위해 힘든 일을 참아 내요
	23	겸손	못난이와 불퉁이	잘난 체하지 않고 자신을 낮추어요
	24	베풂	툭눈이의 고집	자신의 것을 남에게 기꺼이 나누어 주어요
IX	25	꾸준함	호두 두 알	끈기 있게 오랫동안 계속해요
	26	어려움 견딤	황제 펭귄 루이	어렵고 힘들어도 피하지 않고 견뎌내요
	27	압박 견딤	바위와 참나리 구슬눈	좋은 결실을 얻기 위해 모든 어려움을 이겨내요
X	28	분명	보물 지도	모든 일을 명확하게 깨닫는 것이에요
	29	후함	당근을 훔친 두더지	야박하지 않고 너그럽고 관대해요
	30	무게 있음	무엇을 담고 있나요?	가볍지 않고 장중해요

5) 분반공부와 반목장 활동

오전 예배에서의 설교 내용은 오후 2시 주일학교 모임 시간에 다시 한 번 확인하고, 재학습을 통해 아이들 마음에 더욱 선명하게 정착시킵니다. 이어 분반공부 시간에는 워크 시트를 활용해 각자에게 구체적으로 실천할 과제들을 제시합니다.

• 분반 공부시간 WORK SHEET 개요(매주 오후 2시 45~3시 10분)

주별	내용	설명
1주	성품동화 많이읽기	처음 접한 첫 시간인 만큼 성품동화에 더욱 익숙해지기 위해 성품동화책을 많이 읽는 시간을 갖는다.

주	내용	설명
2주	마인드맵	마인드맵과 성품 동화 내용 파악 문제 풀이를 하고 실천 항목에 대해 생각해 본다.
3주	20자 명언 만들기	성품동화 내용 파악 문제 풀이 및 20자 명언 만들기와 실천 목록에 대한 반성 및 수정 계획을 세운다.
4주	성품 실천 중간 점검	성품을 잘 실천하고 있는지 간략한 간증문 작성을 통해 중간 점검을 한다.
5주	성품 실천 집중 점검	실천 항목을 더 많이 늘려 생각해 보고, 더욱 실질적인 현생활에서의 실천을 강조한다.
6주	성품 실천 집중 점검	해당 성품을 배우기 전후를 비교하여 실질적 간증이 있도록 독려한다. (가정, 학교, 집)
7주	발표 간증문 쓰기	각자가 성품 실천한 결과와 느낀 점에 대해서 간증문을 작성한다.
8주	해당성품 마무리	오늘 발표를 잘 듣고 나의 느낀 점과 결심을 적는다.

- 미취학 아동용 분반공부 자료

주별	내용	설명
1주	성품동화 내용 익히기	처음 접한 첫 시간인 만큼 성품동화에 더욱 익숙해지기 위해 성품동화책을 여러 번 읽어주고 대화한다.
2주	성품동화 색칠하기	성품동화에 나오는 이미지컷을 준비하여 색칠하고 선생님의 질문에 대답하면서 자연스럽게 동화가 익숙해지도록 교훈을 받게 한다.
3주	성품동화 캐릭터만들기	고무찰흙으로 성품동화에 나오는 캐릭터를 만들며, 다시 한번 성품동화의 내용을 되새기고 실천을 다짐하게 한다.
4주	성품동화 숨은그림찾기	아이들이 좋아하는 숨은그림찾기를 통해 계속적으로 동화에 접촉되게 하면서 실천 항목들을 찾아본다.
5주	성품동화 모자이크	성품동화에 나오는 이미지컷을 준비하여 색종이 모자이크를 하면서 아이들이 예수님의 성품을 실천할 수 있도록 지도한다.

6주	성품동화 틀린그림찾기	아이들이 좋아하는 틀린 그림찾기를 통해 동화를 계속 접촉하게 하고, 선생님은 아이가 예수님의 성품을 실천할 수 있도록 질문을 하고 체크해 준다.
7주	간증문 그림으로표현하기	예수님의 성품을 실천한 아이들은 그림으로 표현하도록 한다.
8주	해당성품 마무리	오늘 발표를 잘 듣고 나의 느낀 점과 결심을 이야기한다.

이렇게 해서 자신이 배운 말씀과 실천 과제를 가지고 일주일 동안 자신들의 삶 속에서 실천하게 합니다. 그 실천 상황들을 토요일 반목장 모임에서 발표합니다. 반목장은 자신의 성품 훈련 수준을 점검하고 확인하는 동시에, 다른 친구들의 발표를 들으며 진정한 예다미가 되기 위해 도전을 받는 자리가 되도록 합니다. 또한, 셀 그룹의 '열린 모임'처럼 반목장이 새 친구를 맞이하는 통로 역할도 맡기 때문에, 이 자리에 처음 참석한 친구들 앞에서 아이들이 나누는 성품 훈련 발표는 훌륭한 전도의 도구가 됩니다. '나도 저 아이처럼 살고 싶다.'라는 부러움과 감동을 자아내기 때문입니다.

• 반목장 진행 방법

시간	매주 토요일 오후, 반별 재량으로 시행
반목장 모임원칙	각 지역별 걸어서 모일 수 있는 모임 가정별 순회 (불신 가정 포함) 학부모 동참

반목장으로 하나되기	반목장 애칭 정하기 반목장 구호 정하기 반목장 노래 정하기
모임진행 순서 (HOME)	Hello : 서로 인사/ 새친구 소개 Open : 반가/ 마음 열기 찬송 등 Move : 주제 복습/간증나눔/ 정리 Encourage : 격려와 다짐/ 기도 제목 나눈 후 기도

- 반목장의 필요성과 효과

- 반목장의 필요성
- 한 주간 동안의 예다미 실천과 나눔이 필요하다.
- 학부모와 예다미 사역 나눔의 시간이 필요하다.
- 학부모 전도 기회가 필요하다.
- 어린이와 친밀한 교제를 위해 함께하는 시간이 필요하다.
- 새친구 전도의 기회가 있어야 한다(열린 모임 성격)

- 반목장의 효과
- 주간 동안 예다미 실천 상황 점검할 수 있다.
- 반 학생들과 친밀한 교제를 가질 수 있다.
- 학부모에게 감동을 주고, 전도의 기회가 생긴다.
- 새친구 전도의 다리 역할을 한다.

6) 예다미 성품 테스트

한 걸음 더 나아가, 성품 훈련 정도를 알아보기 위해 주기별로 예다미 테스트를 통하여 각 학생들의 성품 유형이 어떠한지를 분석합니다. 예를 들어 '겸손함'은 어느 정도 수준에 올라있는지, '꾸준함'에는 어떤 변동이 있는지 등으로 30가지 성품 항목을 일일이 검사하여 거미줄 모양의 크라이모그래프를 만듭니다. 교사들은 이 차트를 통해 각 학생의 강점이 어디에 있는지를 파악하고, 집중적으로 관리해 주어야 할 성품들이 어떤 것인지도 알아낼 수 있습니다. 그리하여 각 학생의 특성에 맞는지도 방법을 찾아서 적용하는 것입니다. 물론 이에 필요한 교육 기법 등에 관한 자료들도 각 교사들에게 제공합니다.

- 크라이모그래프 (예수님의 성품 30가지 테스트)

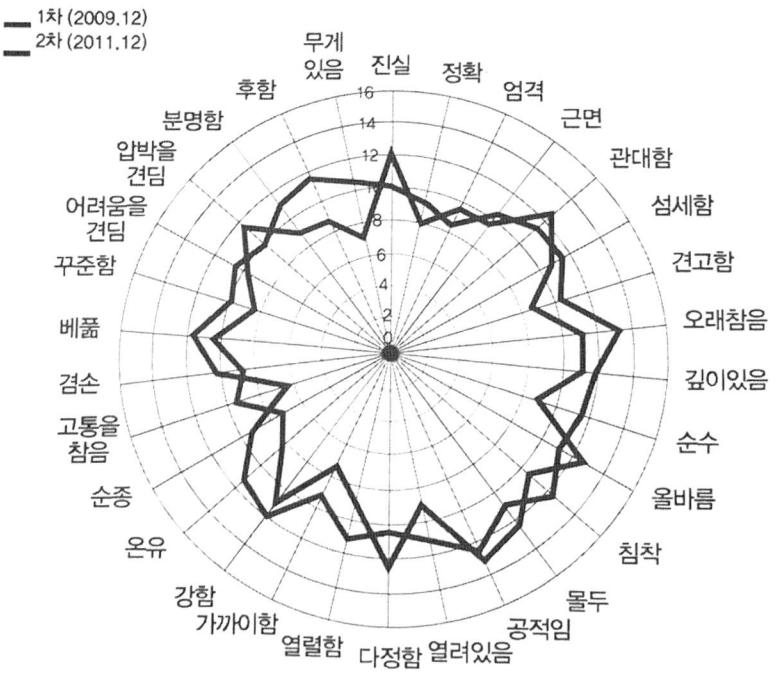

• 크라이모그래프 분석 (예 : 김○○ 어린이)

구분		해당성품	교사소견	부모소견	주요지도 방향
성품 현상	좋은 성품	가까이함	친구들이랑 잘 어울리고 잘 챙김	동의함	개인별 주요관리 성품도출
		올바름	보조 교사로서 공정한 모습으로 책임을 다함	엄마에게도 바른 소리를 자주함	
	문제 성품	고통을 참음	외동딸의 특성으로 인내심이 부족하다	홀로된 엄마 밑에서 성장한 관계로 내성적이고 소극적이라 여겨짐	
		열렬함	삶에 대한 열정이 부족한 편임	동의함	
기간 변화	향상된 성품 향상된 성품	겸손함	꾸준한 성품훈련과 교사의 관심의 결과로 판단됨	겸손한 사람이 되라고 늘 교육하고 있음	매주실천 사항보며 지도함
		무게있음	성품훈련과 함께 성숙되어 가고있다고 판단됨	동의함	
	저하된 성품 저하된 성품	정확함	자신의 말과 행동이 부정확할 때가 많음		
		견고함	경제적으로 어려운 환경으로 인해 자존감이 낮아져서 그런 것이 아닐까 생각함	동의함	

이런 과정을 통하여 우리 아이들은 점점 균형 잡힌 성품의 예다미로 성숙해질 수 있습니다. 부모들도 신앙과 상관없이 대체로 이런 성품 훈

련 체제에 만족하며, 교회학교 교육에 높은 신뢰와 지지를 보내줍니다.

6. 어린이 계절학교

1) 여름성경학교

(1) 개선을 위한 몇 마디

먼저 목표 의식을 분명히 해야 합니다. 해마다 하는 것이니까 올해도 한다는 식은 개선되어야 합니다. 둘째, 지나친 경쟁이 없어야 합니다. 내용보다 외형에 관심을 두고 흥미 본위로 하기 때문에 준비는 요란한데 실제로는 별것이 없고, 알맹이 없는 잔치가 되고 맙니다. 가방도 주고, 셔츠도 주고 또 노트도 주는 물량화의 경쟁은 경계해야 합니다. 셋째, 교육이 아니라 집회가 되고 맙니다. 형식과 내용의 변화가 없고 성경을 가르치는 것이 중심이지만 주변 과목에 중점을 두다 보니 가르쳐야 할 성경은 뒤로 밀려나고 마는 것 같습니다. 그러므로 허술한 교육이 되고 맙니다. 나아가서 모이기 위한 모임이 되거나, 어른들의 시선을 지나칠 정도로 의식하고 어린이들의 영적 상태와 요구에 대하여는 무관심하면 안 됩니다. 넷째, 학교다운 운영이 되고 있지 않습니다. 교육의 핵은 신앙이기에 교육 방법까지도 참사랑을 드러내는 내용들이어야 합니다.

(2) 목적의 확인

여름성경학교는 왜 하는가? 철새 모임도 아니고 소동만 일으키는 모임도 물론 아닙니다. 첫째, 예수를 가르치고 그리스도의 정신과 생활을 집중적으로 가르치는 데 목적이 있습니다(마28:20,딤후3:16~17). 둘째, 어린이들에게 구원의 확신을 심어 주어야 합니다. 집중적인 신앙교육을 해야 합니다(롬10:10,17) 셋째, 계획된 좋은 프로그램과 사랑 어린 환경을 제공하여 그리스도인의 생활의 즐거움을 경험하게 해야 합니다(눅10:30~37).

(3) 새로운 계획

① 반별 나들이 교육은 소그룹에서 시작됩니다.

반별로 야외 활동을 나가 자연을 통해 하나님을 배우고 규칙을 통해 협력을 배우며, 너와 나의 따뜻한 정을 배우며, 모임에서 내일을 계획합니다. 부별 전체도 필요하지만 담임 선생님과 반 어린이들이 오손도손 모여 사랑의 꽃을 피워가는 야외 활동이 있어야 합니다. 냇가가 있으면 어린이들의 발을 씻기며 사랑을 나누는 시간이 있으면 더욱 좋습니다.

② 찾아가는 교육

대개 교회학교에서는 찾아온 어린이들만을 교회에서 가르칩니다. 여름방학에는 모이기가 편리하므로 지역별로 모이게 하고 교사가 찾아가서 가르치는 것입니다. 교회 재직의 사랑방도 좋고, 놀이터도 좋고, 들판도 좋으며 여름에 모일 수 있는 곳은 어디든 좋습니다. 따뜻한 사귐과 만남의 시간도 가지며, 교사가 준비한 악기를 가지고 노래도 배웁니다. 대개

교사들은 한 가지 악기는 다룰 수 있으면 좋겠습니다. 하모니카, 아코디온, 기타, 멜로디온, 손풍금, 크로마하프, 피리 등을 가지고 손뼉치며 노래도 배웁니다. 또한 지역별로 모이면 형제애도 가지게 됩니다.

③ 선생님 발표의 시간

기독교 교육은 몸으로 가르치는 교육이기에 교사는 모든 면에서 모범이 되어야 합니다. 전야제는 교사들이 준비한 내용으로 어린이 초대의 밤을 가집니다. 성경 암송도 하고, 독창, 중창, 합창도 하고, 하모니카 및 아코디온 연주도 하며, 스턴트(stunt), 가면극, 그림자극, 판토마임도 합니다. 초대의 순서가 끝나면 담임 선생님이 준비한 작은 선물을 나누어줍니다. 그리고 여름성경학교에 대한 오리엔테이션을 합니다.

④ 세수 의식

세수 의식은 세숫대야에 물을 넣고 한 어린이씩 손을 잡고 미래를 위한 기도를 해주고 수건으로 손을 닦아 주는 것입니다. 교육은 진정한 관심이기에 한 어린이씩 기도해 주는 일은 교사와 학생(어린이)들의 만남이 가능하도록 합니다. 냇가에서 세족 의식을 가질 수도 있습니다.

⑤ 어린이 새벽기도회

어려서부터 고요한 시간에 기도하는 습관을 가지게 합니다. 여름철이라 어린이들도 새벽에 나올 수 있습니다. 아침 6시경에 모여 30분 정도 새벽 기도회를 갖고 교회 앞마당에 모여 아침 체조와 마을 청소를 합니다.

⑥ 성경 노트 전시회

여름성경학교는 성경을 배우는 학교입니다. 그러므로 어린이들은 교과서인 성경을 꼭 가지고 다녀야 하고 나아가서 필기한 노트도 가지고 다녀야 합니다. 물론 선생님들도 칠판을 이용하여 요점을 적어 주고 칠판이 없는 교회학교에서는 전지를 테이프로 붙이고 매직이나 크레용으로 적습니다. 숙제도 내고 평가도 해줍니다. 그리고 나서 마치는 날 노트를 모아 전시회를 가집니다.

⑦ 사랑의 편지 보내기

교회학교에 나오는 어린이들이 이사를 가거나, 선생님들이 군에 가고, 결혼도 해서 다른 교회로 나가는 경우가 많습니다. 비교적 젊은 교사가 많은 교회는 더욱 그렇습니다. 반 학생들이 창작 활동 시간이나 특별활동 시간이나 오후 프로그램 시간을 이용하여 편지를 써서 보내는 일도 서로의 관계를 갖게 하는 좋은 기회입니다.

(4) 발전적 모색

기독교는 변화를 믿는 종교입니다. 삶에 변화를 주는 데 의미가 있습니다. 어린 생명을 향하여 전하는 말씀이 어린이 마음 밭에 강하게 움직이는 계절이 되도록 지도자들의 감각과 결단이 앞서야 합니다. 인간은 하나님 앞에 최선의 응답을 해야 합니다. 물론 이 응답이 결코 완전하지는 못합니다. 그러나 충분 여하에도 불구하고 우리의 응답은 우리 삶의 한 중심 문제입니다. 생명의 예술이 바로 말씀을 가르치는 것이기에 헌신적인 사랑의 운동을 펼치는 데 의미가 있습니다. 마음과 마음이 만나고 생각과 생각이 만나며, 서로가 하나님 나라 건설에 충실한 일꾼이 될 때 교육 발전이 올 것입니다. 그러기 위해서는 무엇보다 연구하는 교사, 솔선수범하는 교사, 움직이는 교사가 되어 교육의 효과를 최대한으로 끌어 올려야겠습니다.

(5) 여름성경학교 특별 활동 지도

① 특별 활동의 특성
㈀ 특별 활동은 교육 과정의 한 부분으로 교사 활동과 상호 보완적 관계에 있는 것입니다.
㈁ 특별 활동은 학생의 자발적이고 협동적인 참여 아래 자유로운 자기 표현의 기회를 부여하여 개성과 소질의 발견 및 신장을 도모하고 나아가 민주 시민으로서의 자질과 능력을 기르도록 하는 활동입니다.
㈂ 생활 지도의 목적과 과정이 학생 개개인의 전인적 성장을 돕고 개성의 신장을 돕는 데 있다면, 특별 활동은 생활 지도 과정의 일익을 실질적으로 담당하고 있는 것입니다.
㈃ 특별 활동의 운영은 교과 활동과는 달리 시간 운영, 장소 활용, 교사 조직, 주제 선정, 집단 편성의 측면에서 융통성을 갖도록 운영되는 장점이 있습니다.

② 특별 활동의 목표
㈀ 교과 학습에서 얻은 지식과 기능을 실제로 활용하는 기회를 가지게 함으로써 창의적으로 표현하고 적용할 수 있게 합니다.

㈏ 취미와 관심이 많은 분야의 활동에 참여하게 하여 소질을 계발하고 자기 표현력을 기릅니다.

㈐ 협동 생활을 통하여 인간관계를 원만하게 하며, 사회성을 기릅니다.

③ 지도상의 유의점

㈀ 학생의 요구와 흥미에 의하여 자발적으로 참여하게 하며, 특히 지도교사는 활동의 결과보다 과정을 중요시하고, 학생 상호 간의 협력적인 인간관계가 이루어질 수 있도록 합니다.

㈁ 학생의 요구, 교회학교의 형편, 지역 사회의 특성에 따라 특별 활동 부서를 더욱 세분 첨가하여 운영할 수 있습니다.

㈂ 유년부는 소질 계발과 탐색의 기회로 보고 학생의 요구에 의하여 활동 부서를 옮길 수 있게 해주며, 초등부는 가급적 심화시키는 단계로 보아 일정 기간 동안 고정된 클럽에서 활동하도록 하고, 재미있고 활동적인 클럽 활동이 되도록 합니다(단, 여름성경학교 기간에는 같은 반에서 교육받도록 한다).

㈃ 학생이 많은 교회학교에서는 실정에 맞추어 학년 단위로 조직 운영할 수 있습니다.

④ 그 외에도 아래 활동 부서를 두어 실시할 수도 있습니다.

ⓐ 도서반(독서반) : 교회 도서실 운영, ⓑ 체육반(축구·야구·핸드볼·터치볼·육상 등), ⓒ 문예반 : 글집 발간, ⓓ 수예반, ⓔ 위생, ⓕ 봉사반, ⓖ 성경 암송반, ⓗ 이야기반(동화반), ⓘ 사진반 ⓙ서예반: 과 제목 쓰기, ⓚ 웅변반, ⓛ 과학반 ⓜ 향토 조사반 : 지역 전도 연구, ⓝ 방송반 : 방송 프

로그램 제작, (o) 원예반, (p) 사육반 : 농촌 교회를 중심으로, (q) 재료 수집반, 어린이 판매반.

부멸 / 내용	목표	활동내용	지도상의 유의점	준비물
율동반	· 창의력을 높이고 표현을 더 새롭게 할수 있는 능력을 기른다. · 작품 구성의 방법을 알고 서로 협력하여 작품을 꾸미고 발표하는 힘을 기른다.	· 여름성경학교 기간 활동 계획 수립 · 기초 운동 익히기 · 전신의 유연성 높이기 · 찬송 가사 내용에 따른 표현 연습(상징화) · 즉흥 표현 높이기 · 중심 이동 능력 높이기 · 마지막 날 여름성경학교 교육 발표회 무대 연습	· 반원끼리 서로 자기 소개 · 언제나 바른 자세로 운동을 크고 정확하게 하도록 지도한다. · 자기의 표현 운동의 결점을 알고 스스로 고쳐 가도록 노력하는 태도를 갖는다. · 남의 좋은 생각이나 운동을 찾아서 칭찬하는 태도를 갖는다. · 작품 구성의 학습 과정에서는 서로 협력하여 더 새로운 내용과 표현 운동으로 작품을 꾸며 가도록 지도한다.	· 녹음기 · 연습곡 · 녹음 · 테이프 · 피아노 · 율동에 필요한 물건

부서	목표	활동 내용	지도상 유의점	준비물
성가반 (합창반)	· 합창 활동을 통해 협동심을 길러 친구들과 친하게 지낼 수 있다. · 음악을 즐기고 생활화하는 습관을 길러 밝고 맑은 마음을 갖는다. · 예배시간에 음악을 하나님께 드려 영광을 돌린다. · 기초적 기능을 개발하여 음악적 소명을 높인다	· 제창 · 2, 3부 합창하기 · 돌림노래 부르기 · 감상 · 청음 · 발표회, 무대연습: 이에 따른 소리의 질, 입모양, 호흡 방법, 공명감의 사용 익히기 · 강약, 빠르기 등 표현하기 · 화음감을 익히고, 음계의 표현을 정확하게 하기 위한 청음하기	· 발성, 발상, 호흡 등 합창의 기본적이고 기초적인 지도에서 더욱 심화되어야 하지만 전문성은 피하고 가급적 순수한 분위기와 어린이 발달면을 고려한 지도를 한다. · 가급적 교재에 있는 노래를 가르친다. · 합창만이 아닌 감상과 음악 필수 조건인 청음 지도 등 다양한 음악적 경험이 될수 있게 지도를 한다.	· 악보 · 괘도 · 피아노 · 거울 · 오선지 · 녹음기 · 테이프 · 간단한 악보
합주반	· 정확한 주법을 익혀 바른 연주를 함으로 음악적 능력을 개발한다. · 기악 활동을 통해 악기에 대한 친근감을 갖고 음악을 생활하는 습성을 기른다. · 여러 악기의 배합에서 들려오는 화음 및 음악의 아름다움을 느껴 아름다운 심성을 갖는다. · 악기를 통한 음악으로 하나님께 영광을 돌린다.	· 리듬합주 · 리코더 합주 · 실로폰 합주 · 하모니카 합주 · 멜로디오 합주 · 전체 합주 · 전체 합주: 교회 형편에 따라 지도교사의 능력에 따라 활동 내용을 선택한다. 그리 어려운 활동이 아니므로 열심 있는 교사만 있으면 한 번 시도해 볼 만한 특별 활동 부서이다.	· 기초 기능 숙련을 위해 전체 합주 이전에 초등학교 음악과 필수 악기만의 합주를 먼저 해봄으로 악기의 특성을 익히고 연주를 숙숙하게 한 후 개인의 희망, 능력 등을 고려하여 전체 합주를 위한 악기를 배치하여 합주에 임한다. · 익숙한 합주에서 능숙한 합주로 발전될 수 있게 악기의 주법, 악보의 해석, 지휘에 맞추어 상호 협동하는 속에 합주 활동이 이루어져야 한다.	· 리코더 · 오르간 · 악보 · 실로폰 · 리듬 악기 · 하모니카 · 멜로디온 · 피리 · 기타 악기

그리기 반	· 대상의 형체와 위치 관계를 관찰하오 입체적으로 그린다. · 주제가 잘 나타나도록 구상하고 화면을 자신있게 구성한다. · 상상한 것을 창의적으로 착상하여 그리는 자주적인 태도를 갖는다. · 공동 주제를 정하여 분담하고 협동적으로 제작한다. · 그리기 활동을 통해 하나님을 만난다.	· 아름다운색(색채구성) · 자세히 그리기(관찰화) · 나의 생각(상상화) · 이야기 그림(협동화) · 포스터 그리기(디자인) · 여름 풍경(사생화) · 친구들(인물화) · 글자 무늬(디자인) · 운동화(판화) · 그림연극(공동제작) ※ 교회학교 형편에 따라 매일 한가지씩 선택하며 그리고 아울러 새 작품 전시회를 갖는다.	· 기억을 중심으로 하는 표현에 대해서는 저항을 느끼므로 대상물을 객관적으로 관찰하면서 그리기를 지도한다. · 상황화 및 생활화 등을 지도할 때는 '생각해서 그리도록' 하는것 보다는 주제에따라 그때의 모습과 그 장면의 주요한 부분은 자료를 수립하거나 대상물을 현장에서 관찰하면서 그리도록 하면 생생한 그림을 흥미있게 그리게 된다.	· 수채용구 · 도화지 · 연필 · 정물 · 화판 · 볼펜 · 사인펜 · 스케치북 · 조각도 · 복사지 · 베니어(목판) · 크레파스 · 헝겊 · 풀 · 가위
만들기 반	· 재료의 성질을 살려서 용구를 효과적으로 사용할 수 있다. · 공동 제작의 계획을 세우고 전체가 협동하여 만드는 태도를 갖는다. · 여러가지 재료로 입체 구성을 창의적으로 구상하여 만들 수 있다.	종이공작 · 입체 구성(종탑 만들기) · 폐품 공작(장난감 만들기) · 나무 공작(편지꽂이) · 대나무 공작 · 벽돌 조소 · 찰흙 조소(움직이는 사람) · 금속 조소 · 철사 공작 · 종이 공작 중 집 모양 ※ 만들기 분야는 많다. 교회학교 형편과 교사의 능력에 따라 제작한다.	· 필요한 물건을 만드는데 목적이 있는 것이 아니고, 만드는 과정을 통해서 자주성과 창의성 등을 육성한다. · 먼저 무엇을 만들 것인가 결정하고 만들 것을 정하면 여러가지로 독창적인 생각을 스케치하고 구상이 끝나면 재료와 기능, 형태, 아름다움, 비용 등으로 검토를 하고 적합하다고 결정이 되면 차례로 정하여 제작하도록 한다.	· 두꺼운 종이 · 색종이 · 풍 · 공작칼 · 소독저 · 접착제 · 약병 · 고무줄 · 빈상자 · 대톱 · 찰흙 · 철사 · 은박지 · 함석 · 목판

신문반	· 매일 매일 교회학교 생활에서 일어나는 일들을 관심있게 살펴보는 습관을 기른다. 우리들 주위에서 일어나는 주요한 일들을 수집하여 기사화할수 있는 능력을 기른다. · 여러 가지 가사를 정해진 지면에 알맞게 편집할 수 있다. · 간단한 신문을 만들어 매일 보급한다.	· 기자 조직 · 활동 사항 계획 세우기 · 신문 기사 작성 요령 · 기사 취재 활동 · 벽신문 제작 · 등사판 신문 제작 · 복사판 신문 제작 · 여름성경학교 특집호 발행 ※ 특히 6하 원칙에 의한 신문기사 작성법을 알아보며, 원고지 사용법을 바르게 알고 알고 쓰는 방법을 지도한다. 그리고 공정하고 사명감있는 바른 태도를 알아본다.	· 신문 기사는 정확, 신속, 공정해야 함을 인식시키고 신문기자의 자부심을 갖게 한다. · 각자가 맡은 일감을 성실하게 이해하여 좋은 신문이 만들어지도록 협조하는 마음을 갖도록 지도한다. · 신문 기자의 취재나 편집, 제작의 어려움을 알고 이에 종사하는 사람들에게 항상 감사할 줄 아는 마음을 갖도록 지도한다.	· 원고지 · 사인팬 · 켄트지 · 등사기 · 복사기 · 원고 · 철필 · 시험지 · 기사 · 수첩 · 스크랩북

이상 제시한 특별 활동 부서에서 열심있는 지도 교사가 활동과 오후 프로그램을 실시하여 어린이와 선생님과의 따뜻한 만남과 사귐의 시간을 가지면 잊을 수 없는 사랑의 계절이 됩니다.

2) 겨울성경학교

(1) 왜 해야 하나?

주로 주일날 특정한 시간에 한하여 교육을 실시해 왔으나 휴가 학교(여름·겨울성경학교, 새봄맞이 성경학교 등)를 통하여 특수한 교과과정에 따라 집중적으로 가르치는 것이 좋습니다.

① 겨울성경학교 기간은 집중적으로 성경을 가르칠 수 있는 좋은 기회가 됩니다.

② 교사와 학생들이 따뜻한 만남과 사귐과 대화를 가질 수 있으며 이를 통하여 이웃과 어울리는 생활을 가질 수 있습니다.

③ 학생들의 마음 밭에 사랑과 생명을 심어 주어 그리스도인의 긍지와 보람을 가지게 합니다.

④ 학생 시절에 삶의 목표를 세워 신앙의 감격과 결단을 갖게 할 수 있습니다.

⑤ 그리스도인의 신앙 양심으로 의롭고 바른 인간상을 가지고 살게 합니다.

(2) 무엇을 준비해야 하나?

① 겨울성경학교 기간 중에 봉사할 교사를 임명합니다.

② 교사의 연수 활동을 가지면서 더 알찬 학교 준비에 힘씁니다.

③ 개교 일자와 실시 기간을 설정합니다. 오전·오후 시간으로 충당할 수 있습니다.

④ 알리는 일(홍보 활동)을 잘하여 전 교인에게 겨울성경학교를 시작하기 1개월 전부터 주보 광고란과 게시판에 포스터를 부착합니다. 학생들에게는 겨울성경학교 운영에 따른 계획을 매 주일 알려줍니다. 일주일 전부터는 교회 주변에 포스터를 붙이고 방학하는 날에 초등학교 정문 앞에서 안내문을 나누어 줄 수도 있습니다.

⑤ 교육 예산을 수립하고 교회에서 나오는 예산이 부족할 때에는 특별 재정 개발을 위한 전략을 수립합니다.

⑥ 입학 원서를 준비하여 2주일 전부터 배부합니다.

⑦ 언제 무엇을 가르칠 것인가 하는 교과과정을 결정하되, 성경 가르치는 시간을 중심으로 합니다.

⑧ 교사의 책임 분담(role play)을 결정합니다(담임 배정, 시간표 작성에 따른 분담표 작성, 특별 활동을 위한 능력별 분담, 성극반, 성가반, 율동반 성경 암송반 등, 예배 분담, 안내 및 봉사 활동)

⑨ 교육 행정 문서를 준비합니다.

⑩ 시청각 교육 제반 활동 재료를 제작합니다.

⑪ 농촌 및 외딴 섬 교회에 교육 재료 및 교사 파송 봉사의 계획을 수립합니다.

⑫ 겨울성경학교를 가지기 전에 교사 준비 기도회를 가져 부르심에 따른 신앙적 결단을 가집니다.

⑬ 교사 위로회 및 점심 대접 계획을 세웁니다.

⑭ 학습 내용을 발표할 전시회 및 발표회 계획을 세웁니다.

⑮ 끝으로 평가회를 꼭 가져 발전적 구상과 교육적 효과를 얻도록 해야 합니다.

(3) 어떻게 일을 나누어 할까요?

① 진행 : 기간 중에 교육 활동을 주관하며 시간에 따라 진행 활동을 알립니다.

② 회계 : 금전 출납의 사무를 관장합니다.

③ 문서 : 교육(행정) 문서를 정리 보관합니다.

④ 봉사 : 환경 정리, 위문 활동, 도로 쓸기, 음료수 준비 등 봉사 활동을 합니다.

⑤ 위생 : 기간 중 위생 활동을 맡아 봉사합니다.

⑥ 상담 : 부적응 학생과 상담합니다.

⑦ 안내 : 찾아오는 모든 학생을 따뜻하게 맞이합니다.

⑧ 연수 : 강습회 및 교회 재료를 만듭니다.

⑨ 재료 : 창작 활동, 교육 재료를 만듭니다.

⑩ 발표 : 교육 전시회 및 발표회를 준비합니다.

⑪ 평가 : 모든 학생의 교육 활동 및 교육 활동 전반을 평가·정리·분석·보관합니다.

⑫ 활동 : 특별 활동을 실시합니다.

⑬ 기획 : 부서별 활동을 기획·조정합니다.

⑭ 연습 : 활동을 위한 연습(훈련)에 따른 재료를 공급합니다.

⑮ 음악 : 기간 중 모든 음악 활동을 관장하고 특히 성가대와 새 찬송을 가르치는 일에 힘씁니다.

⑯ 미술 : 창작 활동 중 그리기 부분과 환경 구성을 돕습니다.

⑰ 율동 : 새 노래 가르치기와 함께 표현으로 나타냅니다.

⑱ 게시 : 교육 분위기 조성, 환경 정리에 힘씁니다.

⑲ 예배 : 기간 중 예배의 모든 순서를 계획하고 담당자들에게 미리 알리고 차질이 없도록 합니다.

⑳ 환경 : 예배 환경 구성에 신경을 쓰고 장식에 대하여 연구하고 예배 분위기를 만드는 일을 합니다.

㉑ 교사회 : 기간 중 교사 기도회 순서를 맡아 진행합니다.

(4) 언제 무엇을 가르칠까?

• 어린이부 시간표를 한 예로 들면 다음과 같습니다.

9:00~9:30 교사 기도회 및 교육 준비
9:30~10:00 새 노래 공부(I)
10:00~10:40 성경 공부 (I)
10:40~11:00 즐거운 이야기 동산
11:00~11:40 성경 공부(II)
11:40~12:00 새 노래 공부(II)
12:00~12:30 예배
12:30~2:00 점심 시간
2:00~3:00 특별 활동

(5) 겨울성경학교 특별 활동

겨울성경학교에서 할 수 있는 활동은 대개 세 가지 영역으로 나눌 수 있다고 봅니다. 어린이회(학생·청년회 포함) 활동, 클럽 활동, 교회학교 행사로 나눌 수 있습니다.

① 어린이회 활동

• 교회학교 어린이들이 문제를 제기하고 그것에 대해 토의할 때는 다음

과 같은 사항을 유의하여야 합니다.

㉠ 학급 수준의 문제를 발견하도록 노력하는 자세를 연습합니다.

㉡ 학생들 스스로 그때그때 해결해야 할 문제를 협의하여 선정하도록 기회와 여유를 최대로 제공합니다.

㉢ 비록 해결 방안의 질이 낮더라도 그대로 학생들에 의해 결론 내려진 해결 방안을 실천하도록 수용적 분위기를 조성합니다.

㉣ 활동도 다양화할 수 있도록 여러 가지 가능성과 정보를 최대한 제공합니다.

㉤ 남에게 해를 끼치지 않는 범위에서 활동하는 습관을 형성하도록 지도해야 합니다. 예를 들면, 어린이회에서 아래와 같은 결의를 했다고 하면 교사들은 조력자로, 가능케 하는 역할로 임해야 할 것입니다. ⓐ 친구 집 들러 교회에 오기 ⓑ 우리 반은 언제나 조용히 ⓒ 오후 시간에도 참석하기 ⓓ 예배 및 성경 공부시간에 안 빠지기 ⓔ 학습 재료(성경, 찬송가, 교과서, 노트)를 꼭 가지고 다니기 ⓕ 성경 요절을 꼭 외우기 ⓖ 찬송가를 잘 부르기, 물론 겨울성경학교에서 어린이회가 위의 문제들을 스스로 추출해 내도록 교사는 인도자의 역할을 잘 담당해야 하고, 인내를 가지고 기다려야 하고, 나아가서 어린이들의 결의 사항이 스스로 실현될 수 있도록 도와주어야 할 것입니다. 결의 사항을 실천할 때에는 각자의 역할을 분담시켜서 계획적으로 일을 추진해 나가야 합니다. 협의 활동에서 지켜야 할 형식이 거의 그대로 지켜져야 할 것입니다. 어린이의 요구, 학급 및 학교의 실정에 따라 역할 분담 활동의 부서를 세분화하고, 학생 각자의 자발적 참여 의사를 존중해서 결정하며, 분담된 활동은 지키도록 하고, 이행하지 못했을 때는 책임지는 바른 태도와 자세를 형성합니다. 역할 분

담은 기회를 골고루 갖도록 배려하고 역할 시행과 평가의 과정도 학생들 스스로 하도록 하고 끝으로 교사의 개입이 적어야 합니다.

② 클럽 활동

• 겨울성경학교에서 할 수 있는 클럽 활동에는 무엇이 있을까요? 아래에 클럽 활동 및 가지를 제시하고자 합니다. 교회학교 교사 조직과 형편에 따라 조정하여 운영할 수 있다고 봅니다.

㈀ 홍보부 : 신문을 만들고, 게시 활동을 합니다.

㈁ 율동부 : 표현을 통해 노래를 배우며, 발표의 시간을 가집니다(골고루 참여하도록).

㈂ 어린이 성가대 : 수준을 높이는 연습 시간을 가지며, 발표의 시간을 가집니다.

㈃ 합주부 : 리코더, 실로폰, 멜로디온, 하모니카, 아코디온 등으로 합주부를 운영합니다. 물론 발표의 시간을 가집니다.

㈄ 서예부 : 성경 구절 등을 쓰는 시간을 가집니다.

㈅ 그리기부 : 그리기에 특기 있는 학생들이 모여 활동을 하고 간단한 전시회를 가집니다.

㈆ 만들기부 : 폐품을 이용하여 생활에 쓰이는 물건을 만듭니다.

㈇ 도서부 : 도서실을 운영하고, 책들을 정리, 분류하고, 도서 수집 활동을 벌입니다.

㈈ 글짓기부 : 동시와 작문들을 모아 겨울성경학교 기간 중 글집을 만듭니다(특집으로).

㈑ 웅변부 : 웅변에 재주가 있는 학생들이 모여 연습하고 발표회를 가집니다.

㈒ 우리 교회 역사 배우기부 : 많은 교우들의 증언을 듣고 자기 교회의 역사를 배웁니다. 그리고 유인물을 만들어 나누어 줍니다.

㈓ 사진부 : 교육 활동을 사진으로 찍어 전시회를 가지고 슬라이드로 만들어 보여주기도 합니다.

㈔ 수예부 : 교회 장식품, 비품을 만들기도 하고, 전시회도 가집니다.

③ 겨울성경학교 행사

• 겨울성경학교가 주관하는 행사들을 제시합니다(개체 교회별로 취사선택하여 운영하도록 한다).

㈀ 성경 구절 빨리 찾기 : 성경과 가까이 생활하도록 하고 학급 및 학년별로 가질 수 있습니다.

㈁ 성경 야구 게임 : 겨울성경학교 기간 중에 배운 공과 내용을 퀴즈 문제로 만들어 야구식으로 게임을 가집니다.

㈂ 성경 암송 : 어렸을 때 기억한 내용들은 잊혀지지 않습니다. 가능한 성경을 암송시키는 시간을 가집니다.

㈃ 촌극 경연(stunt) : 반별로 특기(장기)를 준비하여 경연의 시간을 가집니다. 물론 소외되는 어린이가 없이 전원이 배역을 맡습니다.

㈄ 공동 작품 만들기 : 반별로 공동의 작품을 만듭니다. '누가 누가 잘하나'보다 '모두 모두 잘하자'로 바꾸어 나가야 할 것입니다.

㈅ 성경 동화 릴레이 : 학생이나 교사들이 한 가지 성경 내용을 몇 사람

이 나누어서 릴레이식 동화를 합니다.

(ㅅ) 전도 카드 만들기 : 겨울성경학교의 교육 활동을 통하여 한 사람씩 전도하는 분위기를 만들고 전도지를 꾸미고 실천하는 활동을 가집니다.

(ㅇ) 금년 나의 기도문 : 각자가 새로운 한 해를 맞이하면서 하나님께 소원을 아뢰고 새로운 다짐을 가집니다.

그 외에도 겨울 찬송 배우기, 선생님께 바라는 것 적기, 재미있게 읽었던 책 이야기하기, 우리 집 자랑(엄마 자랑. 아빠 자랑), 나의 특기발표회, 난롯가의 화제, 이웃 돕기 활동, 교사 헌신 예배, 내 친구 칭찬 대회, 군에 가고 시집간 교사에게 편지 드리기, 성경 일제 고사, 인형극 및 영화 활동의 밤을 가집니다.

(6) 맺으면서

기독교는 삶을 변화시키는 종교입니다. 여기에 의미가 강하게 부각됩니다. 이런 생명을 향하여 외치는 말씀이 살아서 힘차게 작용되어야 합니다. 주일에 국한하여 배웠던 것에서 정하여진 겨울성경학교 교과 과정에 따라 성경을 집중적으로 가르치고 그리스도인의 삶을 가르칠 수 있는 좋은 기회에 교회가 전체적으로 동원하여 연료비를 감수해서라도 어린이들을 내일의 교회 주인으로 양성시켜야 합니다.

참고문헌

- 강병진, 아동교육, 기독교문서선교회, 1986.
- 강용원 외 3인, 어린이 예배 어떻게 할 것인가?, 생명의 양식, 2017.
- 마이클 J 앤서니, 기독교 교육 개론, 정은심, 최창국 역, CLC, 2022.
- 빌텔부부, 어린이 성경 암송, 네비게이토, 1991.
- 엄문용, 패러다임 전환시대의 새 교회교육, 대한예수교서회, 2002.
- 이규민 김난예 김재우 김희영, 인간발달과 기독교교육, 동연, 2023.
- 이병렬, 교회의 미래 어린이 안에 다 있다, 생명의 말씀사, 2018.
- 임계빈, 목양교사를 위한 교회교육 길잡이, 엘맨, 2024.
- 최진경, 성경학교 교육론, 대한예수교장로회총회, 2008.
- 헨리에타 미어즈, 주일학교의 모든 것, 조계광 역, 생명의 말씀사, 2023.

5장 – 초등부

(8~9세)

1. 8~9세 아동의 발달 특성

1) 신체적 발달

초등부 아동은 8세에서 9세의 연령 단계로서 대개 좋은 건강을 유지하고 있습니다. 초등부 아동은 쉽사리 피곤해하지 않으며, 유년부 아동들처럼 많은 질병에 감염되지도 않습니다. 그 성장은 보다 느려져서 그 이전에 성장한 것을 공고히 하는 기간인 것 같아 보입니다. 그리고 육체적 숙련도를 완성하는 데에 오래도록 열심히 움직입니다. 초등부 종반부에 있는 많은 여자 어린이들은 용솟음치는 듯한 성장을 하여 얼마간은 남자 어린이들보다 키가 더 큽니다. 다시 말하면, 초등부 아동들은 항상 뛰어난 건강을 유지하고, 느리지만 꾸준한 성장을 합니다. 이 시기의 아동들은 도전을 즐기고 흥분과 신체적 활동을 갈망합니다. 초등부 아동들은 결코 지치는 법이 없이 항상 활력으로 넘칩니다. 그리고 자기 생을 즐기며 살아가는 열성적인 지도자들을 따릅니다. 또한 식욕이 증가하여 적당한 식사를 필요로 하며, 신선한 공기, 햇빛, 휴식을 충분히 취해야 합니다.

초등부 아동들은 다양한 활동과 경험, 특히 집 밖에서의 활동과 경험을 필요로 합니다. 여름이나 겨울에 갖는 성경 학교에서는 하나님의 진리를 가르쳐주는 기회를 제공합니다. 이러한 외부활동을 통해서 아동들은 하나님의 법을 발견하고 하나님을 창조주로 인식하는 생각이 발달합니다.

초등부 아동들은 서서히 성장하면서 자기의 신체적 조정을 개선해나갑니다. 그들은 자기가 시작한 것을 스스로 끝내고, 자기가 착수한 일은 무엇이나 성취할 수 있도록 격려를 필요로 합니다. 초등부 아동들은 생활이 너무나 복잡해짐에 따라서 당연한 신체적 관심사를 무시합니다. 따라서 이들은 자기 몸을 돌보는 일과, 자기의 소유물과 자기 방을 잘 간수하는 법을 배울 필요가 있습니다. 초등부 아동들을 너무나 바쁘게 생활하여 옷이나 그 밖의 물건을 방 아무 곳에나 팽개쳐놓습니다. 따라서 자기 훈련과 타인을 의식하는 것을 학습하도록 하여야 합니다. 또한 초등부 아동들의 왕성한 활력과 뛰어난 건강은 가치 있도록 변화시켜야 합니다.

2) 정서 정신적 발달

초등부 아동들은 자기의 감정을 자유로이 나타냅니다. 이들의 정서적인 발달을 살펴보자. 첫째, 초등부 아동들은 경쟁심을 갖게 됩니다. 달리고 뛰는 것뿐 아니라 취미와 학구열에서도 이러한 경쟁심에 의해서 높은 동기를 부여받습니다. 그러나 아동을 진보하도록 하는 이러한 경쟁심은 역으로 작용할 수도 있습니다. 초등부 아동은 자신의 부족한 것을 알고 있습니다. 그래서 열등감의 시기로 돌입하게 되는 것입니다. 부모와 교사들은 아동에게 자신감을 심어주어야 하는 중요한 임무가 있는 것입니다.

둘째, 초등부 아동들은 자기 억제를 할 수 있지만 그들은 쉽게 흥분하여 자신을 인내하지 못합니다. 그들은 쉽게 말싸움을 벌이고 금새 풀어집니다. 초등부 아동들은 자기의 욕구가 충족되지 않으면 신경질적으로 되고, 생각지도 않았던 엉뚱한 말을 합니다. 따라서 초등부 아동들은 인내를 필요로 하며, 다른 사람들의 권리와 감정도 존중할 줄 알아야 하고, 자신의 권리와 감정을 존중해 주는 지도자를 본받아야 합니다. 초등부 아동들은 사실에 대한 지식을 기초로 하여 건전한 판단을 내릴 수 있도록 도움이 필요합니다. 셋째, 초등부 아동들은 자기가 무서워하지 않는다는 사실을 다른 사람들에게 확신시키고자 용감하게 행동합니다. 그러나 여전히 어둠을 두려워하여 밤에 혼자 있기를 무서워합니다. 초등부 아동들은 다른 사람들도 역시 두려워하는 것이 있으며, 하나님께서 자기에게 필요한 용기를 주심을 믿도록 하여야 합니다. 넷째, 초등부 아동들은 밖으로 감정을 나타내기 싫어합니다. 자기가 어려움에 처해 있을 때 다른 사람이 자기를 불쌍히 여겨주기를 원치 않습니다. 나이가 든 초등부 아동들은 애정의 감정마저도 외부로 나타내기를 싫어하는 것 같습니다. 그들의 간단한 말 속에는 겉으로는 나타나지 않지만 깊은 애정이 감추어져 있을 수도 있습니다. 다섯째, 초등부 아동들은 유머를 좋아합니다. 초등부 아동들은 이야기를 하면서 다른 어떤 사람보다 더 크게 웃습니다. 그러나 이들은 때때로 자기가 말하는 농담의 의미를 잘 이해하지 못하기도 합니다. 따라서 초등부 아동들은 모든 일이 유쾌한 것만은 아니라는 사실을 깨달을 필요가 있고, 다른 사람의 감정을 손상시키는 농담을 해서는 안된다는 것도 알아야 합니다.

정신적 발달 면에서 볼 때, 대부분의 초등부 아동은 주체적인 문제에 대해서 판단할 수 있습니다. 이러한 것을 사고의 '구체적 조작기'(concrete operational stage)라고 합니다. 좀 나이가 든 아동은 어느 정도의 추상적인 문제를 판단하기 시작합니다. 그러나 그들은 아직 추상적 사고기에 이른 것은 아닙니다. 초등부 아동들의 탐구 정신은 아동들로 하여금 수많은 모험을 하게 하는데, 그중의 하나가 물건을 수집하는 일입니다. 이러한 수집 활동에 올바른 지도가 뒤따르면 그것은 유용한 목적을 성취할 수 있습니다. 또한 초등부 아동들은 호기심이 많고 탐구적이어서 이들은 사물들이 어떻게 구성되어 있고, 어떻게 작용하는가에 관심이 있습니다. 따라서 이들은 성경 본문에 기초한 간단하고 유도적인 성경 연구를 할 수 있습니다. 또 이들은 교사의 지도하에 성경이 무엇을 말하고, 성경 말씀을 그들의 생활에 어떻게 적용해야 하는가를 발견할 수 있습니다. 초등부 아동들은 사물과 사건들이 어떻게 함께 조화를 이루는가를 깨닫기 시작합니다. 이들은 인과법칙을 이해하고, 시간, 공간, 위치, 거리 등에 대해 역사적, 연대기적 감각을 가지며, 현실의 사건들에도 관심을 갖습니다.

3) 제 기능의 발달

대부분의 아동은 읽기와 쓰기를 다 학습하며, 이러한 것들은 이제 사회생활과 오락생활, 그리고 학습에 사용하는 도구들이 됩니다. 초등부 초기에까지 글을 읽지 못하는 아동은 대단히 불리한 위치에 놓입니다. 우리 인간문화에서 이 문제는 그 자신의 자신감에 중요한 영향을 끼칩니다. 글을 읽지 못하는 아동은 그것을 배울 수 있음을 보여주어야 하며, 이같이 하여 학습을 진전시켜야 합니다. 소수의 아동은 초등부 때까지 글을 읽는 것을 학습할 수 없는 경우가 있는데, 이들에게는 그들의 능력의 한계에 따라 개별적으로 적용될 수 있는 특별한 도움이 필요합니다. 이러한 아동들이 심리적인 상처를 입지 않도록 하기 위해서는 동정적인 교사가 필요합니다. 대부분의 아동에게 있어서 읽기와 쓰기는 뒤로 제쳐지고, 산수 학습이 중심으로 떠오릅니다. 그들은 자신이 제일 좋아하는 과목이나 제일 학습이 잘 되는 과목을 말할 때면 종종 산수나 과학을 언급합니다. 물론 일부는 체육이나 예술을 언급합니다. 어느 누구도 좀처럼 가장 좋아하는 과목이나 학습이 잘 이루어지는 과목으로서 읽기나 쓰기를 말하지 않습니다. 이것은 곧 읽기나 쓰기 과목의 위치를 보여줍니다. 즉, 이것들은 유년부에서와 마찬가지로 그들에게 흥미를 불러일으키는 새로운 기술이 아니라 이제는 도구로서의 가치를 지닌다는 것입니다.

그러나 읽기, 즉 독서 학습이 도달해야 할 목표까지 가려면 여전히 먼 길이 있음을 아동은 깨닫지 못할지라도 교사는 깨닫습니다. 초등부부터 모든 교사는 독서 지도 교사가 되어야 합니다. 독서는 학교에서의 독서 학습 시간에만 의존해서는 안되고 모든 과목에서 학습 받아야 합니다. 성경 공부에서도 마찬가지입니다. 초등부 아동들은 성경을 읽고, 쓰고, 이야기하면서 특수한 어휘를 배우는 데에 커다란 진전을 나타낼 수 있습니다. 성경을 가르치면서 교사가 희생, 예언자, 니고데모 등과 같은 단어들을 독서 지도 교사가 지도하리라고 기대한다면 독서 학습의 진전은 일어나지 않습니다.

초등부 아동들은 인생의 다른 어떤 기간보다도 더욱더 의욕적으로 독서합니다. 소년들은 소년용 도서를 읽고, 소녀들은 소년 소녀용 도서 양쪽을 다 읽습니다. 이에 대한 연구도 수 십 년 동안 부단히 이루어지고 있습니다. 현대의 성차별 반대주의자들은 출판인들과 학교에 압력을 넣어 아동 스스로의 독서 감각을 변화시키는 어떠한 것도 하지 말라고 하고 있습니다. 아동들은 모험, 신비, 전기류를 좋아합니다. 스포츠, 역사, 선교사의 위인들의 전기는 이들의 삶에 중대한 영향을 미칠 수가 있습니다. 위인들을 통해서 아동들은 위대함의 자질들을 배웁니다. 그들은 어려움을 극복하고, 업적을 이루고, 용맹성을 보여준 위인들과 자신을 동일시합니다. 아동들은 도움을 받으면 더욱 큰 위대성을 추구하게 됩니다. 그들은 자신이 이러한 위대한 자질을 갖고 있으며, 그러한 자질을 계발시켜야 한다는 사실을 알 수가 있습니다. 책이 컬러화 되어 있는지의 여부에 따라서도 약간의 차이가 나게 되는데, 책에 예술적인 것이 나올 경우에는 아동은 실물에 가까운 것을 더 좋아합니다. 대부분의 초등부 아동들은 많은 것들을 읽지만 쉽고 유용될 수 있는 것을 읽는 경향이 짙습니다. 그리고 대부분은 독서하기 좋은 것을 찾는 자신들의 방식에서 벗어나지 않습니다. 이러한 경향이 곧 교회에 대해서 시사하는 바가 있으니, 이는 아동용 도서실을 초등부 부서로 세워야 한다는 것입니다. 도서 점검시간을 일과 속에 넣고, 아동의 독서시간 출석 점검을 정해 놓으라. 특별 여름 독서계획과 그 외의 여러 독서 장려정책들은 독서를 더욱더 격려할 것이며, 아동들로 하여금 다른 일에는 시간을 조금만 보내고 건전한 책과 씨름하게 할 수 있습니다.

   소녀들은 소년들보다 쓰기, 즉 작문을 좋아합니다. 수필을 전체적으로 구성하는 것을 잘하는 아동은 별로 없습니다. 그들은 좋은 지도를 받으면 적절한 문장을 작성할 수 있으며, 한 문단을 잘 구성할 수도 있습니다. 만약 한 아동이 어떠한 자질에 뛰어난 것을 부여받았다면, 대개는 초등부 초기에 분명해집니다. 초등부 후기까지 특수한 자질들은 보다 일반적으로 명백해집니다. 음악적 재능의 선천적인 기본적 요소들은 많습니다. 많은 어린이들이 초등부 시절에 음악수업을 시작합니다. 이것은 시기상 적절하게 보입니다. 뛰어난 음악적 자질을 갖춘 아동은 보다 일찍 음악수업을 시작할 수 있습니다. 초등부 후기에 가서 아동들은 대부분의 성인들이 명확히 이해하는 많은 음악 개념들을 이해합니다. 그러한 개념들은 그다지 높은 수준은 아닙니다. 대부분의 사람들이 박자, 멜로디, 마디, 화음 등과 같은 용어들을 올바로 사용하지 못합니다. 음악 악보를 보는 것 또한 한정되어 있습니다. 들은 것을 악보상으로 볼 수 있는 사람은 별로 없습니다.

다시 말해서, 사람들은 '명명'식(naming) 학습, 또는 지식을 배우는 학습은 하지만, 이러한 지식을 제대로 이해하거나 사용하는 능력이 없습니다. 초등부 음악 교사들은 자신이 초등부 수준으로 잘 가르치고 있다고 생각하지만, 음악 학습을 계속해 나갈 나이를 넘어서서는 제대로 이루어지지 않습니다. 또 음악 교사들은, 많은 사람들이 초등부 시기에 음악교육의 기초가 끝마쳐지므로 이 시기가 가장 효과적이라 생각하여 더욱더 철저히 음악 교육을 실시합니다. 그러므로 교회의 초등부 성가대에서 합창하는 것에 얼마나 많은 강조점이 주어지며, 그것이 그들의 기초적인 음악 이해 수준을 얼마나 많이 진작시키는가를 생각해 보아야 합니다. 또한 교회학교와 같은 곳에서 음악책을 사용하는 가치도 숙고해 보아야 합니다. 책을 가지고 가끔씩 음악 독서교육을 하면 그 가사의 의미에 대하여 정신적 가르침도 함께 할 수가 있습니다. 이러한 기회는 교사가 늘상 암기만을 이용하거나, 가사만 적혀 있는 노래 궤도나 악보를 사용할 때에는 이루어지지 않습니다. 초등부 아동들, 특히 남자 어린이들은 교사가 허용하기만 하면 큰소리로 노래를 부르는데, 이것은 그들의 성장하는 목소리에는 좋지 못합니다. 교사가 아동들에게 '나는 너의 목소리가 좋지만 그 소리는 너무 크구나'라고 한다면, 그들은 그 후에 음악적인 화음이 맞는 노래를 할 것이며, 그들의 목소리도 해치지 않을 것입니다.

   초등부 아동의 미술적 재능은 급속도로 발전합니다. 그 기능의 진전이 계속되지 않으면 아동은 자신이 노력하는 것에 대해 회의적으로 되어 재능을 계발하려는 흥미를 잃게 됩니다. 미술교육을 받아 커다란 진보를 하게 되는 기간은 9세에서 13세까지입니다. 학교 외에서도 미술 작업을 하는 아동들은 그렇지 않은 아동들보다 그 기능이 보다 현저히 증가하는 것을 볼 수 있습니다. 교회는 수업 시간과 과외활동을 통해 미술에 흥미를 가진 아동들에게 이같은 특별 학습 경험을 갖도록 할 수 있습니다. 기계에 대한 재능과 그 외의 것들 또한 초등부 시기에 나타납니다. 아동들은 거의 모든 것을 시도하려고 하지만, 그러한 탐구를 위해서는 그들에게 자유로운 분위기가 필요합니다. 아동들은 그들이 처음 시도한 노력들이 시험되고, 등급이 정해지거나 공식적으로 그것이 드러나게 되면 자신감을 잃습니다. 어떤 활동에 대하여 경쟁하기에 적절한 시기는 아동들이 그것을 할 수 있다고 판단한 후에 가서입니다. 초등부 아동은 목적의식을 가지고 일할 수 있으며, 이는 또한 좋은 의도를 가지고 장기간 유지될 수도 있습니다. 그들은 많은 기획들을 하는 중에 자신들이 자랑할 만한 것을 기획할 수 있도록 하는 안내가 필요합니다. 그들에게 언제, 어떻게 도움을 줄 것인가는 미묘한 문제입니다. 아동들은 자신이 할 수 없다고 생각되는 것에 대한 도움도 위협하는 것으로 받아들일 수 있기 때문입니다. 초등부 아동은 그들의 삶의 전 영역에서 가르침을 필요로 하지만, 아동들은 이러한 가르침이 그들의 약점을 지적하려고 하는 것이 아니라 그들의 능력을 양육하려고 하는 것임을 알아야 합니다. 초등부 아동의 기억 능력은 훌륭합니다. 교사들은 이 점을 잘 이용하고 있지만 그 기억 능력을 지나치게 의존하여 그 외의 다른 학습을 등한시 하는 것은 경계해야 합니다.

4) 사회적 발달

초등부 아동은 사회적인 면에서도 두각을 나타냅니다. 그들은 다른 사람의 관점과 감정을 알 수 있으며, 따라서 진실한 동정심을 가질 수 있습니다. 그러나 그들은 불안정하고 서투른 사회성으로 인하여 종종 경솔한 것처럼 보입니다. 사회성에 대한 교수 방법은 매우 효과가 높습니다. 아동들의 말싸움, 불량스러운 궤계, 그 밖의 것들에 대해 계속해서 처벌하는 것 보다는 좋은 방법으로 행동하는 것을 보여줌으로써 더욱 큰 교육 효과를 얻을 수 있습니다. 교사는 적절한 행동의 모범자가 되어야 합니다. 한 아동이 귀찮아 하고 혐오하는 대상이라면, 교사는 그 아동이 그 학급에 대해 벌이는 괴이한 행동에 대해 진실로 그 진가를 인정해 줌으로써 대처할 수 있습니다. 교사가 짖 궂게 괴롭히는 아동에게서 그 학급의 다른 아동들에게는 없는 좋은 점들을 인정 해준다면, 아동들은 그러한 교사에게서 다음과 같은 것을 배웁니다. 즉, 아동들은 서로의 진가를 인정하는 것을 학습하며, 또 그 인정한 것을 표현하는 기술을 익히게 되는 것입니다. 모든 사회성에 있어서 아동들은 교사의 모범을 보고 배웁니다. 그들은 또한 교사의 직접적인 가르침에 의해서도 배웁니다. 결혼식 장면이 있을 경우에, 교사는 아동들에게 피로연의 좌석을 정리하는 방법과 어떠한 말을 하는가를 설명할 수도 있습니다. 그러면 그들은 그대로 실행할 것입니다. 또 다과회가 베풀어 질 경우에 아동들은 좌석에 있으면서 기다리는 방법과 너무 많은 과자를 잡지 말며 음료수 잔을 들고 있는 사람들 사이로 뛰어다니지 않는 것 등을 가르침대로 실행할 수 있습니다. 아동들은 여러 다양한 상황들 속에서 행동하는 방법들을 그들에게 설명하여 줄 사람이 필요합니다.

사회성이 계발되지 않은 아동은 전형적인 초등부 아동으로서 커다란 문제로 부각될 수 있습니다. 그러한 아동은 공격적으로 되어 그의 교사와 친구들을 매우 괴롭힐 수가 있습니다. 이런 경우에 첫 번째로 조처할 수 있는 것은 그 같은 아동의 에너지를 유용한 활동으로 전환시키기 위해 교사가 노력하는 것입니다. 그 아동의 에너지를 억압해서는 좀처럼 이 문제는 풀리지 않습니다. 문제가 끈질기고 또 심각해지면 보다 많은 성인들의 도움이 문제 해결에 필요합니다. 그러한 잘못된 초등부 아동을 돕는 일은 시급한 일입니다. 왜냐하면 그 아동이 자라나서 비행 청소년으로 되었을 때 돕는 것보다 이때 돕는 것이 훨씬 수월하기 때문입니다. 놀라고 위축된 아동 또한 사랑의 도움이 필요합니다. 그러나 교사는 많은 아동을 거칠다거나 지나치게 조용하다고 구분 짓지 않도록 주의하여야 합니다. 아동들 중에는 광범위한 정상적인 층이 있기 때문입니다. '외로운 자'가 죄가 되는 것은 아닙니다. 하나님께서는 모든 종류의 인간의 개성을 사용합니다. 집단(gang)과 그룹은 초등부 시기의 대표적인 특징입니다. 집단과 그룹은 타인들과 함께 살아가는 많은 실전을 경험하게 합니다. 교회에서는 초등부 기간에 여자용 그룹과 남자용 그룹을 조성해 줌으로써 이러한 특성을 포착합니다. 교회학교 수업은 여러 기획들, 대회들, 사교 시간들을 가짐으로써 또한 그룹과 같은 형태를 띱니다. 그룹 활동을 잘 이용하는 교회들은 아동들을 초등부 기간 동안 쉽게 붙들 수 있습니다.

초등부 시기는 동성(same-sex) 그룹이 일반적입니다. 아동들은 그룹을 형성할 때 한 성(sex)으로만 하며 그룹들은 자발적으로 형성됩니다. 지도자는 직접적인 목적에 따라서 변합니다. 누구든지 아이디어가 있고 그것을 실행에 옮기는 방법을 아는 사람이면 당분간 지도자라고 할 수 있습니다. 그러나 수업은 성을 분리하여 할 필요가 없습니다. 초등부 아동들은 학교에서 혼성 수업을 하는 것으로 되어 있습니다. 이러한 일은 교회에서도 마찬가지입니다.

서로 마음이 맞는 좋은 친구 관계가 이루어져야 하는데 아동들은 이를 통하여 자연스러운 인정과 애정을 계발시킵니다. 그들은 이러한 감정을 집의 형제, 자매들에게 전이(轉移)시키도록 하는 도움이 더욱 필요합니다. 이로써 그들은 가정을 더욱 행복하게 하는 방법을 계획하고, 이러한 유형의 일들을 기획할 수 있는 능력이 생깁니다. 초등부 아동은 정당함(fairness)에 대해 강한 관심을 나타내며, 규칙에 철저히 집착합니다. 어떤 때 아동들은 처음에 정당치 않아 보이는 것들에 대해서도 판단, 이해 능력을 갖게 됩니다. 예를 들면, 그들은 학습하는 데에 어려움을 가지고 있는 아동은 다른 아동 수준에서 쉽게 학습할 수 있는 수준까지 이르지 못한다는 것을 이해할 수가 있습니다. 그들은 하나님께서 인간이 갖고 있는 자질로써 각자 최선을 다하기를 원하신다는 보다 높은 원리를 이해할 수 있습니다. 그 외의 다른 높은 수준의 원리들도 초등부 아동들은 이해할 수 있습니다. 그들은 하나님께서 의의 법대로 그의 우주를 운영하심을 깨달을 수 있습니다. 그들은 하나님의 뜻을 따르는 삶이 유리하다는 것을 알게 되는 것입니다.

5) 영적 발달

제임스 파울러(James Fowler)의 신앙 발달 단계에 따르면 대부분의 초등부 아동은 2단계, 즉 '신비적'(mythic literal) 단계에 있습니다. 이 단계에서 아동은 스스로 자신이 소속해 있는 공동사회의 믿음, 규칙 등을 이야기하기 시작합니다. 아동과 그 가족이 교회에 몰두해 있을 경우에는 그 공동사회는 교회가 될 수 있습니다. 그 아동은 이 공동사회, 즉 교회의 규칙과 태도들을 받아들입니다. 아동은 공동사회의 믿음들을 문자적 해석에 의해 따릅니다. 부모의 권위와 선례는 중요하며, 그것은 동년배로부터 받는 압력 이상의 영향을 미칩니다. 초등부 아동은 자신들을 움직이도록 하고, 학급의 학생들로부터 좋은 행동을 기대하고 인정하며, 교실과 교수방식에서 사업가 같이 빈틈없는 그러한 교사들을 좋아합니다. 그러한 자질들은 매우 자주 연구에서 언급됩니다. 또한 이 외에도 친절, 동정심, 정당함, 도움을 주는 마음, 친근함, 개방적인 마음 등도 언급됩니다. 초등부 아동은 자신들의 주제를 알고, 학생들에게 관심을 갖는, 유머 감각이 있는 교사들을 좋아합니다. 그리고 그들은 자신들을 조롱하거나 들들 볶지 않는 교사를 좋아합니다.

초등부 (8~9세)	
특징들	사역을 위한 시사점들
• 신체적 ·발달하는 크고 작은 근육의 협응력을 적극적으로 사용 ·힘이 증가함 ·기초 기술들에 숙달하려고 시도함 ·팀 스포츠와 다른 육상 활동을 즐김 ·충동적인 적극적 추구	·도움이 없이 과제를 수행할 기회를 제공하라 ·승리보다는 참여와 최선을 다함에 집중하라 ·새로운 기술을 시도하는 노력을 칭찬하라 ·아이들이 함께 놀 수 있는 교외 활동을 설계하라 ·게임 규칙을 따라야 하는 활동을 조성하라 ·아이들이 다른 사람의 소유물을 적절히 잘 다루는 것을 배우도록 도우라 ·아이들이 배운 성경 이야기와 인물들을 설명하는 활동을 스스로 만들 수 있도록 도전하라
• 인지적 ·학습에 대한 지속적인 열망 ·다른 사람의 관점을 이해하는 능력이 자람 ·사건들의 '이유'에 관심이 있음 ·지금 여기를 초월하여 확장되고 있는 시공간개념 ·지속적인 쓰기와 언어 능력의 발달 ·학업 성취가 중요해지고 있음 ·전체 그림을 더 이해할 수 있음 ·매우 창조적이고 독창적임 ·호기심이 매우 많음 ·암기가 쉬워짐 ·옳고 그름의 개념을 개선	·학습 활동에서 성경을 더 많이 사용하라-성경 본문을 정확하게 찾아낼 수 있는 ·성경의 사건들과 간단한 성경 지리를 연대기적 순서로 파악하기 시작-이러한 시공간 개념을 논의하기 위해 구체적 수단을 사용하라(예, 지도, 연대표) ·성경 주제들과 인물들과 이야기들을 논의하는 즐거움 ·성경의 권/장/절들을 외울 수 있음. 암기 능력이 모든 단어와 개념을 이해하는 능력을 능가하기 때문에 이해력을 점검해야 함. 아이들이 성경의 진리를 말로 표현하고 실제 적용할 수 있도록 도우라 ·쓰기와 만들기와 드라마와 음악을 활용하는 다양한 성경학습 활동을 제공하라 ·새로운 게임과 노래를 좀 더 빨리 배울 수 있음

• 사회적/정서적 ·동성친구 또래 집단에 주로 참여 ·또래집단의 영향력이 큼 ·친구 선택이 더 중요해짐 ·비평과 조롱에 민감함 ·일반적으로 사교적이고 자신감이 있음 ·경쟁적 태도가 생김 ·정정당당한 행동에 민감함 ·어른의 행위와 행동에 주목함 ·적절한 행동에 대한 의식이 자람 ·가족으로부터 분리하기 시작. 가족 없이 활동에 참여할 수 있음 ·발달하는 유머 감각 ·다양한 정서 경험-두려움, 죄책감, 분노 등 모든 시사점을 다룰 수 있을 만큼 정서적으로 성숙하지는 않지만 현재의 사회적 문제들에 대한 의식	·아이들이 원한다면 동성그룹에서 공부하게 하라 ·캠핑과 클럽 유형의 활동을 즐기라 ·사회 활동을 조성하라 ·학습 환경 내에서 책임 맡을 기회를 제공하라 ·아이들이 학습 활동을 골라서 선택할 수 있도록 선택 활동들을 만들라 ·다양하고 독특한 폭넓은 학습 경험 종합세트를 제공하라 ·이 나이 그룹과 일하는 교사들은 무엇이 수용할 수 있고 그리스도를 닮은 행동인가의 본이 될 것이다. ·성경의 영웅들과 강한 인물들의 이야기를 이용하라 ·아이들에게 최근의 기독교 '영웅들'을 소개하라-남성과 여성 인물들을 모두 포함하는 ·인간의 정상적인 느낌을 표현하고 경험하는 면에서 아이들에게 솔직해라. 그들의 감정에 관해 이야기하는 것을 허락하라. 성경 인물들이 표현한 두려움. 죄책감 등의 감정을 가리켜 보여주라 ·현행 사건과 사회적 안건들을 교육 과정을 강조할 수 있도록 바꾸라 관련된 주제에 관하여 성경이 무엇을 말하는지 탐구하라, 추상적 논의는 피하라.

• 영적 ·앞서서 공부한 기본 개념들을 더 자세하게 지속해서 확장 ·하나님은 전지전능하고 누구보다 지혜로우며 항상 사랑이시다 ·하나님은 나의 기도를 들으시고 응답하신다. ·죄는 내가 무례하고 불순종한 것이다 ·예수님은 나의 죄 때문에 돌아가셨다. 내가 용서를 구하면 하나님은 나를 용서하실 것이다 ·구원의 필요를 인식하고 이해함 ·하나님의 일상적인 돌봄과 도움의 필요 인식	·하나님의 사랑과 다른 사람에 대한 친절함을 보여주는 활동을 계획하라 ·임무 수행과 지원 활동에 참여를 조성하라 ·다른 인종과 다른 나라 사람과 사회적 위치가 다른 사람들과 상호 작용할 기회를 제공하라 ·아이들이 교회와 교회의 사역에 더 적극적인 교인이 되게 하는 방법을 설계하라 • 성경을 읽기 시작하도록 그리고 집에서 홀로 기도하도록 격려하고 도우라 • 재정이 필요한 활동을 할 기회를 제공하라. 그들의 돈이 어떻게 도울 것인지에 대한 시각자료를 포함하라. • 구원에 대한 그들의 필요에 대하여 개인적으로 관심 있는 아이들과 함께 이야기를 나눌 준비해라

2. 적절한 활동 선택

이 시기 아이들은 보는 것이나 듣는 것이 아니라 스스로 무엇인가를 할 때 가장 잘 배울 수 있습니다. 교육 초점을 강화할 수 있는 활동을 준비하라.

1) 학습 활동 선택시 고려할 요소

① 적합성

커리큘럼에 제시된 활동 지침을 살펴보면서 아이들 수와 나이, 관심도와 숙련도를 고려해 각 반에 맞는 적합한 활동을 결정하라. 아이들은 꼭

두각시 인형을 좋아하지만, 아직 직접 만들지는 못합니다. 어떤 활동은 초등부 아이들에게 유치하게 느껴질 수도 있습니다. 또한 학습 스타일이 제각기 다르기 때문에 어떤 활동이 주어졌을 때 그것을 좋아하는 학생도 있고 덜 좋아하는 학생도 있을 것입니다. 교회의 주변 환경(즉 교외 지역, 시골 지역, 도심 지역)에 따라 해결해야 할 문제도 서로 다릅니다. 다양한 활동을 제시하는 효율적인 커리큘럼을 활용한다면, 각 반의 필요와 능력에 맞게 적합한 활동을 선택할 수 있을 것입니다. 교실이 작거나 예산이 부족하다는 이유로 제대로 교육하지 못하는 사태가 생겨서는 곤란합니다. 제한적 요소만 생각하지 말고, 쓸 수 있는 자원을 창의적으로 활용할 수 있는 방법을 찾으라. 예를 들어, 값비싼 이스라엘 지도와 같은 자료는 그곳에 다녀온 교인들에게 잠시 빌릴 수 있을 것입니다. 미술 재료를 구입할 비용이 없을 때는 교인들에게 종이와 마커를 기부해 달라고 부탁하라. 교실이 작아 게임을 하기 힘들다면, 다른 넓은 공간이나 야외를 이용할 수도 있습니다.

② 교육성

학습 목표에 기여하는 활동인지, 단지 재미를 위한 활동인지 확실히 결정하라. 아이들은 재미있는 일을 좋아합니다(교사는 학생들에게 재미있는 시간을 제공해야 합니다). 그러나 일상생활에 성경의 개념을 적용하는 법을 가르쳐 줄 수 있는 활동도 아울러 제공해 균형을 유지해야 합니다. 활동이 지나치게 복잡해서 교육 목표를 가리거나 왜곡시킬 여지가 있다고 판단될 때는 설명이 덜 필요한 다른 활동으로 대체하라. 학생들이 성경과 성경 보조자료를 이용하는 법을 배울 수 있는 활동을 생각하라.

③ 연관성

교육은 학생들이 이해할 수 있는 한 가지 진리에 초점을 맞춰야 하지만 배운 진리를 일상생활에 적용하는 방법을 가르치는 것도 빼놓아서는 안 됩니다. 예를 들어, 정직한 태도로 하나님께 복종해야 한다는 것을 가르칠 때는 효과적인 활동을 통해 정직한 태도를 보여줄 수 있는 상황과 방법을 생각해 보도록 학생들을 독려해야 합니다.

2) 학습 활동을 이끄는 방법

① 목표를 말하라.

학생들에게 학습 활동을 하는 이유를 설명하라. 학생들은 활동을 단순히 재미있는 일로만 받아들일 수 있습니다. 따라서 교사는 대화를 통해 그보다 더 큰 목표를 일깨워주어야 합니다. 예를 들면, '우리가 이스라엘 민족이 애굽에서 탈출하는 장면을 만들어보는 이유는 우리를 돌보시는 하나님을 의지할 수 있다는 사실을 기억하기 위해서란다'라고 설명할 수 있습니다.

② 확실한 지침을 제시하라.

아이들은 어떻게 해야 할지 모르면 혼란스러워하기 마련입니다. 무엇을 하길 원하는지, 주어진 일을 어떻게 완성할 수 있는지 명확하게 설명하라. 칠판이나 큰 종이에 지시 사항을 적으라. 필요한 것들을 근처에 잘 정리해 놓으라.

③ 아이들이 각자 자기 속도대로 행하도록 배려하라.

교사가 일단 활동을 지시하고 난 뒤 학생들이 각자 주어진 일을 하기 시작하면, 지나치게 간섭하지 말라. 학생들을 대신해 일을 완성해 주고 싶은 생각을 버리라. 학생들이 스스로 선택하고 실수를 저지르게 놔두라. 그들에게 필요한 것을 예상하지 말고 스스로 도움을 구할 때까지 기다리라. 늦게 하는 학생을 재촉하기보다 일찍 끝내는 학생들을 위해 손으로 할 수 있는 다른 활동이나 읽을 책을 준비하라.

④ 의도된 대화법을 활용하라.

학습 활동을 하는 동안, 주제가 되는 성경의 진리와 활동을 연결할 수 있는 말이나 질문을 던지라. '집에서 가족을 도울 수 있는 방법을 그렸구나. 학교에서 친구를 도울 수 있는 방법은 무엇일까?'라거나 'OO, 흩어진 물건들을 치우는 것을 도와줘서 고마워. 그것이 성경이 우리에게 가르치는 것이란다'라고 말하라.

⑤ 배운 것을 요약하게 하라.

수업이 끝날 무렵에는 학생들에게 그날의 성경 진리에 관해 배운 것을 요약하게 하라. 예를 들면, '자신의 점심을 나눠 먹은 소년이 깨달은 중요한 교훈은 무엇이지?'라고 물으라. 학생들이 질문에 대답하지 못할 때는 좀 더 자세히 가르치라. 몇 가지를 더 질문하거나 교사 자신의 삶에서 예를 들어 학생들의 관심과 학습을 자극하라.

⑥ 다른 사람들과 배운 것을 공유하게 하라.

배운 것을 가장 잘 사용하는 방법은 그것을 다른 사람들에게 전하는 것입니다. 가르치는 것은 가장 좋은 학습 방법입니다. 교실에서 배운 것을 부모와 친구들에게 전하게 하라. 학생들에게 그들보다 어린 학생들의 반에서 활동을 이끌게 하거나, 예배 시간이나 교회 행사가 있을 때 교인들 앞에서 자신이 배운 것을 짧게 나누게 하는 것도 좋습니다. 사람들 앞에서 말하는 것을 수줍어하는 아이들은 하고 싶은 말을 글로 적어 다른 학생들에게 읽게 해도 괜찮습니다. 학생들이 만든 작품을 공개된 장소에 전시할 수도 있습니다.

3) 아이들의 욕구 충족 시키기

각 반을 소그룹으로 운영하라. 한 반에 7명을 넘지 않는 것이 좋습니다. 그 정도 인원이어야만 이야기를 전달할 때 모두와 눈을 맞출 수 있습니다. 초등학생들은 공간적으로 가까워야 마음도 가까워집니다. 한 반에 아이 수가 적으면, 아이들을 개인적으로 알 수 있습니다. 이것은 참으로 중요합니다. 각 반을 소그룹으로 운영하는 것 말고도 필요한 것이 있습니다. 아이들은 백지상태로 오는 것이 아닙니다. 그들은 학습을 방해할 수 있는 신체적, 정서적, 사회적 문제를 안고 있습니다. 교실 밖에서 겪은 일들 때문에 학습 시간에 정신이 산만할 수 있습니다. 그런 문제를 찾아내 해결할 방법을 생각하라. 그래야만 아이가 온전히 학습에 집중할 수 있습니다. 그러나 교사가 학생의 욕구를 아무리 충족시키더라도, 모든 문제를 다 해결해 주거나 모두의 삶을 완벽하게 만들어줄 수는 없습니다. 또한 학생을 억지로 변화시키거나 모든 상황을 바로잡을 수도 없습니다. 이 점을 잊지 말라. 인간의 한계를 솔직히 받아들이고, 학생들을 위해 최선을 다하되 모든 일을 하나님께 맡기라. 하나님을 굳게 믿는 모습을 보여준다면, 학생들도 용기를 얻어 자신의 상황에서 그분을 의지하게 될 것입니다.

• 욕구 유형은 다음과 같습니다.

① 영적 욕구

모든 아이는 그리스도와 관계를 맺고 죄를 용서받았다는 것을 알아야 합니다. 아이들의 다른 욕구를 하나하나 다 챙겨주려고 하다 보면, 이 중요한 목적을 간과할 때가 많습니다. 이따금 한 걸음 뒤로 물러나 이 영적 목적이 잘 이루어지고 있는지 살펴봐야 합니다. 그동안 신앙생활을 하면서 도움 받은 일들을 아이들에게 말해 줄 수 있는 기회를 찾으라. 하나님의 가족이 되는 것에 관해 무엇을 알고 있는지 물어보라. 아이들의 대답을 주의 깊게 들으면서 하나님의 가족이 되고 싶어하는 의향을 비칠 때를 잘 감지하라. 아이들을 위해 기도하고, 그들의 영적 욕구를 파악할 수 있는 지혜를 구하라.

② 신체적 욕구

아이들은 배가 고프거나 몸이 불편하면 학습에 집중하지 못합니다. 실내 온도가 지나치게 덥거나 춥지는 않은지, 공기가 답답하거나 냄새가 나지는 않는지, 바깥 소음이 정신을 산만하게 만들지는 않는지, 의자가 딱딱하거나 불안정하지는 않은지 살펴보라. 교실을 깨끗하게 청소하고 환하게 유지해 쾌적한 환경을 조성하라. 아이들이 아침 식사를 하지 않고 왔을 때는 과일이나 빵, 주스 같은 간식을 제공하라. 소득수준이 낮은 지역에 위치한 교회는 무료 급식을 실시하거나 식료품을 후원하는 프로그램을 운영할 수도 있습니다. 그 밖에도 따뜻한 겉옷이나 신발이 없는 아이들에게는 옷이나 신발을 지원하는 것도 좋은 방법입니다.

③ 안전의 욕구

아이들은 모든 위험과 재해에서 안전하게 보호되어야 합니다. 신뢰와 사랑의 분위기를 조성해 아이들이 안전하다고 느끼게 하라. 교회학교가 끝나 부모들이 아이를 데리러 올 때는 교회에서 명시한 규칙을 철저히 준수하라. 금지 사항을 정확히 숙지하라. 이혼 후 양육권이 없는 부모에게 아이를 인계하지 않도록 주의하라. 망가지거나 도난당할 염려 없이 아이들의 소지품을 보관할 수 있는 장소를 교실 안에 마련하라. 아이들 사이에서 약자가 괴롭힘당하는 일이 없도록 주의하라.

④ 사회적 욕구

아이들은 자신을 사랑하고, 인정하고 받아들이는 사람들과 함께 있고 싶어합니다. 또한 친구를 원하고, 어딘가에 소속되고 싶어합니다. 조롱받거나 비난받거나 무시당하는 것을 원하지 않습니다. 모든 아이를 빠짐없이 학습 활동에 참여시키라. 공동체 정신과 신뢰감을 형성할 수 있는 활동을 하라. 함께 기도하고 노래하는 시간을 통해 공동체 정신을 북돋우라. 또래들과 다르게 보이는 아이에게 특별히 관심을 기울이라. 직접 돌보는 행위는 하나님의 사랑에 관해 말보다 많은 것을 가르칠 수 있습니다. 아이들은 자신이 중요한 존재이고 존중받고 있다고 느끼고 싶어합니다. 그리고 학습 활동(노래 부르기, 읽기, 그리기, 토론 등)에 기여한 공로를 인정받길 좋아합니다. 자기가 만든 작품을 전시하고, 자신의 사진을 게시판에 붙이고, 주보에 이름이 실리는 것을 좋아합니다. 아이들은 '참 잘했다'는 칭찬을 듣고 싶어합니다. 자신을 소중히 여기지 않는다고 느끼는 아이는 교회학교에 나오기를 싫어하고, 함께 참여하는 것도 원하지 않을 것입니다.

⑤ 정서적 욕구

질병이나 장애 때문에 능력을 최대한 발휘하지 못할 수 있습니다. 주의력 결핍 장애, 과잉 행동 장애, 우울증, 정신질환, 학습장애와 같은 문제를 안고 있는 아이가 있을 수 있습니다. 또 내성적인 성격 때문에 다른 사람들과 잘 어울리지 못하는 아이도 있고, '누구든 덤벼!'라는 식으로 분노를 있는 그대로 터뜨리는 아이도 있습니다.

⑥ 지성적 욕구

배우려는 욕구가 매우 강한 아이들이 있습니다. 이 아이들은 성경을 깊이 알고 싶어하고, 하나님을 섬기려는 열의가 강하며, 열심히 노력합니다. 교사는 그런 아이들의 관심이 계속 유지될 수 있도록 추가적인 학습 경험을 제공할 수 있는 방법을 찾아야 합니다.

3. 어린이 구역제

1) 성장하는 교회는 대부분 소그룹을 동반하고 있다.

성장하는 교회학교의 뚜껑을 열고 속을 들여다보면 대부분 소그룹을 동반하고 있음을 보게 됩니다. 소그룹을 통하여 성장한 교회들을 지면상 일일이 다 들 수는 없지만 몇몇 교회만 살펴보자.

① 부산 서부교회

부산에 기존 교회보다는 여러 가지 특징을 많이 갖고 있는 서부교회가 있습니다. 한때는 어린이 재적 2만 명에 출석 만 명을 자랑하는 세계 제1의 교회학교였습니다. 지금의 상황은 잘 모르겠지만, 오래 전 몇 년도인지는 몰라도 이 교회를 찾아갔을 때 장년이 4,000명인데 어린이들은 출석이 7,000명이나 되었습니다. 중요한 것은 이 놀라운 성장이 어디에서 왔는가입니다. 그 교회 한 장로님을 통하여 성장의 요인이 바로 "토요분교모임"이라는 것을 알게 되었습니다. 토요일마다 정한 동네 장소에서 바로 소그룹 모임을 갖는 것입니다. 서부교회의 소그룹이 세계 제1의 교회로 만들었습니다.

② 김해 명문교회

이 교회는 장년 숫자와 어린이 숫자가 같은, 이 시대에 보기 드문 교회였는데 교회학교 성장의 비결은 바로 소그룹에 있었습니다. 담임 목사님이 부산 서부교회 교사 출신이라 소그룹 경험자였고 능력이 있었고 또 목회 방향도 소그룹을 강조하는 목회로 개척 몇 년 만에 중형교회로 성장한 것입니다. 소그룹을 통하여 어린 영혼들이 살고, 교사들이 살고, 교회가 살아 움직이고 일어나는 행복한 현장을 볼 수 있었습니다.

③ 천안의 갈릴리교회와 하늘중앙교회

천안에 있는 갈릴리교회는 전국에 많이 알려진 교회로 교사 800명(보조교사 포함) 어린이가 약 1,500명인데 어린이의 숫자가 장년 성도의 약 70%나 된다고 합니다. 이 교회의 교회학교가 이렇게 탄탄하게 서 있는 것은 예배나 프로그램이 다른 교회에 비해서 특별한 것은 없지만 교사의 열정이 살아있다는 것입니다. 그런데 그 교사의 열정은 교사가 어린이를 만나는 소그룹을 동반하고 있기 때문입니다. 천안에 있는 하늘중앙교회는 교회학교 어린이가 170명 선에서 불과 몇 년 만에 500명 선이 되었는데 성장의 요인은 교회학교 운영제도를 학년제에서 구역제로, 즉 소그룹을 동반한 교회학교로 바꾸었기 때문입니다. 소그룹을 하면 교회학교가 된다는 것입니다. 부흥된다는 것입니다. 일어선다는 것입니다. 성장하는 교회들은 대부분 소그룹을 동반하고 있으며, 소그룹을 하면 어린이가 살고, 교사가 살고, 교회가 살고, 부흥의 문이 열리게 됩니다.

④ 대전중부교회

1991년에 처음으로 소그룹을 동반한 구역제도 운영의 교회학교로 바꾸었는데 500~600%의 성장을 확인할 수 있었습니다. 똑같은 교회, 똑같은 교사, 똑같은 어린이들이었는데 소그룹을 동반한 제도로 바꾸었더니 놀라운 성장이 확인되었습니다. 소그룹을 하기 위해서는 학년제에서 구역제(지역제)로 바꾸어 무학년제도의 교회학교를 만들어 1년 만에 500~600%의 성장을 보게 되는 것은 물론 영혼들이 변화되는 질적 성장도 얻을 수 있었습니다.

2) 소그룹을 할 수 있는 효과적인 제도는 구역제

　교회학교를 운영하는 제도는 크게 2가지의 방법이 있는데 하나는 학년별로 반을 만드는 학년제이고 다른 하나는 지역별로 반을 만드는 구역제입니다. 학년제는 학년을 중심으로 반을 만들기 때문에 학생들이 사는 집의 위치와는 상관이 없으며, 구역제는 지역을 중심으로 반을 만들기 때문에 학년과는 상관이 없는 소위 무학년제가 되는 것입니다. 학년제는 같은 수준의 학생이므로 교육하기에 용이하지만 학생들의 분포가 널리 퍼져 있으므로 한 자리에 모이기가 어렵고 관리하기가 어렵습니다. 예를 들어 심방하기 어렵고, 교사와 어린이가 함께 만나기 어렵습니다. 그래서 함께 전도하러 가는 것이 안 되고, 함께 교회 출석이 안 되고, 가장 중요한 것은 소그룹 모임이 어렵다는 것입니다. 그러나 구역제는 학년제보다 교육의 조건은 좀 좋지 않으나(그러나 교육이 안 되는 것은 아닙니다) 중요한 것은 교회학교가 성장할 수 있는 조건들을 다 가지고 있다는 것입니다. 반 친구들이 한 곳에 밀집되어 있으므로 교사가 반 학생들을 관리하기 좋고, 심방하기 좋고, 교사가 어린이를 데리고 함께 전도하러 가기 좋고, 함께 교회 출석하기 좋고, 특히 소그룹을 하기가 좋습니다.

- 무학년제 조직 편성 단계 (거창중앙교회 실제 사례)

(1단계) 주일학교 어린이 그룹 구분 원칙	(2단계) 몇 개의 그룹으로 할 것인가?	(3단계) 어린이와 기타 성도의 연계 조직화
• 초등학교 학교별 구분 • 지역별 구분 • 유치부 이하는 가족 관계를 따라감	• 주변 초등학교의 숫자에 따른 그룹 • 교회 의자의 배치 상황에 따른 그룹 • 교사 리더 숫자의 준비 상황에 따른 그룹	• 그룹별 해당 학생들과 관련성 중심으로 조직화 • 중고청장년 성도분류(주교사-보조교사-학생 관계) • 이스라엘의 지파조직 개념 • 각 그룹 리더십 결정 (평신도 지도자) • 교역자는 영적 지도의 역할(설교 및 영성 지도)

- 학년제에서 무학년제로의 전환 단계 (전통교회를 위한 제안)

1단계	2단계	3단계	4단계
• 유능하고 열정 있는 교사로서 2~3명을 선정하여 시범적으로 시행한다. • 1년 정도 진행 상황을 보면서 계속 보완해 간다.	• 결과적으로 열매가 좋을 경우, 한번 정도 추가자원자(교사)를 모집하여 시행한다.	• 문제가 없다고 판단되면, 전면적 시행을 고려한다.	• 장년 조직과의 연계를 고려한다.

• 무학년제를 시행할 때 유의할 점

① 무학년제를 시행할 때는 전 학년(유치부 이하는 제외 고려)이 사용하는 교재는 통일시
키는 것이 좋다.
② 무학년제에 임하는 교사는 맡은 영혼을 끝까지 책임질 각오가 되어 있어야만 무학년제가 원활하게 시행될 수 있다.
③ 무학년제를 시행하면 교회 조직이 단순화되어 상의하달이 용이해지며, 목회 전략이 효율적으로 추진될 수 있는 장점이 있으나, 장점만을 바라보고 채택할 것이 아니라 먼저 교육 방향을 정한 후에 전 교회적 합의를 거쳐 단계적으로 추진되어야 한다.

3) 소그룹에 대한 이해

(1) 소그룹(Home-cell Group)이 무엇인가?

쉽게 말하면, 소수의 신앙인이 가정에 모여 예배를 드리고, 신앙 교육과 신앙의 훈련을 이루어나가는 가정교회를 말합니다. 사도행전의 초대교회의 모습이기도 하며, 그래서 사람들은 소그룹을 교회 속의 교회라고 부르고 있습니다. 이 소그룹에서의 예배는 교회 예배에서 부족한 점을 채워주어 완전한 예배가 되게 하고, 완전한 신앙교육이 되게 하므로 이 소그룹은 가장 성경적인 방법이요 가장 놀라운 성장을 기대할 수 있는 방법입니다. 이 소그룹은 생명의 공동체로서 영성훈련을 받는 곳이며, 제자훈련을 받는 곳으로 제자되고 제자삼는 사람을 키우는 곳이기도 합니다. 교회가 학교와 같이 공부하는 곳이라면 소그룹은 가정과 같이 사랑과 교제로 자라나는 곳입니다.

(2) 소그룹을 하기 위한 준비 과정

① 제자되고 제자삼는 교사로 결단하라.

소그룹 교사로 성공하려면 교사인 내가 먼저 예수님의 제자로 평생을 살겠다는 결심이 필요하고, 그리고 죄악의 수렁에 빠져있는 저 어린 영혼들을 내가 가르치고 훈련시켜 예수님의 제자로 살게 하겠다는 결단이 필요합니다.

② 활동할 지역을 설정하라(동네 지역)

교회에서의 학급은 부서담당 교역자나 부장이 정해 주지만 소그룹의 범위는 교사 자신이 정해야 하는데 교사가 반 어린이들을 심방하고 소그룹에 참석시킬 수 있는, 다시 말하면 교사가 소그룹을 위하여 활동할 수 있는 영역을 정해야 합니다. 어린이들을 효과적으로 모아서 예배하고, 훈련하고, 관리하고 그리고 성장하려면 교사의 집 근처가 좋습니다. 그래야 소그룹 모임에 참석할 대상자들을 쉽게 모을 수 있고, 소그룹에 속한 어린이들을 심방 할 수 있고, 관리할 수 있습니다. 만약 거리가 멀리 떨어져 있다면 어떻게 학생들이 소그룹 모임(교사의 집)에 나올 수 있으며, 또 교사가 매주 찾아갈 수가 있으며, 어떻게 교사가 전도해서 모을 수가 있겠는가? 그래서 소그룹 모임에 참석 대상자들은 집 근처에 살고 있는 어린이들로 해야 하고 원거리는 가능한 피하는 것이 좋습니다. 소그룹 대상 학생들이 멀리 있지 아니하고 가까이 있어야 하는 것은 물론 또한, 범위도 크지 않아야 효율적으로 관리할 수 있고 성공할 수 있습니다. 왜냐하면 지역이 크지 않아야 지역에 살고 있는 모든 어린이들에 대한 조사와 판단이 가능하고 접근방법을 터득할 수 있고 만남이 용이하게 됩니다. 만약 범위가 너무 넓다면 지역에 살고 있는 모든 학생들의 내용을 파악할 수가 없고, 만약 근거리에 작은 범위로 정했다면 한 집 한 집 세심하게 알아볼 수 있고, 소그룹으로 인도할 수 있을 것입니다.

하나님이 우리를 교사로 부르신 하나님의 큰 뜻은 교사인 우리가 교회 내에서만 1시간의 예배를 도와주며 출석을 부르고 분반 공부를 하는 교사가 아니라 먼저 내 동네 어린이 선교사로서 내 동네에 살고 있는 모든 영혼들을 구원해 내는 것이 하나님의 뜻이라고 성경은 우리에게 말씀하고 있습니다. 교사인 내가 내 동네에 어린 영혼들을 구원해 내지 못하고 한 영혼이라도 잃어버리는 것은 하나님이 뜻이 아니라는 것입니다. 그래서 소그룹 교사가 되면, 비록 지역이 넓지는 않더라도 '내가 살고 있는 이 지역의 모든 어린 영혼들을 구원해 내겠다'는 결단을 할 수 있고, 계획할 수 있고, 시행할 수 있고 또 그것이 가능하다는 것입니다. 왜냐하면 대상 지역이 넓지 않아서 가능하고, 소그룹이란 강력한 매체를 통하기 때문에 가능하고, 그리고 성령의 인도하심과 도우심이 있기에 가능합니다.

③ 소그룹에 참석할 어린이를 모으라.

㈀ 교회 자기 반 어린이 중에서 찾아라.

교회 반 어린이들을 중심으로 소그룹을 시작할 때는 참석 가능한 학생과 불가능한 학생을 먼저 확인하여 가능한 학생, 원하는 학생만 시작하는데 한두 명도 괜찮습니다. 인원이 적다고 실패하는 것이 아니므로 조금도 걱정하지 말라. 중요한 것은 교사가 반 친구들에게 소그룹에 대한 설명과 홍보를 반드시 해야 하는데, 소그룹을 왜 해야 하느냐? 소그룹에 대한 의미와 소그룹 했을 때와 하지 않았을 때의 미래의 청사진을 그려주어야 한다는 것입니다. 설명을 듣고 원하는 친구들만 하되 처음부터 많이 모아서 하려고 하면 실패하기가 쉽습니다. 일대일 교육(맨투맨)처럼 확실한 교육, 확실한 훈련의 목적이 모이는 숫자와는 전혀 관계가 없는데 오히려 인원이 적으면 성공률이 높습니다. 처음부터 인원이 많으면 경험 부족으로 감당이 안 되고, 인원이 많으면 심방이 불가능하고 효율적으로 관리가 안 되지만, 대상 인원이 적으면 경험이 없어도 감당이 됩니다. 각 개인을 향한 충분한 기도와 충분한 연구를 할 수 있는 시간을 가지고 진행해 나가면서 시간이 갈수록 생겨나는 경험과 능력, 그리고 소그룹에 대한 홍보가 온 동네에 자연적으로 알려질 것입니다. 그리고 지나온 시간 속에서 이룬 기도와 전도와 노력과 경험, 이런 것들에 정비례하여 점점 인원이 늘어나게 됩니다. 참석한 소수의 인원을 뺀 나머지 인원은 그대로 방치해 두어야 할까요? 아닙니다. 교사가 시간이 허락 하는대로 참석을 거부하는 학생들을 한 명씩 개인적으로 만나 상담식으로 소그룹에 참석하지 못하는 이유가 무엇이며, 참석할 수 있는 방법은 없는지 찾아보면서 한 명씩 소그룹에 참석하도록 만들어 나갑니다. 여기에서 주의할 것은 참석하지 않겠다는 학생들에게 전체적으로 광고식이나 강의식으로 참석을 요구하지 말라는 것입니다. 이런 식으로는 마음 문이 열리지 않기 때문에 환경을 이기고 소그룹에 나오기는 미흡하므로 개인별 상담식으로 해야 합니다.

㈝ 교사의 집 근처를 개척하라.

교회 어린이 중에서 소그룹에 참석할 어린이가 한 명도 없을 때는 개척을 해야 합니다. 일반적으로 반 어린이가 없을 때 개척하여 교회에 갈 어린이들을 모은다는 것은 어려운 것이 사실이지만, 소그룹 모임에 오게 하는 개척은 쉽습니다. 왜냐하면 모이는 장소가 교회가 아니라 가까이 있는 동네의 어느 집이기 때문입니다. 소그룹 개척은 어렵지 않습니다. 소그룹에 어린이들을 모으는 것은 결코 어렵지 않습니다. 동네 어린이들이 교회까지 가는 것은 싫어하지만 동네의 어느 집까지 가는 것은 그리 어렵지 않게 생각합니다. 그래서 교회에 나오는 반 어린이들이 설사 소그룹을 외면한다고 해도 교사는 실망할 것이 없는 것은 동네 소그룹 개척을 하면 되기 때문입니다.

(ㄷ) 두 개의 라인을 가져라.

대개 교사들에게 소그룹을 하라고 권유하면 세 가지 유형이 나옵니다. 첫째, 동네에 있는 수많은 어린이들은 생각하려고 하지 않고, 교회 반 어린이 중에서 하려고 하는 학생이 없다고 하며 소그룹을 포기하는 교사들이 많이 있는데 이런 교사는 한 개의 라인만 갖겠다는 생각을 가지고 있기 때문에 소그룹을 할 수 없고 반을 성장시킬 수가 없습니다. 둘째, 동네에 있는 어린이는 불가능하다며, 교회의 자기 반 어린이 중에서 잘 나오는 어린이를 교사 집으로 오게 하여 소그룹을 하는 교사들이 있습니다. 이런 교사는 소그룹을 하되 이미 구원받은 자기 반 어린이들을 중심으로 하기 때문 역시 1라인이므로 큰 유익이 없습니다. 물론 모이는 어린이들이 전도해서 늘어나는 경우도 있지만 성장의 속도가 매우 느립니다. 왜냐하면 믿음이 좋은 어린이 주변에는 역시 믿음이 있는 친구들이 많기 때문에 믿지 않는 영혼들을 끌어 모이기가 매우 어렵습니다. 그래서 전도의 속도가 느릴 수밖에 없습니다. 셋째, 교회의 어린이들을 소그룹에 나오게 하되 강요하지 않고 자유롭게 스스로 찾아오게 하면서 주로 교사 집 근처에 살고 있는 동네 어린이들을 집으로 불러 모아 소그룹을 합니다. 그래서 기존 친구보다 항상 새 친구가 많고, 거의 새 친구 중심의 소그룹 운영을 하게 됩니다. 물론 나누어 두 번 소그룹을 하면 더 좋지만 그것이 힘들 때에는 한 번만 하게 됩니다. 이런 교사는 교회의 기존 어린이와 동네의 새 친구들과 두 개의 라인을 갖게 되므로 소그룹을 통한 엄청난 성장을 50%, 100%의 성장이 아니라 500%, 1,000%의 성장을 하게 됩니다. 동네 어린이들은 교회 어린이들과는 다르게 그들의 주변에 믿지 않는 친구들이 많이 있기 때문에 전도가 한 명이 한 명을 하는 것이 아니라, 한 명이 3~5명을, 또 전도된 어린이 주변에도 안 믿는 친구들이 많기 때문에 그들이 또 전도를 3~5명씩 전도하게 되기 때문에 기존 어린이들을 통한 전도보다 새 친구들을 통한 전도로 이어질 때 놀라운 성장을 하게 되는 것입니다.

④ 모이는 장소와 시간을 정한다.

㉠ 모이는 장소

ⓐ 동절기는 옥내에서.

일반적으로 소그룹 모임은 동네의 가정에서 모이게 되는데 어린이 소그룹은 사계절로 볼 때 늦은 봄과 여름은 옥외에서 모이고, 가을, 겨울, 이른 봄의 쌀쌀하거나 추운 날에는 옥내에서 모이게 됩니다. 옥내에서 모이면 외부와 단절되어 있으므로 진지하게 예배와 성경 공부 그리고 기도회 등을 아무런 장애 없이 할 수 있는 장점이 있고, 활동적인 것을 뺀 대부분의 2부 순서를 할 수 있으며, 특별히 간식을 즉석에서 만들어서 먹을 수도 있고, 교사와 어린이가 간단한 요리를 만들어 먹을 수도 있습니다. 그리고 대개가 교사의 집에서 모이지만 때로는 어린이의 집에서도 모이기도 하며, 교회에서 모이는 경우도 있습니다.

- 어린이 집에서 모이는 경우

교사 집에서만 하는 것은 바람직하지 않습니다. 상황에 따라 어린이 집에서도 모여야 합니다. 어린이집을 소그룹 장소로 정하려면 먼저 학부모의 허락을 받아야 합니다. 교사들을 보면 대개가 안 믿는 집에는 가기를 꺼리고, 믿는 집에는 가기를 좋아하는 경향이 있는데 중요한 것은 믿는 집보다 안 믿는 집을 사용할 수 있도록 늘 기도하고 노력해야 합니다. 왜냐하면 안 믿는 집에 들어가야 믿지 않는 학부모를 만날 수 있기 때문입니다. 초면이지만 자녀를 통한 자연스런 만남과 대화 속에서 사귈 수 있어서 학부모 전도가 가능해지고, 학부모 전도가 되어질 때 그 집의 자녀는 장기 결석자가 아니라 장기 출석자가 됩니다.

- 동네 어른 성도 집에서

어떤 경우에는 소그룹 모임을 교사의 집에서 할 수 없고, 집을 오픈할 만한 어린이도 전혀 없고, 그렇다고 매주 교회로 갈 수도 없어서 장소 해결이 안 되는 경우가 있다면, 그럴 때에는 우리 동네에 사는 교회 어른 성도를 찾아보라. 동네에 장로님, 권사님, 집사님이나 성도가 살고 있으면 찾아가 소그룹 모임 장소에 관한 상황을 말씀드리면 대부분 자기 집을 오픈하여 어린이 가정교회로 쓰임 받는 것을 싫어하지는 않을 것입니다. 그러나 이런 방법으로도 안 된다면 또 방법이 있습니다. 담임 목사님에게 말씀드려 장로님, 권사님은 조건 없이, 이유 없이 교회학교 소그룹을 위해 집을 오픈해 달라는 광고를 하게끔 합니다. 그래도 장소가 없어 소그룹을 못한다면 동네에 방을 하나 세(전세나 월세)를 얻어 사용하라. 그야말로 항상, 언제든지 마음대로 사용할 수 있는 동네 예배당이 하나 생기게 될 것입니다.

• 교회에서 모이는 경우

소그룹 모임은 가정예배에 적을 두고 있으므로 가정에서 모이는 것을 원칙으로 하되 때로는 교회에서 모이는 경우도 있습니다. 교회 근처에 살고 있는 목장(학급)은 가까운 곳에 교회가 있기 때문 장소를 활용할 수 있고, 그리고 모일 장소가 전혀 없는 목장에서는 부득이 교회를 사용할 수도 있습니다. 그리고 어떤 경우에 방(거실)은 좁고 학생 수는 많아서 넓은 장소를 필요로 하는 경우에도 교회당을 사용할 수 있고, 가정에서 할 수 있는 조건은 다 갖추고 있지만 특별한 날, 특별 프로그램을 진행해야 하는 경우(마이크, 앰프, 넓은 룸 등) 교회당을 사용할 수 있습니다. 또 교회당을 사용하는 경우는 반(목장)이 모여 교구가 되고 교구가 모여 아동부(부서)가 되거나 몇 개의 반을 합친 교구별 연합모임을 가질 때는 교회당에서 모이게 됩니다.

ⓑ 하절기는 옥외에서

• 옥외 소그룹의 장점

늦은 봄 5월경부터 여름 한 철은 소그룹 모임을 옥내에서 하는 것보다 옥외에서 하는 것이 더 효과적입니다. 예를 들면, 동네 어린이 놀이터에서, 돗자리 깔아놓고 아파트 광장에서 어린이들이 많이 다니는 골목길에서, 어린이들이 많이 있는 시원한 나무 그늘 밑에서 어디든지 돗자리만 갖고 가면 가능합니다. 이렇게 옥외에서 하는 것이 옥내에서 하는 것보다 매우 유리합니다. 왜 그럴까요?

- 일단 더운 날씨 속에서 방안에 갇히는 것보다 시원한 자연 바람을 쐬이며 옥외로나가서 모이는 것을 어린이들이 좋아합니다.
- 소그룹 장소를 얻기 위해 여기 저기 사정할 필요가 없습니다.
- 옥내에서는 할 수 없는 활동적인 2부 순서를 진행할 수가 있습니다.
- 가장 큰 이점은 전도의 효과를 얻을 수 있다는 것입니다. 옥내에서 예배를 드리면 더 진지하게 드릴 수는 있지만 전도의 효과를 얻을 수는 없습니다. 그러나 옥외에서 예배를 드리면 전도의 효과를 얻을 수 있습니다.

• 옥내 소그룹과 자동전도

옥외 소그룹처럼 옥내 소그룹도 전도가 되어지는 방법은 없을까요? 옥내에서 소그룹을 하면 구경꾼들이 없기 때문에 정한 인원만 예배를 드리기 때문에 별도로 전도의 효과를 얻을 수는 없습니다. 하지만 이것도 운영을 잘하면 전도가 자동적으로 되어 집니다. 방법은 소그룹 친구들에게 전도의 교육을 시켜 토요일 소그룹에 나올 때 혼자 오지 말고 친구들을 데리고 오도록 하면 됩니다. 대그룹에 데리고 가는 전도는 어렵지만 소그룹에 데리고 가는 전도는 너무 쉽습니다. 소그룹에서 빼놓지 않고 하는 교육은 '예수님을 왜 믿어야 하며 어떻게 믿는가?' '주일 성수와 소그룹에 가야 하는 이유?' '왜 전도를 해야 하며 전도하는 방법은?' 등입니다. 어떤 상황에서도 전도할 수 있음과 특히 소그룹에 올 때는 친구들과 같이 와야 한다는 교육을 이미 받았기 때문에 소그룹에 올 때 새 친구들이 많이 따라오게 되는 것을 쉽게 볼 수 있습니다.

(ㄴ) 모이는 요일과 시간

ⓐ 모이는 요일
소그룹 모임을 일주일 중 어느 날에 해야 좋습니까? 모이는 요일은 교사의 형편에 따라 언제든지 괜찮습니다. 그러나 주로 토요일에 만나는 것을 원칙으로 하고 있습니다. 왜냐하면 다른 요일은 교사의 직장생활과 어린이의 학교생활 때문에 시간이 나지 않는다는 것입니다. 바쁜 와중에 그래도 시간을 낼 수 있는 날은 토요일밖에 없다는 것이 첫째 이유이고, 그 다음 이유는 주일 예배 모임 하루 전에 동네 모임을 가져야지 3일 전이나, 4일 전에 모인다면 주일 예배와 연결이 되지 않아 비효율적입니다. 토요일 소그룹 모임에 참석하고 주일에 교회 예배에 참석해야 신앙훈련과 교육이 연결이 되고, 소그룹 모임이 주일 예배를 돕는 근본적인 역할을 해내게 됩니다. 전에 보면 어떤 교사는 직장일 때문에 토요일에 시간이 없어서 금요일 밤에 모이는 경우도 있었고, 어떤 교사는 일주일 내내 시간이 없어서 주일 오후에 별도의 모임을 갖는 것을 보았는데 이런 방법들은 피치 못할 사정이 있어서 불가피한 것이지만, 그 모임으로 인해 주일 예배를 돕는 역할을 해내지도 못하고, 소그룹에서 전도를 했을 경우

에도 주일이 너무 멀리 있어서 교회와 연결이 안 되는 것을 보게 됩니다.

ⓑ-모이는 시간

가능한 소그룹 모임은 토요일에 하는 것이 좋다면 시간은 언제가 좋을까요? 교사와 어린이들의 상황에 따라 정해야 하겠지만 대개 오후 2~3시경이 괜찮습니다. 오전에 하면 모이기에 바쁜 것은 물론 다른 친구들이 많이 나오지 않아, 데리고 오기에 적절하지 않고, 저녁에 모이면 부모들이 어두운 밤에 어디에 가는 것을 싫어하기 때문에 일반적으로 한 낮 시간인 2시나, 3시가 적당합니다. 장소와 시간은 바꾸지 않는 것이 소그룹 모임을 온 동네 친구들에게 홍보(전도)하는데 유리합니다.

ⓒ-모이는 장소와 시간이 일정해야 한다.

• 가능한 장소와 시간을 바꾸지 말라.

교사에게도 사정이 있겠지만 가능하면 장소를 자주 옮기지 말라. 모이는 장소가 일정해야 광고효과가 있어 많은 친구들이 몰려옵니다. 시간도 가능하면 바꾸지 않아야 참석율이 좋습니다. 소그룹 모임이 어디에서 몇 시에 있다는 소문이 어린이들의 입에서 입으로 삽시간 퍼져 온 동네에 알려지게 되어, 이 정보를 듣고 어린이들이 몰려오게 됩니다.

• 모임 횟수를 많이 가질수록 좋다.

소그룹은 일주일에 몇 번 해야 좋은가? 대부분의 교사들이 시간이 없어 일주일에 한 번만합니다. 모든 계층의 아이들을 한 번의 소그룹으로 해도 되지만, 만약 시간이 허락된다면 부류별로, 내용별로 나누어서 하면 엄청난 효과를 얻을 수 있습니다. 예를 들어보자. 새 친구를 전도해서 새 친구 2~3명 이상 되면 이들을 따로 모아서 모임을 가지면 새 신자 교육을 하게 되므로 아주 적절한 교육이 될 것이고, 또 특별한 문제를 안고 있는 어린이들에게는 상담이 필수적인데 이런 친구들이 2~3명 이상 되면, 이런 상담 대상자들을 모아서 소그룹 모임을 하고 개인 상담으로 들어가면 놀라운 효과를 보게 됩니다.

- 전통교회 학교, 목양교회 학교의 차이점

	주제	전통교회 교회학교	목양교회 학교	문제점	전환해야 할 부분	전환 시 결과
1	반	학년제	전체 무학년제(통합셀)	의욕이 사라짐	무학년제	사명감 고취
2	공과	교단 공과	담임목사님의 말씀으로(공과 및 심방)	담임목사의 영성이 전달되지 않고 공과준비가 어려움	담임목사의 메세지로	공과준비가 쉽고 강단의 영성이 흐름
3	임명	매년 연초	수시로	연초마다 교사임명의 어려움이 반복됨	수시로	임명의 어려움이 없음
4	임기	1년	평생교사	언제든지 그만 둠(연중에도 그만 둠)	평생교사 체제	평생 사명을 가지고 일함

5	사명감	부족	목숨건 교사	마지못해서 함	목양의 메시지 선포	자발적이고 솔선 수범적
6	기도훈련	부족	새벽 및 겟세마네를 통한 1일1시간 이상	기도 부족으로 교사의 영성이 부족함	겟세마네 기도회 실시	기도의 영성이 회복
7	아동 기도훈련	거의 없다	겟세마네 기도 및 목양 중보기도팀 운영	어려서부터 기도 훈련이 충실함	중보기도팀 운영	기도 제자 훈련이 됨
8	전도	거의 없다	1주일 1시간 이상 전도(양육시 관계전도)	교회 내 전도가 메말라짐	지속적인 전도로	폭발적 부흥이 일어 남
9	양육	공과가 전부	주중1:1로 확실한 제자훈련-제자삼는 교사	양육이 이루어지지 않고 영적인 성장도 기대할 수 없음	새로운 생활로 양육	확실한 양육으로 확실한 제자가 됨
10	심방	거의 없다	주중 제적 전부 심방-지난주 말씀으로	심방이 거의 없음으로 개인의 삶도 파악되지 않음	지난주 말씀으로 양육	양적 부흥, 목양의 영성이 임함

⑤ 팀 사역을 권장한다.

㈀ 소그룹은 목회 현장임을 기억하라.

교사가 교회에서 자기 반 친구들을 관리할 때는 예배 시간에는 같이 예배를 드리고 분반 시간만 교사가 친구들을 상대로 가르치고 돌보며 관리하지만, 소그룹 교사가 되면 소그룹 현장에서 해야 할 일이 많습니다. 설교를 포함한 소그룹은 혼자보다 팀 사역이 좋습니다. 예배를 인도해야 하고, 2부 순서와 특별 프로그램을 진행해야 하고, 간식도 준비해야 하고, 문제 아동 상담, 새 친구 양육 등 모든 것을 다 해야 하기 때문에 목회성이 있는 하나의 작은 목회자가 되어야 합니다. 그래서 먼저 목회 계획을 세우고, 목회 카드를 만드는 것이 아주 효과적입니다(물론 목회성이 없이 해도 안 되는 것은 아니지만). 예배에 관한 계획, 프로그램에 대한 계획, 재정 예산 등의 일 년 계획을 짜고, 그 안에서 한 달 계획을 짜고, 그 안에서 매주 계획을 보면서 기도하고, 미리 준비하고, 노력하며 나아갈 때 주님의 양무리를 먹이며, 치는 목자의 특권을 누릴 수 있고, 놀라운 성장의 축복을 맛볼 수 있고, 미래의 상급을 바라보며 기쁘게 살 수 있고, 나아가서 세상을 변화시키는 영적 장군이 되며, 다음 세대를 아름답게 만들어 가는 역사의 주인공이 될 것입니다. 소그룹 교사가 목회성을 가지고 이렇게 많은 일들을 해나가려면, 혼자 하는 것보다 팀 사역으로 만드는 것이 효과적입니다. 교사가 부족한 상황에서 팀을 구성한다는 것은 현실적으로 힘들다는 것도 잘 알고 있지만 팀 사역을 고집하는 것에는 그만한 이유가 있기 때문입니다.

⒧ 팀 사역의 좋은 점

그렇다면 혼자하는 것보다 팀 사역을 하면 왜 좋은지 몇 가지로 정리해보자.

ⓐ 소그룹 관리에 용이합니다.

요즘 어린이들은 모이기만 하면, 분주하고 떠들고 하기 때문 소그룹 어린이가 10명만 넘어가도 혼자서 관리하기가 어렵습니다. 이때 협력 교사가 예배드릴 때나 레크레이션을 할 때 옆에서 조금만 도와주어도 굉장한 도움이 됩니다. 교회에서도 학생 수가 많은 반은 보조교사를 두고 합니다. 왜냐하면 관리가 안 되며, 예배가 안 되기 때문입니다. 더욱이 소그룹은 동네에서 모이는 모임식 예배이므로 아무리 소수로 시작했다고 해도 학생 수가 크게 늘어날 가능성이 많으므로 정교사를 도와주는 협조자들이 있어야 소그룹 관리가 용이해집니다.

ⓑ 순서를 나누어서 할 수 있습니다.

교사 혼자서 찬양 인도하고, 설교도 하고, 몇 번의 기도와 2부 순서나 특별 프로그램까지 진행하고 거기다가 상담하고, 새 친구 교육하고, 소그룹 현황 보고서 쓰고, 간식 준비하고, 전화하고, 차 운행하고.... 이 많은 일들을 준비하고 현장에서 진행하기가 그리 쉽지 않을 것이고, 설사 해낸다고 해도 효율적으로 하였다고는 볼 수가 없습니다. 그래서 협력교사들과 나누어서 순서를 준비하고, 진행해 나간다면 훨씬 쉽고 효율적이 됩니다. 예를 든다면 한 사람은 설교와 기도, 새 친구 교육 등을 맡고, 한 사람은 찬양과 2부 순서, 그리기, 상담을 맡고, 한 사람은 간식, 전화, 차 운행 등을 맡아서 한다면 아주 좋은 목회의 현장이 될 것입니다. 협력교사를 아무리 구하고 찾아도 찾을 수가 없다면 어린이 중에서 고학년으로 대치할 수도 있습니다. 그러나 어린이보다는 어른들이 훨씬 낫고 어른 교사들을 통하여 더 많은 유익을 만들어 낼 수 있습니다.

ⓒ 재정의 부담을 나눌 수 있습니다.

소그룹을 운영하다 보면 간단하게 초코파이나 우유 한잔이라도 간식을 먹게 됩니다. 비록 좋은 것을 주지 않는다고 해도 재정 부담이 되는 것이 사실입니다. 간식 말고도 특별한 날에 소모되는 식사비나 과일비, 프로그램 진행비, 교육과 운영에 필요한 약간의 사무비, 교재를 사용한다면 교재비 등등이 있는데 이것을 교사 혼자서 부담하기가 그리 쉽지 않습니다. 물론 기쁨으로 혼자 부담하는 교사들도 많이 있지만, 이것을 협력교사들과 나누어서 하면 부담이 아니라 은혜가 되기에 더 좋다는 것입니다. 대부분 협력교사가 있는 반에서는 재정은 협력교사가 부담하는 경우들이 많고, 어떤 교사는 지혜롭게 후원회를 구성하여 도움을 받기도 합니다. 후원회는 학부형이나 교회 장로님, 권사님들로 구성하면 가능합니다. 어떤 분들은 미래를 위해 어린이들을 하나님의 사람으로 키우는 이 사역의 고귀함을 알고 혼자 전부를 부담하기를 원하는 성도들도 간혹 있습니다.

ⓓ 반을 나눌 때 교사문제 해결

소그룹 모임을 정확하게 운영하면 반이 놀랄 정도로 성장하게 됩니다. 성장해도 반을 나누는 것은 바람직하지 못합니다. 교사와 어린이, 어린이와 어린이의 맺어진 끈끈한 정 때문에도 그렇고, 어린이들이 헤어지는 것을 싫어하는 것은 물론이고, 소그룹의 성장하고 있는 분위기를 깬다는 것은 하여간 좋지 않습니다. 그러나 관리에는 한계가 있습니다. 너무 성장해서 반을 나누지 않을 수 없는 지경에 다 달을 수 있습니다. 이때는 약간의 손실을 감수하더라도 미련 두지 말고 과감히 반을 나누어야 하는데 문제는 교사가 있느냐입니다. 어린이들을 나눌 때 낯선 교사와 연결시키면 어린이들이 와장창 떨어지고 맙니다. 그러나 함께 소그룹에서 만나고, 사귀고, 정들은 협력교사와 연결을 시킨다면 전혀 위험성이 없습니다. 다시 정리하면 협력교사를 두는 것은 이들을 동역자로서 함께 소그룹을 성장시키는 것은 물론 미래의 교사로 만드는 중요한 의미가 있고, 더욱더 함께 한 소그룹을 나누어서 맡긴다면 더 이상 바랄 것이 없습니다.

㈐ 협력교사는 2~3명이 적합

협력교사는 많을수록 좋은 것은 아닙니다. 1명이라도 있으면 없는 것보다 낫겠지만, 가장 적합한 숫자는 정교사 1명에 협력교사 2~3명입니다. 이분들이 팀웍을 이루어 나갈 때 놀라운 힘이 생기고, 놀라운 능력이 나타나고, 놀라운 성장을 이루게 됩니다. 협력교사들은 정교사를 도와서 때로는 찬양 인도를, 때로는 레크레이션 진행을, 때로는 간식 문제를, 때로는 차 운행을, 때로는 동네 친구들을 전도하여 데려오고, 때로는 어린이들을 심방하면서, 이러한 훈련을 통해 미래의 일등 교사로, 미래의 영적 장군으로, 그리고 강력한 그리스도의 군사로 성숙되어 가는 것입니다. 교사교육, 교사훈련, 교사대학이 따로 없습니다. 이것이 가장 탁월한 교사교육이요, 고도의 교사훈련이요, 최고의 교사대학인 것입니다.

㈑ 협력교사는 학부모가 최고

협력교사는 맡고 있는 반 학부모 중에서 해야 합니다. 보조교사라 하면 찬양 인도 잘하고, 레크레이션 잘하는 청년들이나 대학생이 좋겠지만 협력교사는 소그룹 목회 전반을 돕는 목회 도우미가 되어야 하기 때문에 현실적으로 볼 때나 미래적으로 볼 때나 그리고 헌신도를 볼 때나, 능력 면을 볼 때 학부모가 제일 좋습니다.

- 현실적으로 볼 때 학부모는 자기 자식이 그 반에 있으므로 다른 반이 아니라 자기 반이며, 자식이 있는 곳에서 일하는 것이 봉사 조건 중 최고이며, 또 아기를 낳아 키워본 경험이 있으므로 어린이를 안아주는 것도 어색하지 않고, 어린이를 보살펴 주는 것도 어색하지 않고, 어린이를 사랑해 주는 것도 익숙해져 있으며, 어린이를 관리해 나가는 것도 능수능란합니다.

- 미래적으로 볼때도 이들이 훈련 받아 바로 교사가 되는데 다른 모르는 반의 교사가 되는 것이 아니라 바로 협력하고 있는 그 반 어린이들을 누어 맡게 될 미래의 그 반 교사이기 때문에 아주 합리적이고 효과적입니다.

- 헌신도를 볼 때도 청년들보다는 학부모들이 헌신도가 높습니다. 청년들은 열정은 있지만 너무 바빠서 환경을 이기지 못할 때가 많고, 군대, 직장, 결혼 등의 이유로 장기 사역이 어렵지만, 학부모는 아무리 바빠도 나이가 있어 맡은 임무에 책임 질줄 알며, 신앙의 연조가 더 깊기 때문에 충성하게 됩니다. 못 말리는 사랑으로, 지칠 줄 모르는 열심으로, 끊임없는 노력으로 헌신할 수 있는 협력교사의 최고 적임자는 바로 학부모입니다. 기도하지 않을 수 없고, 전도하지 않을 수 없고, 부흥을 소원하며, 성공을 기대하며, 고난을 통과하며, 그리고 쉽게 포기하지 않습니다. 왜냐하면, 사랑하는 자기의 아들 딸이 있는 곳이며, 생명 주신 주님의 몸된 교회에 소속되어 있기 때문입니다.

- 능력 면을 볼 때도 청년들보다는 학부모가 더 훌륭합니다. 청년들이 주로 맡고 있는 찬양 인도를 생각해 보자. 청년에게는 돈을 주고도 살 수

없는 젊음이 있고, 현시대에 대한 감각이 예민하고 표출력이 강해 젊은이가 앞에 서서 찬양을 인도하면 누가 하든 멋있게 보이고, 자연스럽고, 보는 사람들의 마음이 편합니다. 그런데 경험에 의하면, 학부모 중에서도 젊은 엄마 중에는 청년들을 능가하는 찬양 인도자가 있습니다. 발굴하면 나옵니다. 이들에게는 돈을 주고도 살 수 없는 경험이 있고, 경험을 통해 얻은 노하우가 있고, 청년 시절을 흘려보낸 봉사의 추억이 있고, 기술보다는 믿음의 고백으로 부르는 영혼의 소리가 있어 은혜가 충만하고, 사랑이 충만하고, 성령의 임재가 있는 분위기로 압도되고 맙니다. 결과적으로 청년보다는 학부모가 더 능력이 있다는 말이 아니라 청년이 하는 일을 학부모도 해낼 수 있다는 것이고, 청년들이 가진 능력 이상 학부모도 능력을 가진 자이므로 발굴해서, 훈련해서, 세워서, 나아가면 반드시 좋은 열매를 맺을 수 있다는 말입니다.

(ㅁ) 학부모를 팀 사역의 동역자로

팀 사역에 성공하려면 사람을 잘 만나야 합니다. 경우에 따라서는 중고등학생도 좋고, 대학 청년은 더 좋은데 이왕이면 협력교사로는 학부모가 최고라는 것입니다. 그런데 문제는 학부모를 어떻게 팀 사역의 동역자로 할 수 있는가입니다. 요즘 하나님을 위하여 교회학교 교사를 좀 해보라고 하면 전부는 아니지만 대개가 바쁘다며 여러 가지 핑계 아닌 핑계를 하는데, 사실 생각해보면 바쁜 것이 맞습니다. 너무나 바쁜 시대에 살고 있습니다. 그렇다면 바쁘게 살아가는 학부모를 어떻게 설득시켜 팀 사역의 동역자로 삼을 수 있을까요? 이것이 문제입니다. 일단은 어린이 신상기록도 필요하지만 학부모 신상기록부를 만들어 세세하게 기록을 한 후 신상기록부를 보면서 그들과의 만남을 위하여 누가 적합한지? 그에게 무어라 말하며 다가가야 하는지? 기도로 하나님께 지혜와 인도를 구하면 성령께서 개입하셔서 도와주십니다. 신상기록을 보면서 협력교사 대상자 리스트를 만든 후 학부모를 만날 수 있는 일정을 짜기 위해 전화한 후 약속한 시간에 방문하여 학부모를 만납니다.

학부모 요청에 따라 교회에서 만나는 경우도 있지만 가능한 학생 집에서 만나는 것이 더 효과적입니다. 대화하는 방식과 대화의 내용이 중요한데, 먼저 아동부의 비전과 맡고 있는 학급의 비전을 말하고 소그룹에 대한 설명을 하고, 소그룹을 같이 할 분을 찾는다며 부탁하고 권유합니다. 교사이지만 주일은 교회학교에 나오지 않아도 되고 다만 토요일 동네 소그룹 모임에만 나와서 도와주면 된다고 하면 대개 큰 부담을 갖지 않고 허락합니다. 만약 생각해 보고 한다든지 하면 일단 이번 토요일 우리 모임에 한번 놀러와 보라고 하면 그냥 둘러보고 가게 됩니다. 그런데 대개가 현장에 와서 어린 아이들의 귀여운 모습과 자기 자녀가 모임에 참석하여 찬송을 부르는 모습과 기도하는 모습과 말씀을 듣는 모습과 그리고 좋아하는 모습과 배워가는 모습들을 보면서 그냥 되돌아가는 자는 별로 없고 대개가 협력교사로 지원하게 됩니다.

그런데 만약 끝까지 협력교사를 할 수 없다고 고집한다면 기도후원자나 간식 후원자로 만들라. 기도후원자나 간식 후원자는 많으면 많을수록 좋기 때문입니다. 그런데 여기서 중요한 것은 이들이 거절하고 싶어도 거절할 수 없는 것은 자기의 자녀가 그룹에 속해 있다는 것입니다. 원래 부모란 자식이 머무는 곳에 같이 머무는 것을 좋아하고, 부모란 자식의 작은 유익을 위해서라도 희생하는 것을 좋아하기 때문에 학부모를 협력자로 만드는 것은 그리 어렵지 않습니다. 만약 한 명도 얻지 못하고 실패했다면 기도가 부족했다든지, 하나님을 위한 비전 제시가 부족했다든지, 소그룹을 해야 하는 목적이나 방법론에 설명이 부족하지 않았나 점검해 보아야 합니다.

하나님께서는 우리에게 사명을 주실 때, 교사의 직분을 주실 때, 그 사명을 이루기 위해서 같이 일할 동역자를 반드시 붙여주십니다. 왜냐하면 우리의 연약함을 아시기 때문입니다. 큰일을 이루기 위해서는 동역자가 필요하기 때문입니다. 성경의 역사를 보면 믿음의 선진들이 위대한 업적을 쌓을 수 있었던 것은 혼자서 한 것이 아니라 하나님께서 모세에게 아론과 훌과 여호수아 같은 사람을 붙여 주셨기 때문입니다. 또 하나님께서는 바울에게 실라와 디모데를 붙여 주셔서 세계 선교의 문을 열게 하신 것처럼 오늘도 우리가 하나님의 비전을 이루기 위해서 나아가면, 하나님은 우리에게 같은 마음을 품은 사명자들을 붙여 주십니다.

⑥ 교재 선정

소그룹 예배를 위한 교재를 선정해야 합니다. 교재 선정에 의해서 신앙 교육의 방향이 결정되므로 교재 선정은 신중하게 해야 합니다. 교재 선정은 교회학교 즉 부서가 정하는 경우가 있고, 교사가 각자 개인적으로 정하는 경우가 있는데, 여기서는 교사가 교재를 선정하는 몇가지 방법을 알아보기로 하자.

㈀ 시중에 나와 있는 성경 공과 교재

기독교 서점에 가면 공과식의 어린이 성경 교재들이 다양하게 나와 있습니다. 구약에서 신약까지 중요한 부분을 1년에 걸쳐 배울 수 있는 책도 있고, 예수님의 일생과 하신 일들에 대하여 배울 수 있는 내용의 책도 있고, 그리고 주제별로 인물별로, 사건별로, 아주 다양하게 나와 있습니다. 세세한 설명을 곁들인 교사용이 별도로 되어 있는 책도 있어서 교사가 심도 깊게 공부하여 가르칠 수 있는 것도 있고, 어린이 취향에 맞도록 칼라 그림이 만화식으로 그려져 있는 예쁜 책도 있고, 쉬우면서 아주 재미나게 이야기 식으로 만든 책도 있고, 무엇보다 적용을 강조하여 꼼꼼히 만든 책도 있습니다. 이러한 교재를 사용하면 체계적으로 성경을 공부할 수 있어서 좋고, 어린이 각자가 칼라로 예쁘게 만들어진 교재를 보면서 배울 수 있어서 좋고, 교사가 매주 '이번 주는 무엇을 가르쳐야 하나' 고민할 필요가 없어서 좋습니다.

그러나 사실은 좋은 점만 있는 게 아니라 나쁜 점도 있습니다. 우선 비용이 만만치 않습니다. 3개월분의 공과 책이 있고, 6개월분의 공과 책이 있는데, 보통 3,000원에서 4,000원 정도이며, 그 이상의 책들도 많이 있습니다. 그런데 10명이면 10명, 20명이면 20명이 정한 시간에 시작해서 정한 시간에 일제히 마치면 별거 아닌데 매주 새 친구들이 들어오는가 하면 가끔 나오는 친구들도 있고, 한두 번 나오고 안 나오는 친구들이 있어서 공과 진도를 맞출 수가 없습니다. 이 모든 어린이들의 손에 공과 책을 다 들려준다면 한 학기에 100권을 사도 모자랍니다. 10만원이 들어가도, 20만원이 들어가도 알차게 배우는데 사용된다면 괜찮겠는데 많은 금액의 허실이 있다는 게 문제입니다. 뿐만 아니라 더욱 힘든 것은 말씀을 이해하는 수준의 차이가(새가족 포함) 아주 심하여 일관성 있게 교재 중심의 말씀 지도가 어렵습니다.

 교재 사용의 문제점은 또 있습니다. 소그룹 분위기에 맞지 않는 내용을 공부해야 한다는 것입니다. 예를 든다면 오늘은 새 친구들이 많이 들어와서 함께 예배를 드리는데 말씀의 내용이 공과 진도에 따라서 가르치다 보니 사도 바울이 로마의 지하 감옥에서 참수형을 당하는 순교에 관하여 배우게 되었습니다. 오늘 공과는 새 친구들의 귀에 설교가 들어올까? 하는 것입니다. 말씀은 시대적 상황에 맞아야 하고, 특히 회중의 생활에 적용할 수 있는 내용이라야 하는데, 현재 상황과는 전혀 관계가 없는, 아니 오히려 반대가 된다면 그 말씀은 저들의 마음 판에 새겨지지 않을 것이며, 오히려 저들을 말씀에서 멀어지게 만들 것입니다. 교사가 소그룹 교재를 시중에 나와 있는 성경 공부 공과 중에서 선정했을 때의 장단점을 살펴보았습니다.

 ㈝ 새 소식 공과와 파이디온 교재

 시중에 널려있는 수많은 어린이 성경교재 중에서 그래도 복음적이고, 깊이가 있는 책은 파이디온에서 나온 책들입니다. 짜임새가 있고 내용의 정돈이 잘 되어 있어서 현대를 살아가는 우리 어린이들이 좋아하는 것은 물론 교사들이 볼때에도 마음에 드는 그런 책입니다. 또 한국 어린이전도협회에서 나온 새 소식 공과는 누가 언제 봐도 늘 새롭게 볼 수 있는 책으로서 가장 복음적이고 성경적이면서 적용이 있고, 핵심이 있고, 은혜가 있고, 알맹이가 있는 권장할 만한 공과입니다. 어린이전도협회에서는 오래 전부터 '새 소식 반'이라는 토요 소그룹을 열고 시청각 융판 설교와 복습게임 등을 하고 있는데 어린이들이 너무 좋아하고 있습니다. 약간의 재료비와 교육비가 들긴 하지만, 할 수만 있다면 새 소식반 교사 교육을 받고 소그룹을 인도하면 전도부터 시작하여 설교자료는 물론 공과 교수법까지 완성할 수 있습니다. 소그룹 공과로서는 그래도 파이디온 공과와 전도협회의 새 소식 공과를 추천하고 싶고, 다음은 책을 구입할 때 주의할 점이 무엇인가를 살펴보기로 하자.

• 교재 구입 시 주의할 점

① 책을 구입할 때 내용이 좋다고 꼭 필요한 책은 아닙니다. 배울 어린이 수준에 맞아야 하고, 교사의 마음에 '이것이야!'하는 책이어야 하며, 그리고 지금 소그룹에 꼭 필요한 주제를 생각한 후에 그 주제에 맞는 교재를 선택하는 것이 무엇보다 중요합니다.

② 책이 아무리 좋아도 너무 어려워서 교사가 활용하기가 힘들다면 곤란합니다. 책의 내용들을 교사가 어떻게 활용하며, 어떻게 적용해야 하며, 어떻게 설명해야 할 것인지를 미리 생각해 보고, 검토해 보고 난 후에 결정해야 합니다. 만약, 교재가 너무 어려워서 교사가 내용을 활용할 수 없고, 편집할 수 없고, 설명할 수 없다면 사용할 수 없습니다.

③ 가격대를 보면서 재정에 맞추는 것도 잊어서는 안 됩니다.

④ 눈높이를 맞추어야 한다며, 쉽게 해야 한다며 자꾸 수준을 낮추지 말고 조금 힘들어도 할 수만 있다면 수준을 조금 높여서 가르칠 수 있도록 교재 선정을 해야 합니다.

소그룹 교재! 정말 필요한가? 그렇습니다. 재정이 허락된다면 적당한 교재를 구입하여 소그룹을 인도해 나가는 것도 괜찮습니다.

㈐ 주일 설교를 소그룹 공과로 활용

별도의 교재가 없이 주일 설교 말씀의 내용을 요약해서 질문식으로 어린이 주보에 7~10문제 정도를 싣습니다. 교사와 어린이들은 설교 시간에 주보에 실린 문제들을 한 문제, 한 문제 보면서 말씀을 들을 수 있습니다. 중요한 것은 설교를 어떻게 요약하며, 어떤 내용을 어떤 식의 문제로 만들어 공부하느냐입니다. 그렇다면 문제를 어떻게 만들어야 할까요?

• 문제를 만들 때 꼭 기억해야 할 것은 무엇일까?
① 잊어서는 안 될 말씀의 핵심 되는 내용과
② 말씀을 생각나게 하는 성구와,
③ 어떻게 적용할 것인지 적용의 내용과
④ 감동적인 스토리의 장면이나, 은혜스러운 내용을 문답식으로 주보에 실어서 그 주간 소그룹 교재로 사용한다.

• 문제를 만드는 기본적인 공식
① (제목) 설교 내용이나 제목을 묻는다.
② (요절) 성경 본문이나 요절을 묻고 두세 번 반복해서 암송한다.
③ (중요내용) 설교 내용 중에서 중요한 것을 묻는다.(2~3문제)
④ (결론) 설교 핵심 내용이나 결론을 묻는다.
⑤ (적용) 핵심의 내용을 삶에 적용한 간증들기 (3-5명 정도) ⑥ (감동) 감동 스토리나 은혜스러운 내용 중에서 묻는다.

이 방법은 지금까지 사용해본 다른 어떤 방법보다 효율적이고 효과적입니다. 일단 교사들이 쉽게 사용할 수 있어서 좋고, 별도의 준비 시간이 필요 없어서 좋고, 재정이 전혀 필요 없어서 좋으며, 배운 말씀을 반복으로 공부하기 때문에 변화되는 모습 즉, 질적으로 성장하는 모습을 확인할 수 있어 좋습니다. 다시 설명하면 교사나 어린이나 지난 주 주보 한 장만 있으면 그것이 소그룹 교재인 것입니다. 그래서 막대한 공과 교재 값이 나가지 않고, 지난주에 배운 말씀의 내용이라 문제를 읽어 보면 답이 생각납니

다. 그래서 교사나 어린이나 교재를 미리 예습할 필요가 없습니다. 교사가 공과를 미리 예습하는 것도 한두 달은 몰라도 계속적으로 이어지는 소그룹 예배에 계속 미리 공과준비를 한다는 것은 시대적으로, 현실적으로, 경험을 토대로 보아 교사가 힘들어하고, 지치는 부분입니다. 또 이 방법은 전혀 공과 준비에 시간을 쓸 필요가 없습니다. 혹시 시간 여유가 있는 교사들은 추가자료들을 준비하여 더 알차게 교육할 수도 있지만 대부분의 교사들은 지난 주 말씀을 생각하며 한 번의 기도로 설교 준비 끝입니다.

그리고 많은 말씀을 듣는 것도 중요하지만 생각해 볼 시간도 없이, 실천해 볼 시간도 없이 듣기만 하는 교육은 효과적인 방법이라 할 수 없습니다. 왜냐하면 저들을 변화시킬 수 없기 때문입니다. 많은 양의 말씀을 배우지는 않더라도 반복 교육으로 말씀을 확실하게 배우고, 생활에 확실하게 적용하게 된다면 저들은 변화될 것이고, 가장 효율적인 말씀 교육이 될 것입니다.

좋은 점은 또 있습니다. 공과 책으로 공부할 때는 상황에 따라 말씀을 효과적으로 바꾸어 나갈 수 없지만 이 방법으로 하면 상황에 따라 말씀을 어느 정도는 삽입할 수 있고 바꿀 수 있습니다. 만약에 오늘은 새 친구가 많이 왔다든지, 오늘은 걱정거리를 안고 있는 친구들이 많다든지, 오늘은 몸이 아픈 친구들이 있다든지, 생각지 않는 특별한 상황에 직면해도 이 부분을 말씀에 연결해서 정리해 줄 수 있고, 치료해 줄 수 있습니다. 왜냐하면 소그룹 성경 공부식은 설교 때처럼 말씀 선포식이 아니고, 분반 시간처럼 소그룹에서는 문답식으로 나가면서 삶의 적용과 간증이 있기에 어떤 내용도 삽입이 가능합니다.

㈃ 교사가 최고의 교재

　소그룹 운영에 있어서 교재가 중요한 것이 아닌 건 아니지만, 교재에 매어 달릴 필요는 없습니다. 왜냐하면 교재 중에 교재는 교사 자신이기 때문입니다. 좀 이해가 안 가겠지만 살아있는 최고의 교재는 교사라는 말입니다. 교재란 말이 무엇인가? 배우는 데 필요한 것이 교재 아닌가? 어린이들이 책이란 교재를 통해서 배우는 것이 30%라면 교사의 행동을 보고 배우는 것은 70%나 됩니다. 어린이들에게 있어서 가장 중요한 교재는 교사이며, 그 다음 중요한 교재는 책입니다. 훌륭한 인물의 배후에는 한결같이 그들의 생애에 영향을 준 훌륭한 스승이 있고, 훌륭한 스승은 단순히 지식 전달뿐 아니라 자기의 삶으로 가르쳤습니다. 말로 아무리 좋은 것을 가르친다 해도 행동이 나쁘면 소용없습니다. 우리 어린이들은 오늘도 교사란 교재를 보면서 배워가고 있습니다. 교사가 얼마나 기도를 하는지? 얼마나 찬송을 부르는지? 얼마나 말씀을 실천하는지? 얼마나 전도를 하는지? 그리고 교사의 사랑을 보면서, 교사의 열심을 보면서, 교사의 노력하는 것과 믿음을 훔쳐보면서 오늘도 그들은 배우고 있습니다. 그래서 교사는 어린이의 교재인 것입니다. 아이들은 교사가 영혼들을 섬기며 돌보는 것을 보면서 예수님을 생각하고, 그들은 교사가 영혼들을 용서하며 사랑하는 것을 보면서 예수님의 십자가를 생각하며, 그들은 교사가 기쁜 모습으로 감사하며 희망찬 미래를 노래하는 것을 보면서 천국을 생각합니다.

　그래서 소그룹 모임에 교사는 두 개의 교재를 사용해서 가르치게 됩니다. 하나는 공과 책이 교재이며, 또 하나는 교사 자신이 교재입니다. 교사가 어린이의 교재인 또 하나의 이유는 교사의 영향력이 무한하다는 것입니다. 하나님의 능력과 링크되어 있기 때문입니다. 그래서 세상 학교에서 할 수 없는 변화와 성숙을 이루어냅니다. 교사를 통하여 저들의 생각이 변화되고, 인격이 변화되고, 가치관이 변화되고, 언어가 변화되고, 행동이 변화되고, 삶이 변화되고, 습관이 변화됩니다. 뿐만 아니라 교사는 저들에게 하나님을 발견하도록 도와주고, 참된 자아를 발견하도록 도와주고, 무한한 가능성을 발견하도록 도와주고, 그 가능성을 계발할 수 있도록 도와주며, 인생의 목적과 방향을 발견하도록 도와줍니다. 참으로 교사의 영향력은 끝이 없습니다. 그래서 교사가 최고의 교재인 것입니다.

4) 소그룹 예배

(1) 만남으로 시작하라.

교회 친구들을 오게 하여 소그룹을 하는 것은 누구든지 할 수 있습니다. 그러나 올 친구가 아무도 없다면 소그룹을 시작하기가 어렵습니다. 그래서 여기서는 0명에서 어린이들을 모으는 과정과 예배로 들어가기 위한 3단계 기초 작업에 대해 설명하기로 합니다. 소그룹 모임의 목적은 예배에 있습니다. 그러나 소그룹 문을 열면서 처음부터 예배를 드리는 것보다 처음에는 만남의 장소로 하는 것이 좋습니다.

① 1단계
처음에는 싸고도 언제 먹어도 맛있는 라면을 끓여 주면서 어린이들의 신상을 파악하기 위해서 여러 가지 물어보면서 또 교사 자신에 대한 이야기도 해주며 서로를 파악하는 시간으로 보냅니다. 이렇게 라면파티와 담

소를 나누는 즐거운 모임이 어느 정도(4~6주) 지나가면서 참석한 어린이들의 이름과 학교 등의 신상을 파악하고, 가정환경, 친구 관계 그리고 동네 정보 등을 파악한 후 2단계로 들어갑니다.

② 2단계

2단계부터는 노래(찬송이나 복음송)도 하나씩 가르쳐 주고, 감동적인 선교사 이야기도 해주며, 교사는 무언가 가르치는 분위기로, 어린이들은 무언가 배우는 분위기로 만들어 갑니다. 노래를 가르칠 때는 율동을 곁들여 재미나게 부를 수 있는 곡을 선택하는 것이 좋습니다. 만약 재미나는 노래를 가르쳐 준다며 율동 없이 노래만 가르친다면 어린이들은 재미가 없다며 배우지 않으려고 하겠지만, 율동을 하면서 노래를 배우면 율동하는 것이 원래 신나기 때문에 그들에게 즐거운 시간이 될 것입니다. 선교사 이야기도 아무것이나 해서는 안 됩니다. 정말 울다가 웃고, 웃다가 우는 감동이 있는, 감동이 일어나는, 다시 듣고 싶은, 그런 이야기를 해 줍니다(자료는 어린이전도협회에 많이 있음). 중간 중간 중요한 대목에서 '했을까? 안 했을까?' '만약 너 같으면 어떻게 했겠어?' 이런 식의 질문을 해 가면서 결론을 맺으면 더 효과적입니다. 이런 즐거운 노래와 감동 스토리의 시간을 2~4주 보낸 후 3단계로 들어갑니다.

③ 3단계

3단계에서는 영원한 베스트 셀러인 성경책의 주인공인 예수님에 대해 이야기 해주며 서서히 복음으로 가까이 끌고 갑니다. 설명하기 어렵지만 '성령으로 오신 예수님의 탄생', '어떻게 12살의 아이가 늙은 박사들을 깜짝 놀라게 하는 지식을 가지고 있었을까?', '어떻게 물로 포도주를 만들 수 있을까?', '어떻게 바다의 풍랑을 말 한마디로 잠재울 수 있을까?', '어떻게 사람이 바다 위를 걸을 수 있을까?', '어떻게 말씀으로 모든 병자들을 고칠 수 있을까?', '어떻게 죽은 사람을 살릴 수 있을까?', '어떻게 죽은 자신이 3일 후에 살아날 것이라 예언을 하고 그대로 살아날 수 있을까?', '어떻게 한 사람이 죽었을 때 하늘에서 천둥과 벼락이 치고, 땅이 갈라지고, 무덤이 열리고, 이런 일들이 일어날 수 있을까?'. 이런 식의 내용으로 예수님이 행하신 놀라운 기적의 사건들을 재미나게 이야기해 주면 어린이들은 이런 신비스런 이야기를 너무 좋아합니다. 이 세상에서 이보다 더 재미있는 이야기는 없고, 이보다 더 신기한 이야기는 없고, 이보다 더 기적적인 이야기는 없고, 이보다 더 놀라운 이야기는 없다고 설명하면 어린이들은 자꾸만 듣고 싶어 합니다.

분위기가 어느 정도 무르익었을 때 '얘들아! 우리가 예배를 통하여 그분에 대해 좀 더 알 수 있고, 예배를 통해서 그분과 친해질 수 있고, 예배를 통해서 그분이 우리에게 하신 놀라운 약속들을 알아낼 수 있고, 예배를 통해서 그분의 손을 잡고 천국에 올라가는 티켓을 얻을 수 있다'고 하면서 예배로 들어갑니다. 여기에서 주의할 것은 이야기를 할 때 말씀을 선포하는 설교식으로 하면 안되고 동화책을 읽어주듯 이야기 식으로 하는 것이 이 상황에서는 아주 이상적입니다. 이 3단계는 일정한 기간이 아니라 예배로 들어갈 수 있는 분위기가 될 때까지 하게 되는데, 여기쯤 오면 어린이들의 관심은 이제 라면에서 예수님 이야기로 바뀌게 되어 토요일만 되면 신비스런 예수님에 대한 이야기가 듣고 싶어서 소그룹을 떠날 수가 없습니다. 경험에 의하면, 예배로 들어가기 직전인 이 3단계에서 벌써 예수님을 믿겠다는 어린이들이 나오고, 영접 기도를 희망하는 어린이들도 나올 정도입니다. 이 정도 되면 4단계인 예배가 기대되지 않는가?

(2) 찬송으로 시작

대개 소그룹 예배는 찬송을 부르면서 시작되는데 2~4곡 부르는 것이 좋고, 복음송만 부를 것이 아니라 어른 찬송가도 섞어서 부르는 것이 교육적인 면이나 미래적인 측면에서 볼 때 효과적이라 할 수 있습니다. 어른 찬송가를 많이 부르면 이 어린이들이 가정예배 때에도 부모와 같이 찬송을 부를 수 있어 좋고, 부모와 같이 저녁 예배에 참석했을 때에도 찬송을 같이 부를 수 있어 좋으며, 어른이 될 때까지, 아니 어른이 된 후에까지 계속 배운 찬송을 활용하게 되어 효과적이라 할 수 있습니다. 어른 찬송가에 있는 곡 중에 어린이들이 부를 수 있는 곡이 3분의 1 정도가 됩니다. 그런데 대부분의 교사와 어린이가 복음송을 부르지 찬송은 별로 부르지 않고 있습니다. 그래서 어린이들이 가정예배 때나 주일 저녁 어른 예배 때에 보면 찬송을 전혀 부르지 않고 다른 짓을 하고 있습니다. 왜 그럴까요? 교사가 찬송을 가르치지 않았기 때문입니다. 모르는 것을 어떻게 부를 수 있겠는가? 교회에서 가르치지 못한 것을 소그룹에서 가르쳐야 하며, 교회에서 부족한 점을 소그룹에서 채워나가야 합니다. 그래서 소그룹이 꼭 필요한 것입니다. 소그룹에서 찬송을 부르려면 찬양 집이 있어야 하고, 찬양 집을 만들기 위해서 첫 번째 교사의 고민은 어떤 곡을 선택하느냐입니다.

① 곡 선택 방법

㈀ 교회 예배 때 자주 부르는 곡 중에서 소그룹 분위기에 잘 맞는 곡.
㈁ 어렵지 않고 쉬운 곡(저학년과 새 친구들을 생각하면서)
㈂ 가사도 너무 길거나 복잡하지 않으며 외울 수 있는 정도의 곡.
㈃ 어른 찬송가 중에서 어린이들이 부를 수 있는 몇 곡을 추가한다.
㈄ 은혜가 있는 곡. 요란하지만 가사에 은혜가 없는 곡은 안 된다.

② 찬양 집 만드는 방법

소그룹에서 부를 곡을 정했으면 이제 찬양 집을 만들어서 나눠주어야 합니다.

㈀ 찬양 소책자 만들기
고른 곡들을 복사해서 각각을 합친 후 중간에 스태플러로 눌러서 반을 접으면 작은 찬양집이 됩니다(20~30페이지 정도).

㈁ 1장짜리 찬양 집 만들기
악보를 축소 복사해서 A4용지 한 면에 8곡을 담고 뒷면에 8곡을 담으면 도합 16곡을 A4용지 한 장에 담게 됩니다. 1장짜리 찬양 집을 많이 복사해 두었다가 소그룹에 오는 모든 친구들에게 1장씩 주면 됩니다. 그런데 16곡이면 너무 적지 않은가? 아닙니다. 적지 않습니다. 만약 어린이들이 16곡을 완전히 외울 정도로 찬양을 마스터 했다면, 똑같은 방법으로 2

번의 찬양 집을 만듭니다. 이것도 16곡이니 도합 32곡이 됩니다. 이렇게 3번, 4번... 의 찬양 집을 만들어 사용할 수 있습니다.

ⓒ 부서에서 찬양 집 만들기

부서(교회학교) 찬양팀에서 찬양 집을 만들어 전체적으로 각 목장(반)으로 나눠 주면 소그룹(반)에서는 할 일이 없고 편해서 아주 좋지만, 권장하고 싶지 않는 방법입니다. 소그룹을 오래 해보면, 처음에는 모든 소그룹이 똑같이 출발하지만 얼마 안가서 소그룹의 상황이 각각 다르게 됩니다. 활성화 되는 소그룹이 있는가 하면 그렇지 못한 소그룹도 있고, 예배 시간이 자꾸만 길어지는 소그룹이 있는가 하면 그렇지 못한 소그룹도 있고, 말하자면 천차만별입니다. 시작은 똑같이 했더라도 얼마 후 상황이 각각 달라져서 나중에는 필요로 하는 찬양 집의 내용도, 곡목 수도, 소그룹 자체에서 자체 상황에 맞는 찬양 집을 만들 수밖에 없습니다. 또 소그룹 하나를 작은 교회로 보기 때문에 모든 것은 소그룹 자체에서 만들어야 하며, 소그룹 자체에서 목회성을 가지고 스스로 해 나가야 훈련을 통과하는, 부흥하는 다이나믹한 소그룹이 됩니다.

③ 찬양을 쉽게, 빠르게 가르치는 방법

어린이들이 찬양을 쉽게 그리고 빠르게 배울 수 있는 방법은 없을까요? 교사가 16곡을 편집해서 만들 때 하는 말이 있습니다. '우아~~ 이렇게 많은 곡들을 언제 가르치나? 몇 년은 걸리겠네. 요즘 아이들이 찬양을 안 배우려고 하잖아' 그렇습니다. 16곡이나 되는 많은 곡들을 모두 가사와 곡을 외울 정도로 가르치려면 수많은 시간이 걸려야 할 것입니다. 그리고 그것이 가능할까요? 그렇습니다. 간단히 해결할 수 있습니다. 찬양은 입술로만 부르는 것보다 율동을 곁들여야 몸과 마음과 입술의 3박자 찬양이 되는 것은 물론 어린이들이 좋아하게 됩니다. 입술로만 부르면 찬양을 부르기 싫어 하지만 몸을 움직이면서 부르면 찬양을 부르고 싶어 하는 것이 어린이들입니다. 율동을 곁들인다고 찬양을 빠르게 배울 수는 없습니다.

그렇다면 어떻게 하면 될까요? 16곡의 찬양을 어느 정도 가르쳐 준 후에 소그룹 2부 순서로 찬양 부르기 대회를 합니다. 미리 광고를 해서 찬양을 집에서 연습하도록 합니다. 방식은 악보 안 보고 부르기, 지정곡 1곡과 자유곡 1곡, 범위는 16곡 안에서, 상품은 좀 푸짐하게, 심사위원은 학부모, 심사위원장은 담임교사, 1등은 아동부 찬양대회에 출전 자격을 주며, 출연하는 모든 어린이의 찬양 부르는 모습을 사진 찍어서 항상 볼 수 있도록 책상용 액자에 넣어줍니다. 이 대회를 학부모에게 알려서 찬양을 집에서 가르치게 하고, 연습하게 해서 당일에는 전 학부모 참가하에 찬양대회를 엽니다. 이렇게 찬양대회를 한두 번 통과하면 어린이들은 기억력이 좋아 대부분의 찬양을 다 외워버리고, 찬양에 취미를 가지게 되고, 무엇보다 찬양에 자신감을 가지게 되어 찬양을 좋아하게 되고, 찬양이 풍성한 생활 속에서 천국 생활을 걸어가게 됩니다.

(3) 기도 레슨

피아노를 잘 치려면 레슨을 받아야 하듯 믿음 생활을 잘하려면 무엇보다도 기도 레슨을 잘 받아야 합니다. 기도 레슨의 최고의 현장은 소그룹입니다.

① 기도의 원리를 가르쳐라.
말씀 시간을 통해서 기도의 위력과 응답되는 신비스런 기도의 원리를 잘 가르쳐서 모든 어린이들이 기도를 피해 가지 않도록 해야하며, 오히려 기도를 좋아하는 기도의 사람으로, 기도의 특공대로 만들어야 합니다.

② 기도하는 시간을 정해 주어라.
하루 동안의 기도 시간을 정해 줍니다. 하루 24시간의 10의 1인 2시간 40분을 했으면 좋겠는데 어린이들은 힘들 것으로 보아, 전에 24분을 정해 주었습니다. 하루에 24분 기도하기, 어떤가? 물론 이것도 그들의 세계 속에서는 힘들겠지만 강력하게 밀고 나가면 몇 분이 되든 간에 그들에게 기도 시간이 만들어지는 것만큼은 확실합니다.

③ 기도하는 자세를 가르쳐라.
사람은 무엇을 하든 자세가 중요합니다. 자세가 나와야 실력이 나오는 법입니다. 군대의 사격수가 되려면 총 쏘는 자세부터 배우고, 축구 선수가 되려면 발로 공을 차는 자세부터 배우고, 화가가 되려면 그림을 그리는 자세부터 배우게 되듯이 기도의 용사가 되려면 기도하는 자세부터 배워야 합니다. 기도도 자세가 중요하기 때문에 소그룹에서는 어린이들에게 기도하는 자세를 가르쳐야 합니다. 기도의 자세 중에 최고의 자세는 무릎 꿇는 것, 이것을 가르쳐야 합니다. 예수님도 무릎 꿇고 기도하셔서

우리에게 기도의 자세를 보여 주셨는데, 무릎 꿇고 눈을 감으면 세상 것들은 다 사라지고 앞에 주님이 나타나셔서 자연적으로 주님과 대화로 들어가게 됩니다. 그렇습니다. 누구든지 무릎 꿇고 눈을 감고 주님을 부르면 기도의 문이 열려 기도의 줄을 잡게 되고, 기도의 영을 받게 되고, 그리고 주님이 받으시기에 합당한 기도를 하게 되어 응답의 선물이 가슴에 한 아름씩 안겨지는 기쁨을 맛보게 된다는 것, 이것을 가르쳐야 합니다. 그리고 고개를 숙이되 너무 숙이지 말고 15도 정도가 적당하며, 두 손은 모아서 깍지를 끼거나, 두 손을 적당하게 위로 올리거나, 하여간 기도에 집중이 잘 되는 자세로 해야 한다는 것, 이것도 가르쳐야 합니다.

④ 기도하는 모습을 확인하라

소그룹의 현장 자체가 기도 레슨 현장이므로 소그룹 현장에서 기도하는 모습을 확인해야 합니다. 소그룹 모임에 오면 무조건 제일 먼저 앉아서 기도하게 하는 것입니다. 기도 시간이 짧아도 괜찮습니다. 기도하는 습관을 가지는 것이 중요합니다. 이것을 가르칠 때 기도는 무시로 항상 해야 하는데 특별히 무슨 일이 생겼을 때나 어디에 갈 때 즉, 어디를 가려면 출발할 때 기도하고, 목적지에 도착해서 기도해야 한다는 것을 알려 주어야 합니다. 소그룹 장소에 도착했으니 감사와 그리고 '이 장소에서도 주님을 생각하고, 주님을 만나고, 주님과 교제하고, 주님께 영광을 돌리게 해 주세요.' 이렇게 기도하라고 가르쳐야 하는데 더 중요한 것은 소그룹 현장에 오자마자 기도부터 하는지 확인하는 것입니다. 하지 못하는 친구들에게는 할 수 있도록 다시 설명해 주고 꼭 하도록 권면하며, 기도를 잘하는 친구들에게는 잘한다고 칭찬하며 계속하도록 습관화되도록 관심을 놓지 말아야 합니다.

⑤ 대표기도는 어린이가 하도록 하라 .

소그룹 예배 시 대표기도는 가능한 어린이가 하도록 가르칩니다. 왜 어린이가 하는 것이 좋을까요? 소그룹 예배는 어린이 예배입니다. 어린이의 대표는 어른이 아니라 어린이 이므로 어린이가 해야 어린이 예배의 대표기도가 됩니다. 어린이가 기도해야 하는 이유는 또 있습니다. 어린이가 기도하면 어린이들이 쓰는 단어나 용어로 하기 때문에 어린이들이 기도의 내용을 쉽게 알아듣고, 쉽게 이해하게 되어 은혜 받는 기도가 됩니다. 그러나 어른이 하면 어른들이 쓰는 단어와 용어를 사용하기 때문에, 어린이들은 무슨 말을 하는 것인지 이해하지 못하고, 또 어린이 정서에 맞지 않으므로 은혜 받는 기도가 될 수 없습니다. 또 어린이들은 또래의 목소리를 좋아합니다. 대체적으로 어른의 목소리가 들려오면 집중하지 않지만 자기 또래의 목소리가 들려오면 귀를 쫑긋 세우고 집중하여 듣게 됩니다. 그래서 기도도 어린이가 하면 더 집중하고, 더 좋아하고, 더 은혜를 받습니다.

기도는 길다고 좋은 것이 아니라 짧아도 내용이 있고 명료해야 합니다. 그런데 어른이 기도하면 할 말이 너무 많아서 그런지 대체적으로 길다는 것이 문제입니다. 대표기도인지, 개인 기도인지 분간을 할 수 없을 정도로 늘어지게 하니 어린이들이 기도 시간에 집중을 안 하고 지루하게 생각하며 떠들기까지 합니다. 그러나 어린이가 하면 목소리도 예쁘고, 내용도 짧으면서 아주 적절하고, 현실적입니다. 왜요? 그들은 단순하기 때문 길게 하고 싶어도 할 수가 없습니다. 너무 길어서 중언부언하는 기도보다도 짧지만 적절하고 명료한 어린이들의 기도를 주님은 더 좋아하신다는 것을 우리는 생각해야 합니다. 대표기도를 어린이가 해야 하는 가장 큰 이유는 기도 레슨이 이루어지기 때문입니다. 기도는 이론이 중요한 것이 아니라 실천이 중요합니다. 소그룹의 현장을 기도 레슨의 현장으로 만들려면 어린이가 기도하는 실제 현장으로 만들어 가야 합니다.

⑥ 통성기도로 기도 레슨을 강화하라.
소그룹에서 기도 레슨을 성공하려면 무엇보다 어린이들이 기도하는 시간이 많아야 합니다. 대표기도의 짧은 시간을 가지고서는 기도 레슨이 충분하다고 볼 수 없습니다. 그래서 소그룹 예배 마지막 시간에는 꼭 통성기도가 들어가야 하는데, 통성기도를 어린이들이 싫어하고 하지 않을 것 같지만, 그렇지 않습니다. 어린이들을 보면 대표기도는 하기 싫어하는 친구들이 있지만, 통성기도는 대개가 싫어하지 않고 잘하는 편입니다. 모두가 같이 하기 때문에 개인적 부담이 없고, 잘하느냐 못하느냐가 아니라 자기 나름대로 그냥 하면 되기 때문에 통성기도를 멀리하지 않습니다. 그런데 놀라운 것은 통성기도를 계속하면 어린이들이 어른 보다 순수하기 때문에, 너무 쉽게 기도의 문이 열리고, 너무 쉽게 방언을 받고, 그래서 은사 충만, 은혜 충만, 성령 충만한 상태에 이르게 됩니다. 그래서 기도 레슨의 현장은 소그룹이 최고입니다. 소그룹의 현장을 통해서 대부분의 어린이들이 기도의 용사로 만들어지고, 그 중에서 기도특공대가 배출됩니다.

(4) 말씀시간

① 말씀을 전하는 방법은 다양합니다.

㈀ 서점에 나와 있는 책자로 공부하기식 (비용이 만만치 않음)
㈁ 소그룹 상황에 적절한 주제를 선택하여 주제 설교식
㈂ 지난주 설교 말씀을 묻고 답하는 질문식(3단계 반복교육 참고)
㈃ 퀴즈식(신앙생활에 대한 것이나, 삼위 하나님에 대하여)
㈄ 배운 말씀을 시청각 준비물을 통한 복습게임식(전도협회 새 소식 반)
㈅ 순수한 성경 공부식, 예화를 들어 설명하고, 말씀을 적용하여 설교하는 것이 아니라 요절에 가까운 중요한 성구나, 교리에 관한 아주 중요한 말씀을 공부하는 즉 성경의 핵심요절을 먹는 시간입니다.
㈆ 간증식

• 책에 나와 있는 주제나 교사가 정한 주제를 놓고 한 사람씩 돌아가며 본인의 생각을 말하고 그런 경험을 말하는 시간입니다. 사람은 듣는 것보다 말할 때 더 강한 충동을 느끼게 됩니다. '서로 사랑하세요!'라는 강의를 듣는 것보다 자기가 옆 사람에게 '당신을 사랑합니다.'라고 고백하는 것이 더 강한 충동을 줍니다. 그래서 사람들은 듣다가 깨지는 것보다 간증하다가 깨지는 경우가 훨씬 많습니다.

② 3단계 반복식의 말씀 교육

소그룹 말씀은 일정한 교재를 선정하여 가르치는 것도 좋지만, 좀더 효과적이고 안정적인 신앙교육을 하려면, 주일 설교와 연계하여 3단계로 반복하는 교육이 되어야 합니다. 왜냐하면 장기적 측면에서 경제적 부담이 없고 또 말씀을 삶에 적용케 하여 어린이들을 확실하게 변화시킬 수 있기 때문이며, 반복 교육을 해야 하는 더 큰 이유는 말씀 교육이 너무나 중요하기 때문입니다.

• 반복의 중요성

성경을 읽어 보면 대부분의 내용들이 반복해서 언급되어 있는 것을 보게 됩니다. 예를 든다면 주님의 재림에 대해서 예수님 자신이 말씀하셨는데 한 번만 말씀하신 것이 아니고 반복해서 여러 번 말씀하셨고, 베드로도 예수님은 다시 오신다고 반복해서 증거하였고, 바울도 예수님은 다시 오신다고 반복해서 증거하였습니다. 한 번만 해도 하나님 말씀이기에 믿을 수 있는데 왜 반복하고 있는가? 예수님이 다시 오신다는 사실이 너무나도 확실하고 중요하기 때문입니다. 어린이 말씀 교육, 왜 반복 교육이 되어야 하는가? 답은 하나, 너무나 중요하기 때문입니다. 왜? 말씀 교육이 그렇게도 중요한 것일까요? 저들의 영혼과 직결되어 있기 때문입니다. 조금 잘 사느냐? 못 사느냐? 조금 아프냐? 건강하냐? 성공하느냐? 성공 못하느냐가 아니라, 영혼이 사느냐 죽느냐? 영원한 천국이냐? 영원한 지옥이냐? 말씀이 영혼에 직결되어 있다는 것을 우리는 놓치지 않아야 합니다. 말씀이 중요한 것이기에 반복 교육을 하지만, 반복으로 교육하면 배운 것을 오래도록 기억하게 합니다. 최소 70번 이상 반복하면 평생 잊지 않는다는 말이 있습니다.

• 그럼 여기에서 3단계 반복교육은 어떻게 하는지 간략하게 살펴보기로 하자.

(ㄱ) 1단계는 설교 - 주입식 선포

설교 말씀이 어린이들의 가슴 속에 머리 속에, 심령 속에 심겨지게 하기 위해서는 강력한 주입이 필요합니다. 그래서 따라서 하기를 주로 사용하게 되는데 말씀을 설명한 후에 중요 부분을 따라서 하게 합니다. 따라서 하게 하는 이유는 2가지 있는데 하나는 어린이들이 떠들지 못하게 하는 것입니다. 따라 하면서 옆 사람과 잡담을 할 수 없습니다. 입이 두 개 있다면 몰라도….다른 하나는 귀로 들었던 말씀을 입으로 따라서 하게 하여 말씀을 좀 더 확실하게 기억하도록 하기 위함입니다.

(ㄴ) 2단계는 분반 공부 - 질문식

교회마다 분반 공부에 대하여 '장소가 좁다' '너무 시끄럽다' '시간이 짧다'고 목소리를 높이고 있지만 아직은 문제 해결의 비법이 나오지 않고 있는 실정입니다. 그래서 분반 공부 시간은 예전에 비해서 짧아지고 있고, 질은 떨어지고 있는 것이 사실입니다. 조용한 분위기 속에서 별도의 공과 책을 놓고 차분히 공부하기를 원하지만 어린이들이 집중해 주지 않고 마음이 들떠 있는 상태라 현실적으로 어렵습니다. 이러한 시대적 상황에서 가장 효과적이고, 적절한 방법은 조금 전 설교 말씀을 반복해서 공부하는 것입니다. 문제는 어떻게 반복하느냐입니다. 방법은 여러 가지 있겠지만 현실적으로 가장 적절한 방법은 선포된 말씀을 질문식으로 주보에 게재하여 주보를 보면서 묻고 답하는 것인데 그 방법 또한 매우 다양합니다. 전체적으로 물어볼 수 있고, 한 명에게만 물어 볼 수 있고, 문제를 읽고 답을 말해 보라고 할 수도 있습니다. 또 문제를 변형하여 주관식으로 물어볼 수도 있고, 객관식으로 물어볼 수도 있고, (괄호) 넣기 식으로 물어볼 수도 있습니다. 설교 말씀에 대한 핵심과 성구와 적용을 잊지는 않았는지 물어보는 것입니다.

반복 교육 두 번째 방법은 질문식인데, 분반 공부시간에 이 질문식이 강론식보다 좋은 것은 질문했을 때 답을 알고 있다면, 알고 있는 말씀을 말하게 하여 즉, 되새김질하게 하여 더 확실하게 기억하게 하여 집으로 가게 하고, 만약 설교 시간에 집중하지 않아서 답을 모르고 있다면 분반 시간에 질문을 통하여 알게 해준다는 장점이 있습니다. 어린이 편에서 볼 때도 분반 시간에 새로운 말씀을 다시 공부하는 것보다 배운 말씀을 반복하여 질문식으로 공부하는 것을 더 좋아하고, 교사 편에서 볼 때도 배운 말씀을 그대로 끝나는 것이 아니라 질문식으로 반복 교육을 하여 더 확실하게 해주며, 한 주간 동안 말씀을 생활에 실천하게 하므로 가장 값진 실천 교육을 이루게 됩니다. 그런데 더 중요한 것은 분반 시간이 말씀을 선포하는 설교 시간과 말씀을 실천해보고 간증하는 소그룹의 시간을 연결하는 중요한 접촉점이 됩니다. 말씀 선포의 1층 건물에다 질문식 분반 공부의 2층 건물을 올리고 그리고 다음 3층 건물은 어떻게 올려야 견고하고도 아름다운 빌딩이 될까요? 가장 중요한 것은 3단계입니다. 왜냐하면 1단계와 2단계는 3층을 이루기 위한 기초공사에 불과하기 때문입니다.

㈐ 3단계는 소그룹 - 간증식

말씀을 삶에 어떻게 적용했는지 간증합니다. 소그룹의 말씀 진행에 있어서는 다양한 방법이 있지만 여기서는 열매가 가장 확실한 반복 교육에 대해서 설명하기로 합니다. 반복식의 소그룹의 말씀 시간을 한 마디로 요약하면, 지난주에 배운 교회 주보에 나와 있는 말씀을 문제 풀이식으로 복습하며 삶에 얼마나 적용했는지 교사가 확인해 물어보는 시간입니다. 어린이들 모두가 간증하기에 바쁘지만 마지막에 교사가 정리를 해 주고 통성기도 혹은 교사의 기도로 마치게 됩니다.

소그룹 말씀 시간에는 교사가 분반 공부 때 사용했던 주보에 나와 있는 문제에 매이지 않고 다음의 세 가지를 중심으로 물어보며 진행합니다.
• 배운 말씀을 얼마나 알고 있느냐?. 설교 때 배운 말씀의 핵심에 대해서, 그리고 핵심 성구에 대해서, 그리고 은혜 받았던 부분이나 감동적인 장면에 대해서 물어 봅니다.
• 배운 말씀대로 살고 있느냐?. 만약 지난 주 말씀이 정시기도와 무시기도에 대한 내용이라면 말씀을 생활 속에서 실천하고 있는지를 확인합니다. 말씀을 실천하는 친구들에게는 축하와 격려를, 말씀 실천이 안 되는 친구에게는 안 되는 이유를 알아보고, 다시 새롭게 말씀을 실천하도록 부탁하고 당부해서 말씀대로 살도록 이끌어줍니다.
• 삶과 모습이 변하고 있느냐?. 교회에 열심히 나오고는 있는데 전혀 변하지 않는 친구들이 우리 앞에 많이 있습니다. 교회에서는 기도 잘하고, 찬양 잘하고, 말씀도 잘 듣고, 믿음이 좋은데 집에 가서는 기도도 안하고, 찬양도 안하고, 말씀도 멀리합니다. 교회 안에 있을때에는 예수님 안에 거하지만, 세상에 나가서는 예수님 밖에서 살아가는 친구들입니다. 왜 그럴까요? 교회는 잘 나오는데 왜 변하지 않는 걸까요? 그것은 말씀을 가르치기만 했지 말씀대로 사는지 확인을 안 했기 때문입니다. 배운 말씀을 생활에 실천하고 있는지를 매주 소그룹을 통해 확인해 간다면 결단코 저들의 삶이 변하지 않을 수 없습니다. 그래서 소그룹 교사는 소그룹 말

씀 시간을 통하여 두 번 확인해야 하는데 한 번은 이들이 말씀을 생활에서 실천하고 있는지 확인해야 하고, 또 한번은 이들이 지금 어떻게 변하고 있는지 확인해야 합니다.

(5) 광고시간

소그룹에서 광고할 때 말로 하는 것이 아니라 종이에 핵심되는 단어라도 쓴 시청각 자료를 사용하여 광고하면 훨씬 집중력이 좋아지게 됩니다. 광고는 반목회에 있어서 중요한 행정이기에 광고를 할 때 중요한 내용은 중간중간 물어보며 대답을 하게 합니다. 이렇게 하면 광고시간에 옆 친구와의 잡담을 줄일 수 있고 내용을 까먹는 일이 별로 없습니다. 반장을 교육시켜 반장이 광고를 하는 것도 괜찮습니다. 어린이는 어린이의 음성을 좋아하며, 어린이가 해야 어른들이 쓰는 단어를 사용하지 않고 어린이들이 쓰는 단어로 말하기 때문에 훨씬 알아듣기 쉽고, 정감을 느끼며 그들의 정서에 잘 맞습니다. 광고시간에 소그룹 표어나 슬로건을 만들어 외치면 더 힘이 나고 목표와 비전을 갖게 되고 그리고 분위기가 좋아집니다.

(6) 간식

① 간식의 위치를 설명해 주어야 합니다.
간식은 비싸고 좋은 것으로 주지 말고 저렴한 음료수나 빵 같은 것으로 간단하게 주는 것이 좋습니다. 비싸고 좋은 것으로 주면 예배 시간보다 간식시간을 기대하면서 습관적으로 더 좋은 것을 주길 원합니다. 더

좋은 간식을 주다가 어느 날 간식의 수준이 내려가면 어린이들은 실망하며 소그룹에 흥미를 잃고 나오지 않으려고 하는 경향이 있습니다. 그래서 어린이들에게 소그룹에 나오는 목적과 소그룹에 있어서 간식의 위치를 설명해 주는 것이 중요합니다. 만약 어린이들의 비위를 맞추느라 간식을 좋은 것으로 자꾸 올라가면 어린이들은 예배보다 간식을, 예수님보다 간식을 더 좋아하게 되어 결국 소그룹의 쇠퇴를 불러오게 되며, 장기적으로 갈 때 교사의 재정도 문제가 생기게 되어 힘들어 하다가 교사가 소그룹을 포기하는 경우도 종종 있습니다. 그런데 문제는 간식이 약하면 믿음 없는 어린이들이 불평을 한다든지, 나오지 않는다든지 하면 어떻게 하느냐입니다. 그것은 분위기를 봐서 불만스런 눈치가 보이기 시작할 때 명분을 만들어 조금 나은 것으로 주면 됩니다. 예를 든다면 '다음 주에 우리 목장 소그룹이 10명이 되면(지금은 7명 출석) 그 다음 주에 자장면 파티를 열겠다.' '이번 주일에 교회에서 우리 반이 전도 많이 하여 3등 안에 들면 다음주 소그룹 모임 때 선생님이 한번 쏘겠다. 너무 비싼 것으로는 안 되고 선생님이 맛있는 것을 만들어 주겠어.' 이런 식으로 지혜롭게 할 필요가 있습니다. 돈을 많이 쓴다고 좋은 것만은 아닙니다. 잘 써야 약이 되지 잘못 쓰면 돈이 화가 됩니다.

② 비싼 것을 사서 주지 말고 직접 만들어서 주라.
간식에서 거듭 강조하고 싶은 것은 꼭 비싼 것을 주려고 하지 말고 선생님이 직접 만들어서 주는 것이 좋습니다(재료 값만 들어감). 더 좋은 방법은 간단한 요리책을 보면서 아이들과 같이 음식을 만들어 같이 먹는 것입니다. 이렇게 몇 번만 하면 교사와 어린이, 그리고 어린이와 어린이들

사이에 끈끈한 정이 생깁니다. 그래서 토요일이면 예수님의 세미한 음성을 들을 수 있고, 사랑을 부어주시는 선생님을 만날 수 있고, 소곤소곤 정담을 나누며 요리를 만들어 먹던 친구들을 만날 수 있는 소그룹으로 어린이들은 발길을 옮기게 되는 것입니다.

③ 감동의 간식시간

교사가 조금만 더 노력하면 감동적인 간식시간을 연출할 수 있습니다. 반장에게 진행할 특별한 간식시간에 대하여 목적과 취지를 설명한 후 교사가 어린이들에게 '여러분, 다음 주는 간식을 여러분이 갖고 와서 친구들과 함께 나누어 먹자. 선생님은 안 줘도 된다.' 그때 반장이 '예, 좋아요. 얘들아, 다음번에는 우리가 간식을 준비해서 나눠 먹는 거야.' 어린이들이 처음에는 조금 씁쓸하게 생각하지만 교사가 사랑을 가지고 영성을 가지고 인도하면 대부분 순종하게 되고, 간식시간이 진행되는 동안 교사와 어린이들이 너무나 은혜와 기쁨이 충만한 상태가 되며, 내 것을 나누어 준다는 것이 이렇게도 나를 행복하게 해줄 줄 몰랐다는 고백이 안나올 수가 없게 됩니다. 이것은 교육적인 측면에서도 좋고, 소그룹 운영 재정적인 측면에서도 좋고, 분위기가 정말 감동적입니다. 해보니 너무 좋았습니다. 무슨 일이든지 안된다 하면 안 되고, 된다하면 됩니다. 단 소그룹 모임 초기에는 곤란할 수도 있지만 어느 정도 무르익으면 해볼 만한 방법입니다.

(7) 소그룹 예배 마무리

예배 장소 청소는 교사가 하는 것보다 학생 모두가 하는 것이 좋습니다.

청소도 교육이 되고 청소도 훈련이 되므로 가르쳐야 합니다. 교사는 때로는 친구가 되어야 하고, 때로는 예수님이 되어야 하고, 때로는 부모가 되어야 하기 때문입니다. 소그룹을 마칠 때에는 항상 교사의 기도로 마치게 되는데 기도의 내용 중에는 내일 교회 예배에 빠져서는 안 되는 것과 오늘 밤에도 결석한 친구들을 위해서 기도하는 것과 새 친구를 전도하는 것과 모든 친구들을 축복하는 내용이 빠져서는 안 됩니다. 다음 2부 순서 장소로 옮길 때에는 따로 따로 행동하는 일이 없고 질서있게 같이 움직일 수 있도록 해야 하며, 한 명이라도 먼저 집에 가는 일이 없도록 당부해야 합니다.

5) 소그룹 2부 순서

(1) 2부 순서의 올바른 개념

① 2부 순서란 예배 후 진행되는 프로그램이란 뜻인데, 예전에는 2부 순서란 말을 사용했지만 요즘은 대부분의 교회학교에서 2부 순서, 3부 순서란 말을 사용하지 않고 그냥 '프로그램'이라 일괄하고 있습니다.

② 2부 순서는 예배의 연속이요, 실천적 교육의 현장입니다. 교회교육을 맡은 대부분의 교사들이 착각하는 것 중에 하나는, 예배는 교육이지만 2부 순서는 어린이들에게 흥미를 갖게 해주는 프로그램이라는 것입니다. 그러나 사실은 2부 순서도 교육이요, 예배의 연속인 것입니다. 예배 때 설교 말씀이 이론적 교육이라면, 2부 순서는 실천적 교육이 되어야 하고, 예배를 통해서 하나님께 영광을 돌린다면 2부 순서를 통해서도 하나

님께 영광이 되어야 합니다. 그래서 프로그램 속에 반드시 영성이 있어야 하고, 열매가 있어야 합니다. 2부 순서가 예배의 연속이요 실천적 교육의 현장이기 때문입니다. 프로그램이 아무리 재미가 있어도 그 속에 영성이 없다면 그리고 열매가 없다면 성령의 도우심이 없고, 성령의 역사가 일어나지 않고, 하나님과 무관한 세상적인 프로그램일 뿐 교회학교 프로그램이라 할 수 없습니다.

(2) 2부 순서를 하는 목적

① 어린이들과 멀어지지 않기 위해서.

교회 예배 때에는 시간과 장소의 부족으로 인하여 예배와 분반만 하는 경우가 많지만, 소그룹에서는 시간과 장소를 만들어 할 수가 있으므로 예배 후 프로그램을 진행할 때가 많이 있습니다. 2부 순서를 통해서 교사는 어린이들을 사랑이란 밧줄로 꽁꽁 묶을 수 있어 더욱 가까워질 수 있고, 2부 순서를 통해서 어린이들은 소그룹 친구들과 친해질 수 있으며, 어린이들은 2부 순서 속에서 즐거움을 더하고 있고, 어린이들은 2부 순서를 좋아하고 있습니다. 만약 교사가 2부 순서를 삭제한다면 어린이들과 거리가 멀어지며, 어린이들은 친구와의 관계성에 대한 문제가 생기게 될 것이고, 2부를 너무 장려한다면 흥미 위주로 전락해 버리게 되므로 2부는 적절하게 해야 합니다. 어떻게 적절하게 하느냐에 따라서 성장의 볼륨이 결정됩니다.

② 교육의 효과를 높이기 위해서.

2부 순서가 없으면 듣기만 하는 지식적 교육이 되지만, 2부 순서가 있으면 행함이 있는 실천적 교육이 됩니다. 듣는 시스템에서 행하는 시스템으로 바꾸기 위해서는 2부 순서를 진행해야 하고, 교육의 효과를 높이기 위해서는 프로그램 속에 반드시 영성이 있어야 합니다. 그래서 2부 순서 안에는 재미만 있어서 되는 것이 아니라 교육의 내용이 들어 있어야 한다는 것을 잊지 말아야 합니다. 예를 든다면, 기도에 대한 설교를 통해 기도를 배웠다면 기도를 실제로 하는 2부 순서를 통해서 기도에 대한 실천적 교육이 이루어지고, 찬송에 대한 설교를 통해 찬송에 대해 배웠다면 찬송을 실제로 부르는 2부 순서를 통해서 찬송에 대한 실천적 교육이 이루어지며, 말씀에 대한 설교를 통해 말씀에 대해 배웠다면 말씀에 대한 2부 순서를 통해서 실제적 교육이 이루어지고, 전도에 대한 설교를 통해 전도에 대해 배웠다면 전도를 실제로 하는 2부 순서를 통해서 전도에 대한 실천적 교육이 이루어지게 됩니다. 그러므로 신앙교육의 효과를 높이려면 설교와 연결된 영성이 있는 2부 순서를 연구, 개발해야 합니다.

(3) 도표로 정리한 소그룹 2부 순서

분류	프로그램명	비고
활동적 프로그램	공차기	학년간의 격의감이 없어지고 모두가 친해진다
	줄넘기	남학생이 공차기를 하는 시간 여학생은 줄넘기를 함
	미니올림픽	친교에 좋고, 그들이 좋아하므로 전도의 효과도 있음
	각종 레크레이션	신앙생활에 활력과 즐거움을 줌. 관계 회복에 좋음

교육적 프로그램	개인상담	저들의 상처를 말씀과 기도와 눈물로 치료해준다
	구원상담	항상 구원의 확신을 가지도록 자주 설명, 지도한다
	전도훈련	전도에 대한(웅변) (일기문이나 간증문) (전도대회)
	기도훈련	기도문 릴레이 읽기, 소그룹 기도회 등
	찬송훈련	찬송가 부르기 대회, 찬송가사 써오기 등
	말씀훈련	성경암송대회, 성경퀴즈대회 등
	동화대회	교훈과 감동을 주는 유익된 동화를 소그룹 2부시간에
	영화 비디오감상	기독교 관점에서 보고 교훈을 찾아 삶에 적용시킨다
친교적 프로그램	생일파티	소그룹에서 기도로 축복하며, 케익과 선물로 축하함
	소풍	영성이 있는 예배로 감동의 순간을 정지화면으로
	게임	최고의 즐거움, 최고의 친교, 지나치면 흥미주의
	쪽지편지 나누기	글도 보내고 전화도 하여 밀도있는 교제의 장을 연출
	마니또	비밀 친구 한 사람을 한 달간 섬기는 실제적 훈련
	카드보내기	손수 만든 카드에 정성과 마음을 담아 학교로 보낸다
	사랑의 훈련대회	아픈 친구를 돌봐주는 사랑의 실천 현장을 연출함
	친구에게 전화하기	이사를 가도 한 형제이므로 기도하고 전화해야 한다

교훈적 프로그램	쓰레기왕 뽑기대회	왕이 되기 위해 온 동네를 청소하는 봉사의 거인들
	쓰레기 줍기대회	길가는 행인들을 감동케하여 합세 작업이 된 줍기대회
	1Km 걷기대회	창조에 대해서 10번 설교보다 1번 현장 설명이 필요
	부모님께 편지쓰기	감사합니다. 잘못했어요. 이렇게 공경할래요.(3단계)
	1일 효도하기	부모공경을 가르치는 동시에 하나님 공경도 가르쳐라
	나눔의 천사뽑기	노력하는 자로 만들고, 나누어주는 자로 만들게 된다

4. 어린이 리더 세우기

다음세대 리더를 부르는 명칭이 거창중앙교회는 불꽃 목자이고 천안 갈릴리교회는 순장으로 부산 예환꿈교회는 목양 제자라고 부릅니다.

1) 불꽃 목자 역할

거창중앙교회 '불꽃 목자'에는 자신이 맡은 영혼들을 향해 불타는 사랑을 품은 사역자, 곧 "나는 선한 목자라 선한 목자는 양들을 위하여 목숨을 버리거니와"(요10:11) 라고 말씀하시는 예수님과 닮은 사역자라는 뜻이 담겨있습니다. 예수님께서 제1호 불꽃 목자시니 우리는 예수님의 뒤를 따라 제2호 불꽃 목자가 되자! 라는 마음으로 세상의 영혼들을 생명 바쳐 섬기는 불꽃 목자들을 길러내고자 함입니다. 거창중앙교회가 교사들의 정예화를 강조한 것은 결국 교사들을 통하여 아이들을 복음의 정예 요원으로 삼기 위함입니다. 가르치는 이들의 헌신적 예배와 섬김은 그대로 배우는 이들의 모델이 됩니다. 뛰어난 지휘관과 조교 밑에서 유능한 병사들이 양성되는 것과 같은 원리입니다. 거창중앙교회의 불꽃 목자 아이들이 그렇게 자라고 있다고 믿습니다.

거창중앙교회 아이들은 마냥 어른들의 보살핌만 받는 수동적인 존재들로 자라지 않습니다. 학년이 올라갈수록 반 선생님들을 돕고, 어린 동생들을 돌보는 등, 능동적인 역할을 맡습니다. 또한 장성해서는 온 세상 사람들을 그리스도께로 이끄는 리더 역할을 감당하겠다는 꿈에 매일매일 다가가고 있습니다. 이는 '불꽃 목자'라는 이름으로 헌신한 아이들을 예수님을 닮은 영혼 사역자로 키운 결과라고 믿습니다. 그렇게 많은 아이들이 한꺼번에 예배를 드려도 무학년제로 운영되는 학급이 아무리 커진다고 해도 아이들이 흐트러지지 않고 일사불란하게 움직이는 이유는 바로 불꽃 목자들이 배후에서 보이지 않는 역할을 아주 잘 감당하고 있기 때문입니다. 불꽃 목자들은 아직 철모르는 동생들과 교회에 새로 나온 친구들을 영적으로 압도하며 모두가 예배에 집중하도록 목사와 교사들의 가르침에 순종하도록 분위기를 만듭니다. 그뿐만 아니라 전도에도 앞장서며, 선생님을 도와 반 관리나 심방까지 중요한 역할을 합니다. 특히 자신이 전도한 친구들과 선생님을 이어주는 끈이 되어주고, '신앙생활은 이렇게 하는 것이다'라는 본보기 역할까지 톡톡히 해냅니다. 실제로 교회의 분위기를 주도하는 존재가 어른들보다 아이들인 것을 인정하게 됩니다. 아이들에 대한 기대를 바꿔야 합니다. 아이들은 비밀병기입니다!. 아이들이 더 잘한다 라는 의식을 가지고 대하면 아이들은 정말 잘해 냅니다.

• 천안 갈릴리교회 순장의 자격

구분	순장	중순장	대순장
대상	4~6학년	4~6학년	5~6학년
말씀생활	1일 3장 이상 읽기, 성경 30구절 암송	매일 5장 이상 읽기, 성경 50구절 암송	1일 7장 이상 읽기, 성경 100구절 암송
기도생활	주1회 이상 새벽기도, 1일 10분 이상 기도	주2회 이상 새벽기도, 1일 20분 이상 기도	주3회 이상 새벽기도, 1일 30분 이상 기도
전도생활	1달 2명 이상 전도, 노방전도 3회 이상	1달 3명 이상 전도, 노방전도 5회 이상	1달 5명 이상 전도, 노방전도 7회 이상
예배생활	주일성수(새벽예배 포함)	주일성수(새벽/저녁예배)	주일성수(수요예배)
헌금생활	십일조, 감사헌금	십일조, 감사헌금	십일조, 감사헌금
신앙생활	신앙일지 기록	신앙일지 및 일기	신앙, 기도, 전도 일지 기록
지도력	학교성적 40% 이내	학교성적 30% 이내	학교성적 10% 이내
교육수준	사영리, 순장교육 자료 암송	사영리, 순장교육 자료 암송, 믿음의길 10단계 암송	사영리, 순장 교육자료, 믿음의 길 10단계 암송

2) 불꽃 목자가 되려면

불꽃 목자는 아무에게나 덥석 붙여주는 명칭이 아닙니다. 그 이름을 얻기 위해 아이들은 평소 꾸준한 성실함과 적극적인 자세를 보여주어야 하고, 수많은 시험의 관문들을 통과하고, 최후의 미션까지 해결해야 합니다. 그처럼 힘들게 얻은 '불꽃 목자'라는 이름에 아이들은 엄청난 자부심을 갖습니다. 아직 불꽃 목자에 선발되지 못한 아이들도 그 위치에 오르기 위해 의욕을 불태우며 분발합니다. 처음 우리 교회에 나온 아이들에게는 구원의 확신부터 가르칩니다. 그 뒤로 예배 훈련, 성품 훈련 사역 훈련 등이 이어집니다. 이런 훈련들을 잘 따라오고, 예배 시간에 휴대폰이나 게임기 같은 것을 가지고 노는 모습 등 잘못된 습관들이 깨끗이 정리하기를 갈망하는 아이들 중에서 불꽃 목자 훈련생들이 매년 150명가량 선정됩니다.

이 아이들은 여름성경학교와는 별도로 마련되는 불꽃 목자 수련회에 교사들과 함께 참가하게 됩니다. 수련회는 3박 4일로 진행되며, 오전 9시부터 보통 밤 11시를 넘겨야 하루 프로그램이 끝나는 다소 벅찬 일정입니다. 수련회 기간 아이들은 기본 신앙을 다루는 베이직 코스를 비롯해 성경을 중심으로 한 바이블 코스, 거기에 성품 코스까지 총 30여 가지 테스트를 하나도 남김없이 통과해야 합니다. 이 과정을 통해 구원의 확신을 비롯한 기본적인 신앙 토대를 점검하고, 신앙 관리가 어떻게 이루어지고 있는지를 확인하며, 핵심적인 성경 구절들을 암송하는 등의 훈련이 이루어집니다. 대부분 모범적인 아이들인지라 결국 마지막 테스트까지 기어이 완수를 해내지만, 한 단계 한 단계 성취해 나가는 과정이 쉽지 않습니다. 곁에서 아이들을 돕는 교사들조차 녹초가 되곤 합니다. 하지만 이게 끝이 아닙니다. 모든 테스트를 마친 후에도 최후의 미션이 남아있는 것입니다. 그것은 영혼 사역에 동참하는 일입니다. 누군가가 자신이 출석하는 교회의 진정한 일원으로 정착했다는 증거는 바로 '영혼 사역의 현장으로 들어오는 일 즉 전도 사역에 함께하고 있느냐'의 여부로 확인할 수 있는 것과 같은 원리입니다.

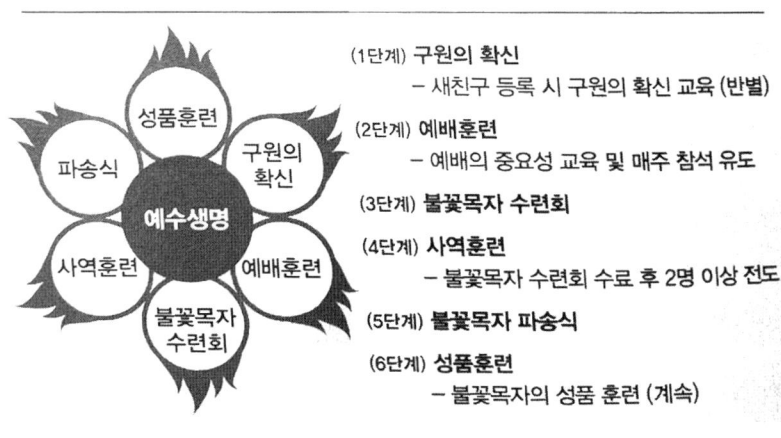

| 불꽃목자 양성 시스템 |

(1단계) **구원의 확신**
 - 새친구 등록 시 구원의 확신 교육 (반별)

(2단계) **예배훈련**
 - 예배의 중요성 교육 및 매주 참석 유도

(3단계) **불꽃목자 수련회**

(4단계) **사역훈련**
 - 불꽃목자 수련회 수료 후 2명 이상 전도

(5단계) **불꽃목자 파송식**

(6단계) **성품훈련**
 - 불꽃목자의 성품 훈련 (계속)

• 불꽃 목자 수련회 계획 (거창중앙교회 실제 자료)

- 일시 : 매년 여름방학 중 3박 4일
- 장소 : 거창 월성 청소년 수련원
- 커리큘럼 개요
- 기본 과정 (Basic Course) - 구원의 확신, 교회 사명과 목표 사역 방향 제시
- 성경 과정 (Bible Course) - 성경 내용 및 12그릇 만들기, 암송
- 성품 과정 (CharacterCoune) - 성품 정의 및 훈련 방법, 암송
- 말씀 집회 (매일 밤 2~3시간) - 성경적 삶의 모습 제시(기본, 태도, 꿈 등)
- 수료 기준 : 30여개 항목의 구술 테스트 통과
- 시상 방식 : 수시 및 불꽃 골든벨 결과로 시상

• 목양 제자 대학 커리큘럼 (부산 예환꿈교회)

양육 단계	커리 큘럼	청장년 교과과정	교재	다음세대 교과과정	교재
컨퍼 런스		목양교사 컨퍼런스			
1 단계	체험 훈련	1과/목양교사의 기도 7계명 2과/목양교사의 전도 7계명 3과/목양교사의 양육 7계명 4과/목양교사의 심방 7계명			목양 교사 4가지 전략
2 단계 집중 훈련	새가 족반	1과/나를 바로 알자 2과/예수님을 바로 알자 3과/교회를 바로 알면 복받는다. 4과/목사님을 바로 알면 복받는다.	목양 새가 족 학교	1과/하나님 만나는 길 2과/예수님을 왜 믿어야 하나요 3과/예수님의 제자가 되자 4과/나는 선생님을 돕는 도우미	새로운 생활
	성 장 반	1과/예배생활의 축복 2과/봉사생활의 축복 3과/헌금생활의 축복 4과/성령충만한 생활과 축복 5과/순종생활과 축복 6과/전도생활과 축복 7과/희망을 주는 생활과 축복 8과/기도생활과 축복	성장 하는 생활	1과/예배생활의 축복 2과/봉사생활의 축복 3과/헌금생활의 축복 4과/성령충만한 생활과 축복 5과/순종생활과 축복 6과/전도생활과 축복 7과/희망을 주는 생활과 축복 8과/기도생활과 축복	성장 하는 생활

3단계 집중 훈련	제자 대학	1과/하나님 만나는 길 2과/예수님을 왜 믿어야 하나요 3과/예수의 제자가 되자 4과/나는 선생님을 돕는 도우미	목양 학교	1과/하나님이 나를 만드신 목적 2과/나는 누구인가 3과/목양제자 4과/목사님은 누구인가 5과/교회를 바로 알자 6과/영적전쟁 7과/부르짖는 기도영성 8과/능력있는 전도자 9과/최고의 리더 10과/세계적인 리더가 되는 길	목양 리더 학교

		1. 목양기도학교
		  1과/천국열쇠
		  2과/기도와 영적전쟁
		  3과/응답받는 기도
		  4과/목양기도
		2. 목양전도학교
		  1과/지상명령
		  2과/예수님은 누구신가
		  3과/목양전도
		  4과/목양제자와 전도
		3. 목양 양육학교
		  1과/양육은 하나님 명령
		  2과/양육과 다음세대
		  3과/리더로 양육하라
		  4과/한 사람의 위대한 목양제자
		4. 목양 심방학교
		  1과/심방과 하나님
		  2과/목양심방
		  3과/심방의 축복
		  4과/목양심방의 방법
				1과/하나님이 나를 만드신 목적
				2과/나는 누구인가
				3과/목양제자
				4과/목사님은 누구인가
				5과/교회를 바로 알자
				6과/영적전쟁
				7과/부르짖는 기도영성
				8과/능력있는 전도자
				9과/최고의 리더
				10과/세계적인 리더가 되는 길	

		1과/교회란 무엇인가 2과/교회의 권세 3과/영적 전투적 교회 4과/건강한 목양교회	목양 교회 론	1과/하나님이 나를 만드신 목적 2과/나는 누구인가 3과/목양제자 4과/목사님은 누구인가 5과/교회를 바로 알자 6과/영적전쟁 7과/부르짖는 기도영성 8과/능력있는 전도자 9과/최고의 리더 10과/세계적인 리더가 되는 길	

양육단계	커리큘럼	청장년 교과과정	교재	다음세대 교과과정	교재
4단계 집중훈련	사역자반	첫째/삶의 목적과 방향 둘째/창조의 명령과 삶의 목적 셋째/예수님의 유언과 삶의 목적 넷째/목양은 내가 사는 이유와 목적 다섯째/하나님의 한이 삶의 목적 여섯째/시대의 시급한 사명이 내가 사는 목적 일곱째/목양교사는 내가 사는 목적	삶의 목적을 발견하는 7일	1. 목양기도학교 1과/천국열쇠 2과/기도와 영적전쟁 3과/응답받는 기도 4과/목양기도 2. 목양전도학교 1과/지상명령 2과/예수님은 누구신가 3과/목양전도 4과/목양제자와 전도 3. 목양 양육학교 1과/양육은 하나님 명령 2과/양육과 다음세대 3과/리더로 양육하라 4과/한 사람의 위대한 목양제자 4. 목양 심방학교 1과/심방과 하나님 2과/목양심방 3과/심방의 축복 4과/목양심방의 방법	목양학교
		1과/영적인 축복(1) 2과/영적인 축복(2) 3과/마음의 축복 4과/범사의 축복	목양교사의 축복		
		1과/하나님이 나를 만드신 목적 2과/나는 누구인가 3과/목양제자 4과/목사님은 누구인가 5과/교회를 바로 알자 6과/영적전쟁 7과/부르짖는 기도영성 8과/능력있는 전도자 9과/최고의 리더 10과/세계적인 리더가 되는 길	목양리더학교		

3) 불꽃 목자로 임명되는 그 순간

성도라면 누구든지, 영혼 사역에 동참하는 순간, 스스로에게나 다른 사람 앞에서나 당당히 '나의 교회'라고 1인칭으로 이야기할 수 있는 자신감이 생깁니다. 그렇지 못하다면 여전히 교회는 3인칭으로 표현될 것이고, 교우들이나 교회 사역들 또한 '남'이나 '남의 일'로 여겨질 것입니다. 아이들도 마찬가지입니다. 그래서 불꽃 목자가 되기 위한 마지막 단계는 적어도 두 명 이상의 친구를 전도해 교회로 인도해 오는 임무를 수행하게 하는 것입니다. 앞서 모든 과정들을 고생스럽게 통과해 놓고도 이 미션을 완료하지 못해 불꽃 목자 임명이 미루어지는 경우도 있습니다. 하지만 그 단계까지 멋지게 뛰어넘은 후 아이들이 느끼는 환희는 상상 그 이상입니다.

• 불꽃 목자 파송 식순

- 사전 준비 : JJE 티셔츠 및 불꽃 목자 가방 착용 후 강단에 도열
- 개회선언
- 개인별 불꽃 목자 링 타이 수여 및 안수기도 (담임목사)
- 전체 기념 촬영
- 불꽃 목자 오 다짐 선포
- 파송기도
- 폐회선언

모든 친구들이 지켜보는 가운데 진행되는 불꽃 목자 파송식은 그 절정이라고 할 수 있습니다. 불꽃 목자 파송식은 우선 불꽃 목자들을 위해서 따로 제작한 교회 나름의 '불꽃 목자 가방과 링 타이'를 착용하고 담임목사의 안수로 정식 임명을 받습니다. 바로 이때 아이들이 가슴 벅차고 뿌듯해하는 표정들은 가히 압권입니다.

5. 학습 여행을 통한 비전 성경학교

1) 학습 여행 기본 준비

성경학교에 대한 고정관념을 벗어나 학습의 현장을 찾아가 직접 경험하고 체험하여 미래에 대한 꿈을 구체적으로 세우도록 합니다.

(1) 준비 : 교회 형편에 맞는 조직과 행정을 실시합니다.

① 성경학교 3개월 전부터 주요 테마를 설정하고 학생들의 장래 희망을 조사하여 해당 되는 부서에 등록하여 학습 여행을 떠나도록 합니다.

② 설문지를 참고로 팀을 나누어 조 편성을 하고 지도자를 선별하여 팀에 맞는 학습 여행 장소를 섭외하고, 답사하여 사전 학습 도구를 구성하고 팀별로 모임을 갖습니다.

③ 소규모 교회에서는 하루하루 테마를 정하여 전체 어린이를 이끌고 프로그램에 참여할 수 있습니다.

• 학습 여행 성경학교 설문 •			
성명 /	학년 /	남/여	연락처/
ㅇㅇ년 학습 여행 성경학교에 참석하고 싶은 부분에 o표 하세요			
• 정치		• 연예	
• 사회		• 의학	
• 경제		• 스포츠	

| • 문화(예술) | | • 과학 | |

(2) 프로그램 진행 중 주의 사항

① 오전 오후 탐방 및 견학지 이동 거리를 너무 멀리 잡지 말아야 합니다.

② 견학 장소에 관심을 가지고 있는 학생은 분명 견학한 장소의 소명이 있을 수 있습니다. 학생들의 반응을 잘 살펴 선별하여 진학지도와 진로지도를 실시하여야 합니다.

③ 견학지만 둘러보는 것으로 만족하지 말고 저녁 시간을 이용하여 말씀으로 비전을 심어주는 시간이 있어야 합니다.

④ 견학을 마치고 견학 및 탐방 일기를 쓰게 하는 것이 좋습니다.

⑤ 모든 프로그램이 적극적이고 진지하게 참여하도록 시간 시간 기도하며 진행하여야 합니다.

⑥ 프로그램 진행 전 사전 답사를 하고 지도자는 자료를 숙지하여 진행하여야 합니다. 장거리 이동할 때는 학생들의 지루함을 달래주기 위한 프로그램을 준비하여 즐거움을 더하게 해야 합니다.

2) 학습 여행의 프로그램 구성

(1) 프로그램 1
주제 / 고난의 역사

옛날을 기억하라. 역대의 연대를 생각하라(신명기 32장 7절)
주제찬송 / '밀알'

	1/18일(수)	19일(목)	20일(금)	21일(토)
6:00~6:30	무슨 꿈을 꾸고 있는고..	기상 및 세면		더 주무시지요
6:30~7:00		아침 경건회		
7:00~7:30	이제 일어날 시간	아침식사		기상 및 세면
7:30~8:00	교회로 집결			아침식사
8:00~8:30	서대문 형무소로 이동			
8:30~9:00		정리 및 휴식		
9:00~9:30		독립기념관으로 이동	한국기독교박물관으로 이동	특강 순교자의 삶
9:30~10:00	서대문 형무소 견학			
10:00~10:30				
10:30~11:00	양화진으로 이동	독립기념관 견학	한국기독교박물관 견학	짝!짝! 짝신행 죽도록 올라가세...
11:00~11:30	양화진 외인묘지 견학			
11:30~12:00				
12:00~12:30	제암리 3.1운동 순국기념관으로 이동		점심식사	
12:30~13:00				
13:00~13:30		점심식사	순교자기념관 이동	선생님과의 축복의 시간을...
13:30~14:00	점심식사			
14:00~14:30		유관순기념관 이동	순교자기념관 견학	
14:30~15:00	제암리 3.1운동 순국기념관 견학	유관순기념관 견학		닫는예배 인도/설교: 김형선 목사 정리 및 휴식
15:00~15:30				
15:30~16:00			엘림효자원으로 이동	
16:00~16:30				
16:30~17:00	로고글로리아로 이동	청풍충림콘도로 이동		정리, 청소
17:00~17:30			가이드북, 소감문 작성	
17:30~18:00				
18:00~18:30	다음 견학 장소 교육			

18:30~19:00	저녁식사 준비 및 식사		교회로... 집으로... 주일날 만나요...
19:00~19:30			
19:30~20:00			
20:00~20:30	정리 및 휴식		
20:30~21:00	다함께 찬양으로 영광을.../ S.F.C. 찬양단		
21:30~22:00	저녁집회 고난의 역사를 기억하자 강사/김형선 목사		
22:00~22:30			
22:30~23:00			
23:00~23:30	취침	취침	Behind Stroy

(2) 프로그램 2

주제 / 너 하나님의 사람아! 거룩한 비전을 준비하라! (창 41:46)

• 첫째 날 코스

① 오전 - 대일외국어고등학교(오전 10시) 서울 성북구 정릉동 17-180

TEL. 02-940-7333-7/ 교무부장

② 오전- 고려대학교(오전 11시 - 중앙광장)

서울 성북구 안암동 5가 1번지 대외협력처 홍보팀

TEL: 02-3290-2675

안내담당자 - 고대홍보팀

③ 오후 - KAIST - 한국과학기술원(오후 3시)

대전광역시 유성구 구성동 373-1번지 홍보팀

TEL: 042-869-2293

안내담당자: 홍보지원팀, 카이스트교회 - 창조과학관 견학

• 둘째 날 코스
① 오전- 한동대학교(오전 11시)
포항시 북구 흥해읍 남송리 3번지 기획홍보과 054-260-1111 / 내선 1041
② 오후 포항공대(오후 2시)
포항시 남구 효자동 산31번지 포항공과대
학생선발팀 054-279-3624,
③ 오후 – 부산 과학 영재고(오후 4시) 051-894-0006 (행정실)
안내담당자 - 교감선생

• 셋째 날 코스
① 오전- 해운대, 광안리 바다 및 태종대 자갈치 시장 일대
② 오후 서울로 출발

(3) 프로그램 3

주제 - 통일의식 / 민족지도자 교육

• 첫째 날 코스
① 오전 10시 - 탈북자와의 만남(지난해 7월 탈북자 주성일 씨 강연)
② 오후 – 전쟁기념관/통일전망대/ 판문점 방문- (선택 2곳) 탈북자 교육기관 '안성 하나원' 탈북 청소년들과 함께

• 둘째 날 코스

주제- 섬김과 나눔/ 미래 지도자 비전 제시

① 오전 – 다일 공동체 병원 원목과 함께 (다일공동체의 취지와 역사, 비전 엿보기

- 다일공동체 섬김의 집/노숙자들을 위한 정오 무료 배식, 설거지 봉사 (오전 10시~13시)

- 무료 병원 – 다일 천사병원/청소업무

(주소 : 서울시 동대문구 전농1동, 02-2212-8004. 자원 봉사 담당자)

② 오후 – 학교 방문(서울대학교)

• 셋째 날 코스

주제- 공동체 비전

① 오전- 대천해수욕장

② 오후- 기독교 대안학교 (아가피아 드림스쿨)

(http://www.dreamschool.or.kr)

(주소: 충남 서산시 대산읍 영탑리 041-681-3413)

(4) 프로그램 4

주제 : 민족 지도자 교육 및 산 순교자적 삶

• 첫째 날

① 국회 견학/국회의사당 (02-788-2865/ 본관 면회실)

② 청와대 견학 (02-730-5800/청와대 관람실) - 오후 2시

③ 한성과학고 (행정실 02-365-2854/교무부장, 연구부장)

④ 연세대 견학 - 효자원으로 이동

• 둘째 날

① 한국 기독교 순교자 기념관(경기 용인/ 031-336-2825)

② 제암리 3.1 운동 기념관(경기 화성/ 031-353-0031)

③ 민사고 견학(민족사관학교)

강원도 횡성군 안흥면 소사리 1334번지 033-343-1115

• 셋째 날

① 선택사항- 설악산 등반 (설악동 033-636-7700)

② 설악 워터피아 (콘도 내 033-635-7711)

(5) 프로그램 5

	25일(월)	26일(화)	26일(수)
6:00~7:00		기상	쿨쿨쿨~
7:00~8:00		아침경건회	
8:00~9:00	출발 (8시 정각에 출발)	아침식사	아침식사
9:00~10:00			
10:00~11:00	sbs방송국	태종대	폐회예배
11:00~12:00	서울영화종합촬영소 (점심식사)	석굴암 (점심식사)	한국전쟁의 발자취를 찾아서
12:00~13:00	왕건을 찾아서 (레크리에이션)		
13:00~14:00		칠곡으로	

14:00~15:00	부산으로 (영화감상)	서바이벌	제2땅굴 & 철의삼각지대 전망대 & 노동당사
15:00~16:00			
16:00~17:00			
17:00~18:00		숙소로 (부산)	
18:00~19:00			
19:00~20:00	저녁식사	저녁식사	귀가
20:00~21:00	학습세미나 강사: 김형선 목사	학습세미나 강사: 김형선 목사	
21:00~22:00			
22:00~23:00	코이노니아	코이노니아	
23:00~24:00			
24:00~01:00	취침	취침	

• 답사 예정지

① 서울 종합 촬영지(www.kofic.or.kr)

주소 : 경기도 남양주시 조안면 삼봉리 100

문의 : 031-5790-605(종합안내실)

② 제천 왕건 셋트장

주소 : 경북 문경시 문경읍 문경새재

③ 칠곡 서바이벌장 (www.koreasurvival.com)

주소 : 대구광역시 중구 동인4가 430-1번지 2층

전화 : 053-427-8119 Fax. 053-257-8864

④ 경주 석굴암

⑤ 해운대 민박

주소 : 해운대구 송정동 전화: 051-743-7714

⑥ 제2땅굴 & 철의 삼각지대 전망대 & 노동당사

(6) 프로그램 6

	26일(목)	27일(금)	28일(토)
	새벽기도회 후 출발!	기상	
		경건의 시간	
		체력단련	
		아침식사	
	개회예배 및 Q.T	경배와 찬양	조별발표
		한동대학 견학	원자력발전소 견학
	점심식사 (포항공대 내)	점심식사 (한동대학 내)	점심식사(휴개소)
	포항공대 견학	울산 이동 및 겨울바다 관광	폐회예배
	포항제철소 견학	현대조선 견학	서울로 향하여!!
	숙소도착 및 휴식	고리이동	
	저녁식사	
	경배와 찬양	
	특강 (학업과 신앙의 조화) 강사: 김형선 목사	Q, A (신앙, 학업, 비전) 교사와 함께	
	조별 주제 토론 (학업과 신앙의 조화)	친교의 시간	
	취침	

(7) 프로그램 7

	1월 28일(월)	1월 29일(화)	1월 30일(수)	1월 31일(목)
6:00~6:30	교회로 모이세요	기상, 세면		
6:30~7:00	출발!	아침 경건회		
7:00~7:30	대전으로 출발 (영화 I 감상)	아침식사		
7:30~8:00				
8:00~8:30		광주로 출발 (영화 II 감상)	여수로 출발 (영화 IV 감상)	보성차밭
8:30~9:00				
9:00~9:30				
9:30~10:00	엑스포과학공원			
10:00~10:30				
10:30~11:00		5.18 자유공원	여수 애양원 순교자 기념관	담양으로 (영화 V 감상)
11:00~11:30				
11:30~12:00				
12:00~12:30				
12:30~13:00		점심식사		점심식사
13:00~13:30				
13:30~14:00				
14:00~14:30	대덕과학 연구단지	해남으로 출발 (영화 III 감상)	충무공 기념관 거북선 제작 한 곳	담양 죽녹원 산책
14:30~15:00				
15:00~15:30				
15:30~16:00				
16:00~16:30				
16:30~17:00	대전시민천문대	해남 땅끝마을 낙조 감상	보성으로 출발	서울로 출발 (저녁은 휴개소 에서)
17:00~17:30				
17:30~18:00				
18:00~18:30				
18:30~19:00		저녁식사		
19:00~19:30				
19:30~20:00				

20:00~20:30	저녁집회 강사 / 김형선 목사		
20:30~21:00			
21:30~22:00			
22:00~22:30			
22:30~23:00	휴식		
23:00~23:30	조별나눔 I	조별나눔 II	코이노니아
23:30~	취침	취침	

① 틈새를 이용한 놀이 / 선교 보드 게임 미션 파워

미션 파워는 선교활동 보드게임으로서 세계 지도를 중앙에 두고 세계 각국을 돌며 각자가 받은 달란트로 선교활동을 하는 보드 게임입니다. 선교를 하는 중에 새로운 미션이 주어지면 미션 카드의 지시대로 실행합니다. 미션 파워 보드게임 목적은 게임을 하면서 세계 선교의 비전을 갖고 세계를 가슴에 품게 하는 데 있습니다. 미션 파워 보드게임은 교회, 가정, 학교, 단체의 공동체 놀이로서 어린이, 청소년, 모두가 즐길 수 있습니다. (인원/ 4명, 2~6명 가능, 시간/1시간 내외, 연령/6세 이상)

• 미션 파워 게임 매뉴얼 참조

② 그 밖에 견학해 볼 만한 장소

현장학습		
기독교 투어(연세대 방문) 아침 고요 수목원 과천 어린이대공원 남이섬 몽촌토성 서울 시민 안전 체험관 장현 5일장 용산 전쟁기념관 대학병원 인천국제공항 자연 탐사캠프(동해) 기차여행(춘천) 일산 호수공원 승리전망대 KBS 방송국 국립중앙박물관 운악산 등반 농군체험 항공 우주박물관 월드컵 경기장 남양주 모란미술관 농업박물관	정글인 순교자 기념관 제암리 순국기념관 삽교호 함상공원 광릉 수목원 부천 아인스월드 성교육(아우성 성교육기관) 포천 일동 5일장 견학 고양 테마 동물원 경찰박물관 중랑 소방서 시민의 숲 동막 갯벌 소양강 댐(유람선) 민속촌 경복궁 산림과학관/ 홍릉 세종대왕기념관	도봉산 등반 농장체험(남경농원) 남산타워/식물원 과천 자연사박물관 국립서울과학관 국립현대미술관 어린이 연극제 한옥마을 - 김장 담그기 63빌딩 - 아이맥스/수족관 예절교육원 어린이교통안전공단 삼성어린이박물관 역사박물관, 책 박물관 서대문형무소 양화진 외국인 묘지 선유도공원 한국 민속촌 눈썰매장 서울과학관 안보 현장 견학(제2땅굴 등)

3) 전국 투어 국내 성지 순례식 성경학교

아래의 성지들을 미리 답사한 후 지역을 잘 분배하여 낮 시간에는 현장 견학을 실시하고, 저녁 시간을 이용하여 복음에 대한 열정과 선교에 대한 비전을 제시하는 어린이(청소년) 집회를 실시합니다.

(1) 프로그램

시간	월	화	수
새벽	아침 경건회		
오전	양화진 선교사의 묘	정동제일교회	오산학교
오후	연세대학교 투어	이화학당/배재학당	숭실대 박물관
저녁	저녁 부흥회		

(2) 전국 각 도시별 성지

서울 / 경기	1. 양화진 선교사 묘지, 기념관 (절두산) * 서울 마포구 합정동 - 지하철 합정역 7번 출구 * 서울 외국인 묘지공원, 헐버트 묘비의 글, 아펜셀러 요. 셔우드 홀(크리스마스실 제작)묘지, 언더우드 묘, 합정동교회 2. 연세대학교 * 언더우드 선교사 동상, 언더우드 관, 아펜셀러 관, 윤동주 사진. * 의대 앞 정원의 세브란스 흉상, 박물관 앞 광혜원 건물 3. 정동제일교회 * 중구 정동(02-753-0001~3), 서울시 사적 256호 * 덕수궁 돌담길 따라 5분 정도 걸으면 4거리 정면 위치 * 100주년 기념탑, 아펜셀러 흉상, 교회 건너 미 대사관 4. 이화학당 * 정동교회 담을 따라 올라가면 이화여고 정문 * 한옥식 정문, 스크랜튼 흉상, 심슨 홀 건물

서울/경기	5. 배재학당 * 이화여고 담 옆- 학교는 이전하고 배재공원에 일부 남아 있음. * 배재학교 이전 기념비, 독립신문사 터, 강당의 머릿돌, 강당 건물 6. 오산학교 * 용산구 보광동 (02-793-7411~2) * 이승훈 흉상, 조만식 흉상, 기념관의 자료 7. 숭실대 기독교박물관 (한경직기념관) * 서울 동작구 상도동 * 배위량 선교사 흉상, 한경직 목사 흉상, 숭실대 100년사 책 * 평양 건물 사진, 돌 십자가(경주 출토, 숭실대 박물관 소장) * 십자무늬 장식 8. 샘골교회(상록수의 고향) * 경기도 안산시 본오동 (031-407-0023) * 상록공원의 기념비, 최용신 전도사 무덤 9. 미리내 성지 * 경기도 안성시 양성면 미산리 * 경부 고속도 - 서안성 IC - 양성- 난실리-노곡- 미리내 성지 * 중부 고속도-일죽IC- 매산리 - 죽산-안성 고삼 -노곡-성지 10. 백령도 중화동교회 (현 담임: 전용류 목사) '옹진군 백령면 연화2리 11. 소래교회(최초의 교회) * 용인시 양지면 총신대 양지 캠퍼스 * 영동 고속도- 양지IC 12. 제암교회 * 화성군 향남면 제암리 수원 서남쪽 20킬로 * 교회 뒤 묘지, 순국기념비, 기념탑 13. 천진암 * 경기도 광주시 퇴촌면 우산리

서울 / 경기	14. 한국 기독교 순교자 기념관 * 경기 용인시 추계리 * 영동 고속도- 양지IC- 42번 국도 – 이천 방면 4킬로에 안내판 15. 선교 100주년 기념탑 * 인천 제물포역 옆 부둣가 16. 내리교회 * 동인천역 맞은편 언덕을 5분 정도 걸어 올라가면 우측 골목의 종탑 * 1885년 아펜셀러 선교사가 세운 최초의 감리교회 17. 영화초등학교 * 인천시 동구 창영동 붉은 벽돌 건물 * 1909년 설립된 최초의 초등학교 18. 교동교회 * 강화군 교동면 상용리 * 강화로 가는 국도 48호가 끝나는 창후리에서 배에 차를 싣고 10분이면 도착) * 오르간, 강대상 19. 성공회 강화읍교회 * 강화읍 관청리 20. 강화 교산교회 * 강화군 양사면 교산1리 * 김상임 전도사 기념비 21. 가나안농군학교 * 제1교: 하남시 풍산동, 제2교: 강원도 원주시 신림면 용암리 * 흙벽돌집, 김용기 장로 가족묘 22. 두레마을 * 경기 화성군 우정면 화산리. * 성막 모형 23. 이사례 권사(이기풍 목사 따님 02-909-4336) * 서울 종암 2동 성복중앙교회 * 이기풍 목사 순교 전 사진

강 원 도	1. 대한수도원 * 갈말읍 군탄리 (한탄강 순담계곡) 2. 장흥교회 * 장방산 장흥1리 * 순교기념비 충혼탑(철원) 3. 철원 제일감리교회 * 폐허되고 터만 남음 4. 한서교회 * 홍천군 서면 모곡2리 (033-434-1069) * 경춘국도- 청명 – 신 청평대교- 설악면 쪽에서 홍천 방면 – 널리 재 아래 왼편에 위치 * 남궁 억 기념관, 찬송가 371장. 무궁화의 고장. * 한서초등 정문 왼쪽 묘지. 산 정상의 기념비 5. 가나안농군학교 * 제2교 원주시 신림면 용암리
충 청 도	1. 매봉교회 * 천안시 병천면 용두리 * 유관순 생가, 매봉산 정상의 기념탑 2. 병촌교회 * 논산군 성동면 병촌리 * 익산과 논산 경계, 호남 고속도- 선운산 IC- 성동 쪽 3. 해미 생매장 순교지 * 서해안고속도-해미 IC- 해미순교성지 * 경부고속도-천안 IC-아산-예산-덕산-해미 4. 규암교회 * 부여, 이상덕 목사 역사관 5. 인돈학술원 * 대전시 대덕구 오정동 (042-629-7114) * 한남대학교 내 인돈기념관, 한남대교회 6. 청주 양관 * 청주시 상당구 탑동 일신여중고 내 * 양관, 선교사 묘지, 선교 기념비 7. 영명학교 * 공주시 중동 * 건물, 뒤뜰의 흉상, 기념비

제 주 도	1. 제주 중앙교회 * 도인권 목사 2. 이기풍 선교기념관 * 북제주군 조천읍 3. 대정교회 * 남제주군 대정읍 안성리 * 이도종 목사 4. 이시돌 목장 * 은총의 동산 5. 성내교회, * 성안교회' 제주시 삼도 2동, 기념비 6. 하멜 표류지 * 가파도 근처
경 상 도	1. 자천교회 경북 * 영천시 화북면 사무소에서 100m * 대구 – 산업도로(하양, 금호 지나) 포항 방면– 자동차 전용도로 2. 웅천교회 * 창원군 웅천면(현재 진해시 웅천1동) 진해 해변에 위치 * 주기철 목사 고향 교회, 생가, 기념비 3. 대구 동산 의료원과 사과나무 * 오전 10시~12시, 오후 2시~4시 관람 가 4. 초량교회 * 부산시 동구 초량1동 * 부산역에서 지하도 건너 10분 걸으면 초량초등 학교 옆 교회 * 주기철 목사 강대상

전라도	1. 김제 금산교회 (ㄱ자 교회) * 김제군 금산사 입구 주차장 마을 * 한옥 거물, 종탑, 올겐, 강대상 * 조덕삼 장로, 이자익 목사 영정 2. 정읍 두암교회 * 정읍시 소성면 애당리 * 순교자의 묘, 순교기념탑 3. 전주 서문교회 * 전주시 완산구 다가동 123번지(063-287-3270) * 종탑, 기념관 4. 영광 야월교회 * 영광군 영산면 야월리 * 순교기념탑, 기념관 5. 영광 염산교회 * 영광군 영산면 * 77인 순교기념 돌탑, 땅 위 십자가, * 기독교인 순교탑 * 건물 위 배, 종, 묘지 6. 여수 애양원 *순천에서 여수 가는 길에 여수 공항 직전 좌회전 이정표 있음 * 손양원 목사 3부자 묘, 기념관, 교회, 시비, 성화, 종 7. 여천 우학리교회 * 여천군 남면 금오섬 우학리, 여수 중앙동 파출소 옆 선착장에서 1일 2회 출항(1시간 소요). 내려서 버스 15분 * 이기풍 목사 묘, 종 8. 소록도 * 고흥반도 끝 녹동에서 1킬로 9. 한국선교역사박물관 * 순천 매산학교 아래, 순천 기독진료소 2~3층 10. 노고단 선교 유적지 * 지리산 노고단 정상 밑 매점 대피소 옆 11. 영암 구림교회 * 월출산 끝자락 왕인 박사 유적지 앞 동네, 구림 고교 근처 * 교회 종탑, 순절비, 순교비 12. 영암읍교회 * 영암읍 서남리 * 순교비 13. 상월교회, 천해교회, 매월교회, 삼호교회, 서호교회, 독천교회 * 영암군 내 순교지

전라도	14. 기도바위 * 목포 유달산 김응조 목사님이 기도했던 곳 15. 목포 공생원 * 목포시 죽교동 (유달산 밑) * 윤학자 여사 흉상 16. 신안 중동리교회 * 신안군 증도면(지도 지나 사옥도 선착장에서 배로 15분) * 문준경 전도사 기념관, 묘지, 기념비

참고문헌

- 강병진, 아동교육, 기독교문서선교회, 1986.
- 글로벌문화선교클럽, 테마별 성경학교, 에벤에셀, 2008.
- 마이클 J 앤서니, 기독교 교육 개론, 정은심, 최창국 역, CLC, 2022.
- 엄문용, 패러다임 전환시대의 새교육, 대한기독교서회, 2002.
- 이규민 김난예 김재우 김희영, 인간발달과 기독교교육, 동연, 2023.
- 이금만, 발달심리와 기독교교육, 크리스챤 치유목회연구원, 2000.
- 이병렬, 교회의 미래 어린이 안에 다 있다, 생명의 말씀사, 2018.
- 임계빈, 목양교사를 위한 교회교육 길잡이, 엘맨, 2024.
- 헨리에타 미어즈, 주일학교의 모든 것, 조계광 역, 생명의 말씀사, 2023.
- 홍진화, 두날개의 원리를 적용한 교회학교 성장, 솔로몬, 2011.

6장 – 소년부

(10~11세)

소년부 시기는 한마디로 '불확실성'의 시기입니다. 모든 것이 한꺼번에 변합니다. 학생들의 감정이 종종 롤러코스터를 타는 것처럼 보이는 것도 결코 무리가 아닙니다. 청소년 초기에 접어든 자녀를 둔 부모나 그 아이들을 지도하는 사역자와 교사들은 그들을 이해하는 데 큰 어려움을 느낄 수밖에 없습니다. 아마도 청소년 초기는 인간 발달 단계 가운데 가장 오해가 많은 시기인 듯합니다. 우리는 이 시기를 유년기와 청소년기 사이에 놓인 과도기로 이해합니다. 즉, 구체적인 사고에서 추상적인 사고로 아이의 몸에서 젊은 성인의 몸으로, 정서적으로 의존하는 상태에서 독립적인 상태로 부모와 가족에 대한 관심에서 벗어나 또래 관계를 중시하는 쪽으로 기우는 과도기라고 생각합니다. 우리는 매우 오랫동안 소년부 학생들을 또래에 비해 덜 성숙한 고등학생이나 다루기 힘든 초등학생처럼 대해 왔습니다. 그러나 이 시기는 유년기나 청소년기 그 어느 쪽에도 속하지 않습니다. 이 시기 학생들은 인생의 두 단계의 틈바구니에 끼여 있지 않습니다. 이들은 매우 구체적이고 놀라울 뿐 아니라 뚜렷한 특성을 지닌 성장의 변화를 거치고 있습니다. 이 시기의 잠재력은 놀랍기 그지없습니다.

1. 소년부 아이들의 특성

1) 신체적 특성

　변화와 성장 속도가 제각기 다릅니다. 그런 차이는 개인들 사이에서는 물론, 남자아이와 여자아이 사이에서도 찾아볼 수 있습니다. 일반적으로 여자아이가 더 빨리 성장합니다. 청소년 초기에는 여자아이가 남자아이보다 키가 큰 경우가 많습니다. 그러나 경험하는 것은(시간상의 차이는 있지만) 서로 비슷합니다. 저마다 청소년기 이전에는 성장 속도가 빠르게 증가하다가 이후부터 점차 느려집니다. 신체가 성적으로 온전히 성숙한 뒤부터는 성장 호르몬이 작용을 멈춘 것처럼 보입니다. 쑥쑥 성장합니다. 뼈가 근육보다 빠르게 자라는 까닭에 더 커지고 발달한 새로운 몸은 마치 조화를 잃은 것만 같습니다. 손과 발이 팔다리보다 더 빨리 성장합니다. 특히 발 때문에 애를 먹습니다. 몸의 나머지 부분에 비해 발이 지나치게 크기 때문입니다. 팔다리가 몸통보다 빠르게 자라고, 그로 인해 종종 성장통을 겪기도 합니다. 갑작스런 성장 때문에 쉽게 피로를 느낍니다.

　몸이 계속 성장과 변화를 거치기 때문에 체력이 떨어져 수면 욕구가 더욱 커집니다. 매우 활동적입니다. 이 시기 아이들은 항상 돌아다니고 싶은 충동을 느낍니다. 그래서 밖에서 하는 활동을 좋아합니다. 야외는 대근육을 움직이고 활달한 활동을 하기에 적합하기 때문입니다. 오랫동안 가만히 앉아있기 힘들어합니다. 몸이 계속 성장하고 있기 때문에 활동적으로 움직이는 것이 필요합니다. 쉽게 피로를 느끼면서도 몸은 태워야 할 에너지를 마구 분출합니다. 몸이 급성장하기 때문에 음식을 섭취하는 양이 늘면서 태워 없애야 할 칼로리도 덩달아 늘 수밖에 없습니다. 이 시기 아이들은 과도한 경쟁과 활동으로 과로하기 쉽습니다. 몸의 활력과 지구력이 움직이기 좋아하는 이들의 욕구를 제대로 채우지 못하기 때문입니다. 스스로를 잘 통제할 능력이 없기 때문에 활달한 활동과 적당한 휴식이나 수면이 균형을 이루기가 어렵습니다. 호르몬 변화에 크게 시달립니다. 청소년 초기의 삶은 매우 복잡합니다. 청소년기가 시작되면서 몸 안에서 호르몬이 마구 분출됩니다. 새로운 호르몬은 비약적인 성장과 신체적인 변화를 일으켜서 아이들의 몸에 영향을 끼칩니다. 물론, 호르몬의 영향은 신체에만 국한 되지 않습니다. 마구 분출되는 호르몬은 청소년 초기 아이들의 정서에도 큰 영향을 끼칩니다.

2) 인지적 특성

청소년 초기 아이들은 인지적으로도 변화합니다. 예배 시간에 가만히 앉아서 예배를 드릴 수는 있지만, 아직 성인들이 이해하는 수준에는 미치지 못합니다. 호기심이 매우 강합니다. 뒤집어 생각하면, 다른 곳에 쉽게 정신을 빼앗길 가능성이 높다는 뜻입니다. 집중하는 시간이 계속 향상되는데, 특히 문제 해결력이 탁월하게 발달합니다. 무엇을 판단할 수 있고, 가설적인 추론(즉 형식적이거나 추상적인 사고의 산물)을 이용하는 능력도 빠르게 발달합니다. 이들의 두뇌는 충분한 자극을 주어 눈앞의 문제에 초점을 맞추게 할 때 가장 잘 기능합니다. 구체적인 사고에서 추상적인 사고로 옮겨가기 시작합니다. 이 시기 아이들은 이성적 추론 능력이 전보다 훨씬 뛰어납니다. 그러나 상징을 이해하는 능력은 여전히 부족할 수 있습니다. 오랫동안 교회에 다닌 아이들은 좀 더 깊은 인식력을 바탕으로 믿음을 이해하고 인격화하려고 노력하는 동안, 스스로의 신념에 의문을 품기 시작합니다. 실제적인 경험이 부족합니다. 두뇌와 신경 체계는 거의 온전하게 발달 된 상태이지만, 개별적인 상황을 이해하는 데 필요한 자료를 획득하고 분석하는 경험이 매우 부족합니다.

따라서 이들은 성인의 문제를 적절하고 성숙한 방법으로 해결할 능력이 없습니다. 이 아이들은 여전히 성인에게 도움을 받아야 하며, 성인들도 그들이 감당할 수 있는 책임 이상의 것을 그들에게 요구하지 않아야 합니다. 시간개념이 거의 없습니다. 한 달 뒤까지 과제물을 제출하라는 요구도 이들에게는 아무 의미가 없습니다. 현명한 교사라면 과제물을 단기적으로 조금씩 나눠 제출 기한을 정하는 방식으로 큰 과제를 마무리 하게 만들 것입니다. 교회에서도 마찬가지입니다. 회비를 내거나 등록 신청 마감일을 아무리 일러줘도 그 내용이 부모에게 전달되지 않으면, 학생들은 전혀 관심을 기울이지 않을 것입니다. 따라서 교사는 학생들이 마감 시간보다 늦을 것을 미리 예상해야 합니다. 현재와 실제적인 것, 실천적인 것에 관심을 보입니다.

이 시기 아이들은 시간 개념이 없기 때문에 보고, 듣고, 만지고, 맛보고, 냄새 맡고, 직접 행하는 일, 곧 현재에 관심을 기울입니다. 따라서 이 아이들에게 적절한 학습 활동이 이루어지고 제대로 적용되려면, 그들이 경험할 수 있고 즉시 실천할 수 있는 것에 초점을 맞춰야 합니다. 헛된 공상에 쉽게 빠집니다. 교사가 준비한 것이 재미없고 무의미하면 학생들의 관심을 끌기 어렵습니다. 이들 앞에 열려 있는 세상은 온갖 새로운 경험으로 가득합니다. 이들의 관계는 극적으로 변화하고 있습니다. 이들은 자기 앞에 미래가 있으며, 언젠가 성인이 될 것이라는 사실을 깨닫기 시작합니다. 이런 의식이 추상적인 사고능력의 발달과 맞물리면서 공상을 부추기기에 적합한 상황을 만듭니다. 아이들의 몸과 정신이 활동에 적극 참여한다면 공상에 빠질 가능성이 크게 줄어들 것입니다.

글쓰기, 연극, 그림 그리기 등과 같은 활동을 좋아합니다. 이 시기 아이들은 창의적인 방법으로 자신을 표현하길 즐깁니다. 어떤 수단을 선택해서 표현하느냐는 제각기 다를 테지만, 자신만의 개성을 표현할 방법을 찾는다는 점에서는 모두 같습니다. 따라서 창조적인 예술 활동을 다양하게 제시해 여러 방법으로 자기를 표현할 수 있게 한다면, 상당히 유익할 것입니다. 특별한 재능을 지닌 아이들은 이 시기에 그런 훈련을 통해 그 재능이 드러나기도 합니다. 도전적인 일을 좋아하면서도 뚜렷한 한계가 있습니다. 지성적인 도전을 원하지만, 그 일이 어렵거나 부당하다고 느끼면 해야 할지 말아야 할지 고민합니다. 이 시기 아이들은 대부분 학교에서 너무 많은 것을 요구한다고 말합니다.

3) 정서적 특성

소년부 시기는 감정변화가 심합니다. 그런 갑작스런 변화는 자기 자신은 물론 부모나 교사를 혼란에 빠뜨립니다. 이들은 감정 기복이 몹시 심합니다. 사랑과 미움, 행복과 두려움, 흥미와 지루함 사이를 널뛰듯 넘나듭니다. 그런 감정변화는 다른 사람들과의 관계부터 교회에 다니고 싶은 욕구에 이르기까지 이들의 삶 전반에 영향을 끼칩니다. 교사는 아이들이 감정을 통제할 능력이 없다는 사실을 기억해야 합니다. 특정 상황에서 아이들이 감정적으로 지나치게 반응하더라도 참고 받아들여야 합니다. 이들은 막 웃다가 금세 울 수도 있습니다. 환경과 호르몬 변화가 서로 충돌해 자기 자신과 친구들, 자신을 지도하는 성인들에게 느끼는 감정이 크게 엇갈리는 것은 아이들 잘못이 아닙니다. 교사의 임무는 이들을 도와 자신의 감정 상태가 어떠하든 적절하게 반응하거나 행동하는 법을 가르치는 것입니다. 소년부 시기는 자신의 행동과 말을 어느 정도 통제할 수 있습니다. 물론 그렇게 쉽지는 않습니다. 따라서 이 아이들은 인내심과 사랑을 겸비한 침착한 성인들에게 스스로가 느끼는 감정과 상관없이 적절히 반응하는 방법을 거듭 배워야 합니다.

　이들을 지도하는 사람들은 그들 앞에서 적절한 행동과 성숙한 그리스도인의 태도를 보여주어 스스로의 감정을 통제해야 합니다. 실망감이나 분노를 옳게 다스리지 못하는 교사나 부모는 혼란스런 감정을 내비치기 때문에 아이들을 돕기는커녕 오히려 해롭게 하기 십상입니다. 이 시기 아이들을 실질적으로 훈련하는 한 가지 방법은 교사와 부모가 서로 의견을 나누고 공동의 목표를 파악하는 것입니다. 소년부 시기는 쉽게 분노하는 경향이 있습니다. 분노는 이 시기 아이들에게서 흔히 관찰되는 감정입니다. 아이들은 걸핏하면 화를 냅니다. 분노의 원인은 피로, 역량이 부족하다는 느낌, 불안감, 배척당했다는 느낌 등 매우 다양합니다. 이들의 삶에서 분노를 자극하는 수많은 요인은 대체로 부정적인 문제이기 때문에 어느 정도는 이해할 수도 있습니다. 그렇더라도 실망감을 적절히 표현하거나 다스리는 법을 배우고, 분노의 감정을 긍정적으로 처리하는 방식을 익혀야 합니다. 이 시기 아이들 가운데는 지속적인 상담과 훈련을 통해 부적절한 반응을 피할 수 있는 실질적인 방법을 알아야 할 아이들도 있습니다.

소년부 아이들은 두려워합니다. 이들의 두려움은 걱정이라는 모양으로 찾아옵니다. 삶의 모든 영역에서 요구하는 것이 늘면서 아이들은 주어진 일을 남들이 인정하는 수준만큼, 즉 또래와 부모, 교사를 만족시킬 수 있을 만큼 잘 해낼 수 있을지 걱정합니다. 남들에게 인정받지 못하고 배척당할지 모른다는 두려움이 이들에게는 가장 큰 걱정거리입니다. 자신이 적합한지, 인정받을 수 있는지 항상 염려합니다. 성적표나 또래 친구들의 비난은 이 시기 모든 아이가 자신을 평가하는 과정에 지대한 영향을 끼칩니다. 그들은 자신의 두려움을 부정합니다. 아이들에게 무엇이 두렵냐고 물어보면 십중팔구 아무것도 두렵지 않다는 대답을 들을 것입니다. 그 두려움이 어릴 때 어둠을 무서워하는 것과 같은 두려움이라면 특히 그렇습니다. 그런데도 이 시기 아이들의 두려움은 매우 실제적입니다. 아이들은 실제로 두렵더라도 겉으로는 두려움을 인정하지 않습니다. 성인들은 이러한 성향을 쉽게 이해하지 못합니다. 아이들은 보호자를 데려오겠다고 하면 강하게 반발하지만, 밖에서 이상한 소리가 들리거나 자신을 보호해 줄 사람이 아무도 없다는 것을 알면 벽장 속에 몸을 감춥니다. 갓난아이를 위한 야간 조명 등은 원하지 않지만, 한밤중에 이상한 소리가 들릴 때를 대비해 베개 밑에 손전등을 감추어 둘 것입니다. 성인인 교사들은 이러한 실제적인 두려움을 무시해서는 안 됩니다. 만일 그렇게 한다면, 아이들은 무시당한다고 느낄 것입니다.

그들은 경쟁 때문에 고민합니다. 이것은 이 시기 아이들이 드러내는 또 다른 모순입니다. 아이들은 경쟁을 좋아하기도 하고 싫어하기도 합니다. 이것은 이기고 지는 것과 밀접한 관계가 있습니다. 사실 누구나 자신의 승리를 확신할 수 있을 때는 경쟁을 좋아하고, 질 것 같을 때는 경쟁을 피하고 싶어합니다. 경쟁할 때는 가장 사소한 약점까지 훤히 드러나기 마련입니다. 소년부 아이들은 이미 자신의 부족함을 질책하는 성향이 강합니다.

 소년부 아이들은 혼자만의 영역을 가꾸어 나갑니다. 때로는 아이들이 계속해서 멈추지 않고 이야기를 할 것처럼 보이지만, 이 시기가 거의 끝나갈 무렵이 되면 다른 사람들 특히 권위를 지닌 사람들에게 절대 말하고 싶지 않은 자기만의 영역이 생깁니다. 예를 들면, 자기 자신과 또래들에 관한 두려움과 의문이 그런 영역입니다. 따라서 그룹 토론 시간에는 사생활을 침해하지 않도록 신중해야 합니다. 교사는 어느 정도 대화 주제를 선택할 수 있는 자유를 허용해야 하며, 사적인 일을 털어놓으라고 강요해서는 안 됩니다. 사춘기 초기 아이들에게는 격려와 도움, 조건 없는 사랑이 필요합니다. 교사는 이들에게 격려하고 인정하는 말을 자주 들려주어야 합니다. 이 시기 아이들은 많은 변화와 함께 감정적으로도 기복과 갈등을 경험합니다. 그렇기 때문에 그들의 행동이 마음에 들지 않더라도 조건 없이 인정하고 사랑해 줄 어른이 최소한 한사람쯤은 있다는 것을 거듭 확인시켜주는 것이 필요합니다.

 소년부 아이들은 어딘가에 필요한 존재가 되고 싶어합니다. 또한 자신에 대해 긍정적인 감정을 느끼고 싶어합니다. 이 시기 아이들이 종종 유치부 자원봉사자로 일하겠다고 나서는 이유가 여기에 있습니다. 아이들은 자기보다 어린아이들을 돌보는 것을 매우 좋아합니다. 유치부 아이들이 그들을 필요로 하고 좋아하기 때문입니다. 따라서 청소년 초기 아이들에게 다른 사람의 자녀를 여러시간 돌볼 수 있게 하면, 긍정적인 감정을 느낄 것입니다. 또한 그런 기회를 통해 앞으로 부모가 되어 살아갈 미래를 적절하면서도 진지한 마음으로 바라볼 수 있습니다. 이 아이들에게 다른 아이들을 돌볼 기회를 제공하면, 자신이 다른 사람들의 삶에 기여할 수 있다는 사실에 크게 기뻐할 것입니다.

4) 사회적 특성

소년부 아이들에게 또래 친구는 매우 중요합니다. 이 시기 아이들은 또래에게 많은 영향을 받습니다. 가족에게 의존하는 마음에서 벗어나 독립적인 태도와 개성을 드러내기 시작하면서 그 공백을 채우려고 가족을 대신할 다른 존재(교회 청소년부, 운동팀, 또래 모임 등)를 찾아 나섭니다. 이들은 친구들이 자신을 받아주지 않을지 모른다는 두려움 때문에 그들과 똑같이 행동하고 말하려고 노력합니다. 또래 그룹은 이들에게 몹시 중요합니다. 이 시기 아이들은 또래 그룹에 소속되지 못하면, 속으로 매우 우울해합니다. 그들은 다른 사람과 자신에 대해서 비판적입니다. 아이들은 자기 자신이 어설프다고 생각합니다. 자신이 무엇을 잘할 수 있을지 고민할 때가 많고, 자신의 지적 능력과 운동 능력이 다른 사람들에 비해 어느 정도인지 궁금해합니다. 신체적 기량이나 지적 능력을 입증할 만한 운동이나 공부와 같은 영역에서 실패하거나 부족하다고 드러난다면 심각한 정신적 위기를 겪을 수 있습니다. 얼굴에 있는 점, 큰 발, 인기 없는 상표의 옷 등도 그런 위기를 초래하는 원인이 될 수 있습니다. 이 시기 아이들의 친구들은 그런 차이를 얼른 알아보고 비웃는 성향이 있기 때문에 다른 사람이 자신에 대해 말하는 것에 맞추려고 스스로를 질책하거나 자신을 비웃지 못하게 하려고 역으로 다른 사람들을 비웃기도 합니다.

소년부 아이들은 좋은 동성 친구가 필요합니다. 청소년 초기 아이들은 이성을 싫어하는 경향이 있습니다. 이 시기에는 좋은 동성 친구와 단짝 친구를 만들고 싶어합니다. 아이들이 동성 친구와 어울리는 것은 지극히 정상일 뿐 아니라 나중에 이성 친구와 긍정적인 관계를 맺는데 필요한 경험을 형성하는 필수 과정이기도 합니다. 동성 간의 관계를 동성애의 전조라고 여겨 우려하는 것은 잘못된 생각입니다. 이것은 아이들이 성숙한 사회인으로 성장하기 위해 반드시 거쳐야 할 건전하고 자연스런 과정입니다. 청소년 초기가 끝나갈 무렵이 되면 친구 관계가 이성으로 확장되기 시작합니다. 이것은 이 시기 아이들이 겪는 또 다른 과도기입니다. 따라서 교사는 남녀 학생이 함께 어울릴 수 있는 소그룹 활동을 준비해 이성과 적절한 관계를 맺는 법을 배울 수 있도록 돕는 것이 좋습니다. 그들은 부모에게서 벗어나 독립성과 자율성을 추구합니다. 이 시기 아이들은 부모에게서 벗어나 독립적으로 행동하고 싶어 하지만, 여전히 성인들의 도움과 정서적인 지원이 필요합니다. 부모 같은 교사가 소년부 사역을 이끌 때 큰 효과를 거두는 이유가 여기에 있습니다. 자신의 부모에게서 벗어나 독립적으로 행동하길 원하는 아이들에게 다른 부모가 그들의 부모를 도와 의미 있는 성인이 되어준다면, 가장 바람직할 것입니다.

소년부 아이들은 외모에 점차 많은 관심을 기울이기 시작합니다. 이 시기 아이들은 외모를 지나치게 의식할 뿐 아니라, 일어날지 안 일어날지 모르는 변화에 극도로 민감합니다. 아이들은 자신의 겉모습에 강하게 집착합니다. 외모에 대한 이런 집착 때문에 이 시기 아이들은 대중 매체를 통해 보게 되는 또래와 사회 전체의 기대에 극도로 예민하게 반응할 때가 많습니다. 잡지와 영화, 텔레비전은 멋있고 화려한 이미지를 끊임없이 내보내고, 어설프게 보이는 청소년 초기 학생들은 그런 이미지에 자신을 비교하며 종종 실망합니다. 따라서 이 경우에도 아이들은 어떻게 해서라도 그 기준에 맞추려고 온갖 노력을 쏟습니다. 아이들은 옷이나 신체적인 아름다움 같은 외적 요인으로 자신이 받아들여질지 아닐지가 결정된다고 믿습니다.

소년부 아이들은 성찰하는 성향이 강합니다. 이 시기 아이들은 개성을 의식하고 정체성을 보존하려는 마음이 점차 강해지기 때문에 자신의 생각과 관심사를 혼자 사색할 수 있는 자기만의 시간이 필요합니다. 아이들은 때로 자신만의 자유를 누리며 조용히 생각할 시간을 갖기 위해 혼자 책을 읽기도 합니다. 이런 태도는 이 시기에 흔히 나타나는 다른 특징들과는 많이 달라 보이지만, 아이들의 인격 형성 과정에서 매우 중요한 역할을 하기 때문에 조용히 자신을 돌아볼 수 있는 시간을 마련해 주는 것이 좋습니다. 그들은 일이라고 생각하는 것은 아무것도 좋아하지 않습니다. 이런 특성은 이 시기 초기에 특히 집에 있을 때 확연하게 나타납니다. 자신이 필요한 존재라고 느끼기를 좋아하는 아이들의 특성을 고려하면, 이런 현상은 언뜻 모순되어 보일 수도 있습니다. 이들에게 어떤 일을 부탁할 때는 일처럼 느껴지게 해서는 안 됩니다. 그래야만 세차, 설거지, 동생 돌보기와 같은 일을 부탁해도 즐거운 마음으로 받아들이게 할 수 있습니다. 일이 판에 박힌 듯하거나 고되게 느껴진다면, 아이들은 금방 열의를 잃어 버립니다. 특히 이들 가운데는 학교 공부를 어렵게 느끼는 아이가 많습니다.

5) 영적 특성

　소년부 아이들은 하나님과 친밀한 관계를 맺으려는 열의가 강합니다. 이 시기 아이들은 부모에게 물려받은 믿음에서 인격화된 믿음으로 발전하고 있기 때문에 생후 처음으로 영적인 일에 자발적인 관심을 보이기 시작합니다. 관찰자의 시각에서 보면, 이들은 과도기이기 때문에 영적으로 중요한 결정을 내리지 못할 것처럼 보일 수도 있습니다. 그러나 그렇지 않습니다. 이들은 하나님을 위해 놀라운 결정을 내릴 수 있습니다. 물론 나중에는 이 과도기에 내린 결정이 옳았는지 다시 생각해야 할 때가 올 테지만 말입니다. 그들은 양심이 더욱 민감해집니다. 특히 다른 사람들의 행동에 깊은 관심을 드러냅니다. 주위에 있는 어른들이 공정하고 정직하게 행동하는지 예의 주시하고, 부모와 교사들의 가치관을 끊임없이 평가합니다. 그러면서 자신의 행동에는 더욱 관대해집니다. 예를 들어 시험을 볼 때 부정행위를 하거나 가게에서 물건을 훔쳤을 때 자신이 한 일이라면 정당화하지만, 다른 사람들이 저질렀을 때는 지체없이 비난을 퍼붓습니다. 그들은 공정한 태도를 매우 중요하게 생각합니다. 어른들이 일관되지 못하게 행동하면, 즉각 '부당해요'라고 반발합니다. 이 시기 아이들은 정의가 반드시 실현되어야 한다고 믿습니다. 교사와 부모가 자신들을 다룰 때는 특히 더 그래야 한다고 생각합니다.

소년부 (10~11세)	
특징들	사역을 위한 시사점들
• 신체적 ·빠른 신체적 성장 ·점차 자신의 몸에 잘 적응해 감 ·조작적 협응력이 발달됨 ·힘과 인내 면에서 소년들이 소녀들보다 앞서감 ·종종 소녀들이 소년들보다 더 크고 무겁다 ·놀라운 에너지와 활동 ·식욕 증진 ·성에 관한 관심과 호기심 증가(특히 소녀 중에서)	·활동적인 학습 활동을 구성하라 ·더 큰 집중과 독창성과 섬세한 조작 기술이 요구되는 활동으로 이 연령그룹을 도전하라 ·자신의 외모에 어색해하는 아이에게 민감해라 ·성경적 관점에서 성과 전 청소년기에 관련된 한 단원을 설계하는 것에 대한 가능성을 부모들과 논의하라
• 인지적 ·이성적이고 논리적이며 합리적이게 됨 ·사고에서 분류, 보존, 가역성이 발달함 ·미래에 대해 생각하고 공상을 함-작업 선택을 생각하면서 ·호기심 많고 의문이 많으며 도전적임 ·쉽게 학습될 수 있는 것들을 선호함 ·추상적인 개념은 앵무새처럼 흉내만 낼 수 있지만 이해 면에서는 구체적임	·이들의 능력에 알맞은 과제가 요구됨-아들은 실패를 두려 위하여 그들에게 유치한 것으로 보이는 과제는 경멸한다. ·그리스도인을 돕고 안내하는 분으로서 성령님과 그의 사역을 이해하기 시작 ·세례와 주의 만찬에 대한 기초를 이해할 수 있음 ·하나님의 말씀은 영감을 주며 진실하고 일상생활에 조언이 될 수 있다. ·성경이 만들어진 증거를 가르치기 위해 기초를 놓아라 ·용어 색인과 백과사전과 사진과 같이 성경 이해에 도움이 되는 교구재 사용법을 가르치라 ·성경 말씀 암기를 격려 하지만 구체적 이해와 실천적 적용을 지속해서 점검하라 ·성경 이야기와 개념 적용에 대해 그들 자신의 반응을 쓰고 만들 기회를 제공하라

• 사회적/정서적 ·강력한 또래 그룹 영향력이 성인의 영향력을 대신함 ·또래들과 잘 어울리기를 열망 ·가끔 폭발하지만, 정서적으로 안정적임-사춘기가 다가오면서 점차 짜증을 냄 ·조직된 그룹 활동을 즐김 ·자기인식 작업 중이며 독립성을 요구함 ·자기 자신이 선택하는 것을 원함 ·기본적인 도덕적 질문들에 도전을 받음 ·부모와의 갈등 시작을 표출할 수 있음 ·권위에 도전하기 시작하고 성인에게 비평적으로 됨 ·영웅 숭배가 강함-종종 연예 스포츠계에서 영웅을 선택함 ·경쟁을 즐김	·그룹 학습 활동을 지속해서 제공하라 ·동성 또래들과 함께할 수 있는 시간을 조성하라-아마도 실외 환경에서 ·성인들과의 소통이 줄어들 때 아이들과 대화할 기회에 기민하게 대처하라 ·이 나이 그룹과 상호 작용 할 때 비판적 태도를 피하라 ·그들의 사회 문화와 친숙해지라-그들이 어떤 TV 프로그램과 게임을 좋아하는지 발견하라 ·성인의 안내는 저자세로 돼야 함 ·5-6학년 아이들은 창조적 봉사활동에 참여하게 하라 ·활동적인 인물들의 성경 이야기를 활용하라 ·그들이 다룰 수 있는 수준에서 한 주제와 이슈들을 교육과정 속으로 가져오라-마약, 알코올, 성, 이혼, 학대, 폭력, 전쟁 등 ·교회 내에서 '그들 자신의' 그룹 정체성 발달을 조성하라-그들 자신의 클럽, 그룹, 방 등

• 영적	
·하나님에 관하여 친구들과 자연스럽게 나눔	·재미있는 활동에 친구들을 데려오도록 격려하라
·교회 활동에 대한 책임감과 교회에 대한 소속감 증가	·집에서 성경을 읽고 공부할 수 있음
·하나님에 대한 사랑의 느낌이 깊어짐	·정규적으로 기도함
·예수님을 개인적으로 구세주로 받아들임	·그들이 관심을 가지는 기독교적 읽을거리들을 제공하라
·의사결정에 하나님의 인도를 추구할 수 있음	·그룹의 나머지에 사회 학습과 성경 학습 활동을 계획하여 인도할 기회를 조성하라
·가족 구성원이나 다른 그리스도인들의 삶에서 보이는 생활양식의 불일치에 비평적임	·이 나이 그룹과 사역할 부부들과 싱글들을 모집하라
	·제자도와 관계를 강조

2. 학습 스타일에 따른 활동

• 학생들의 학습 스타일에 따라 다양한 활동을 이용하여 사역 계획을 세우라.

① 시각형 학습 스타일

시각형 학습자에게는 배운 것을 시각적으로 묘사할 수 있는 기회(그리기와 만들기를 비롯한 여러 예술 활동)를 제공하여 자신을 표현하게 하라. 아이들이 지루한 듯 뭔가를 자꾸 끄적거리더라도 신경 쓰지 말라.

② 언어형 학습 스타일

언어형 학습자들은 읽기와 쓰기 활동을 좋아합니다. 이 아이들은 말을 창의적으로 사용하며, 소리로 들리는 말에 민감합니다. 이들은 말하고 토론하고 이야기하는 것을 좋아합니다. 따라서 대화와 토론을 충분히 활용하고 창의적인 이야기를 생각할 수 있도록 이끌며, 암기를 독려하라.

③ 운동형 학습 스타일

운동형 학습자들은 움직이고, 만지고, 놀이하고, 뛰는 것과 같은 활동에 참여 하기를 좋아합니다. 한쪽에서 다른 쪽으로 쉽고 빠르게 자주 움직일 수 있도록 교실에 가구를 최소로 비치하라. 성경 이야기에 근거한 역할극에 참여시키고, 배운 교훈을 적용하게 하라.

④ 관계형 학습 스타일

관계형 학습자들은 소그룹, 친교, 다른 사람들과 함께하는 활동에 참여하는 것을 좋아합니다. 따라서 협동해서 할 수 있는 활동(즉, 둘씩 짝지어 하거나 소그룹으로 할 수 있는 일)을 정기적으로 학습 내용에 포함시키고, 학습 시간마다 친구들과 대화와 우정을 나눌 수 있는 기회를 제공하라.

⑤ 성찰형 학습 스타일

성찰형 학습자들은 묵상, 성찰, 기도와 같은 활동을 좋아합니다. 이 아이들은 자율 학습이나, 교사나 다른 학생들과 일대일로 하는 활동 등을 선호합니다. 학습 시간마다 조용히 생각할 수 있는 시간을 마련해주라. 조용한 학생들이라고 해서 성격이 내성적일 것이라고 속단하지 말라.

⑥ 논리형 학습 스타일

논리형 학습자들은 실험, 주제 분석, 문제 해결, 어려운 질문에 답하기와 같은 활동에 참여 하기를 좋아합니다. 이들에게는 신앙을 깊이 파헤치고, 옹호할 수 있는 기회를 제공하는 것이 좋습니다. 개방적 질문을 던져 사고의 지평을 넓힐 수 있게 하라.

⑦ 음악형 학습 스타일

이따금 음악을 사용해 성경 이야기의 분위기를 조성하고, 음악에 맞춰 성경 말씀을 노래로 만들거나 듣는 활동을 하라. 학생들에게 인기 있는 기독교 음악 테이프를 가져오게 하고, 그 가운데서 수업 시간 전후의 분위기를 적절히 조절할 수 있는 음악을 골라 틀어주라. 성경 구절을 음악에 맞춰 녹음한 테이프를 틀어주고, 함께 따라부르라.

⑧ 자연 친화형 학습 스타일

자연 친화형 학습자들은 외부 활동, 즉 하나님이 창조하신 자연에서 활동할 때 가장 잘 배울 수 있습니다. 동식물을 비롯해 자연 소재를 이용한 활동을 준비하라. 때로는 학급 전체를 밖으로 데리고 나가거나 학급 야유회, 캠프, 수련회 등을 계획하라. 교실에는 밖을 볼 수 있는 창문을 마련하라.

3. 소년부 커리큘럼

성경 공부가 소년부 커리큘럼을 평가하는 가장 중요한 기준이라는 것은 굳이 언급하지 않아도 될 것입니다. 그러나 커리큘럼에는 이들 나이에 적합한 학습 활동도 반드시 포함되어야 합니다.

(1) 신체적 욕구를 충족시키라.

몸을 움직이고 활동할 수 있는 시간이 있어야 합니다. 이 시기 아이들을 위한 커리큘럼은 활동적인 학습 스타일을 고려한 교육을 포함해야 합니다. 소년부 아이들은 몸을 움직이지 못하면, 두뇌 활동도 멈추게 됩니다. 학습 내용을 검토하면서 학생들이 일어서고, 몸을 움직이고, 무엇인가를 발견하고, 서로 대화하고, 논의하는 일이 얼마나 자주 계획되어 있는지 확인하라. 그런 일이 잘 이루어진다면, 몸을 움직이는 일이 그저 이따금 기지개를 펴는 일에 그치지 않고 학습 활동 가운데 하나로 자연스레 자리 잡을 것입니다. 학습 활동은 최소한 10~12분마다 한 번씩 초점을 바꾸어야 합니다. 10~12세 아이들이 집중하는 시간은 약 10~12분 정도입니다. 따라서 교육이 잘 이루어지려면 자주 초점을 바꾸어야 합니다. 물론, 10분이 지날 때마다 새로운 활동을 해야 한다는 뜻은 아닙니다. 단지 학습의 초점만 바꿔주는 것입니다. 시간을 짧게 나눠 조금씩 초점을 달리하면, 몸을 움직이는 신체 활동이 필요한 학생들에게 유익할 뿐 아니라 수업이 훨씬 즐거워질 것입니다. 그렇게 된다면 교사와 학생 모두 학습을 성공리에 끝마칠 수 있습니다.

(2) 정서적 욕구를 충족시키라.

수업은 학생과 교사 모두에게 재미있어야 합니다. 이 시기 아이들은 재미있다고 느낄 때 가장 잘 배웁니다. 물론, 교사도 재미가 있을 때 가장 잘 가르칠 수 있습니다. 궁극적인 목표는 학생들은 수업 시간 내내 재미

있었다고 생각하고 집에 돌아가는 것이고 교사들은 한순간도 낭비하지 않고 잘 가르쳤다고 생각하며 수업을 마무리하는 것입니다. 연구조사에 따르면, 감정이 개입되면 기억력이 더 명확하고 오래 지속됩니다. 교실에서 웃음소리가 크게 터져 나올수록 효과 있는 사역과 탁월한 교육을 하고 있을 가능성이 높습니다. 학생들이 교실을 편안하게 느낄 수 있도록 교육해야 합니다. 모두가 공동체의 일원이 되어 동참할 수 있는 편안한 환경을 조성하는 커리큘럼이 필요합니다. 개방형 질문이 많아야 합니다. 그래야만 학생들이 생각에서 우러나는 대로 자유롭게 말하고, 틀릴지도 모른다는 두려움 없이 스스로의 개념과 생각을 발전시키고 탐구할 수 있는 분위기를 조성할 수 있습니다.

(3) 사회적 욕구를 충족시키라.

수업 시간마다 학생들이 자주 학습 주제를 토론할 수 있어야 합니다. 이 시기 아이들은 상호 학습이 이루어질 때, 즉 자유롭게 이야기하며 공부할 때 가장 잘 배울 수 있습니다. 학습 활동에는 학생들이 자유롭게 의견을 나누는 그룹 토론 시간이 포함되어야 합니다. 이들에게 친구들은 매우 중요하기 때문에 대화를 통해 정보와 목표를 서로 교환 할 수 있는 기회가 반드시 필요합니다. 이따금 선교나 전도 활동을 한다면, 다른 사람들을 돕고 싶어하는 학생들을 더욱 독려할 수 있을 것입니다.

(4) 지성적 욕구를 충족시키라.

커리큘럼의 범위와 목차는 이 시기 아이들에게 적합한 주제로 구성되어야 합니다. 소년부 아이들의 관심을 끌 수 있는 학습 주제를 몇 가지 소개합니다. 교사는 학생들을 지도하는 몇 년 동안 다양한 기회를 통해 다음 주제들을 가르칠 수 있습니다. • 우정과 관계 • 우선순위 정하기 • 또래들의 압력 • 죽음과 영생 • 두려움 • 인기와 성공 • 약물 남용(마약, 알코올, 흡입제) • 정의, 세계의 기아와 빈곤 • 폭력과 갱단 • 부모를 비롯한 권위자에 대한 존경심 • 자긍심, 우리를 바라보시는 하나님의 관점 • 학교, 성적, 스트레스 해소 • 미래 • 이성 교제, 사랑, 결혼,

이 시기에는 이성에 관한 주제를 다루어야 합니다. 서로의 관심을 자극하는 이성과 가까이 있으면서도 그런 문제를 솔직하게 말할 수 있는 기회가 부족합니다. 학생들이 활동에 참여하기 전에 교사는 그 기준을 정확히 설정해야 합니다. 학생들은 이미 텔레비전에서 자신들이 봐도 되는 것보다 더 많은 것을 본 상태이기 때문에 하나님이 그런 문제를 어떻게 말씀하셨는지 알아야 합니다. 중요한 성경의 진리나 개념을 한 가지만 가르쳐야 합니다. 공과 시간 동안 한 가지 성경 진리를 여러 방법으로 되풀이하면 기억의 효과가 배가됩니다. 소년부 아이들이 교회에 정기적으로(1년에 30~40회) 출석하게 만들어서 아이들이 올 때마다 진리를 한 가지씩 배워 삶에 적용한다고 가정하면, 해마다 최소한 서른 가지가 넘는 영적 진리를 실천할 수 있을 것입니다. 학습 활동의 모든 측면이 한 가지 성경 개념을 강조하고 설명하고 적용하는 데 초점을 맞춰야 합니다. 학생들에게 한꺼번에 많은 것을 가르치기에는 시간이 충분하지 않습니다. 음악, 미술, 기도, 활동, 게임 등 모든 학습 요소가 성경 개념을 반복하고, 강조하고, 설명하고 연구하는 데 집중되어야 합니다. 한 가지 요점을 반복하면, 학생들의 학습 능률과 공부한 내용을 기억하는 능력이 크게 향상될 것입니다.

훌륭한 학습이 이루어지려면, 생각을 자극하는 질문을 던져 고차원적

인 추론 능력을 길러주어야 합니다. 학생들의 지성을 자극하는 학습이 필요한데, 좋은 질문이 그런 효과를 거둘 수 있습니다. 그러려면 교사는 질문을 미리 생각해야 합니다. 처음 교사가 된 사람들은 특히 이 점에서 도움이 필요할 것입니다. 올바른 질문을 제시하는 커리큘럼을 마련하는 것이 참으로 중요합니다. 학생들의 사고를 자극해 대답하기 전에 먼저 정보를 깊이 분석하도록 유도하는 개방형 질문이 필요합니다. '예'와 '아니오'로 대답할 수 있거나 단순히 앞서 전달된 정보를 되풀이하는 질문은 학생들이 지금 가르치는 것을 잘 듣고 있는지, 그 내용을 잠깐이나마 옳게 기억하고 있는지를 확인하는 데는 도움이 될지 모르지만 사고 과정이나 학습 내용을 이해하는 능력을 발전시키는 데는 큰 효과가 없습니다. 학생들의 다양한 학습 스타일을 고려하여 가르쳐야 합니다. 모든 학습 스타일을 담아 교육할 수는 없지만, 각 학습 스타일을 정기적으로 학습 활동에 포함 시켜야 합니다. 구체적으로 말하자면, 최소한 2. 3주 동안 이루어진 교육 안에는 모든 학습 스타일이 포함되어야 합니다.

(5) 영적 욕구를 충족시키라.

교회나 교단이 인정하는 교리나 신학에 근거하여 가르쳐야 합니다. 출판사에 연락해 커리큘럼의 범위와 목차를 명시한 자료를 요청하라. 대부분은 인쇄된 책자나 도표를 통해 각 연령층을 상대로 가르쳐야 할 성경 개념이나 이야기를 보여줍니다. 커리큘럼의 범위와 목차를 평가할 때 도움이 필요하다면, 교회나 교단 지도자에게 교회에서 중요하게 생각하는 학습 주제가 무엇인지 물어보라. 학생들 스스로 하나님 말씀을 공부하도록 가르쳐야 합니다. 성경이 학생들의 삶에 유익하며 실천할 수 있는 가르침을 담고 있다는 것을 일깨워 줘야 합니다. 학생들이 스스로 구절을 찾고, 간단한 성경 대목을 읽고, 진리를 찾을 수 있게 도와줄 커리큘럼을 선택하라. 삶에 적용할 수 있는 실천적인 교육이 이루어져야 합니다. 이 시기 아이들은 자신이 하는 일이 자신에게 꼭 필요한 일인지 알고 싶어합니다. 소년부 아이들은 유아부나 유치부에서 강조하는 이야기에는 더 이상 관심이 없습니다. 그보다는 실질적인 문제에 관심을 기울이며, 학습 내용이 자신들에게 어떤 유익을 주고 그 내용을 삶에서 경험하는 일과 어떻게 연결시킬 수 있는지 알고 싶어합니다. 아이들은 이론에 별로 관심이 없습니다. 이들은 배운 것을 삶에 적용하는 방법과 그렇게 했을 때 나타나는 결과를 궁금해합니다. 물론, 하나님과 믿음에 관한 추상적 개념을 탐구하도록 독려하는 교육도 필요합니다. 이 시기 아이들은 추상적인 사고 단계로 옮겨가고 있기 때문에 하나님을 믿는 신앙을 재고하기를 원하고, 또 그렇게 해야 합니다. 이런 탐구 과정의 목표는 새로운 사고를 통해 하나님을 새롭게 의식하게 하는 데 있습니다.

4. 어린이 쉐마 학당

1) 쉐마 학당 운영 및 실제

과천 약수교회는 처음 시작할 때 학기제로 할 것인가 주일 교회학교 교육처럼 매주 쉐마학당을 할 것인가를 두고 생각에 생각을 거듭했습니다. 많은 사람들의 의견은 학기제로 하자는 것이었습니다. 그러나 담임목사의 생각은 달랐습니다. 자녀교육은 항상 이루어져야 하는 것이고, 주일

날에도 매주 성경 교육이 이루어지듯이 쉐마 학당도 매주 이루어지는 것이 바람직하다고 생각했습니다. 그래서 토요 쉐마 학당도 주일 쉐마교육처럼 매주 하기로 결정했습니다. 주일에 모여 예배드리고 성경 교육을 받듯이 매주 토요일에 가정별로 모여 말씀과 지혜를 전수하는 상시 장을 열어두어야 한다고 생각해서입니다. 물론 사정이 있어서 어느 때는 불가피하게 빠지는 가정도 있겠지만, 하나님의 말씀 교육은 평생 계속되어야 한다는 취지로 토요 쉐마 학당도 매주 열립니다. 주일 예배를 공휴일에도 드리는 것처럼 토요 쉐마 학당도 매주 토요일에 빠지지 않고 열리고 있습니다.

교안은 어린이용과 청소년용이 있습니다. 어린이용은 유치부와 유·초등부 아이들에게 해당되고 청소년용은 중·고등부와 청년이 해당됩니다. 청소년용과 어린이용은 같은 주제와 같은 성경 본문 그리고 같은 흐름을 가지고 있습니다. 차이점이라면, 용어 사용이나 논리 전개에 있어서 학생 수준을 고려하여 난이도를 달리했다는 점입니다. 교안은 자녀에게는 주지 않고 부모에게 한 주 전에 주어 미리 공부하고 준비해오도록 합니다. 부모는 반드시 미리 공부를 해야 합니다. 그렇다고 그 점을 많이 강조하지는 않습니다. 왜냐하면 실제로 가르칠 때 공부해오지 않은 부모는 티가 나서 자녀에게 발각이 되기 때문에 미리 공부해오라고 강조하지 않아도 스스로 잘 준비해옵니다. 그래야 깊이 있게 자녀와 대화할 수 있습니다. 자녀의 질문에 제대로 대답할 수 있고, 또 의미 있는 질문을 자녀에게 던질 수 있기 때문입니다. 교안에 너무 얽매이지 않도록 부모에게 주의를 주고 있습니다. 교안은 특정 주제에 대한 논의의 발판으로 의미가 있을 뿐, 교안에 수록된 질문들도 필수 질문이라기보다는 부모가 참고할 수 있는 성격의 질문들임을 부모에게 주지시키고 있습니다.

처음 참여하는 가정의 부모는 가르치는 것뿐 아니라 특정 주제를 가지고 자녀와 대화하고 토론하는 것 자체를 힘들어합니다. 해본 적이 없기 때문입니다. 그러다보니 얼마 되지 않아 포기하는 가정도 생겨납니다. 그 때 다시 시작할 수 있도록 격려하고 도움을 줘야 할 필요가 있습니다. 동기부여는 지속적으로 강단을 통해서, 영상을 통해서, 광고를 통해서 이루어집니다. 필요한 경우에 심방을 하여 지속적인 참여를 독려하기도 합니다. 꾸준히 한두 달만 참여하면 부모가 능숙한 교사가 되어갑니다. 자녀와 소통이 이루어집니다. 자녀의 말문이 트이고 부모 자녀간 이해가 깊어집니다. 자녀도 질문하고 부모도 질문합니다. 부모가 대답하고 자녀는 또 질문합니다. 생각의 교환이 이루어집니다. 다시 말해 자녀와 소통이 이루어집니다. 그런 와중에 성경 말씀이 전수되고 부모의 지혜와 생각이 자녀에게 전달되어 자녀들은 똑똑한 아이로 성장합니다. 어리지만 어린이용이 쉽다면 그 위의 난이도를 사용할 수 있도록 부모에게 선택권을 주었습니다. 연령별로 교안을 선택하는 것이 아닌 아이들의 신앙의 깊이에 따라서 선택할 것을 권하고 있습니다. 교재의 구성은 크게 '시작 전 질문'과 '도입 질문', '성경 읽기', '본문 설명', '질문과 토론', '핫토론', '마무리 질문'으로 구성되어 있습니다.

▶ 시작 전 질문

'시작 전 질문'은 주위를 환기시키고 마음을 여는 질문입니다. 쉐마 학당의 모든 순서는 부모가 진행하지만 단 하나, 시작 전 질문은 교역자가 질문을 던짐으로써 쉐마 학당의 시작을 엽니다. 이 시간에 진행되는 질문은 매우 간결합니다. 깊이 있는 토론이 아닌 수업 시작을 알려주는 '시작종'과 같은 역할을 합니다. 수업 시작 종소리는 자리에 앉아 책을 펴고 수업에 임할 마음의 준비를 하라는 의미의 종소리였습니다. 이와 마찬가지로 '시작 전 질문' 시간은 마음을 정돈하고 오늘 주제가 무엇인지 호기심을 불러 일으켰다면 성공인 것입니다. 그래서 아주 간결한 질문을 던집니다. 이 시간을 진행하는 교역자가 지켜야 할 사항이 있습니다. 명쾌하게 질문을 던지고 대답을 들은 후 부모들에게 바로 바통터치를 하는 것입니다. 교역자가 자칫 주제에 대해 장황한 설명을 하게 되면 다음 질문의 효과가 반감될 뿐만 아니라 쉐마 학당 전반이 지루하게 진행될 우려가 있습니다. '시작 전 질문'은 교역자가 아이들의 대답에 옳고 그름을 판단할 필요 없이 바로 다음 순서로 이어갈 수 있도록 하는 것이 바람직합니다.

▶ 도입 질문

'도입 질문'은 소위 아이스브레이크와 같은 것입니다. 아이스브레이크(Ice Break)는 '얼음을 깨고 나온다'는 의미로 실질적인 첫출발을 말합니다. 처음 사람을 만날 때에 서먹함을 없애기 위해서 간단한 게임을 하면서 딱딱한 분위기를 풀어 친밀도를 높이는데 도입 질문도 이와 같은 역할을 합니다. '경청하는 사람이 됩시다'란 주제가 다소 무거울 수 있으나 '여러분은 대화를 할 때 주로 듣는 편인가요? 말하는 편인가요?'와 같은 생활에 관련된 가벼운 질문을 던짐으로써 딱딱할 것 같은 내용을 쉽게 접근합니다. 서로에 대해 누구보다 잘 아는 부모와 자녀이기 때문에 자신을 포장하는 대답보다는 솔직한 대답들로 즐겁게 시작을 하게 됩니다. 또한 본문 설명에 들어가기 앞서 진행되는 질문이기 때문에 무엇인가 학습된 대답이 아닌 자녀들의 투명한 대답을 기대할 수 있는 시간입니다. 부모는 이 시간에 자녀들에게 옳은 답을 유도할 필요가 전혀 없습니다.

▶ 성경 읽기

'도입 질문' 시간이 끝나면 성경 본문을 부모와 자녀가 함께 읽습니다. 성경 본문의 분량에 따라 두 세번 반복해서 읽기도 하고, 어떤 때는 본문이 길어 한 번만 읽을 때도 있습니다.

▶ 본문 설명

이어 '본문 설명'은 각 과의 뒷부분에 첨부된 학부모 참고자료를 자녀들에게 설명하는 시간입니다. 쉐마 학당이 진행되는 시간 중 유일하게 가르침이 있는 시간이 '본문 설명' 시간입니다. 이 시간을 위해 부모들은 반드시 한 주 전에 교안을 받아 미리 공부를 하여야 합니다(과천 약수교회는 교재가 아닌 매주 새로운 교안을 제작하여 배부하고 있습니다). 딱 두 번만 정확하게 읽으면 이해하고 설명할 수 있을 만큼의 난이도로 자료를 첨부했습니다. 이 자료가 지나치게 어려울 경우 지레 포기하는 부모님들이 생기므로 최대한 쉽지만 정확하게 성경을 이해하여 설명할 수 있도록 돕고 있습니다.

또한 자료의 양은 두 페이지 미만으로 하여 쉐마 학당에 참여하기 위해 부모들이 머리를 싸매며 공부하는 일이 없도록 미연에 방지하고 있습니다. 부모가 자녀를 가르치는 것에 대해 부담을 가지는 순간 쉐마 학당에 오랜시간 참여하는 것은 불가능한 일이므로 부모들이 준비는 반드시 해오되 부담되지 않는 선에서 자료를 제공합니다. 참고자료는 두 가지 종류로 구성되었습니다. 하나는 성경 본문 이해를 돕기 위한 자료이고, 다른 하나는 주제와 관련된 일반 상식이나 예화 등 관련 글입니다. 참여한 가정에게 조사한 결과 초등학교 이하의 자녀를 둔 가정은 성경 본문에 대한 자료를 중점적으로 사용하고 중·고생 자녀를 둔 가정은 성경 본문 설명 후 두 번째 수록된 자료까지 설명하고 있다고 합니다. 아이들의 신앙의 수준과 이해의 정도에 따라 두 가지의 자료를 자유롭게 활용하여 진행하면 됩니다.

▶ 질문 및 토론 & 핫(Hot)토론

'질문 및 토론'부터 본격적으로 깊이 있는 대화가 시작됩니다. 부모가 설명한 성경 본문을 중심으로 성경 이해에 대한 질문과 생활에 적용하는 질문으로 구성하였습니다. 대부분의 문제들은 정확한 답을 요구하는 것보다는 다양한 의견이 나올만한 문제들로 구성했습니다. 바울과 바나바가 선교여행 때 마가를 다시 데려가는 문제로 의견 차이가 생겼을 때 '여러분이 바울이라면 어떤 선택을 할 것 같나요? 왜 그렇게 생각하는지 말해보세요'와 같은 문제를 제시합니다. 이 문제에 답을 하기 위해서는 성경에서 바울은 어떤 선택을 했으며 왜 그렇게 선택했는지 이해를 해야만 자신의 생각을 논리적으로 말을 할 수 있습니다. 아이들의 대답에 부모들은 절대 틀렸다고 말하지 않고 아이들의 대답 속에 또 다른 질문을 찾아 내어 물어보면서 대화를 이끌어가도록 유도합니다. 그날의 쉐마 학당 주제와 관련하여 아이들이 알고 느껴야 할 핵심내용은 이 '질문 및 토론' 시간에서 대부분 도출됩니다.

교재에는 '질문 및 토론'에 6~7가지의 문제가 있습니다. 시간이 허락한다면 교재에 나와있는 모든 질문을 하는 것이 가장 좋습니다. 왜냐하면 귀납법식으로 전개 되어있어 문제에 흐름이 있기 때문입니다. 그러나 반드시 모든 문제를 질문해야 하는 것은 아닙니다. 하나의 질문에 대한 대화가 이어져 모든 질문을 하기에 시간이 촉박하다면 두세 가지 질문으로 마무리해도 좋습니다.

아이들이 알고 느꼈던 것들을 바탕으로 자신의 생각을 논리적으로 펼치는 시간은 '핫토론'시간입니다. '전도하는 사람이 됩시다'라는 주제에서 제시된 '핫토론'은 노방전도에 대해서였습니다. 번화가에 가면 '예수천당! 불신지옥'이라고 확성기에 대고 외치는 사람들을 종종 볼 수 있습니다. 이 사람들의 모습을 보며 많은 사람들은 인상을 찌푸리곤 합니다. '이러한 전도의 방법은 옳은 것인가, 옳지 않은 것인가'라는 토론 거리를 던져줍니다. 어떤 자녀들은 소음공해이기 때문에 덕이 되지 않아 옳지 않다고 느끼기도 하고, 어떤 자녀들은 복음전파의 열정이 그만큼 크기 때문에 길거리까지 나와서 외치는 것이기에 옳다고 생각할 수 있습니다. 어떤 의견도 틀렸다고 할 수 없습니다. 자녀들의 대답만 듣는 것이 아니라 그 문제에 대한 부모들의 생각도 나누어 같은 문제를 어떻게 다른 시각으로 볼 수 있는지 나누는 것도 매우 값진 시간이 됩니다. 핫토론 시간은 주제와 관련된 토론 거리를 던져줌으로써 사고를 확장하고 세상을 바라보는 시야를 넓히는 데 그 목적이 있습니다. 자녀가 많은 가정들은 반으로 나누어 찬반 토론을 하면서 하나의 게임처럼 이 시간을 풀어나가고 있습니다.

▶ 마무리 질문

마지막은 '마무리 질문'입니다. 본문에 관련하여 실천을 유도해내는 질문을 하거나 간단한 글이나 탈무드 이야기를 소개하면서 생각을 정리하고 한 주간 삶을 계획하고 다짐합니다.

교안이 이렇게 구성되기까지 정말 많은 시간이 걸렸습니다. 특히 과천약수교회가 자랑할 만한 것은 부모 교재 스텝입니다. 담임목사와 교역자들이 함께 교안을 만들고 있으나 직접 자녀들을 지도하는 입장에서 교안을 바라보며 피드백을 받습니다. 1년여 시간동안 쉐마 학당을 하다보니 부모들이 모두 베테랑이 되었습니다. 한 주전 교안을 받아가서 친구 관계에 유독 관심이 많은 자녀를 위해 친구와 관련된 질문을 더 추가해서 오는 부모도 있고 손수 부교재를 만들어 아이들이 이해하기 쉽도록 철저하게 준비해오는 부모들도 있습니다. 이런 부모들을 볼 때마다 감사함을 느끼고 또한 도전을 받습니다. 다른 가정들에게 교재가 나가기 전 부모 교재 스텝은 가장 먼저 교재를 받아볼 수 있습니다. 이 스텝들은 자신의 아이들을 가르친다고 생각하고 교재를 검토하고 수정, 보완, 난이도 확인 등을 하며 적극적으로 더 질 높은 교재가 만들어지도록 도움을 주고 있습니다. 이렇게 학부모에게까지 피드백을 받아 수정된 교재가 쉐마 학당에 참여하는 많은 학부모들께 배부되는 것입니다. 이렇게 정성껏 만들어진 교재를 활용하여 학부모들은 한 주 동안 열심히 공부를 해옵니다. 지난 주에 미처 쉐마 학당에 참여하지 못한 부모들은 주중에 교안을 받아 공부를 해오시는 분들도 많습니다. 지금은 쉐마 학당을 시작하는 당일에 교안을 받아 바로 시작하는 부모들이 단 한 명도 없습니다. 그만큼 부모들이 정성을 들여 참여하고 있다는 증거입니다.

• 다음의 표는 지금까지 쉐마 학당에서 다뤘던 주제 중의 일부분입니다. 주제를 살펴보면 알겠지만, 대부분의 주제가 삶의 문제를 다룬 것들입니다.

	주제	성경 본문
1과	세상과 인간은 어떻게 생겨났는가?	창 1장
2과	네 부모를 공경하라!	출 20:1-17
3과	나의 꿈은 무엇인가?	창 37장
4과	지혜는 어디서 오는가?	욥 28장
5과	시간의 중요성	시 90편
6과	돈의 소중함	눅 16:1-13
7과	감사하며 살자	시 100편
8과	좋은 친구가 됩시다	삼상 20장
9과	전통의 가치	수 4장
10과	듣기는 속히 하고 말하기는 더디하라!	약 3장
11과	실패를 통해 전진하기	수 7:1-15, 8:1-23
12과	약속을 반드시 지켜라!	창 8:13-9:17

13과	다른 것은 몰린 것이 아니다!	고전 10:23-33
14과	공동체의 중요성	고전 12:12-27
15과	인격의 성장	히 11:23-29
16과	인내력 기르기	약 5:7-11
17과	닮고 싶은 인물	왕하 2:1-18
18과	효자/효녀가 됩시다!	막 14:32-42
19과	받는 사람보다는 주는 사람이 되자!	살전 2:1-12
20과	성실한 사람이 됩시다!	골 3:22-25
21과	검소한 생활	사 53:1-9
22과	우리나라의 훌륭한 신앙인	고전 4장
23과	창의력 기르기	출 3:1-15
24과	분노를 잘 다스립시다!	민 20:1-13
25과	열등감 극복하기	삼하 9장
26과	두려움 극복하기	시 23편

	주제	성경본문
27과	경청하는 자세	마 13:1-23
28과	웃는 얼굴로 삽시다!	시 30편
29과	형제 자매 우애	창 45:-15
30과	최선을 다하는 삶	롬 15:16-33
31과	건강한 몸	단 1장
32과	나라 사랑, 민족 사랑	에 4장
33과	하나님이 찾으시는 예배자	요4:3-26
34과	기도를 어떻게 할 것인가?	마 6:5-15
35과	사랑하며 섬기겠어요!	요 13:1-17

36과	영혼을 살리는 전도자	행 8:26-40
37과	착한 사람 바나바	행 9:26-30
38과	실수를 용납하신 예수님(베드로)	요 21:9-23
39과	하나님의 마음에 합한 사람(다윗)	삼상 30:1-25

〈출판된 교재의 순서와 다소 상이합니다〉

2) 전체 진행 방법

쉐마 학당을 진행하는 방법은 매우 쉽습니다. 쉐마 학당에서 교역자들이 앞에 나와서 진행하는 시간은 단 5분에 지나지 않습니다. 처음 시작을 알리는 '시작 전 질문'만 교역자가 나와서 짧게 주제와 관련된 질문을 하고, 모든 순서는 음악과 짧은 멘트, 그리고 이미지로 만들어진 PPT만으로 한 시간이 진행됩니다. 얼핏 보면 교역자들이 딱히 하는 것이 없어 보이는 것이 쉐마 학당입니다. 그러나 이것이 가장 중요한 핵심입니다. 지도자가 앞에 서서 해야 할 것을 모두 정해주고 이끌어 주는 교육은 진정한 쉐마교육이 아닙니다. 쉐마 학당을 온전히 이끄는 사람은 부모와 자녀이며 교역자들의 역할은 뱃사공처럼 키를 잡고 방향을 잡아 주는 것입니다. 그리고 뒤에 상시 대기하면서 좀 더 수월하게 쉐마 학당이 진행되도록 하며, 어려움을 느끼는 가정에게 도움을 주기 위해 늘 준비하고 있습니다. 또한 갓난아이를 데리고 오는 부모들이 있다면 가끔은 그 아이들을 돌보는 것도 교역자의 역할입니다. 더불어 쾌적한 환경을 조성해 주는 것도 신경 쓰는 것 중에 하나입니다. 한 시간이라는 시간이 결코 짧지 않은 시간이고 많은 사람들이 한 공간에 있기 때문에 아이들이 30여 분이 지나면 졸음이 올 수 있습니다. 그래서 30분이 지나면 창문과 문을 열어 공기가 순환되도록 하며, 냉난방 온도를 조절하면서 집중할 수 있는 환경을 만듭니다.

부모와 자녀가 이끄는 약 한 시간은 교안을 기본으로 하여 진행됩니다. 교안은 기본적으로 제공되지만 각 가정의 상황에 따라 자녀들의 대답에 따라 교안의 질문들은 가감될 수 있습니다. 부모가 생각지도 않게 아이의 대답이 엉뚱할 수도 있고 혹은 굉장히 깊이 있는 답변이 나올 수도 있습니다. 이럴 때 다른 질문이 남았다고 하여 아이들의 말을 자르고 다음 질문으로 넘어가는 것보다 그 대답을 충분히 들어보고 공감하고 꼬리에 꼬리를 무는 질문을 유도하는 것이 좋습니다. 때로 어떤 부모들은 자신의 가정에 맞게 질문을 각색해 오기도 합니다. 부모들의 이러한 준비에 교역자들이 감동을 받을 때가 종종 있습니다.

쉐마 학당의 50분 중 마지막 시간은 '부모와 자녀에게 바람 말하기와 칭찬하기' 시간으로 맺습니다. 일주일 동안 생활하면서 부모가 자녀에게 혹은 자녀가 부모에게 바람이 있다면 혹은 칭찬할 것이 있으면 이 시간에 말하는 것입니다. 생활을 하다보면 부모와 자녀 사이에 오해 아닌 오해가 생길 수도 있으며 자녀에게 원하는 것들을 평소에 말하면 잔소리가 되지만 공식적인 시간에 말을 하면 진심이 전달되는 것입니다. 또한 그 시간에 칭찬을 하기 위해서 한 주간 칭찬거리를 찾는 모습도 볼 수 있습니다. 부모와 자녀가 교안을 바탕으로 성경 공부를 하는 시간은 50분입니다. 그 시간이 지나면 10~20분간은 시상 및 발표 그리고 광고 시간이 이어집니다. 이 시간 역시 쉐마 학당에서 중요한 시간입니다. 이 시간은 암송 및 시상, 방문자 소개, 광고, 쉐마 찬양, 구호 제창 등 여러 순서가 진행됩니다.

3) 토요 쉐마 학당의 원리와 실제

(1) 암송 카드

• 과천약수교회는 10개의 암송 카드가 있습니다. 10가지 암송 카드는 아래와 같습니다.

① 성경 암송이 주는 10대 효과
② 자녀가 지켜야 할 20가지 예의법
③ 식사 자리 예절   ④ '효'관련 고사성어 10가지
⑤ 사자소학   ⑥ 록펠러의 삶의 지침 10가지
⑦ 탈무드 명언 20가지
⑧ 그리스도인이 해야 할 것 하지 말아야 할 것
⑨ 부모 공경 성구 15가지   ⑩ 영어 주기도문

이 암송 카드를 활용하여 교육상 반드시 아이들이 기억해야 할 것을 암송하면서 실천할 수 있도록 유도하고 있습니다. '그리스도인이 해야 할 것과 하지 말아야 할 것' 암송 카드에는 "자기 아버지와 어머니를 저주하는 자는 반드시 죽일지니라"(출21:17)라는 내용이 있습니다. 아이들이 어려서부터 올바른 것을 암송하여 머리에 세기는 것은 매우 중요합니다. 초기에는 암송하기를 원하는 아이들 모두 앞에 나와 발표하도록 하였으나 시간이 지나자 하루에도 5~6명씩 암송을 하다 보니 암송 시간으로만 10분 이상이 소요되어 매주 2명씩 제한하여 예약제로 진행하고 있습니다. 예약제로 하다 보니 아이들이 미리 와서 암송을 신청하는 적극적인

모습이 나타나며 예약된 아이들 명단을 보면 많은 사람들이 암송에 동참하고 있구나 하고 느끼게 됩니다.

　아이들이 앞에 나와 자신이 외운 것을 암송하는 것은 아이들에게 자신감을 키워주는 데도 매우 효과적이며 리더십 있는 아이로 성장할 수 있도록 돕습니다. 때로는 암송을 신청한 학생이 앞에 나와 너무 떨려 아무말도 못하고 내려갈 때도 있습니다. 그리고 많은 사람들 앞에서 암송을 하려고 하니 너무 긴장하여 더듬더듬 외우는 아이들도 있습니다. 그럴 때면 다음 시간에 다시 외우도록 합니다. 이러한 과정에서 어떤 아이들은 속이 상해 눈물이 그렁그렁 맺히기도 하지만 다음 주 자신감 있게 암송을 해낸 후에는 더 큰 기쁨을 느끼는 모습을 보곤 합니다. 실제로 다 외웠지만 더듬거려 재 암송을 한 아이가 있었습니다.

　이 시간이 감동스러운 또 다른 이유는 암송자들을 바라보는 다른 아이들의 모습입니다. 때로는 매주 진행되는 이 시간이 지루할 수도 있습니다. 또한 자기 가족이 아닐 경우 흥미가 떨어질 수 있습니다. 그러나 자신의 가족이 아니라 하더라도 앞에 나와 외우는 아이들을 경청해주고 응원하며 암송을 마치면 축하의 박수를 아낌없이 쳐줍니다. 어찌 보면 이 시간은 어린 아이들의 시간으로 오해할 수 있습니다. 그러나 예상과는 달리 3살 어린 아이부터 고3 학생들까지 암송 카드를 외워 발표하고 있습니다.

　이렇게 암송을 하면 쉐마 학당에서는 두 가지의 선물을 줍니다. 하나는 암송 자의 사진을 게시판에 크게 붙여 칭찬하고 자랑합니다. 그 사진은 몇 개월 후 떼어 버리는 것이 아니라 끝까지 붙여 놓고 스스로를 자랑스럽게 여길 수 있도록 합니다. 또 하나는 외운 내용과 암송 학생의 사진을 패로 만들어 줍니다. 아이들이 버리지 않도록 예쁘게 간직할 수 있도록 수준 높게 제작하고 있습니다. 물론 아이들만 암송할 것이 있는 것은 아닙니다. 부모들이 외워야 하는 카드도 있습니다. 아이들이 외워야 할 암송 카드를 모두 외우면 아이들에게 또 하나의 선물을 줍니다. 장원 패에 아이들이 기억한 모든 암송 내용과 얼굴을 새겨 주일 대 예배때 전교인들 앞에서 시상합니다. 쉐마 학당에서 따로 지출되는 비용은 거의 없습니다. 간식도 없으며 펜이나 노트도 필요 없기 때문에 지출되는 비용이 없을 수밖에 없습니다. 그러나 아이들에게 동기부여를 할 수 있는 이 패는 교회에서 정성껏 준비하여 아이들에게 줍니다.

(2) 구호 제창 그리고 쉐마 찬양

어느 기업이나 어느 단체를 이끌어 가든 그 기업과 단체를 원활히 이끌어 가려면 조직력과 단결력이 너무나도 중요하다는 것은 모두가 알고 있는 사실입니다. 그 조직력과 단결력을 이끌어내기 위하여 때로는 기업의 통일성과 기업 정신이 필요하고 이를 위해 때로는 기업의 통일된 제복을 입기도 하고 특별한 기업의 색을 사용하기도 합니다. 그런 작업들은 바로 내가 지금 어디에 있는가, 나의 소속이 어디이며 내가 무엇을 하여야 하는가 등을 스스로 깨닫게 하고 또한 사람들로 하여금 일체감과 충성심과 자긍심을 갖게 하여줍니다. 그 중에서도 모든 사람이 한목소리로 외치는 구호가 너무나도 중요하다는 것을 우리는 어릴 때부터 들어왔습니다. 고등학교나 대학 시절에도 누구나 적어도 한 번씩은 각 학교의 독자적인 응원 구호를 목청껏 외친 기억들을 가지고 있을 것입니다. 태권도를 할 때도 우렁찬 기합이 수련자의 기상과 집중력과 용기를 더 배가시킵니다. 이처럼 구호 제창은 조직력과 단결력을 배가시키며, 의식화 하는

데 매우 효과적입니다.

앞서 말했듯이 쉐마 학당의 모든 주제는 생활에서 실천 가능한 주제들로 이루어져 있습니다. 성경 속의 인물을 다룰 때도 인물의 일대기 위주로 살펴보는 것이 아닌 그 인물에게 본받을 점을 찾아내어 실생활에 적용할 수 있도록 합니다. 쉐마 학당의 마지막 순서는 구호 제창, 쉐마 학당의 모든 순서를 마친 후 집에 가기 바로 직전 오늘 주제에 대한 구호를 제창하며 한 주간 실천할 것을 다짐하게 됩니다. 그날의 주제가 경청하는 삶에 대한 것이라면 그 주의 구호는 '경청하는 사람이 됩시다'라고 세 번 외치고 쉐마 학당을 마칩니다. 이것 역시 교역자가 외치는 것이 아니라 구호 제창을 하기 원하는 사람을 신청을 받아 아이들을 교육하여 앞에 서도록 하는 것입니다.

- 구호 제창은 다음과 같습니다.

> 오늘의 구호는 '경청하는 사람이 됩시다'입니다. '경청하는 사람이 됩시다'를 세 번 외치겠습니다. 제가 먼저하고 여러분이 나중에 하겠습니다. 구호 준비! 야, '경청하는 사람이 됩시다!' '경청하는 사람이 됩시다!' '경청하는 사람이 됩시다! 야!'

구호와 더불어 의식을 고취 시키는 방법으로 노래만큼 효과적인 것이 없습니다. 젊은 시절, 흘러나오는 유행가는 특별히 외우려고 하지 않아도 나도 모르게 흥얼거리곤 했던 기억이 납니다. 그리고 오랜 시간이 지난 후에 멜로디만 듣고도 정말 이상하게도 바로 가사가 튀어나옵니다. 이것이 바로 노래의 효과입니다. 초등학교와 중학교 그리고 고등학교 입학을 하게 되면 가장 첫 시간에 배우는 것은 바로 교가입니다. 교가의 가사에는 학교의 이념이 담겨있어 다함께 부르며 단결력을 증진시키는 효과를 꾀합니다. 기업 역시 사가를 만들어 부르도록 하고 심지어 야구 경기장에 가면 각 팀을 응원하는 응원가가 있는데 이를 부르고 있으면 절로 소속감이 생기는 듯합니다.

  쉐마 찬양은 과천 약수교회에서 직접 작사·작곡했습니다. 이 찬양을 부르면서 쉐마 학당에 참여하는 구성원들이 좀 더 결속력이 생기고 조금 더 활기차진 것이 느껴집니다. 그리고 어린아이부터 어른들까지 부르기 쉬운 멜로디와 가사로 쉐마교육에 대해 그리고 부모공경과 가족의 소중함에 대해 자연스럽게 접할 수 있도록 하였습니다. 쉐마 학당의 마지막 즈음에 항상 이 찬양을 부르며 끝을 맺는데 어린아이부터 어른들까지 즐겁게 박수치며 부르는 이 시간이 얼마나 아름다운 시간인지 모릅니다.

(3) 미니 도서관

  교육에 관심이 높아짐에 따라 독서의 중요성은 이제 굳이 설명하지 않아도 될 것입니다. 정보화 시대에 살고 있는 우리 아이들은 점점 책과 멀어지고 있습니다. 이러한 현실 속에 어릴 때부터 기독 서적을 접할 수 있는 기회를 주지 않는다면 당연히 기독 서적은 점점 더 외면당할 수밖에 없을 것입니다. 기독교 서적은 아이들에게 하나님의 말씀을 조금 더 쉽고 친근하게 접할 수 있는 교량 역할을 합니다. 그리고 자연스럽게 기독교 가치관이 정립 되는데 큰 도움을 줍니다. 쉐마 학당을 시작한 후 얼마의 시간이 지나니, 취학 전 아이들과 초등학교 저학년 학부모들이 성경을 아이들이 이해하도록 설명하는데 어려움을 느끼는 모습들을 발견할 수 있었습니다. 이를 해결하고자 시작한 것이 기독 도서 대여 시스템입니다. 아이들이 성경을 어려워 할 경우, 성경 동화책을 활용하여 아이들의 눈높이에 맞추어 설명을 하고 대화를 이끌어 낼 수 있도록 돕고 있습니다.

책 대여를 시작한다고 광고 했을 때 요즘 아이들 책을 안 읽는다고 하는데 얼마나 빌려 가겠나 싶었습니다. 그러나 생각한 것보다 훨씬 반응이 좋았습니다. 쉐마 학당이 끝난 후에 책을 대여할 수 있기 때문에 쉐마 학당이 끝나면 아이들은 집으로 발걸음을 향하는 것이 아니라 책장으로 가서 자신이 읽고 싶은 책을 직접 고른 후 대여 확인을 받은 후 그제서야 집으로 향합니다. 아이들이 책을 직접 고르는 것은 상당한 교육적 효과가 있습니다. 요즘 초·중·고등학생들은 스스로 문제집 하나 못사는 아이들이 상당수입니다. 어떤 것을 선택해야 하는지 모르기 때문입니다. 어릴 때부터 부모가 아이에게 맞는 책을 임의로 정해주고 직접 사주던 가정의 아이들에게 자주 나타나는 현상인데 커서도 의존적인 학습을 하게 되는 원인이 되기도 합니다. 스스로 읽고 싶은 책을 고르다보면 때로는 너무 어려운 책을 고르기도 하고 때로는 너무 쉬운 책을 고르게 되기도 합니다. 그러나 이러한 시행착오의 과정 가운데 아이들은 자립심과 판단력이 자연스럽게 형성됩니다. 책을 대여하는 아이들 가운데는 4살, 5살 아이들도 있습니다. 이 아이들이 책을 고를 때에는 부모가 함께 하는데 이 역시 부모의 강요에 의해 도서를 선택하는 것이 아니라 부모는 가이드 역할만 제시해 주고 최종 선택은 아이들의 몫으로 남겨두는 것이 쉐마 학당의 책을 대여하는 모습입니다.

책 대여가 시작되니 쉐마 학당이 끝나면 책을 대여하려는 학생과 뒷정리를 하려는 학생들로 인산인해를 이루었습니다. 그래서 자칫 어린 아이들이 뒷정리하는 학생들과 부딪힐 수 있는 위험이 있어 도서 대여 시간을 변경하기로 하였습니다. 쉐마 학당을 시작하기 20분 전부터 15분 동안만 대여가 가능하도록 하니 1석 2조의 효과가 나타났습니다. 하나는 쉐마 학당이 끝난 후 덜 복잡해진 것이고, 다른 하나는 쉐마 학당에 지각하는 가정이 급격히 줄어든 것입니다. 처음 100여권의 기독 서적으로 책 대여를 시작한 후 지속적으로 100권씩 책장을 채워가고 있습니다. 훗날 아이들이 편히 사용할 수 있을만한 미니 도서관을 만드는 것이 담임목사의 작은 바람입니다. 아이들이 어릴 때부터 성경과 신앙서적을 가까이 하여 성장한 후에도 신앙서적을 읽는 것이 극히 자연스러운 일이 되길 소망합니다.

(4) 나눔실천 – 째다카(저금통)

우리 사회에서도 나눔과 기부에 대한 관심이 큽니다. 또한 지식 나눔, 재능기부 등 나눔의 방법 또한 다양합니다. 많은 사람이 나눔은 내가 가지고 있는 많은 돈과 시간, 능력 등을 부족한 사람에게 베푸는 자선이라는 잘못된 생각을 합니다. 아이들에게 가장 먼저 가르쳐야 하는 것은 나눔이 어른이 되어 돈을 많이 벌고 성공을 하면 하는 것이 아니라 지금부터 습관처럼 해야 한다는 생각을 심어주는 것입니다. 더불어 단순히 가슴 아픈 사연을 담은 방송이나 미담을 듣고 일시적인 생각이나 감성에 의해서가 아니라 계획적이고 체계적인 나눔이 훨씬 그 가치를 더한다는 것을 가르쳐야 합니다.

나눔의 습관을 들이는 데 가장 좋은 방법은 아이들의 '용돈'을 이용하는 것입니다. 외국에서는 'SOS 시스템'을 아이들에게 가르칩니다. 용돈의 지출 항목을 저축(Saving), 기부(Offering), 소비(Spending)로 구분하도록 지도하는데 여기서 중요한 것은 쓰고 남은 돈을 저축하거나 기부하는 것이 아니라, 우선 저축과 기부를 하고 남은 돈을 규모 있게 소비하는 것이 돈을 올바로 쓰는 순서라고 가르칩니다. 이는 아이들에게 나눔의 실천은 물론, 스스로 경제활동의 주체로 서게 하는 데 큰 밑거름이 됩니다. 적은 용돈이지만 일정 비율은 현금이나 어려운 사람을 돕는 일에 쓰도록 지도하고 유치원 또는 학교에서 걷는 성금도 한 번에 챙겨주기보다는 아이 스스로 돈을 모아 내도록 하는 것이 효과적입니다.

나눔은 실천입니다. 부모가 변해야 아이들도 변합니다. 오병이어의 기적은 한 가난한 소년이 내민 물고기 두 마리와 보리떡 다섯 개가 있었기에 이루어진 것입니다. 간신히 혼자 먹을 양의 음식을 내놓을 수 있었던 것은 부모의 교육이나 훈련이 있었기 때문일 것입니다. 부모가 먼저 솔선수범하면 아이들은 자연스럽게 나눔에 익숙하게 됩니다. 나눔은 몸에 밴 습관처럼 자연스럽게 이루어져야 하고 길러져야 하는 것입니다. 아이들은 어른들을 보고 배웁니다. 그리고 나눔으로써 얻게 되는 기쁨과 경험을 통해 내 자녀의 삶이 더욱 풍성하고 아름답게 변화된다는 것을 명심해야 합니다. 쉐마 학당을 시작하며 아이들에게 초록색 저금통을 하나씩 나누어 주었습니다. 이 저금통을 다 채워오면 그 학생 이름으로 북한 어린이를 돕게 되는 것입니다. 아이들은 저마다 동전을 모아 정성껏 저금통을 채웁니다. 저금통을 채워가며 나보다 어려운 이웃을 돕는 의식을 자연스럽게 형성하도록 돕고 있습니다.

(5) 출석 관리

어떤 일이든 자발적인 참여가 오랜 지속력을 가집니다. 그래서 쉐마 학당은 출석을 강요하지 않습니다. 단지 지속적인 동기부여를 하고 있습니다. 그 방법은 크게 세 가지입니다. 우선, 쉐마 학당은 주일과 같이 반드시 지켜야 한다는 것을 강조하며 인식의 변화를 꾀하였습니다. 담임목사는 쉐마교육에 관련된 설교를 할 때나 쉐마 학당 광고 시간에 쉐마 학당은 매주 쉬지 않는다는 것, 주일과 같이 반드시 지켜야 한다는 것을 종종 전합니다. 이런 방법을 통해 참여하는 가정들이 자연스럽게 매주 참여할 수 있도록 돕고 있습니다.

두 번째는 출석 카드를 제작하여 출석한 날짜를 한눈에 볼 수 있도록 하였습니다. 쉐마 학당에 도착한 학생들이 가장 먼저 챙기는 것이 출석 카드입니다. 어린아이들도 출석 카드는 꼭 자기가 직접 챙겨 도장을 받길 원합니다. 15칸의 빈칸을 채워가는 재미도 있을뿐더러 가시적인 효과가 있기 때문에 출석 카드를 시작하면서 장기 출석가정이 늘어나기 시작하였습니다. 그리고 15회 연속 출석 즉, 3개월 동안 개근한 학생에게 작은 선물을 주어 출석을 독려합니다.

세 번째는 심방 전화입니다. 이 부분은 쉐마 학당 담당 교역자가 책임을 지고 있습니다. 쉐마 학당을 마친 후 담당 교역자는 출석하지 못한 가정에게 전화를 합니다. 그렇지만 출석을 강요하는 말은 전혀 하지 않습니다. 안부를 묻고, 쉐마 학당 참여 시 어려운 점은 없는지 점검하면서 도움이 필요한 가정들을 살피고 있습니다. 이러한 어려움을 빨리 파악하여 적절한 도움을 주는 것이 쉐마 학당을 지속적으로 참여할 수 있도록 하는 원동력이 되기 때문에 심방 전화는 매우 중요합니다.

4) 주일 쉐마교육

2010년 4월부터 과천 약수교회가 실시한 '주일 쉐마교육'의 핵심은 '성경 중심 교육'입니다. 이 교육을 시행하기에 앞서 교회학교에서 실시하고 있는 각종 이벤트를 없애는 일부터 시작하였습니다. 놀이기구(에어바운스)와 달란트 시장, 가면무도회, 피자파티 등 각종 흥미 위주의 이벤트는 지양하였습니다. 사실 교회에서 하는 이벤트는 이미 전문·고급화된 사회의 이벤트를 따라가기 힘듭니다. 또한 각종 선물과 간식으로 교회등록을 유도하는 것 역시, 아이들이 교회 나오는 내재적 동기를 물질적 보상에 귀속시키는 결과를 초래할 뿐입니다. 고려대학교 김성일 교수는 돈이나 물질은 자녀들에게 내재적 동기를 유발시킬 수 없으며, 오히려 역효과를 낼 수 있다고 KBS TV 특강을 통해 강의한 바 있습니다.

 과천 약수교회에서 실시하고 있는 주일 쉐마교육은 이벤트나 선물로 복음을 전하는 것이 아니라, 성경 중심의 교육을 실현하는 것이 목적입니다. 과천약수교회의 성경 교과서는 창세기부터 요한계시록까지 성경을 9가지 대주제와 32가지 중주제, 그리고 150가지의 소주제로 구성되어 있습니다. 이는 3년 커리큘럼이며 1년에 50주제씩 접하면서 유치부 유년부, 초등부, 중등부, 고등부, 청년부에 이르기까지 총 6번에 걸쳐 업그레이드 된 교육을 받게 됩니다.

 이러한 주일 쉐마교육 교재의 가장 큰 특징은 성경을 바탕으로 한 질문식 교재라는 것입니다. 그리기나 만들기 등의 활동보다는 교사와 학생이 철저하게 대화를 통해 성경을 가르치고 교감하도록 구성되어 있습니다. 처음에는 교사와 학생들이 서툴게 대화를 이어 가지만 곧 자연스럽게 서로의 의견을 나누게 됩니다. 학생들은 듣는데서 그치는 것이 아니라 질문을 하고, 질문은 나눔으로, 나눔은 신앙 전수를 가능케 합니다. '주일 쉐마교육'은 교역자가 바뀔 때마다 편중된 신앙교육을 받는 것을 바로잡고 성경 전반에 대해 아이들에게 균형 있는 신앙교육을 받도록 하는데 중점을 두고 있습니다. 성경의 150주제를 매년 50과씩 3년 과정으로 배우다 보면 균형 잡힌 건강한 신앙인으로 자라게 됩니다.

(1) 150개 성경 주제

다음 쪽에 있는 표는 과천약수교회 주일 쉐마교육 150개 주제, 즉 3년 과정의 커리큘럼입니다. 150개 주제는 9개의 대주제와 25개의 중주제로 체계적으로 분류된 것으로서 성경이 제시하는 기독교적 가치가 총 망라된 주제입니다. '교회 절기'는 성탄절, 고난주일, 부활절, 어버이 주일, 성령강림의 절, 추수감사절 등 6개이고, '성경 인물'은 구약 '아담과 하와'로부터 신약의 맨 마지막 인물인 '브리스길라와 아굴라'까지 총 36명입니다. 즉 3년 동안 교회 절기는 총 18번 배우고, 성경 인물은 매달 마지막째 주에 배워 3년 동안 36명을 공부하게 됩니다.

특별히 '성경 인물'을 다루려는 이유는, 자칫 주제별로 성경을 공부하다 보면 성경의 전체 흐름이나 구원 역사에 대해 무지할 수 있기 때문입니다. 아담과 하와, 모세, 다윗, 세례요한, 예수 그리스도, 베드로, 바울 등의 구속사의 순서대로 차례로 성경 인물의 전체 생애를 다루고, 그 생애들을 이어 나가면 성경의 위대한 파노라마, 성경의 구원 역사를 이해할 수 있게 될 것을 기대하고 성경 인물을 매달 마지막째 주에 넣었습니다. 그리고 주제별로 공부하다보면 성경 스토리를 배우지 못하게 될 수도 있기 때문에 성경 인물을 다루면서 성경 스토리를 익히고자 하였습니다.

• 대주제 9개는 다음과 같습니다.

I. 하나님과 나의 관계　　II. 나와 너의 관계

III. 나 자신과의 관계　　IV. 하나님 배우기

V. 성경 배우기　　　　　VI. 교회생활 배우기

VII. 가정·사회생활 배우기　VII. 교회 절기

IX. 성경 인물

• 주일 쉐마교육 3년 과정 커리큘럼

I. 하나님과 나의 관계	1. 하나님을 어떻게 알 수 있는가? -창조, 말씀, 성령	12주
	2. 하나님을 경험함 -체험, 공동체, 고난	
	3. 하나님과 교제함 -예배, 기도, 말씀에 순종	
	4. 하나님에 대한 태도 -경외, 사랑, 동행	
II. 나와 너의 관계	5. 서로를 이해하기 -다름, 하나됨, 역지사지	10주
	6. 서로에게 다가가기 -겸손과 온유, 진실과 정직, 화평	
	7. 서로를 사랑하기 - 용서, 섬김과 희생, 짐을 짊어짐, 내 몸 사랑하듯	

III. 나 자신과의 관계	8. 나는 누구인가? -하나님의 형상, 예수님짜리, 왕 같은 제사장	9주
	9. 의인이면서 죄인! -죄인됨, 죄의 결과, 죄와 은혜	
	10. 치유와 회복 -예수 그리스도로부터, 삶의 목적, 사명과 비전	
IV. 하나님 배우기	11. 하나님은 누구신가? - 삼위일체, 성부 하나님, 예수님, 성령님, 하나님의 사랑	16주
	12. 예수님이 하신 일 -하나님의 나라, 기적과 치유, 십자가, 부활, 승천과 재림	
	13. 성령님이 하시는 일 -구원의 보증, 진리를 가르침, 능력 주심, 성령의 열매, 거룩함, 성령의 충만	

V. 성경 배우기	14. 성경 = 하나님의 말씀 - 생명의 말씀, 성경의 영감, 말씀의 능력	19주
	15. 하나님의 나라 -하나님나라의 도래, 하나님나라의 진행, 하나님나라의 완성	
	16. 언약 -아브라함 언약, 모세 언약, 다윗 언약, 새 언약에 대한 약속, 새 언약	
	17. 지상명령 -문화명령, 구약의 지상명령, 신약의 지상명령	
	18. 말씀대로 살기 -들음, 거듭남, 하나님의 뜻을 분별함, 말씀의 규율, 말씀으로 인도함 받음,	

VI. 교회생활 배우기	19. 교회란 무엇인가? -교회의 시작, 하나님의 가족, 그리스도의 몸, 성령의 전, 영적 전투	20주
	20. 영적 성장과 성숙 -성장의 필요성, 하나님 형상의 회복, 그리스도를 닮아감, 제자도	
	21. 그리스도인의 의무 -예배, 말씀, 기도, 성령과 동행, 성도의 교제 구제와 선행, 전도와 선교 십일조, 주일 성수	
	22. 교회의 예식 -세례, 성찬	
VII. 가정·사회생활 배우기	23. 가정생활 -부모 공경, 형제 우애, 믿음의 가정 세우기	10주
	24. 학교생활 -겸손히 배움, 본이 되는 그리스도인, 성실, 실력과 섬김	
	25. 사회에 공헌함 -하나님 나라와 사명, 그리스도인의 사회적 책임, 국가를 위해 기도함	

VII. 교회 절기	26. 성탄절　　27. 고난주간 28. 부활절　　29. 어버이주일 30. 성령강림절　31. 추수감사절 -6개의 절기가 3년간 반복되므로 총 18과 구성	13주

IX. 성경인물	아담과 하와, 노아, 아브라함, 이삭, 야곱, 요셉, 모세, 여호수아, 삼손, 룻, 사무엘, 다윗, 솔로몬, 엘리야, 엘리사, 히스기야(이사야), 예레미야, 에스겔 다니엘, 느헤미야, 학개, 에스더, 말라기, 마리아와 요셉, 동방박사, 세례요한, 베드로, 요한, 삭개오 야고보, 바나바, 바울, 스데반, 디모데, 실라, 브리스길라와 아굴라 -구약 23명, 신약 13명, 총 36명 -인물을 대표하는 구절을 뽑되 공과는 그 인물의 전 생애를 포괄하도록 구성 -신구약 인물을 훑으므로 성경 전체 줄거리를 파악할 수 있게 함	36주
총 150주(총 150 구절 암송!)		

• 이 커리큘럼은 성경 66권이 말하는 기독교적 가치를 총망라하되 학습 효과를 높일 수 있도록 체계적으로 구성되었습니다. 단점도 있습니다. 비슷한 주제를 연속적으로 다루는 점입니다. 예를 들어, 대주제 V. 성경 배우기 중에서 중주제 16. 언약을 다룰 때 소주제는 아브라함 언약, 모세 언약, 다윗 언약, 새 언약에 대한 약속, 새 언약 등 총 5주에 걸쳐서 언약만을 다룹니다. 이때 아무래도 비슷한 내용을 반복적으로 배울 수 있어서 자칫 학생들의 흥미를 반감시킬 수도 있습니다. 그래도 5주간의 체계적인 언약 공부를 통해 학생들은 성경적 언약 사상을 숙지할 수 있게 된다는 장점도 있습니다. 체계적이라는 것이 장단점을 함께 가지고 있는 점이 여기서 확인되는 것입니다.

• 커리큘럼을 자세히 살펴보면 다음과 같습니다.

커리큘럼의 첫 대주제는 '하나님과 나의 관계'입니다. 이 대주제를 중심으로 4가지 중주제(하나님을 어떻게 알 수 있는가?, 하나님을 경험함. 하나님과 교제함. 하나님에 대한 태도)로 나누었습니다. 그리고 첫 번째 중주제 하나님을 어떻게 알 수 있는가? 는 3가지로 세분화하였습니다. 창조와 말씀과 성령이 그것입니다. 이때 다루는 창조는 중주제인 하나님을 어떻게 알 수 있는가? 라는 범주 안에서 살펴봅니다. 즉 1과 창조의 핵심 주제는 하나님이 지으신 창조 세계를 통해서 하나님을 알 수 있다는 것입니다. 그리고 2과 말씀은 하나님을 어떻게 알 수 있는가? 라는 주제 아래서 다루는 것입니다. 다시 말해서 하나님의 말씀을 통해서 하나님을 알 수 있다는 진리를 배우는 것입니다. 3과 성령 역시 마찬가지입니다.

- 이렇게 체계적으로 기독교 진리를 3년간 배우고 나면 성경적 진리를 총체적으로 배울 수 있고, 이러한 배움이 학생들에게 기독교적 가치관을 심어주게 될 것입니다. 2010년 4월 둘째 주부터 시작된 과천 약수교회 주일 쉐마교육은 1과부터 차례로 주제 커리큘럼에 따라 진행하다가 매월 마지막 주일에는 성경 인물을 다룹니다. 앞서도 말했듯이, 성경 인물을 다루는 이유는 자칫 주제별로만 성경을 공부 하다보면 성경의 큰 맥이나 흐름이나 스토리를 놓칠 수 있는 까닭입니다. 성경에 나오는 주요 인물을 아담과 하와로부터 신약시대 인물에게까지 순서대로 배우게 되면 성경 구원 역사에 대한 이해를 높일 수 있고, 성경이 말하는 큰 맥과 흐름을 파악할 수 있게 됩니다. 이 기간 중에 교회 절기는 '어버이 주일'과 '성령강림절'등이 있었습니다. 절기에 해당되는 주일에는 교회절기 주제를 다루고, 이어서 계속 진행하였습니다.

그리고 아래 표에서 소주제 밑에 있는 성구는 그 주제에 해당하는 암송 성구입니다. 매 주일마다 학생들은 암송 성구를 외워야 합니다. 아래 표는 지난 2010년 4월 둘째 부터 과천 약수교회에서 실시한 주일 쉐마교육 일정표입니다. 이 일정표대로 우리는 주일 쉐마교육을 실시하였습니다.

4월	5월	6월	7월	8월
4일	2일	6일	4일	1일
	성령 (고전 2:10)	공동체 (요 13:35)	기도 (히 4:16)	사랑 (신 6:5)
11일	9일	13일	11일	8일
창조 (창 1:1)	어버이주일 (엡 6:1-3)	고난 (시 119:71)	말씀에 순종 (요 14:23)	동행 (미6:8)
18일	16일	20일	18일	15일
말씀 (요 1:1)	체험 (시 34:8)	예배 (요 4:24)	경외 (잠 9:10)	다름 (갈 3:28)
25일	23일	27일	25일	22일
아담과 하와 (창 3:15)	성령강림절 (행 1:8)	아브라함 (창 15:6)	이삭 (창 26:22)	하나됨 (고전 12:4-6)
	30일			29일
	노아 (창 6:9b)			야곱 (창 28:15)

(2) 암송 성구

150개 주제에 각각 1개의 암송 성구가 있습니다. 3년 동안 과천약수교회 교회학교를 충실히 이수하는 학생은 무려 150개의 암송 성구를 외우게 되는 것입니다. 암송은 한글 개역 개정판과 영어 NIV로 각각 한글 암송과 영어 암송을 하게 됩니다. 다음은 150개 암송 성구 중 일부입니다.

> 1. In the beginning God created the heavens and the earth (Genesis 1:1)
> 태초에 하나님이 천지를 창조하시니라 (창 1:1)
> 2. In the beginning was the Word, and the Word was with God, and the Word was God (John 1:1)
> 태초에 말씀이 계시니라 이 말씀이 하나님과 함께 계셨으니 이 말씀은 곧 하나님이시니라 (요 1:1)
> 3. but God has revealed it to us by his Spirit. The Spiritsearchesall things, even the deep things of God (1 Corinthians 2:10)
> 오직 하나님이 성령으로 이것을 우리에게 보이셨으니 성령은 모든 것 곧 하나님의 깊은 것까지도 통달하시느니라 (고전 2:10)

(3) 주일 쉐마 교재 구성

우리는 많은 말씀을 가르치려 하기보다는 그리고 여러 주제를 전달하려고 하기보다는 매주 한 개의 주제를 제대로 이해하도록 교육하고 있습니다. 주제에 맞춰 암송 성구가 있고 그 암송 성구를 본문으로 한 설교와 공과 공부 교재를 제작하여 One point system으로 진행합니다. 소위 '선택과 집중' 원리를 채택하여 교육의 효과를 높이고자 하였습니다. 교회학교 교사들의 수급 문제는 이미 심각한 상황입니다. 그러나 안으로 들어가 보면 교회학교 교사로 봉사하고 있는 교사들마저도 아이들을 가르칠 준비가 안 되어 있는 교사들이 많습니다. 공과 공부를 위해 한 주간 묵상하며 제대로 준비해오는 교사들이 과연 몇이나 될까요? 교회학교 공과 공부 시간을 보면 머리를 푹 숙인 채 각자 주어진 공과 책에 답을 쓰느라 여념이 없습니다.

주일 쉐마 교재와 기존 교재의 가장 큰 차이점은 토요 쉐마 학당과 같이 질문과 토론식 교재라는 점입니다. 학생들에겐 별도의 공과 책은 없습니다. 공과 시간에 필요한 것은 오로지 열린 귀와 마음, 그리고 자유롭게 생각을 얘기할 수 있는 입입니다. 사실 이 교육 방법을 시작하고자 하였을 때 가장 걱정이 앞선 부서는 유치부였습니다. 아이들이 아직 어리기 때문에 자신의 생각을 자유롭게 얘기하는 것이 어려울 뿐더러 집중시간이 길지 않아 과연 해낼 수 있을까 하는 우려의 마음이 컸습니다. 시중에 판매되는 대부분 유치부 교재는 매우 다채롭습니다. 2장이 넘지 않으며 1장은 말씀으로 한 장은 만들기 혹은 색칠 공부 등으로 구성되어 있습니다.

그러나 과천약수교회 유치부 역시 주일 쉐마를 하기 전 앞서 말한 교재를 활용하여 교회학교를 진행하였습니다. 그래서 주일 오전 유치부의 풍경은 아이들이 만들기를 할 수 있도록 교사들은 무엇인가 자르고 붙이는 것에 여념이 없었습니다. 예배 후 공과 공부가 시작되면 공과 시간의 가장 주된 활동, 가장 시간을 많이 투자하는 것은 다름 아닌 만들기였습니다. 하루는 어느 교사가 이러면 안 되겠다 싶어 만들기를 빼고 성경 말씀만 전했다고 합니다. 그러자 바로 나타난 아이들의 반응은 만들기 언제 하냐면서 2주 후에는 결석하기 시작했다는 경험담을 들은 적이 있습니다. 만들기가 빠진 유치부, 상상이 되는가.

지금 유치부의 모습은 이렇습니다. 상을 펴 놓고 동그랗게 둘러 앉아있는 아이들의 손에는 아무것도 없습니다. 아이들은 선생님 바라기가 되어 선생님이 얼굴을 움직이는 대로 따라 움직입니다. 선생님과 눈을 마주치고 아이들의 목소리에 교사가 귀를 기울이면서 아이들과 교사는 더욱 가까워집니다. 또한 교사들이 공과를 준비해 오는 것이 굉장히 창의적입니다. 여리고 성에 대한 내용을 공부할 때, 한 선생님은 젠가를 가져와 직접 젠가 주위를 돌게 하며 아이들에게 여리고 성이 무너진 것을 경험하게 하며 기분이 어땠을 것 같은지 왜 하나님이 여리고 성을 이런 방법으로 무너지게 하셨을 것 같은지 아이들의 생각을 묻습니다.

또 집중력이 짧은 4세 담임인 한 교사는 성경 동화책을 준비해 설교와 동일한 이야기를 한 번 더 들려주며 대화를 주고받고 있습니다. 유·초등부 부장을 맡고 계시는 장로님은 2주가 지나니 학생들의 태도가 달라지기 시작했다며 흡족해 하셨습니다. 담당 교역자 역시 학생들에게 교재가 있을 때는 공과 시간에 모두 고개를 숙이고 무엇인가 하기 바빴는데 우선 자세가 바르게 되었고, 교사와 눈을 맞추기 시작했다며 학생들의 변화를 얘기한 적이 있습니다.

5) 쉐마 활동 현장

(1) 3대가 함께 드리는 예배

'세대 차이'라는 말이 있습니다. 서로 다른 세대들 사이에 있는 감정이나 가치관의 차이를 가리킵니다. 그러나 요즘은 쌍둥이끼리도 세대 차이가 난다고 할 정도로 시대의 물결이 빠르게 변화하고 있습니다. 세대가 바뀌면서 가치관도 변하고 문화의 차이가 생기는 것입니다. 기성세대로 일컬어지는 50대, 60대는 산업화와 민주화를 동시에 경험하고 이제는 정보화 시대에 살고 있습니다. 그러나 자녀들은 컴퓨터와 인터넷이라는 새로운 환경에서 자라나 부모들의 아픔과 마음을 이해하지 못하고 부모들 역시 자녀의 생각을 이해하지 못하기 때문에 문화적 단절이 일어나게 됩니다. 문화적 단절은 서로 하나 되어 공동체를 이루는 것에 장애를 주며 나아가 부모 세대의 장점과 유산을 물려받지 못하게 됩니다.

교회 내에서 기성세대의 문화와 신세대 간의 문화적 차이가 나타나는 원인은 다양합니다. 첫째, 세대 간의 예배 문화 차이입니다. 예배 문화 차이는 형식의 차이를 넘어 믿음의 차이까지 나타나기 시작했습니다. 자녀들은 1980년 후반부터 시작된 찬양 중심의 열린 예배에 익숙해져 있고 부모들은 전통 예배에서 하나님의 임재를 느낍니다. 열린 예배에 익숙해진 자녀들은 고등학교를 졸업한 후 성인 예배 적응에 어려움을 느껴 고등부에서 청년부로 전환될 때 부모와 함께 다니던 교회를 떠나거나 신앙을 저버리는 일이 다반사입니다. 둘째, 교회 교육 시스템입니다. 온 가족이 교회에 오면, 자녀들은 각 교육부서로 부모들은 각자의 봉사처로 발걸음을 향합니다. 오후가 되어서야 온 가족이 함께 얼굴을 마주할 수 있으니 신앙이 전수되는 것은 한계가 있을 수밖에 없습니다.

이러한 고민과 문제 속에서 과천약수교회는 매월 첫째 주일, 3대가 함께 예배를 드립니다. 3대가 함께 한 자리에서 예배를 드리면서 자녀들은 부모의 예배드리는 모습을, 조부모의 예배드리는 모습을 자연스럽게 보고 배울 수 있습니다. 3대가 함께하는 예배는 학생들이 장년 예배에 수동적으로 참여하는 것이 아니라, 능동적으로 예배에 참여할 수 있도록 하기 위해 예배에 참여하는 자녀들이 어른들 앞에서 직접 성경 봉독을 하고 성가대에도 참여하게 하여 함께 하나님을 찬양하며 함께 예배를 이끌어갑니다. 또한 이날은 특별한 설교를 준비합니다. 자녀들의 눈높이에 맞추어 자녀들과 부모들이 함께 공감하고 이해할 수 있는 설교를 하여 전통적인 예배 문화에 거부감을 갖지 않도록 합니다. 설교가 쉽게 전달되도록 설교 내용에 맞춘 동영상을 만들어서 보여주기도 합니다.

• 3대 통합예배를 위한 설교힌트

> 자녀를 위하여 울어야 합니다. 누가복음 23장 28~30절 / 자녀에게 가장 큰 유산을 남겨주세요. 시편 78편 1~8절 / 아버지와 어머니를 공경합시다. 에베소서 6장 1~3절 / 예수님을 믿어야 구원을 받습니다. 사도행전 4장 5~12절 / 하나님의 사랑을 알아야 합니다. 누가복음 15장 25~32절 / 하나님 말씀을 사모합시다.| 느헤미야 8장 1~6절 / 말씀의 능력 알아야 합니다. 디모데후서 3장 15~17절 / 성공한 자녀! 실패한 자녀! 사무엘상 2장 12~21절 / 하나님의 말씀대로 행하여야 합니다. 민수기 3장1~13절 / 주님께 피하십시오. 시편 31~6절 / 말씀을 기억하도록 가르쳐야합니다. 신명기 9장 6~8절 / 엔학고레를 주신 하나님. 사사기 15장 10~20절 / 질문과 토론의 비밀. 누가복음 2장 46~52절 / 재능과 은사를 주신 하나님. 에베소서 4장 7~12절 / 고넬료같은 가정이 됩시다. 사도행전 10장 1~5절 / 다니엘처럼 기도합시다. 다니엘 9장 3~11절 / 칭찬하며 삽시다. 마태복음 8장 5~13절 / 사무엘처럼 삽시다. 사무엘상 12장 1~5절 / 요셉처럼 효도합시다. 창세기 48장 28~34절 / 범사에 감사하며 삽시다. 데살로니가전서 5장 16~22절 / 사탄의 전략을 알아야 합니다. 창세기 3장 18절 / 어리석은 자가 되지 맙시다. 시편 14편 1~5절 / 나라를 위하여 기도해야 합니다. 디모데전서 2장 1~4절 / 후회하지 않는 삶을 삽시다.   베드로전서 4장 7~11절 / 전도는 부득불 해야 할 일입니다. 고린도전서 9장 16~23절 / 기다릴 줄 알아야 합니다. 출애굽기 32장 21~29절 / 이단을 조심합시다. 베드로후서 2장 1~8절.

― 자녀와 함께 드리는 3대 통합 예배를 위한 설교힌트, 설동주, 쉐마학당연구원, 2013.

3대가 드리는 예배의 가장 두드러지는 효과는 자녀들의 예배 자세입니다. 초·중·고등학생들은 3대 예배를 통해서 또래 집단끼리 예배드릴 때 모습과 전혀 다른 경건한 예배와 성스럽기까지 한 예배를 경험하고 다시 기관으로 돌아가 예배를 드릴 때는 지난 예배와는 아주 다른 예배의 자세를 갖게 됩니다.

　이와 같은 노력은 세대 간의 문화적 단절을 극복합니다. 사실 문화는 이론적 설명이 아니라 서로 함께 공유할 수 있는 것이 생겨날 때 자연스럽게 형성되는 것입니다. 그런 의미에서 3대가 함께 드리는 예배는 부모와 자녀의 예배 문화의 벽을 허물뿐 아니라 자연스럽게 하나의 신앙 공동체를 만들게 되는 것입니다. 사실 요즘 학생들은 부모와 함께 하는 것만으로도 거부감을 느낍니다. 부모 세대는 지루하고 진부하다고 느끼기 때문입니다. 교회에서만큼이라도 그 벽을 허물어 신앙의 수직적 전수와 세대 통합 노력이 필요합니다. 3대가 함께 드리는 예배는 부모들에게 부여된 하나님의 명령인 자녀를 양육하고 신앙을 전수하는 첫걸음이 됩니다.

(2) 매월 첫날 새벽기도회.

　3대가 함께 새벽을 깨우며 교회에 들어섭니다. 예배 후 안수기도 시간은 아이들이 가장 기다리는 시간입니다. 또한 성도들이 안수기도의 능력을 알기에 부모들은 자는 아이들을 깨워 예배에 참여합니다. 예배 후 자녀들은 모두 앞으로 나와 앉으면 안수기도가 시작됩니다. 그런데 이 기도 시간에 담임목사가 한 번 안수 기도를 하고 마치는 것이 아니라 부목사까지 모두 나와서 안수기도를 해주기 때문에 여러 차례 안수기도를 받을 수 있습니다. 그래서 자녀들을 믿음으로 양육하려는 부모들은 서둘러 새벽기도회에 참여합니다.

　조부모와 부모 그리고 자녀, 이렇게 3대가 한 자리에서 기도를 하는 것은 쉬운 일이 아닙니다. 그러나 온 가족들이 한자리에서 함께 기도하는 경험은 아이들에게 좋은 신앙적 추억을 만들어주는 동시에 신앙훈련 차원에서도 바람직합니다. 자라나는 자녀들이 신앙의 유산을 잘 물려 받을 때 교회의 미래가 밝아지고, 교회가 자기 역할을 감당할 때 이 나라와 민족의 앞날에도 번영과 행복이 지속될 수 있습니다. 부모의 기도하는 모습을 보며 자라난 자녀들은 믿음의 계대를 잘 이어 나갈 수 있을 뿐 아니라 하나님의 교회와 나라와 민족 가운데 선한 영향력을 끼치는 인물로 성장할 수 있음을 확신합니다.

(3) 부모와 함께하는 금·토 쉐마 캠프

서울 지방경찰청의 '청소년 범죄 현황' 자료에 따르면 청소년 범죄가 점점 증가하고 있습니다. 청소년 범죄는 연령이 낮기 때문에 죄가 성립되지 않는 경우가 많아 실제 범행 건수는 더 많을 것으로 전문가들은 추정합니다. 많은 학자들은 갈수록 심각해져 가는 청소년 범죄의 원인에 대해 double income family 혹은 single-parent family 등의 가족 형태 변화로 보고 있습니다. 맞벌이 가구 통계(통계청, 2011년 6월)에 따르면 배우자가 있는 1162만 가구 중 맞벌이는 507만 가구로 전체의 약 45%정도 차지하였습니다. 맞벌이 가구의 연령대는 자녀들에게 가장 신경을 많이 써야 할 40대가 생활비와 사교육비 부담으로 인해 전체 맞벌이 가구의 35.2%로 가장 많았고, 50대(28.8%), 30대 (18.6%)가 그 뒤를 이었습니다. 이는 맞벌이 가정의 수가 증가함과 동시에 자녀들의 범죄 역시 증가하고 있음을 시사합니다. 돈을 벌기 위한 한 부모 가정이나 맞벌이 가정의 부모는 자녀들을 돌보고 가르치는 시간이 절대적으로 부족할 수밖에 없는 것이 안타까운 현실입니다.

우리 사회가 가지고 있는 근본적 문제에 대해 조금이나마 도움이 될 수 있는 교육 프로그램이 무엇일까를 고민하다 금·토 쉐마 캠프를 개최하게 되었습니다. 방학이 시작되면 많은 부모들은 각 기관에서 진행하는 캠프들을 찾아보며, 어떻게 하면 우리 아이들이 더 많은 경험을 할까 고민합니다. 캠프들을 살펴보면 아이들만 참여하는 프로그램이 90% 이상입니다. 캠프에서 아이들 생각의 변화가 삶의 변화가 일어났을지라도 집에만 돌아오면 전과 다르지 않는 모습을 보이는 것이 어쩌면 당연합니다. 왜냐하면 아이들은 변했을지 모르지만 부모들은 그대로이기 때문입니다. 금·토 쉐마 캠프는 이처럼 방학이 되면 우후죽순으로 생겨나는 일반 캠프와는 개념이 다릅니다. 부모와 자녀의 심리를 치료하는 심리 캠프이며, 효와 예절을 가르치는 인성 캠프이고, 부모와 자녀의 관계 회복을 추구하는 가족 소통의 캠프입니다. 따라서 금·토 쉐마 캠프의 모든 프로그램의 전체 진행은 심리학과 인성에 초점을 두어 구성하였습니다.

① 1박 2일 동안 진행된 금, 토 쉐마 캠프의 참여 대상은 부모와 자녀입니다.

금·토 쉐마 캠프는 단절된 부모와 자녀 간의 소통이 목적입니다. 그래서 숙소 배정도 가족끼리 합니다. 숙소는 'OO이네 집'이란 팻말이 방호수를 대신합니다. 각자의 방에 들어가 짐을 푼 후 바로 시작된 첫 번째 프로그램은 '가족 영화 보기'입니다. 우리 가정에서 흔히 볼 수 있는 모습인 리모컨 싸움, 아빠는 스포츠를, 엄마는 드라마를, 아이들은 예능프로그램을 보기 위해 치열한 리모컨 눈치작전이 돌입됩니다. 그래서인지 텔레비전을 볼 때조차 한 가족이 모두 모여 둘러앉는 일은 그리 많지 않습니다. 1차 금·토 쉐마 캠프는 '회초리'라는 영화관람과 더불어 시작되었습니다.

캠프장까지 온 피로도 풀 겸 온 가족이 둘러 앉아 볼 수 있는 감성을 울리는 영화를 보며 편하게 캠프가 시작됩니다. 서당을 배경으로 부녀지간의 사랑을 진하게 느낄 수 있는 영화로 한국의 문화를 간접 체험하고, 서로의 눈물을 닦아주며 마음을 여는 시간입니다.

'전통놀이' 시간은 라포 형성에 매우 효과적입니다. 라포(Rapport)란, 프랑스어로 '다리를 놓다'라는 의미로 이미 상담이나 교육학에서는 자주 쓰이는 말입니다. 부모와 자녀 관계, 가장 가까운 사이이고 가장 많은 시간을 보내는 사이이지만 서먹하고 불편한 가정들이 생각보다 많음을 봅니다. 서로 몸을 부딪치며 웃고 떠드는 동안 공감대와 친밀감이 형성됩니다. 그 방법으로 우리는 전통 놀이를 선택하였습니다. 아이들은 '전통'이라는 말만 들어도 고리타분하다고 느끼고 지루하고 재미없는 것이라고 생각합니다. 그러나 부모님들이 어릴적 했던 놀이들을 같이 해보면서 부모를 이해하고 부모와 더 가까이 할 수 있는 시간을 만들었습니다. 더불어 아이들에게 전통을 이해하도록 하고 전수한다는 놀이 이상의 의미가 있습니다.

'세족식' 부모의 손과 발을 볼 기회는 아이들에게 거의 없습니다. 또한 아이들은 관심조차 없습니다. '세족식'이란 말에 의례히 부모가 자녀들의 발을 씻겨주는 것으로 생각하지만 금·토 쉐마 캠프에서는 아이들이 부모님의 발 앞에 무릎을 꿇고 우리의 몸 중에 가장 더럽다고 생각하는 발을 정성껏 만지며 발가락 사이 사이까지 정성껏 씻겨 주었습니다. 자신들을 위해 밤늦게까지 걸어 다니시는 어머니, 아버지의 발, 예수님이 가장 낮은 자가 되어 제자들의 발을 씻겨 주신 것과 같이 항상 존중만 받았던 아이들이 이제는 부모님의 발아래에서 부모님을 섬기는 시간입니다. 처음

부모님의 발을 만지고 발을 씻기는 것이 꺼려져 옆 사람 눈치만 보고 있던 아이들도 어느새 엄숙하게 부모님의 발을 보고, 만지고, 수건으로 정성껏 닦아주며 부모님의 사랑에 감사함을 전했습니다.

'부모님께 절하기'. 아이들은 1년에 딱 한번 부모님께 절을 합니다. 그야말로 세뱃돈을 받기 위한 목적이 있는 절입니다. 절을 하는 아이들을 보며 형식적인 덕담과 더불어 세뱃돈을 쥐여 주는 것이 우리네 모습입니다. 이날 부모님에게 절하기 시간에 앉아 있는 부모들 앞에 아이들이 섰습니다. '부모님 이렇게 키워주셔서 감사합니다.' '부모님 앞으로 효도하겠습니다.' '부모님 절 사랑해 주셔서 감사합니다.' 아이들이 정성껏 한 번씩 절을 할 때마다 부모님께 감사하다는 표현을 반드시 하도록 하였습니다. 그러나 한 번만 절을 하는 것이 아니라 30번씩 부모님께 절을 했습니다. 아이들 이마에 땀이 송글송글 맺히고 저린 다리를 두드려가며 절을 하기를 30번, 아이들의 얼굴에 힘든 기색이 역력했습니다.

앉아서 절을 받는 부모들은 처음에는 예쁘게 절을 하는 아이들이 예쁘고 기특해서 웃다가도 아이들의 끙끙대는 신음소리에 안타까워 어쩔 줄 몰라 하는 것이 부모의 마음입니다. 그렇게 30번이 끝나면 달려가 부모님께 안겨 위로를 받고 부모들은 더 힘껏 아이들을 안아줍니다. 30번이나 절을 시킨 이유는 따로 있었습니다. 아이들은 지금까지 너무 편하게 부모님의 사랑을 받아왔습니다. 그리고 당연하게 여기는 아이들이 많습니다. 또한 부모들도 아이들에게 조금이라도 힘든 것은 시키고 싶어하지 않습니다. 30번씩 절을 하며 부모님께 감사함을 전하고 그렇게 어려움을 겪는 아이들을 보며 부모 또한 성숙해지는 시간을 갖자는 취지입니다. 캠프의 첫날 밤은 그렇게 저물어 갔습니다. 하루를 마무리하며 각자에게 숙제를 한 가지씩 주었습니다. 부모의 좋은 점과 자녀의 좋은 점을 각각 쓴 후 잠들도록 하였습니다.

② 둘째 날 아침, 숙제 검사로 하루를 시작합니다. 부모가 자녀에게, 자녀는 부모에게 칭찬하는 시간을 공개적으로 가졌습니다. 한 가정도 빠짐없이 앞으로 나와 발표하는 시간입니다. 평소에 너무 시끄러워 문제였던 아들은 목소리가 커 자기 의견을 잘 말하는 아들로 칭찬을 받았고, 공부보다는 곤충에만 관심이 있는 딸은 곤충을 사랑하는 딸로 칭찬을 받았습니다. 잠을 잘 주무시는 엄마의 지극히 평범한 모습 또한 칭찬거리가 되었습니다. 이러한 칭찬들을 앞에 나와 발표를 시키니 같이 웃고 떠들면서 사랑스러운 아들과 딸, 존경하는 아빠와 엄마가 되어있습니다. 하나님은 아름다운 이 세상을 창조하셨습니다. 여섯째 날, 하나님은 자신의 형상대로 인간을 창조하셨습니다. 그리고는 다른 우주 만물을 창조하셨을 때와는 달리 하나님이 보시기에 심히 좋았더라 라고 하셨습니다. 얼마나 만족하셨으면 심히 좋았다고 하셨을까요. 하나님의 형상을 닮은 부모님과 자녀, 하루 24시간 중에 집에 있는 시간보다 부모들은 직장, 아이들은 학교와 학원에 있는 시간이 더 많다보니 서로 마주 앉아 얼굴 볼 시간이 마땅치가 않습니다.

'진흙으로 얼굴 만들기'를 시작하기 앞서 부모와 자녀가 서로 얼굴을 바라보는 시간을 가졌습니다. 우리 엄마의 얼굴에는 점이 어디 있는지, 코는 어떻게 생겼는지, 눈에 쌍꺼풀은 있는지, 꼼꼼하게 바라보도록 했습니다. 1분 동안 서로의 얼굴을 쳐다보라고 하니 1분의 시간이 어찌나 길게 느껴지던지 바라보는 것도 어색해하고 낯설어 하였습니다. 그 후 부모는 자녀의 얼굴을 만들기 시작하고 자녀는 부모의 얼굴을 만들기 시작하면서 자연스레 다시 한번 구석구석 얼굴을 보고 머리카락까지도 세심하게 보면서 하나님의 형상을 닮은 모습을 진흙으로 빚어갔습니다. 이러한 진흙 만들기는 EQ(감성지수)에도 상당한 영향을 주어 감성이 풍부한 자녀들로 자라나는데 도움이 됩니다.

③ 캠프의 마지막은 농장을 방문하여 고구마를 캐는 체험을 했습니다.

요즘 아이들과 대화해보면 고구마가 어디에서 열리는지 모르는 아이가 수없이 많습니다. 심지어 부모들도 모릅니다. 대부분 도시에서만 생활하기 때문에 우리 세대는 너무 당연하게 아는 것들도 잘 모르는 경우가 많습니다. 농장에 가서 고구마 캐기를 하기 전, 농장주인이 고구마가 열리는 과정을 설명하는 시간을 가졌습니다. 고구마가 나무에서 열린다고 생각한 아이들은 땅에서 고구마를 캔다는 말에 눈이 휘둥그레지기도 하고 고구마가 열매가 아니라 뿌리인 것도 아이들은 꽤 신기한 듯했습니다. 부모님과 함께 고구마 캐는 방법도 배우고 자신들이 캔 고구마는 집으로 가져갈 수 있도록 하였습니다.

사방을 둘러봐도 네모난 건물밖에 없는 도시의 모습은 잊어버리고 사방이 확 트인 농장에서 토끼, 염소, 말 등과 함께 놀며 아이들은 잠시 잊어버린 동심을 찾았습니다. 과천 약수교회의 금•토 쉐마 캠프는 바로 건강한 가정을 이루도록 하기 위해 만든 것입니다. 부모와 자녀 간에 깨어지고 금이 간 관계를 회복하여 부모는 자녀에게 믿음과 신앙을 전수하며, 자녀는 자신에게 크고 작은 문제가 생길 때 주저 없이 부모를 찾게 하는 것입니다.

(4) 부모와 함께 하는 역사탐방

유대인처럼 역사 현장을 중요시 여기는 민족도 드물 것입니다. 그들은 특히 승리한 역사의 현장을 기념하기보다는 처절한 패배를 맛본 역사 현장을 결코 잊지 않습니다. 유대인 부모는 자기 민족의 역사를 자녀들이 기억하도록 교육시킵니다. 머리로만 암기하도록 교육시키는 것이 아니라 시청각적으로 교육하거나 역사의 현장을 재현함으로써 감정적으로 받아들여 행동으로 옮기도록 교육합니다. 그들이 이렇게 고난의 역사를 기억하도록 하는 것은 이유가 있습니다. 이는 자녀들에게 고난의 사건들 통해 그 고난 속에서 구원해 주신 하나님의 은혜를 감사하도록 하고 민족 자긍심을 고양시킵니다.

선진국일수록 고등학교의 타교과 대비 역사 교과 수업 비중은 높습니다. 독일 20%, 프랑스 15%, 그러나 우리나라는 5%에 불과합니다. 또한 대학 입시에서 조차 국사 과목이 선택과목이었다가 여론의 영향으로 마지못해 필수과목으로 선정되는 일이 반복되다 보니, 우리 자녀들은 자연스럽게 민족의 역사를 등한시하게 되고, 따라서 국가관 역시 확립되지 않을 수밖에 없습니다. 이러한 현실 속에 있는 우리 자녀들에게 그리스도인의 정체성과 자긍심, 나아가 국가관을 길러주기 위해 부모와 함께 하는 역사 탐방을 시작하였습니다. 부모와 함께 간다는 사실만으로도 자녀들의 눈은 설레임으로 가득합니다.

① 부모와 함께 하는 역사 탐방은 단순한 관람에 그치지 않도록 하는 것이 매우 중요합니다. 역사의 현장으로 이동하면서 서대문 형무소와 양화진에 대한 사전 교육을 실시하였습니다. 관련된 자료를 소책자로 만들어 참여한 가정들에게 나누어 주고 담당 교역자는 역사 현장으로 이동하면서 방문

하는 곳을 상세하게 설명하고 질문을 받는 시간을 갖습니다. 참여한 가정들에게 우리가 역사 현장을 방문하는 이유는 단지 관람을 위한 것이 아님을 강조하였습니다. 조상들이 있었기에 우리가 지금과 같이 풍요롭고 평화롭게 살 수 있음을 기억하고 복음을 들고 건너온 선교사들 덕분에 기독교가 뿌리 내릴 수 있었음을 감사하는 시간이 되길 바라는 마음을 전했습니다. 그리고 그들의 수고와 희생에 대해 감사기도를 하며 우리나라의 역사를 기독교적 세계관의 틀 안에서 이해하도록 하였습니다. 이러한 과정 가운데 부모와 함께 간다는 것에 신나게 왔던 아이들도 점점 진지해지기 시작하였습니다.

② 부모와 함께 하는 역사 현장 탐방의 가장 큰 장점은 부모가 직접 자녀들에게 역사관을 심어줄 수 있다는 것입니다. 대부분의 유적지는 가이드가 대기하고 있습니다. 그러나 전문가의 도움을 받아 프로그램을 진행하지 않고 부모가 직접 자녀에게 자유롭게 설명할 수 있도록 움직이는 동선만 안내하였습니다. 전문가의 도움 없이 이렇게 진행 하다보니 부모들이 가지고 있는 정보에 따라 전달되는 내용이 조금은 다르기는 하였으나, 자녀들의 연령에 맞는 단어들을 사용하여 조금은 깊이 있게 혹은 아주 쉽게 설명이 가능하였습니다. 그 가운데 부모들은 어린 시절 자신의 경험을 곁들어 이야기해주니 자녀들은 부모에 대한 이해를 다시 한 번 하는 계기가 되었습니다.

유관순 열사의 살인적인 고문 장소로 유명한 서대문 형무소, 참여한 부모들의 세대도 전쟁을 직접 몸소 경험한 세대가 아니기에 서대문 형무소에 가서 아이들에게 설명을 할 때 부모들의 모습도 매우 진중하였습니다. 지하 감옥과 지하 고문실 그리고 사형장 등 한 곳 한곳을 지날 때마다 웃으면서 들어간 모습은 이내 찾아보기 힘들었습니다. 각종 고문 도구들과 투옥된 수없이 많은 독립 운동가들의 얼굴을 보며 절로 경건해졌습니다. 우리나라의 독립을 위해 고통 속에 숨겼던 수많은 선인들에 대한 설명을 들으며 현장을 보는 아이들의 눈빛은 사뭇 진지함이 묻어났습니다.

③ 복음의 씨앗으로 이 땅에서 기꺼이 순교한 선교사들이 안장되어있는 양화진, 한국인보다 한국인을 더 사랑한 선교사들의 묘원인 양화진에서는 처음 한국에 복음을 전파한 선교사들의 영상을 보여준 후 그 선교사들의 묘역을 돌며 다시 한번 그들의 생애를 듣는 시간을 가졌습니다. 또한 이름도 없이 한국의 복음화에 헌신한 헤아릴 수 없는 묘역들 앞에서 그들의 삶에 감사와 애틋함에 가슴이 저렸습니다. 이 땅의 복음화를 위해 자신뿐 아니라 그들의 가족의 생까지 기꺼이 바쳤던 선교사들의 묘역 앞에 공동체에서 조금 뒤쳐져 오는 한 학생은 묘역의 한켠에 서서 두 손 모아 그들을 위해 기도하기도 하였습니다. 풍족한 생활 속에, 어렵지 않게 예수를 믿는 것이 당연한 것으로만 생각했던 자녀들은 이 땅에 먼저 와 복음의 씨앗을 뿌려 준 그들에 대한 감사의 마음을 글로 표현했습니다.

또한 이 시간에도 복음이 전해지지 않은 땅에 대한 안타까움을 느껴 자국에 대한 애국심을 길러 주기에 충분하였습니다. 요즘 세대 아이들에게 고난은 회피하고만 싶은 불필요한 일일 뿐입니다. 익숙하지 않을 뿐 아니라 달갑지 않은 것이 고난입니다. 또한 부모들 역시 아이들에게 고난 교육의 필요성을 전혀 느끼지 못합니다. 그런데 왜 고난의 역사 현장을 찾아가는 것일까요. 아이들이 직접 처절한 고난의 현장을 방문하여 고난의 역사를 눈으로만 읽는 것이 아니라 시험을 위해 암기하는 것이 아니라, 가슴으로 직접 보아야 절망의 역사는 되풀이 되지 않습니다. 고통 속에 한국을 지켜내고 믿음을 지켜낸 이들을 마음에 새기며 민족의 자긍심을 갖게 되고, 평화와 민주주의를 위해 헌신해야겠다는 당위성을 스스로 갖게 됩니다. 나아가 그리스도인으로서의 정체성과 자긍심도 갖게 됩니다.

6) 쉐마 학당을 통한 변화

• 쉐마 학당을 통한 가정과 부모와 자녀의 변화는 구체적으로 다음 여섯 가지로 정리할 수 있겠습니다.

(1) 말씀을 통한 변화입니다.

쉐마 학당은 말씀을 귀납법적으로 나누는 가정별 소그룹입니다. 귀납법적으로 진행되는 소그룹의 효과는 익히 잘 알려져 있습니다. 서로를 잘 알고 있는 가족 소그룹 내에서의 말씀 나눔과 적용이기 때문에 말씀 효과가 크게 나타납니다. 쉐마 학당에 참여하고 있는, 대학 진학을 앞둔 학생을 둔 한 학부모는 '시간이 지날수록 OO는 변하기 시작했습니다. 토요 쉐마 학당에서 배워가는 말씀을 통해 OO의 일상은 회개의 시간으로 바꾸게 되었고 자신을 뒤돌아보게 되면서 하나님의 말씀을 바르게 받기 시작했습니다'라고 간증했습니다. 또 6세 딸과 함께 쉐마 학당에 참여하는 한 엄마는 '쉐마 학당을 하면서 우리 부부가 많이 변했습니다. 지식교육에만 집중돼 있던 저희 부부를 성경 교육으로 돌아오게끔 도와준 아주 고마운 선물입니다.'라고 말합니다. 쉐마 학당이 말씀을 더 깊이 이해하기 위한 시도이기 때문에 쉐마 학당에 참여하는 부모와 자녀들은 말씀 앞에서 변화되지 않을 수 없습니다.

(2) 부모 자녀간 대화와 소통의 회복입니다.

부모 자녀 사이에 대화가 많을 때 자녀의 집중력이 향상된다는 연구 결과가 있습니다. 또한 집중력과 학업 성취도는 높은 상관관계를 가집니다〈EBS 다큐멘터리 (학교란 무엇인가) 참고〉. 그러나 최근 남자 직장인 1048명을 대상으로 가족과의 대화 시간에 대해 설문 조사한 결과 응답자 중 42.9%가 '자녀와 대화가 어렵다'라고 답했습니다. 또 하루 평균 가족과의 대화 시간이 30분 미만은 39.3%, 1시간 미만은 40.7%였습니다. 80%의 아버지가 자녀와 대화하는 시간이 1시간이 채 되지 않는 것으로 조사됐습니다(매일 경제 신문, 2011. 6. 22).

쉐마 학당은 특정 주제를 두고 부모 자녀가 질문과 대답을 주고받는 대화의 시간입니다. 주제와 관련하여 생각들을 교환하는 시간이며, 서로를 칭찬하고 고민을 나누는 대화의 시간입니다. 쉐마 학당에 참여하고 있는 한 학부모는 쉐마 학당 초기에, '내가 우리 아이랑 이렇게 눈을 맞추고 다정하게 이야길 해본 게 언제였지? 제일 사랑한다고 하지만 산더미 같은 해야 할 일들에 묻혀, 아이의 눈을 제대로 보지 못했던 것 같았습니다'라고 간증했습니다. 사춘기 중학생 딸을 둔 학부모는 다음과 같이 간증했습니다. '사춘기가 시작되면서 자기주장이 강해지고 딸이랑 부딪히는 일이 많아졌다. 그러기가 벌써 2년이란 시간이 흘렀다. 그런데 쉐마 학당에서 아이를 가르치다 보니 나 자신을 돌아보게 되었다. 그리고 딸 아이의 생각을 조금씩 알게 되었고 아픔도 고민도 내게 느껴지기 시작했다. 쉐마 학당은 딸 아이보다 내게 더 필요한 교육이었다. 딸아이도 조금씩 달라지기 시작했다. 함께 교회 가는 발걸음이 가벼워졌다. 그리고 쉐마 학당 도중에 재밌는 얘기들로 깔깔대며 서로 웃기도 한다.' 부모 자녀 간 대화가 시작되면 서로를 이해하는 소통의 길이 열리는 것입니다.

(3) 부모의 지혜를 전수합니다.

쉐마 학당 주제로 실제적인 삶의 문제를 다룰 때가 있습니다. 삶에서 겪게 되는 문제를 성경 속에서 찾고 삶의 지혜와 해법을 이끌어 내는 경우입니다. 이러한 주제일 경우 부모는 비단 성경 지식이 적더라도 자신의 경험담을 쉽게 이야기할 수 있습니다. 예를 들어 '분노 다스리기'라는 주제를 가지고 공부한 적이 있었습니다. 본문은 민수기 20장에 '므리바 사건'으로 잡고, 모세의 분노와 그 분노로 말미암아 광야 생활 40년 막바지에 '다 된 밥에 재뿌리기'의 잘못을 범해 하나님이 약속하신 땅에 들어가지 못한 모세의 실수에 포커스를 잡았습니다. 분노를 제대로 다스리지 못할 때 어떠한 가혹한 결과가 뒤따르는지를 보여줌으로써 분노를 다스릴 줄 아는 것이 얼마나 중요한지를 자녀들과 이야기 해보자는 것이었습니다. 성경 내용만 가지고 질문하고 토론할 수도 있겠지만 인생의 연륜을 더 쌓은 부모가 자신의 실수나 경험, 그리고 깨달았던 점 등을 자녀와 나눈다면 훨씬 생동감 있고 교육 효과도 클 것입니다.

자녀도 이런 기회를 이용하여 부모나 사회에 대해 가지고 있는 분노를 솔직히 드러낸다면 그 분노에 대한 치유 효과도 발생할 것입니다. 지혜는 지식처럼 쉽게 얻어지지 않습니다. 지혜에는 경험과 연륜이 필요합니다. 젊을 때 얻을 수 없었던 지혜를 나이가 들어 얻게 되는 경우가 많습니다. 부모는 자녀들보다 더 지혜롭다. 삶의 경험과 지혜가 더욱 풍성합니다. 부모 자녀간 대화와 토론을 통해 더 높은 지혜가 드러나고, 서로가 미처 보지 못했던 측면들이 조명을 받게 됩니다. 더 높은 지혜나 더 높은 관점은 주로 부모에게서 오겠지만, 가끔은 자녀로부터 올 때도 있습니다. 예상치 못했던, 어린이들만의 순수한 시각이 지혜롭게 번쩍일 때도 있을 수 있습니다.

(4) 효와 예절교육을 통한 변화입니다.

쉐마 학당에 참여하는 딸아이를 둔 엄마의 간증입니다. '저희 딸은 사람을 좋아 하지만 인사를 잘 하지 않았습니다. 저는 창의적인 아이로 만들고 아이의 의사를 존중 해주는 육아 교육이 좋다고 생각해서 딸을 나무라지 않았습니다. 그러나 놀랍게도 쉐마 학당을 통해 제 딸은 인사를 잘하는 아이로 변했습니다. 인사하는 딸을 보며 너무 행복하고 예쁩니다.' '부모에 대한 예의법 20가지'나 '부모 공경 성구 15가지'등 효와 예절에 관련된 내용을 암송하게 할 뿐 아니라 효와 예절을 생활화하기 위해 쉐마 학당 끝 시간에 부모에게 인사하기와 같은 것들을 직접하게 합니다. 이뿐 아니라 효나 예절을 쉐마 학당 공부 주제로 삼아 성경적 효 사상을 가르쳐 자녀들이 효자/효녀가 되어가고 있습니다.

(5) 성품 교육을 통한 변화입니다.

지금까지 쉐마 학당에서 다룬 성품 관련 주제는 다음과 같은 것들이 있습니다. '인격의 성장', '인내력 기르기', '다른 것은 틀린 것이 아니다', '약속을 반드시 지켜라'등 다수가 있습니다. 이러한 공부를 통해 자녀들은 인성이 계발되고 성품이 곧 능력이 됨을 깨닫게 됩니다. 부모는 아이를 가르치면서 자신을 돌아보게 되고, 함께 공부한 내용을 의식함으로써 부모와 자녀가 함께 인격적으로 성숙해갑니다.

(6) 칭찬 및 바람 말하기를 통한 변화입니다.

고등학생 아들과 함께 쉐마 학당에 참여하고 있는 남자 집사님의 간증입니다. '부모로서 아이들에게 바라는 것도 많고, 좋은 아빠가 되고도 싶은 욕심도 많지만 실제 생활을 돌아보면 아이들과 진지하게 애기하며 고민을 들어줄 시간을 갖기가 쉽지 않다. 특별히 크리스천으로서 자녀들에게 신앙의 유산과 좋은 본을 보여 주는 것이 무엇보다 중요하나 가장 가까운 가족으로서 가정에서 늘 함께 있어서인지 모르나 오히려 잔소리나 하고 요구만 하는 부모로 비춰지기가 쉬운 매일 매일의 생활이 현실이다. 그러나 토요 쉐마 학당을 통해 1시간이라는 시간을 온전히 일대일로 함께하고, 그 대화의 중심에 하나님의 말씀과 실제적인 생활에서의 권면으로 서로 은혜를 받으니 한 주 한 주 지내오면서 하나님 말씀이 생활과 연계되어 자연스레 공감이 되어 너무 좋고, 부모 자식 간에도 친밀함과 진지함이 더해지고 있음을 느끼고 있다.' '칭찬 말하기'시간에 부모와 자녀가 서로의 칭찬을 말해줍니다. 칭찬은 고래도 춤추게 한다고 하지 않던가. 칭찬은 자녀에게만 필요한 것이 아닙니다. 오히려 부모 세대가 더욱 칭찬에 목말라하고 있습니다. 자녀가 엄마 아빠 앞에서 부모를 자랑하고 칭찬할 때 부모들은 참으로 뿌듯함을 느끼지 않을 수 없을 것입니다.

그리고 '바람 말하기'시간에는 부모와 자녀가 각자의 고민을 말하고, 자녀들은 부모님께 도움을 요청합니다. 그리고 기타 하고 싶은 말을 뭐든지 하는 시간입니다. 참고로, 2010년 여성가족부 청소년 종합 실태조사에서 부모님과 자신의 고민에 대해 매일 대화한다고 응답한 청소년(9~24세) 비율은 8.0%에 불과했습니다(2011.6.22. 매일경제신문). 부모와 고민에 대해 거의 대화하지 않는다는 응답이 무려 34.3%나 되었습니다. 어려운 일이 있거나 고민이 있을 때 많은 청소년들이 부모를 찾지 않는다는 통계입니다. 그러나 쉐마 학당에서는 부모와 자녀가 서로의 고민을 나눌 수 있는 시간을 확보해줌으로써 서로를 이해하고 소통하는 것을 도와주고 있습니다.

5. 한 교실 안의 여러 교실

종합 학습 센터(general learning center. 이후 줄여서 학습센터로 부른다)란 한 교실 안에 여러 종류의 학습 도구 및 장(場)을 마련하여 학습자로 하여금 다양한 학습을 총체적으로 받도록 하는 교육 형태를 의미합니다. 교회는 여러 종류의 학습 활동이 동시에 이루어질 수 있는 장소를 마련하고 학습자는 자신이 선택한 학습장에서 원하는 과정을 교육받을 수 있습니다. 평상적인 테이블이 하나의 학습장이 될 수 있고 그 외에 벽이나 계단, 복도 혹은 방구석 등이 하나의 학습장이 될 수 있습니다. 다만 각 작업장은 전체 교실이 지향하고 있는 교육 목적에 맞는 소재의 작업 도구 및 내용을 갖추어야 하며, 이같은 작은 학습장(learning station)들이 모여 하나의 학습센터를 형성하게 되는 것입니다. 학습센터 안에는 3~4개(혹은 그 이상의) 학습장들이 독자적인 교육을 실시하면서 전체로는 하나의 유기적 교육 형태를 이룹니다. 학습장들에서는 각기 교육 형태에 따라 작업을 하기도 하고 묵상을 하기도 하며 열심히 성경을 읽을 수도 있습니다. 학습센터 전체의 주관자가 있어야 하며 학습장마다 작업을 지휘할 인도자들이 배치되어야 합니다. 학생들은 학습장을 이동하며 인도자 및 교사의 협조를 받아 자율적인 학습 활동을 전개합니다.

이같은 학습센터는 새로운 것은 아닙니다. 학령기 이전, 즉 유아 유치반 교육 형태를 확장시킨 것입니다. 주요 목적은 하나의 주제를 즉흥적이고 다양한 활동을 통해 파헤치며 학습자들로 하여금 자기가 선택한 학습장에 자율적인 참여를 하도록 하려는 것입니다. 이 학습 형태가 성공을 거두기 위해서는 무엇보다 먼저 학습자들의 능동적인 참여가 필요합니다. 주입식 교육 형태에서 흔히 볼 수 있는 학습자들의 피동적인 자세가 아니라, 참여 의식을 가지고 학습장(학습 방법)을 선택하고 학습 과정 속에 몰입하여야 합니다. 단지 와서 앉아 있는 것으로 끝나서는 안 되고 학습 전체 과정에 중요한 역할을 담당한 책임자로 참여하고 있다는 의식을 갖추어야 합니다. 또 하나 중요한 것은 철저한 준비입니다. 주관자 혹은 인도자는 학습센터 안에서 이루어지는 작업 및 교육에 필요한 자료를 충분히 갖추어야 하며 그 방법론에 대해서도 자세한 지식을 갖고 있어야 합니다. 실제로 2시간 정도의 작업을 준비하기 위해서는 20시간 이상의 준비 기간이 필요합니다. 준비가 완벽하면 그만큼 교육적 효과를 크게 얻을 수 있습니다.

1) 이제 학습센터 운영에 있어 필요한 준비 작업을 소개하면 다음과 같습니다.

(1) 학습센터 안에서 진행될 일련의 교육 과정의 주제(혹은 목적)를 설정하여야 합니다.

이것은 대상 학생들이나 시간적, 공간적 학습 환경에 맞추어 설정할 수 있습니다. 학습 참여자들이 능히 소화할 수 있는 주제로 선정되어야 하며, 각 학습장의 학습 내용은 이 주제에 맞추어 진행되어야 합니다. 하나의 주제를 향하여 단계적으로 추진할 수도 있으며 하나의 주제를 향하여 각 학습장이 동시에 진행시킬 수도 있습니다. 아래 그림의 형태 1은 각 학습장이 나름대로 수준과 한계를 정하여 학습장을 이동함으로써 점차 주제에 접근할 수 있도록 구성한 것입니다. 즉 종적인 관계로 연결된 각 학습장의 과정을 모두 끝마칠 때 주제를 완전히 파악할 수 있게 한 것입니다. 그러나 형태 2는 이와는 달리 각 학습장이 독자적인 관점과 방법론을 가지고 주제를 파헤치는 방법입니다.

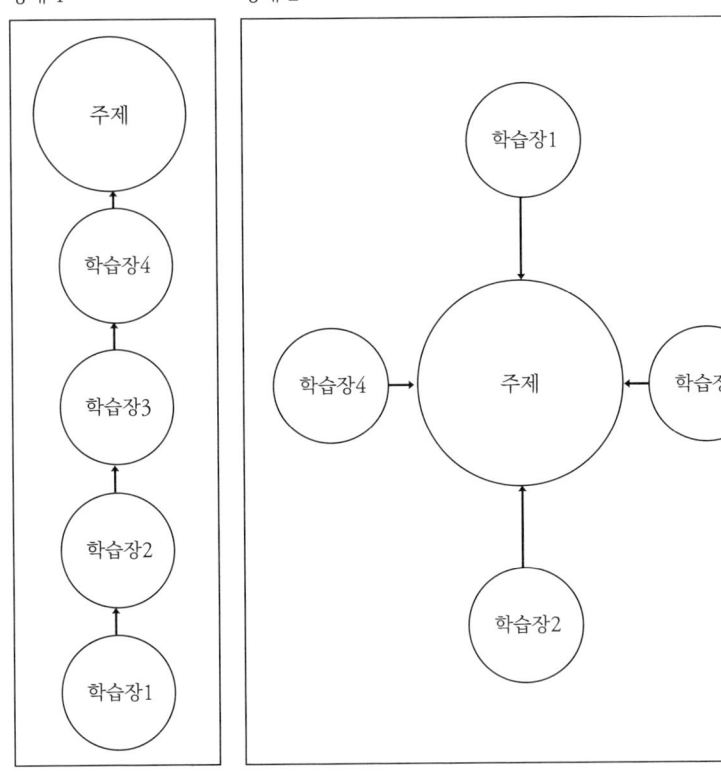

어느 학습장이든 나름대로 완전한 학습 목적과 방법론을 갖추고 진행합니다. 형태 1의 경우 학습자는 각 학습장들을 필수적으로 돌아야 하지만, 형태 2의 경우 학습자는 자신이 선택한 학습장에서만 학습 활동에 참여할 수 있습니다. 학습센터 전체의 일반적인 주제(general item)가 설정되면 이것은 다시 각 학습장의 구체적 환경에 맞춘 구체적인 주제(particular item)들로 재작성되어야 합니다. 즉 학습센터에는 일반적 주제를, 학습장에는 구체적 주제를 설정해 주어야 한다. 주제는 대체로 질문이나 명령문의 형태로 정리되어야 하며, 종이에 기록하여 학습자들에게 배부되어야 하며, 각 학습장마다 교육 시작 전에 주제에 대한 설명과 이해하는 과정이 있어야 합니다. 주관자 혹은 인도자뿐 아니라 학습자들 자신이 주제에 대한 명확한 판단과 이해가 전제되어야만 학습센터는 시장바닥과 같은 난장판 교육 형태의 위험을 면할 수 있습니다. 주제는 학습자로 하여금 교육에 참여하는 이유와 목적을 분명히 알게 하며 교육에 임하는 진지한 태도를 취하게 만들어 주는 것입니다.

(2) 주제에 맞추어 학습장들을 배열하는 일입니다.
이것은 위에서 살펴본 두 가지 형태의 학습센터에 따라 그 배열이 달라질 수 있습니다. 대체로 다음 네 가지 배열이 가능한데, 이 네 가지를 서로 조합하여 융통성 있게 운영할 수도 있습니다.

① 학습센터 안의 학습장들을 평면적으로 배열하여 학습자가 처음에 자기가 선정한 학습장에 들어가 교육 기관 중에 이동치 않고 학습 활동에 참여하는 방법입니다(위의 형태2). 학습장을 선택한 학습자는 다른 학습

장의 활동에 신경을 쓸 필요가 없으며 다만 자신이 선택한 학습장에서 제시하는 교육 과정에 참여하기만 합니다. 때로는 각 학습장의 마감 시간을 공동으로 결정하여 마지막 순간에는 모든 학습장들이 함께 자신들이 학습한 내용과 결과를 소개함으로써 다른 학습장들과의 유기적 관계를 확인시켜 줄 수도 있습니다.

② 학습장들을 단계별로 배열하여 학습 시간 동안 학습자들이 원하는 대로 2~3개의 학습장을 돌아가며 학습 활동에 참여시킬 수 있습니다. 모든 학습장을 필수적으로 돌아야 할 필요는 없으며, 한 학습장에서 모든 시간을 보낼 수도 있습니다.

③ 각 학습장을 모두 돌아야 목적한 주제를 완전히 파악할 수 있도록 배열합니다. 학습자들은 학습 시간 안에 각 학습장들을 모두 돌면서 학습에 참여할 때 전체적인 교육 목적을 성취할 수 있습니다. 예를 들어 구약의 요나서를 중심으로 공부할 때 제 1 학습장에서는 요나서의 성경학적 해설을 연구할 수 있도록 성경 사건, 주해, 성경 지도 등을 자료로 제공할 수 있고, 제 2 학습장에서는 요나서의 현대적 해석을 돕기 위해 현대 사회의 문제를 파악할 수 있는 신문, 잡지, 필름, 논문, 녹음 테이프(인터뷰) 등을 제공하며, 제 3 학습장에서는 나름대로 요나서를 해석하여 현대 사회 속에서 그 메시지를 실천할 수 있는 구체적 방법들 (예: 국회 의원이나 시장에게 건의문을 작성한다거나 빈민 사회에 대한 조사 연구반 구성 등)을 제시하고 연구하게 할 수 있습니다. 각 학습장 별로 순서를 정해서 할 수도 있으나 순서 없이 자유로이 한 번씩 참여하게 하는 것도 좋습니다.

④ 학습장의 기능을 보다 세분하여 먼저 개인 혹은 2인 1조로 활동하고, 그것들을 종합하는 학습장별 활동과 마지막으로 학습장들의 작업을 묶는 학습센터의 작업으로 끝나게 합니다. 각 학습장마다 인도자가 필수적으로 배치되어야 하며 학습장에 참여한 학습자들에게 적당한 과제를 분배해주어야 합니다. 예를 들어 예수의 생애 중 한 부분을 학습센터 전체 주제로 할 때 학습장은 드라마를 통해, 음악을 통해, 창작 문예를 통해, 필름을 통해 이를 연구할 수 있습니다. 드라마를 통한 과제를 받는 학습장에서는 드라마 구성을 위한 각본 구성, 무대 장치, 배우 분장 등으로 또다시 세분하여 작업하고 이것을 거꾸로 맞추어 감으로써 하나의 주제를 향한 다각적인 시도를 경험하게 되는 것입니다. 이 경우 학습 참여자들은 처음 선정한 학습장에서 끝까지 남아있어야 합니다.

형태 3

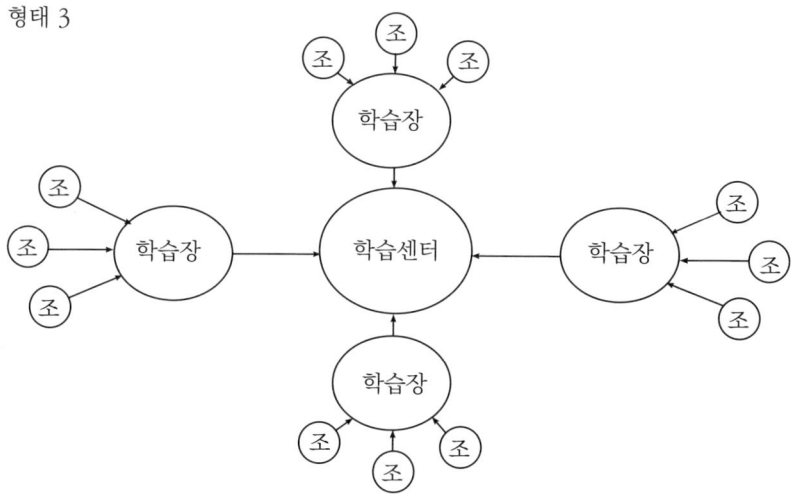

(3) 각 학습장마다 인도자를 배치하여야 합니다.

물론 학습자들이 청소년인 경우 학습센터 전체를 주관한 교사 1명이면 충분하지만, 연령층이 낮으면 낮을수록 각 학습장마다 학습 내용과 방법을 지도해 줄 인도자가 필요합니다. 그러나 인도자가 주의해야 할 것은 학습자들의 학습 활동에 너무 깊이 관여하지 않도록 하는 점입니다. 학습자들의 자율적인 활동이 이루어질 수 있도록 최대한 학습의 자유를 제공해 주어야 하며 유년부 이하의 경우에만 작업에 함께 참여하여 도움을 줄 수 있습니다. 인도자는 다만 학습장의 학습 내용과 방법에 대한 설명을 해주고 학습 활동 중에 나오는 질문에 대해 대답해 주는 정도로 관여함이 바람직합니다. 그러나 학습 활동이 주제에 어긋나거나 분위기를 해치는 사태가 생겼을 때 이를 시정해 줄 책임을 져야 합니다. 청소년의 경우, 인도자가 직접 학습장에 서 있지 않고 미리 작업 지시와 그 내용에 대한 설명을 카세트 테이프에 녹음하여 녹음기에 수록해두고, 학습자들이 그 녹음을 들어 들으면서 작업을 시작하는 방법을 써도 효과적입니다. 인도자의 수가 학습장의 수에 비해 적은 경우, 한 사람이 1~2개 학습장을 왕래하며 관장할 수도 있습니다.

(4) 마지막으로 장소의 배정입니다.

원칙적으로 학습장별로 방을 한 개씩 배정하는 것이 바람직하나 부득이한 경우 한 개의 방을 여러 학습장이 공유할 수 있습니다. 이 경우 다른 학습장의 작업에 방해되지 않을 정도의 충분한 거리와 공간을 마련해 주어야 하며 간이 칸막이를 이용해도 좋습니다. 교육의 내용에 따라 오히려 다른 학습장의 교육 과정을 보면서 할 수 있는 것도 있습니다. 학습센터는 운영 기간에 따라 장기 학습센터와 단기 학습센터의 두 가지로 구분할 수 있습니다. 장기 학습센터는 6개월~1년 혹은 그 이상의 기간을 하나의 주제를 다루는 학습센터로 매주 1~2회씩 실시할 수 있습니다. 이와는 달리 단기 학습센터는 하나의 주제를 짧은 기간(1주~1달) 동안 집중적으로 다루는 형태로 학습센터의 기능 및 조직이 영구적인 것이 아닙니다.

교육 내용 및 주제의 범위의 크기에 따라 장기 혹은 단기 형태를 취할 수 있는데, 장기 학습센터는 주제를 깊이 있고 충분하게 다룰 수 있다는 장점이 있는 반면 학습자들이 지루하게 느낄 수 있다는 단점이 있으며, 단기 학습센터는 주제를 짧은 시간에 집중적으로 연구하여 빠른 효과를 볼 수 있다는 장점이 있는 반면에 경험을 되새길 수 있는 시간적 여유가 없다는 단점이 있습니다. 그리고 학습자들의 연령 및 학습 능력의 차이에 따라 학습센터의 운영 방법도 융통성 있게 선택해야 합니다. 연령층이 낮아질수록 생각하는 것보다는 움직이고 활동하는 방법으로, 연령층이 높아질수록 생각하는 방법을 쓰는 것이 효과적입니다. 물론 각종 연령층이 종합적으로 참여하는 학습센터인 경우엔 다양한 방법론들이 동원될 수 있습니다.

2) 이제 학습센터 안에서 운영할 수 있는 학습장의 기능들을 몇 가지 소개하기로 합니다.

(1) 듣는 장소

녹음기, 건축, 라디오, 녹음 테이프, 카셋트 테이프, 디스크, 헤드폰 등이 준비됩니다. 테이프 및 디스크는 성경 이야기, 종교 음악, 설교, 강연,

예배 실황, 동화, 기타 종교적 내용을 수록한 것으로 하며 주제에 따른 특별한 내용을 녹음해 준비할 수도 있습니다. 테이프 및 디스크 목록을 작성해두고 원하는 것을 선택하여 듣게 합니다. 헤드폰을 갖추어 개인별로 들을 수 있는 시설을 갖추면 더욱 좋습니다. 여기에서는 듣는 행위 이외의 다른 행위는 삼가도록 주의시킵니다.

(2) 침묵의 장소

이곳은 생각하고 읽고 조용히 명상하는 장소로 사용됩니다. 묵상에 필요한 그림이나 조각품 혹은 약간의 도서를 준비해 놓습니다. 마룻바닥에 앉아서 기록을 할 수 있도록 넓은 상(末)을 준비하도록 하며 조용한 음악을 들어 줄 수 있는 시설도 갖춥니다. 백지가 준비되어 참석자들에게 나누어져야 하며 성경 연구를 위한 성경(종류별로), 성경 사전, 주석, 성경 그림책 등을 준비해 둡니다. 행동을 규제하는 특별한 규칙은 세울 필요가 없으나 학습자가 다른 학습자의 묵상을 방해하는 것을 막을 수 있는 규제는 있어야 합니다. 주의가 산만하거나 한 곳에 집중하기 어려운 학습자도 이 과정을 통해 자신을 극복하는 계기로 삼을 수 있을 것입니다.

(3) 작업장

인원수에 맞게 작업대(work table)를 마련합니다. 작업대에는 연령층에 맞는 작업 주제와 함께 작업 준비물을 마련해놓습니다. 각 작업대에는 교사 혹은 작업을 지휘할 수 있는 전문인이 1명씩 배치되어 있어 학습자들의 작업을 지도해 나갑니다. 그러나 교사나 전문인이 전적으로 작업을 주도해서는 안 되며 방법을 설명해 주고 학습자 자신들이 작업을 주도해 나가도록 해야 하며, 작업이 난관에 부딪쳤을 때에만 나서서 문제를 풀어 주어야 합니다. 작업대 위엔 미리 작업에 필요한 준비물과 도구가 마련되어 있어야 합니다.

(4) 독서센터타

독서센터타는 독서와 연구를 위한 장소입니다. 책상, 걸상 등 기본적인 독서 시설 외에 가능한 한 다량의 도서를 구비해 놓아야 합니다. 독서센터는 일정 기간 동안에만 운영되는 임시 독서센터와 항상 독서실로 이용할 수 있는 상설 독서센터로 나눌 수 있는데, 임시 독서센터의 경우에는 특별한 교육 주제에 맞는 도서를 구비해야 하며, 상설 독서센터의 경우는 기독교에 관한 기본적 도서를 항상 마련해 놓아야 합니다. 도서 선정과 구입 및 이용에 대해서는 전문인(교사, 사서)의 자문을 받을 필요가 있습니다. 이곳에서는 침묵의 장소와는 달리 가벼운 토론이나 대화가 가능합니다.

(5) 시청각 교실

시청각을 이용한 교육 장소입니다. 시청각 교육 기재는 교회의 재정적 능력과 교육 환경에 맞추어 구비합니다. 가장 기초적인 환등기로부터 오버헤드 프로젝트(overhead project), 비디오(video), 영사기, 텔레비전 세트, 마이크로필름 리더(microfilm reader) 등이 이용될 수 있습니다. 교재는 한국 기독교 시청각을 비롯한 기독교 시청각 교재 전문점의 협조를 얻으면 유익합니다. 요즘은 무비 카메라가 대중화되어 직접 필름을 제작할 수 있는 상황이 되었으므로 교사와 학생이 직접 카메라를 들고 필름을 제작하여 그것으로 교재를 삼아도 됩니다. 학생들이 자기 손으로 제작한 필름을 직접 관람하게 될 때 더 큰 교육적 효과를 얻을 수 있을 것입니다. 다만 필름 제작이 교육 주제에 맞도록 기획과 대상 선정 및 촬영 과정에 있어 교사의 적극적인 지도와 전문인(촬영 기사, 편집 감독)의 도움이 필요합니다.

(6) 평가반

이상의 5종류 학습센터를 모두 돌고 난 후 종합적으로 교육 효과를 평가하는 반입니다. 학생들이 느낀 점을 이야기하게 하며 교사는 학생들의 경험을 정리하여 메시지로 확정지어 주는 역할을 해야 합니다. 하루 동안 종합 센터로 운영할 경우 많은 시간이 소요되므로, 1주일 정도 시간을 두고 하루에 한 개 학습센터씩 운영하여 마지막 날에 모든 것을 평가하고 정리하는 방법도 있습니다. 평가반에서는 학생들에게 다음과 같은 내용의 질문지를 주어 학습센터의 운영 효과 및 학생들의 학습 경험을 평가할 수 있게 합니다.

• 학습센타 평가서

_____반(조)   이름_____

질문	①	②	③	④	⑤
• 어떤 순서로 돌았습니까? (1,2,3...) • 가장 흥미 있었던 곳은? • 가장 준비가 잘 되어 있었던 곳은? • 다시 한 번 가보고 싶은 곳은? • 가장 흥미 없었던 곳은? • 제일 시간이 오래 걸린 곳은? • 가장 빨리 끝난 곳은? • 학생들의 호응도가 가장 좋았다고 생각되는 곳은?					

(① 듣는 장소 ② 침묵의 장소 ③ 작업장 ④ 독서 센터 ⑤ 시청각 교실)

1. 무엇을 느꼈습니까?
2. 학습에 방해가 되는 점은 무엇이었습니까?

참고문헌

• 강병진, 아동교육, 기독교문서선교회, 1986.
• 김일국, 다음세대를 구하는 7가지 법칙, CLC. 2020.
• 설동주, 네 자녀 네가 가르쳐라, 쉐마학당연구원, 2013.
• 설동주, 자녀와 함께 드리는 3대 통합예배를 위한 설교힌트, 쉐마학당연구원,

2013.
- 엄문용, 패러다임 전환시대의 새교육, 대한기독교서회, 2002.
- 이규민 김난예 김재우 김희영, 인간발달과 기독교교육, 동연, 2023.
- 이덕주, 새로운 교육의 형태를 찾아서, 종로서적, 1991.
- 이정현, 주일학교 체인지, 생명의말씀사, 2021.
- 헨리에타 미어즈, 주일학교의 모든 것, 조계광 역, 생명의 말씀사, 2023.

7장 – 중등부

(12~14세)

　20세기로 넘어가기 전에는 일반적으로 전체 인구 중에서 발달 분류로 나눌 때 어린이들과 어른들이라는 두 그룹으로 나누어졌습니다. 심리학자 홀(G.S. Hall)은 아동기부터 성인기의 과도기적 기간을 단순하게 보기에는 너무나도 중요한 시기라고 믿고 아동기와 성인기 사이의 기간을 표시하기 위하여 처음으로 '청소년'(adolescent)이라는 용어를 만들었습니다. 현재의 문헌에서 청소년에 대한 정의와 묘사가 많이 존재하지만, 지역 교회 사역의 목적으로 보면, 청소년은 중학생과 고등학생에 해당하는 용어입니다. 일반적으로 청소년(adolescence)이란 말은 라틴어의 '아돌레스세레스'(adolescere)에서 유래된 것으로 성인을 의미하는 아돌레스 'adolesc'(adult)라는 어간에, '진행되고 있다'는 의미를 지닌 'ere'가 붙어서 '성인의 모습으로 성숙되어 간다'는 의미, 즉 성인으로 현재 진행 중이라는 뜻을 지니고 있습니다. 결국 청소년(adolecence)이라는 단어는 '어른이 되기 시작한다', '성장에서 성숙에 이른다'라는 뜻으로 청소년은 생에 있어서 중요한 정신적·신체적 변화를 경험하게 된다는 것을 청소년(adolescence)이라는 단어 속에서 알 수 있습니다. 그래서 이 시기의 경험과 인식은 모든 삶을 결정지을 만큼 중요한 것입니다.

청소년 시기에 대한 구분은 인종이나 문화에 따라 다르고, 그에 따라 청소년을 정의하는 각국의 연령 기준은 매우 다양합니다. 하지만 공통적으로 오늘날 청소년기를 연구하고 있는 대부분의 사회 학자들은 청소년기 동안 많은 심리적, 사회적 성장이 일어난다는 것에 대해서는 동의하고, 대개 청소년기를 초기(11~14세), 중기(15~18세), 후기 청소년기(18~21세)로 구분하고 있습니다. 이러한 구분은 우리나라의 교육 제도에서 실시하고 있는 학년 구분과도 일치합니다. 즉 초기 청소년기는 중학교, 중기 청소년기는 고등학교, 후기 청소년기는 대학생 또는 고등학교를 졸업하고 산업현장에서는 근무하는 젊은이를 말합니다.

이 시기의 핵심어는 '적응'입니다. 다시 말해 이 시기는 새로운 신체적 힘과 정서, 새로운 삶의 이상과 개념, 새로운 영적 경험에 적응해 나가는 때입니다. 소년부에서 시작된 롤러코스터와 같은 변화가 중등부에서도 그대로 이어집니다. 과거의 삶에서 새로운 삶으로, 편협하고 이기적인 영역에서 폭넓은 영역으로 관심사가 이동하는 동안, 종종 정신적, 신체적, 영적 대변동이 시작됩니다. 한마디로 모든 것이 재조정되어야 할 시기입니다. 따라서 교사는 모든 연령층 가운데 가장 많은 오해를 받는 이 시기의 특성을 올바르게 이해해야 할 책임이 있습니다. 청소년기는 위험이 가득한 만큼 기회도 넘치기 때문에 인생에서 가장 중요한 시기로 이해해야 마땅합니다. 이 시기에 저지른 실수는 다른 시기에 저지른 실수보다 피해가 더 큽니다. 삶의 전반에 영향을 끼치기 때문입니다. 그러나 올바른 선택은 영원한 유익을 가져다줍니다. 청소년기의 선택은 곧 영원한 운명으로 직결될 가능성이 높기 때문입니다.

움직이는 손가락이 쓴다. 쓰고 나서는
다른 곳으로 움직인다. 그 어떤 경건함이나 기지를 동원해도
그것을 되돌려 쓴 것의 절반을 지우게 만들 수 없고,
아무리 많은 눈물을 흘린들 그 한마디조차 씻어낼 수 없다.
〈오마르 카얌의 사행시〉

1. 중등부 학생들의 특성

1) 신체적 특성

청소년기(adolescence)는 사람의 발달 과정 중에서 독특한 위치를 차지합니다. 아동에서 성인으로 가는 길목이기 때문입니다. 아동이었던 아이가 청소년기를 거치면서 몸과 마음이 성인이 되어 갑니다. 그만큼 청소년 시기는 그 이전까지 경험하지 못했던 급격한 변화를 겪습니다. 0~3세 동안 진행되는 1차 성징이 급격한 신체 변화를 중심으로 이뤄진다면, 청소년기 동안 진행되는 2차 성징은 신체 변화와 더불어 급격한 정서적 변화를 겪습니다. 이 변화는 극도의 혼란을 동반합니다. 마치 새가 자유롭게 날갯짓을 하려고 알을 깨고 나와야 하는 것과 같습니다. 청소년기는 지금까지 살아오면서 익숙해진 몸과 정서가 완전히 새롭게 변신하는 중이라고 할 수 있습니다. 청소년을 알아 가는 방법으로 발달 과정의 특징을 아는 것이 있습니다. 모든 청소년의 행동과 심리를 설명할 수는 없지만 전체적으로 볼 수 있는 안목을 줍니다.

변신하는 남학생과 함께하는 교사의 행동	
Best ! 활동하기	Worst ! 비교하기
축구나 농구 같은 운동이나 동산이나 산책 같은 야외활동을 함께 하는 것도 좋습니다.	또래 아이들과의 신체적인 비교는 수치심을 줍니다. 장난이라도 하지 않는 것이 좋습니다.
성을 하나님의 관점에서 이해하도록 도울 수 있습니다. 이해하면 통제할 수 있습니다.	성 이야기를 너무 자주 하거나 자극적으로 풀어가지 않는 것이 좋습니다.

변신하는 여학생과 함께하는 교사의 행동	
Best ! 대화하기	Worst ! 지적하기
대화나 잡담을 통해서 자신의 외모에 대해 객관적으로 생각해 보도록 유도하는 것이 중요합니다.	'왜 화장을 하냐'고 하거나 '화장이 이상하다'거나 '너무 진하다'고 지적하면 더 심하게 위축됩니다.
여성 교사인 경우에는 본인의 사춘기 경험담을 나누며 지극히 정상적인 변화임을 나누는 것도 도움이 될 수 있습니다.	또래가 있는 자리에서 외모를 가지고 누군가와 비교하거나 칭찬하는 것을 조심해야 합니다.

청소년기에는 신체적인 발달이 활발하게 일어납니다. 이 시기에는 키가 1년에 10센티미터, 많게는 2년 만에 25센티미터가 자라기도 합니다. 그야말로 폭풍 성장기입니다. 그 결과 외모에 상당한 변화가 생깁니다. 어릴 때 귀엽던 얼굴이 몰라보게 달라지기도 하고, 피부에는 여드름이 나기 시작합니다. 키가 성인을 훌쩍 뛰어넘을 만큼 자라기도 합니다. 문제는 급격한 신체적인 성장이 짧은 기간 동안 일어난다는 겁니다. 자신의 외모에 충분히 적응할 새도 없이 하루하루 변신하는 낯선 자신을 받아들

여야 합니다. 뼈와 근육이 같은 속도로 자라지 않기 때문에 신체적 발달 초기의 경우에는 고정된 자세가 많이 불편합니다. 보기에 따라서는 몸을 많이 뒤척여서 주위가 산만해 보이기도 하고 편안한 자세를 추구한 나머지 널브러져 있는 것처럼 보입니다.

또한 또래들 사이에서 발달의 격차가 매우 큽니다. 본격적으로 비교가 시작됩니다. 신체를 비교하여 우월감과 허세를 드러내거나, 반대로 열등감과 심한 자기비하에 빠지기도 합니다. 자신이 가진 신체 이미지는 자아 이미지에 결정적인 요소를 차지합니다. 청소년기의 급격한 성장은 스스로에게 지나치게 몰두하게 만듭니다. 이때 보이는 특징이 자기 중심성입니다. 이는 이기주의와 다릅니다. 마치 자신은 무대 위에 서 있는 배우이고, 상상 속의 관중이 자신에게 주목하는 것처럼 느낍니다. 실제로는 누구도 관심 갖지 않는 상황에서도 여전히 사람들이 자신을 보고 있다고 느낍니다. 가령 어떤 일을 할 때, 자신의 눈에 보이는 사람들을 신경 쓰기보다 그 사람들의 눈에 비치는 자신의 모습을 더 신경 씁니다. 이로 인해 자아도취에 빠져 허세를 부리거나 열등감에 빠져 좌절을 느낍니다.

신체 변신에 대한 교사의 언어	
Best! 하나님의 작품으로 대하기	Worst! 외모 평가하기
넌 비교할 수 없는 하나님의 작품이야.	넌 왜 이렇게 웃기게 생겼니?
다른 건 틀린 게 아니라 유일한 거야.	다른 애들 크는 동안 넌 뭘 했니?
넌 지금 성장하는 과정에 있는 거야.	살 좀 빼라(또는 살 좀 쪄라)

2) 인지적 특성과 정서적 특성

① 정신적인 과도기입니다.

중등부 학생들은 비판적입니다. 믿음보다는 이성이 앞서고, 갈수록 독립적으로 변합니다. 정신적 균형을 갖추지 못했기 때문에 행동도 불안정합니다. 극도로 예민하며, 쉽게 동요합니다.

② 수줍음을 많이 타거나 뻔뻔스러울 정도로 대담합니다.

자의식이 매우 강하기 때문입니다. 성인이 되어가고 있다고 의식하기 때문에 질책이나 비난에 극도로 민감하게 반응합니다. 사람들 앞에서 그런 일을 당했을 때는 더욱 그렇습니다. 따라서 또래 앞에서 절대 학생들을 놀려서는 안 됩니다.

③ 중등부 학생들의 감정은 작은 자극에도 쉽게 폭발하는 폭탄 같습니다.

이들은 말할 때 속어를 많이 사용합니다. 기분이 한껏 들떠 행동하다가도 금세 가라앉아 우울해할 때가 많습니다. 끊임없이 의문을 품으며 스스로를 성찰합니다. 교사는 가르치는 역할뿐 아니라 친구의 역할도 해야 합니다. 학생들이 말하거나 행하는 일을 보고 놀라거나 부끄러워해서는 안 됩니다. 그럴 경우에는 교사와 학생의 관계가 단절되기 쉽습니다.

통역이 필요한 청소년의 속마음	
보이는 것	속마음
물어도 잘 대답하지 않는다	무슨 말을 어떻게 해야 할지 모르겠어요
허세를 부린다	저 좀 알아주세요

무기력하다	왜 해야 할지 모르겠어요
냉소적이다	자신이 없어요
짜증을 낸다	기다려 주세요
자기 주장만 내세운다	제 생각도 존중받고 싶어요
혼자 있고 싶다	생각을 정리할 시간이 필요해요
잠수를 탄다	모든 것이 두려워요
만사가 귀찮다	해야 할 일이 너무 많아요
게임과 아이돌에 빠져 있다	마음 둘 곳이 없어요

④ 스스로 문제를 해결하게 하라.

자신의 능력을 점점 더 많이 의지하게 하라. 시행착오를 통해 배우게 하라. 중등부 학생들은 어른들이 생각하는 것에 거의 관심이 없습니다. 부모와 교사가 저지르는 가장 심각한 잘못은 이끌어 주지 않고 명령하는 것, 곧 그들에게 선택의 재량권을 주지 않고 자신이 선택한 것을 강요하는 것입니다. 이들 대신 생각해 주지 말고, 스스로 생각해 문제를 해결할 수 있도록 독려하라. 과도기를 거치며 적응해 나가는 동안 강하고 독립적인 인격체로 성장하도록 가르치지 않는다면, 이들은 연약하고 우유부단한 삶을 살아갈 가능성이 매우 높습니다.

생각의 변신에 대한 교사의 언어	
Best! 생각과 질문 격려하기	Worst! 부정하기
정직한 질문은 정직한 답변을 가져다줘	네가 또 의심병이 도졌구나!
그렇게 생각할 수도 있겠구나.	너는 왜 매사에 부정적이니?

| 함께 하나님의 존재에 대해서 알아볼까? | 감사한 줄 알아야지 입만 열면 불평이니? |

⑤ 이 시기 학생들은 감정이 매우 강렬하기 때문에 새롭게 느끼는 감정을 발산하게 하지 않으면 교육하기가 매우 힘들 것입니다.

감정이 행동으로 전환되지 않으면, 올바르게 행동하려는 충동이 약해지기 쉽습니다. 중등부 학생들에게 삶을 결정하도록 가르치라. 그리스도께서는 열두 살에 자신이 "아버지 집에 있어야 할 줄 아셨습니다"(눅 2:49). 사무엘도 어렸을 때 자신의 삶을 위한 하나님의 계획을 발견했습니다. 우리는 가장 민감한 이 인생의 시기를 쉽게 지나치고, 이 시기 학생들의 결정을 가볍게 생각하는 경향이 있습니다.

⑥ 경험보다 지식이 더 빠르게 성장합니다.

이들은 아버지 세대의 경험을 중요시하지 않습니다. 청소년들의 한가한 머릿속은 온갖 그릇된 공상이 가득합니다. 중등부 학생들은 상상력이 풍부하고, 공중누각을 짓는 데 많은 시간을 소비합니다. 이들은 새롭게 탐구할 정신적 영역을 끊임없이 찾으려고 노력합니다. 청소년기에는 자존감이 매우 강합니다. 따라서 발이 크다고 놀려서는 안 되는 것처럼 헛된 공상을 일삼는다고 질책해서도 안 됩니다.

⑦ 중등부 학생들은 부모 세대에 했던 일이 지금은 구닥다리가 되었다는 것을 부모들이 이해하지 못한다고 생각합니다.

이들은 '왜 그래야 하죠? 지금은 아무도 그렇게 안 해요'라는 말을 입에 달고 삽니다. 때로는 조롱하는 투로 어른들에게 이렇게 묻습니다. '옛날에 학교 다니실 때는 어땠는데요?' 전에는 어른에게 그렇게 묻는 것이 큰 충격이었지만, 이제는 더 이상 그렇지 않습니다. 기술 문명이 끊임없이 발전하면서 기술 분야의 변화를 따라잡기 어려워하는 사람이 많아졌기 때문입니다.

⑧ 인정받고 싶어하는 욕구가 강렬합니다.

뛰어난 능력을 보이고 싶어하며, 자신들이 지닌 재능과 성취한 일을 다른 사람들이 알아주기를 바랍니다. 재능 있는 중등부 학생들은 어떤 식으로든 다른 사람들의 관심을 끌려고 애씁니다. 그와 달리 같은 분야에서 다른 학생들보다 재능이 뒤떨어진다고 느끼는 학생들은 뒷전으로 물러나 수줍어하며 아무 말 하지 않는 경향이 있습니다.

3) 사회적 특성

① 자의식이 강해지고 성에 눈을 뜹니다.

중등부 학생들은 이성에 관한 호기심이 매우 강렬합니다. 남학생들은 여학생들을 놀리고 괴롭히기를 좋아합니다. 따라서 남학생과 여학생을 나누어 따로 반을 구성하는 것도 나쁘지 않습니다.

② 다른 사람들이 자신을 어떻게 생각하든 그다지 큰 관심을 기울이지 않지만, 이성 앞에서는 잘 보이고 싶어합니다.

남학생이 여학생과 어울리기 시작하면, 외모에 새로운 변화가 나타납니다. 사랑에 대한 관심 때문에 삶이 새로운 의미를 띠기 시작합니다. 여학생들의 경우는 아무 이유 없이 낄낄대며 어리석어 보이는 행동을 보입니다. 남학생을 보기만 해도 난리법석을 떱니다. 이 시기 학생들은 종종 바람직하지 않은 행동을 하거나 예측하지 못한 결과를 낳기도 합니다. 그런 사태를 방지하려면 올바른 이성 관계를 맺을 수 있도록 지도해야 합니다. 따라서 이들에게 다양한 그룹 활동을 제공해 이성에 대해 올바른 행동을 취할 수 있도록 이끌라.

③ 무리를 짓길 좋아하고, 또래에게 인정받고 싶어합니다.

현명한 교사는 이런 속성을 이용할 줄 압니다. 또래의 생각을 중요시하는 속성을 이용해 다른 사람들과 잘 어울릴 수 있는 기술을 가르치는 기회로 활용하는 것입니다. 소년부 학생들과 중등부 학생들은 무리를 짓는 것이 다른 사람들에게 상처를 줄 수 있고, 거기에 가담한 학생들을 해롭게 할 수도 있다는 점을 의식해야 마땅한데도 종종 자발적으로 무리를 만듭니다.

④ 중등부 학생들은 또래 친구를 원합니다.

이 시기의 학생들은 혼자 놀기를 좋아하지 않으며, 자기보다 나이가 많은 사람과도 어울리길 싫어합니다. 이들은 항상 또래 친구들과 떼 지어 움직이기를 좋아합니다. 팀을 만들어 서로 경쟁하는 것을 즐기며, 그들 나름의 법칙과 윤리 강령을 지니고 있는 것처럼 보입니다. 이들은 자신이 속한 모임의 사교 예법을 준수합니다. 예전에 교회학교에서 남학생들로 이루어진 한 무리를 본 적이 있습니다. 그들은 좋을 때나 나쁠 때나 늘 함께 붙어 다녔습니다. 누구도 홀로 행동하는 법이 없었고, 비밀을 누설하는 일도 전혀 없었습니다. 하늘이 무너질지언정 그들은 절대 친구를 고자질하지 않았습니다. 그들의 관계는 12년 동안 유지되고 있습니다. 그 무리는 단 한 번도 깨진 적이 없습니다. 절대 충성이 바로 그들의 강령입니다.

⑤ 교사는 학생들이 교회에 충성할 수 있도록 이끌어야 합니다.

중등부 학생들은 제각기 모이는 장소가 있습니다. 예전에는 도서관이나 싸구려 잡화점을 종종 이용하였고, 지금은 쇼핑몰이나 동네 식당에서 주로 모입니다. 모임 장소가 어디든 이 시기 학생들은 모험에 가까운 일을 계획합니다. 그들은 주로 범죄로 발전할 수 있거나 위험이 뒤따르는 일을 도모합니다.

⑥ 특히 이 시기 학생들에게 가족은 크게 영향을 주지 않습니다.

새로 사귄 친구들이 더 중요하기 때문입니다. 중등부 학생들은 어린 시절에 자랐던 가정의 울타리, 곧 부모들의 영향력에서 벗어나 새로운 독립을 꾀합니다. 이처럼 중등부 학생들은 자신이 속한 무리의 친구들에게 충실하려는 욕구가 매우 강합니다. 우리는 그런 욕구에 착안해 건전한 동아리와 스포츠, 캠프 프로그램을 통해 이들을 교회로 인도해야 합니다. 중등부 학생을 한 번에 한사람씩 교회로 인도하는 것은 매우 어렵습니다. 그 학생이 속한 무리 전체를 참여시킬 수 있는 프로그램을 제안해야 합니다.

⑦ 중등부 학생들은 개인적으로 매우 복잡한 문제들을 가지고 있습니다.

중학생들이 지닌 생각과 문제를 나열한 목록을 본 적이 있습니다. 그 내용은 다음과 같습니다. • 남학생 : 결손 가정, 경제적 불안정, 무리에 끼는 것, 놀림당할지 모른다는 두려움, 운동을 잘하고 싶은 욕구, 자동차를 갖고 싶은 욕구, 흡연과 음주, 사람들과 잘 어울리고 싶은 욕구, 성에 대한 호기심, 예의범절, 열등감, 남의 물건을 훔치는 일. • 여학생 : 어머니의 잔소리, 옷, 예민한 감정, 용돈, 누군가가 자신을 험담할지 모른다는 두려움, 이성에게 매력 있어 보이고 싶은 욕구, 긴장감, 흡연과 음주, 다른 사람들과 잘 어울리고 싶은 욕구, 성에 대한 호기심, 예의범절, 열등감, 인기 있고 매력적인 사람이 되고 싶은 욕구, 남의 물건을 훔치는 일, 여학생들에게 무엇이 가장 궁금한지 적어보라고 하자 대부분 성관계를 맺는 것이 옳은지 나쁜지 궁금하다고 적었습니다. 교사는 학생들이 성경에서 그 대답을 찾을 수 있도록 도와야 합니다. 소년부 아이들과 마찬가지로 중등부 학생들의 삶에서 성인들의 의견은 그다지 큰 비중을 차지하지 않습니다. 아이들은 대체로 또래의 의견을 따릅니다. 이들에게는 친구들의 의견이 곧 대중의 의견입니다.

성의 변신에 대한 교사의 언어	
Best! 이해하게 하기	Worst! 죄악시, 희화화
너의 성적 변화는 지극히 자연스러운 변화야.	너희 저녁에 방문 잠그고 뭐하니?
구별된 성적 거룩함으로 하나님께 예배하자.	성? 그거 아무것도 아냐.
너의 성은 하나님의 아름다운 선물이야.	하나님 믿는 청소년에게 성은 나쁜 거야.

⑧ 중등부 학생들이 신앙생활을 유지하고 더욱 성숙하게 만들려면 반드시 그들이 중요하게 여기는 관심사를 다루어야 합니다.

앞서 소개한 중학생의 생각과 문제를 참고하면, 무엇이 그들의 생각을 지배하는지 알 수 있습니다. 우리는 이런 문제들 가운데 몇 가지를 우리 중등부 모임에서 토론한 적이 있습니다. 학생들은 자신들의 관심사를 우리가 어떻게 그렇게 많이 알고 있는지 알아채지 못했지만, 많은 학생이 그 모임에 관심을 기울였습니다. 우리는 관심사를 새로 만들어낼 필요가 없습니다. 관심사는 이미 존재했습니다. 아마도 중등부 학생들이 교회학교에 흥미를 잃고 떠나는 이유는 그들의 가장 중요한 관심사를 해결하도록 돕지 못하기 때문일 것입니다. 사회에서 도덕적인 문제와 청소년 범죄가 끊이지 않는 이유는 무엇일까요? 바로 학생들이 마음에 품고 고민하는 문제를 소홀히 다루어왔기 때문입니다. 이 문제는 세심하게 치료해야 하는 질병과도 같습니다. 그러나 반드시 수술을 해야 합니다. 그러지 않으면 환자가 죽게 될 것입니다.

뇌의 변신에 대한 교사의 언어	
Best! 건강한 감정으로 코칭하기	Worst! 정죄하기
넌 어떻게 생각해? (경청)	왜 아무것도 아닌 일을 복잡하게 생각해?
네가 많이 힘들었겠다. (공감)	넌 너무 충동적으로 행동하는 것 같아.
그래도 이렇게 생각해 보면 어떨까? (코칭)	넌 더 이상 어린아이가 아냐.

⑨ 이 시기에는 절대로 충성하는 한편 진심으로 영웅을 숭배하기도 합니다.

가끔 남학생들이 구름떼처럼 몰려들어 젊은 남자를 둘러싸는 광경을 목격합니다. 아이들은 그의 자동차에 겹겹이 기어오르기도 하고, 농구장에서 그를 에워싸기도 합니다. 아이들은 그 남자는 물론, 그에게 속한 모든 것을 사랑합니다. '얘들아 이리 와.' 이 말 한마디면, 모두가 우르르 달려갑니다. 이 시기 학생들은 어떤 일을 남보다 뛰어나게 잘하는 사람을 좋아합니다. 업적을 이룬 사람은 이들에게 영웅이 됩니다. 여학생들도 마찬가지입니다. 그들에게도 나름의 영웅이 있습니다. 여학생들은 최신식 패션디자이너나 감성을 자극하는 노래를 부르는 가수 등 자신에게 새로운 삶의 활로를 열어준다고 생각하는 사람이면 죽기를 각오하고 쫓아다닙니다. 교회에서 삶에 흥미를 느끼게 하는 프로그램을 실시한다면, 아이들의 관심을 사로잡을 것입니다. 삶을 나누는 친구 관계가 바로 이 시기에 형성됩니다. 이들이 교회에서 친구를 사귄다면 교회에 계속 출석할 것입니다. 그러나 그러지 못하면 친구들이 있는 곳으로 떠날 것입니다.

⑩ 누구나 할 일이 있어야 합니다.

따라서 교사는 모든 것을 잘 조직하여 제각기 자신이 속한 단체에서 역할을 수행하게 해야 합니다. 반 이름을 정할 때도 학생들에게 의견을 구하고, 각자에게 일정한 직책을 맡기라. 반 인원이 네 명이면, 회장, 부회장, 총무, 회계를 맡기라. 다섯 명이면, 부회장 보조를 한 명 더 임명하라.

청소년과의 동역을 가로막는 생각들	
가로막는 생각들	바로 세우는 생각들
•일이 제대로 되지 않을 것 같다 ·아이들에게 맡겼다가 더 어수선해지면? ·애들도 제대로 케어가 안 되면? ·부서 일도 제대로 돌아가지 않으면?	•일이 제대로 되지 않아도 된다 ·어수선해도 동역하는 것이 더 가치 있어. ·애들 케어는 교사인 내가 책임져 ·방향만 잃지 않으면 결국 잘 돌아갈 거야.
•아이들은 믿음이 없다 ·믿음이 없는데 봉사하는 것은 의미 없어. ·믿음이 더 자라고 봉사해도 늦지 않아. ·봉사하는 것이 영적 성장에 방해가 돼	•아이들의 믿음은 자라는 중이다 ·자라고 있는 믿음에 좋은 자극을 줄 수 있어 ·봉사하면서 동시에 믿음을 훈련할 수 있어. ·섬김 공동체는 영적 성장에 도움을 줄거야.

•아이들은 아직 어리다 ·한창 공부할 나이에 봉사는 무리야. ·어린 아이들에게 책임감을 요구하기엔 무리야. ·심부름 정도면 충분해.	•아이들은 이미 충분하다 ·소명감을 가지게 하면 공부에도 힘이 될 거야. ·일반 학교에서도 이미 아이들은 봉사를 하고 있어. ·아이들은 믿어 주고 세워 주는 만큼 자랄 거야.
•내가 할 일이 없어질 것 같다 ·아이들에게 맡기면 나의 일은 없어질지도 몰라 ·나의 일이 존중받지 못하면? ·나의 존재감이 떨어지면?	•내가 할 일이 더 분명해질 것이다 ·나는 아이들을 온전하게 하는 일에 집중하자. ·나의 일을 내가 먼저 존중하면 돼. ·하나님은 내 중심을 아셔. 그것으로 충분해.
•실망하면 어떡하나 ·아이들이 봉사를 거부하고 피하면? ·아이들이 봉사하다가 문제를 일으키면? ·아이들이 봉사할수록 예의가 없어지면?	•실망도 하나의 과정이다 ·아이들은 얼마든지 그럴 수 있어. ·문제 속에서 성장하도록 코칭 하면 돼. ·온전한 자세가 뭔지 지속적으로 알려주자.

⑪ 이 시기 학생들의 문제는 교사나 부모가 단호하게 대한다고 해서 해결될 수 있는 일이 아닙니다.

어린 시절에 통하던 규칙은 더 이상 통하지 않습니다. 이들을 위한 긍정적인 계획이 필요합니다. 교회는 청소년기에 접어든 학생들을 대하는 계획을 미리 수립해 놓아야 합니다.

⑫ 조직을 잘 갖추면 학생들을 훈육하는 데 도움이 됩니다.

모든 것이 잘 조직되어 있고 일정대로 잘 진행된다면, 중등부 학생들은 언제 무엇을 기대해야 할지 잘 알 것입니다. 따라서 반 기강을 잡으려는 노력도 그만큼 덜해지기 마련입니다. 문제가 일어났을 때 좀 더 쉽게 해결하려면, 반을 운영하는 책임 일부를 학생 가운데 한 사람에게 맡기는 방법도 괜찮습니다. 가장 말썽을 일으키는 학생에게 학급 질서를 유지하는 책임을 맡기면, 그 책임을 진지하게 받아들여 교사를 돕기 위해 노력한다는 사실은 이미 잘 알려져 있습니다. 그런 학생을 반장으로 임명하라.

⑬ 조직을 잘 갖추면 학생들의 관심을 유지하는 데에도 유익합니다.

예전에 조종사로 일했던 한 교사는 반 이름을 '하늘의 조종사들'로 정했습니다. 그 반은 교실을 비행기처럼 꾸미고, 항공기 의사소통 수단으로 사용되는 플래시 카드에 글자를 적어 학급 신호로 사용했습니다. '정지'는 기도를 의미하고, '대기'는 토론을 준비하라는 뜻이었습니다. 그 교사는 그런 식으로 학생들을 훈육했습니다. 학생들의 관심을 사로잡기 위해 언제든 꺼낼 수 있도록 주머니에 카드를 넣고 다녔습니다. 그는 학생들의 관심사와 취미를 옳게 파악한 덕에 그들과 친해졌습니다. 라디오에 관심을 보이는 학생들을 위해 함께 지역 라디오 방송국을 견학하고, 등산을 가고 싶어하는 학생들과는 토요일 오후에 함께 산에 올랐습니다. 흥미로웠던 또 다른 학급은 '충성스런 기사들'이라는 반이었습니다. 그 반은 탑 위에 있는 방에서 모였습니다. 그 방에는 학생들이 둘러앉을 수 있는 원탁이 있고, 벽은 칼과 방패로 장식했습니다. 원탁의 기사를 방불케 하는 완벽한 구조가 수년 동안 학생들의 관심을 사로잡았습니다. 모든 남학생이 그 반에 들고 싶어했습니다.

⑭ 친구들과 어울리고 싶어하는 욕구가 강합니다.

아이가 친구들과 함께 어딘가를 놀러가는데 조금 의심스러워서 가지 말라고 붙잡으면, '다른 친구들은 다가거든요'라는 말을 들을 것이 뻔합니다. 이들은 즐거운 시간을 보내고 싶어하는 욕구가 매우 강렬하기 때문에 그런 권리를 누리지 못하도록 가로막을 이유가 전혀 없다고 생각합니다. 교회에서 그런 욕구를 건전하게 발산할 수 있도록 도와주라. 그러지 않으면, 아이들은 그런 욕구를 다른 곳에서 발산하려고 들 것입니다. 인간이 영적이면서 사회적 존재로 창조되었다는 사실을 잊지 말라. 그런 사회적 욕구를 발산할 수 있는 기회는 매우 중요합니다.

사회의 변신에 대한 교사의 언어	
Best! 칭찬하기	Worst! 판단하기
함께 다니는 친구들 뭔가 있어 보이는구나.	네 그 친구는 행실이 불량해 보이더라.
더 자고 싶었을 텐데 예배하려는 자세 멋져!	넌 왜 항상 예배에 늦거나 안 나오니?
쌤하고도 하나 되어서 뭔가를 해보자.	어깨 펴 넌 왜 그렇게 힘없이 다니니?

⑮ 함께 어울리는 사람을 닮아갈 가능성이 높습니다.

이 아이들을 즐겁게 하기란 쉽지 않습니다. 아이들을 집에 초대한다면, 돌아가고 난 뒤 치워야 할 것이 산더미 같을 것입니다. 함께 등산을 가기로 한다면, 토요일 오후 한나절은 희생할 각오를 해야 합니다. 중학생들은 사람을 판단하는 기준이 매우 피상적입니다. 그만큼 인생에서 가장 중요한 이 시기에 자칫 나쁜 영향을 받을 가능성이 높습니다. 이 시기에는 교사의 역할이 매우 중요합니다. 우리는 인내하는 태도와 적절한 지도로 이들에게 좋은 본을 보여주어야 합니다. 운동을 좋아하는 학생들에게는 건전한 야외 스포츠를 독려하고, 넘쳐나는 에너지를 안전하게 발산할 수 있는 자세를 길러주어야 합니다. 아이들은 또래와 함께 있는 것만으로도 굉장히 즐거워합니다. 운동을 잘하는 것을 특히 중요하게 생각하지만, 스포츠에 관심이 없는 학생들을 위해 운동과 관련 없는 활동을 준비하는 것도 잊어서는 안 됩니다.

⑯ 섬기는 자세를 가르치라.

학생들에게 교회에서 할 수 있는 역할을 분담하라. 처음에는 짧은 시간에 할 수 있는 일부터 맡기라. 쉽게 끝낼 수 있는 일이어야 합니다. 시간이 오래 걸리는 일을 시키면 쉽게 흥미를 잃을 것입니다. 이들은 무엇인가를 하고 싶어하고, 그 일을 마쳤을 때 성취감을 얻고 싶어합니다. 이들에게 맡길 수 있는 일은 전도, 출석 확인, 학습 자료를 나눠주는 일과 같은 단순한 봉사 활동 등 매우 다양합니다. 그들이 맡은 일의 목표나 주제가 가치있다는 것만 납득시킬 수 있다면, 어떤 일이든 거의 가능합니다. 이들의 관심을 사로잡은 활동이 있다면, 그것을 꾸준히 발전시켜 나가라.

청소년과 가까워지는 언어 vs. 멀어지는 언어	
가까워지는 언어 (아이들의 해석)	멀어지는 언어 (아이들의 해석)
그럴 수 있지 (나도 그랬을 거야)	난 너 같은 애들을 잘 알아 (내가 너보다 한 수 위야)
괜찮아. (다시 시작하면 돼)	넌 아직 어려 (내 말 들어)
힘들었겠다. (참 잘 견뎠다)	나도 너 같은 때를 다 겪었어 (너만 힘든 줄 알아?)
너를 믿는다. (누가 뭐래도 난 네 편이야)	지금이 좋을 때야 (그만 징징대)

그렇구나. (네 말에 일리가 있어)	네가 사춘기라 그래 (넌 좀 정상이 아니냐)

4) 영적 특성

① 감정이 아닌 생각을 따라 영적 결정을 내립니다.

중등부 학생 정도면 진정한 그리스도인이 될 가능성도 있습니다. 그러나 하나님에 대한 의식과 그분을 구주로 받아들여 개인적으로 관계를 맺는다는 생각이 아직 온전한 단계에 이르지 못한 경우가 많습니다. 이 시기 이전에는 하나님과의 관계가 주로 감정에 근거했지만, 이때부터는 신중하게 결정하기 시작합니다. 12~14세는 영적으로 크게 각성하는 시기입니다. 또한 가장 진지한 대화가 이루어지는 시기이기도 합니다. 모든 학생이 깊은 신앙심을 지닌 것처럼 보입니다. 그러나 대부분 그런 상태가 지나면 일시적으로 신앙이 쇠퇴하는 듯 보여서 부모와 교사가 놀랄 때가 많습니다. 교회학교를 사랑하고, 매일 성경을 읽고, 성구 암송에 충실하던 학생이 성경은 신뢰할 수 없는 책이고, 교회학교는 아이나 다니는 곳이며, 더 이상은 기도할 것이 없다고 생각하기 시작합니다. 그런 태도가 실망스럽고 불쾌하게 느껴지더라도 엄격하거나 부정적으로 반응해서는 안 됩니다.

인내심을 잃지 말라. 믿어야 할 진정한 이유를 깨우쳐주라. 기독교의 진정성을 입증할 확실한 증거를 제시해 그들을 납득시키라. 가르치는 내용과 방법보다는 교사와 학생의 관계에 더 비중을 두어야 합니다. 학생들의 상황과 비슷한 상황이 담긴 이야기를 가르친다면 교육 효과가 클 것입니다. 청소년기에 접어든 이들은 신체적, 인지적, 정서적, 사회적, 영적으로 큰 변화를 겪고 있습니다. 앞서 말한 대로, 이 아이들이 그리스도와 교회를 떠나지 않게 붙잡아두기만 해도 교사는 해야 할 역할을 다한 셈입니다. 이 시기에는 학생들을 잃지만 않으면 다행입니다. 문제가 있더라도 당연하게 받아들이라. 교사는 학생들이 자신을 잘 따르게 만들어야 합니다. 누군가가 이렇게 말했습니다. '나는 먼저 내 선생님을 사랑하는 법을 배웠고, 그 다음에 선생님의 하나님을 사랑하는 법을 배웠습니다'. 학생들이 교사를 사랑하면, 하나님도 사랑하게 될 것입니다.

② 학생들에게 기독교가 실천적인 종교라는 사실을 입증해 보이라.

가족 가운데 진정한 그리스도인을 볼 수 있는 경우는 매우 드뭅니다. 어떤 사람들은 그런 그리스도인을 단 한 번도 보지 못합니다. 이 시기 학생들은 진실한 삶을 크게 존경하고, 위선을 극도로 혐오합니다. 교사들은 이들과 진정한 유대를 형성해야 합니다. 단순히 동정을 베푸는 데 그치지 말고 공감하는 법을 배우라. 학생들이 경험하는 수준에 자신을 맞추라. 그러지 않으면 실패할 것입니다.

교회 다니는 아이들의 이중 언어	
그 아이의 뜻밖의 말	그 아이의 속마음
왜 교회 다녀야 하는지 모르겠어요!	교회는 그저 동호회 아닌가요?
하나님이 정말 계시는 걸까요?	사람이 필요해서 지어낸 존재 아닌가요?
성경은 정말 하나님 말씀인가요?	사람의 말 아닌가요?
기독교는 너무 배타적인거 같아요.	다른 종교에도 구원이 있는 것 아닌가요?

제가 기독교인 건 부모님 종교 때문 아닌가요?	부모님이 불교 신자였다면 상황이 달랐겠죠.
헌금은 정말 하나님께 드려지는 것 맞아요?	결국 (특정) 사람들이 쓰는 것 아닌가요?
세상은 연약한 사람들에게 너무 가혹해요.	하나님이 세상을 사랑하시는 것이 맞나요?
기독교인들은 너무 가식적인 것 같아요.	기독교 교리에 문제가 있는 것 아닌가요?
하나님이 저를 만들었다는 증거 있나요?	진화론이 더 설득력이 있는 것 같아요.
성경을 꼭 읽어야 하나요?	도저히 무슨 말인지 하나도 모르겠어요.

③ 중등부 학생들이 '나를 따르라'는 그리스도의 부르심에 주의를 기울이도록 이끌라.

아직 그리스도인이 아니고 그리스도의 부르심에 귀를 기울이지 못하는 학생은 성령의 음성이 점차 희미해지고 결국에는 세상의 소음이 귀를 어둡게 해 그 음성을 아예 듣지 못하게 될 것입니다. 이 사실을 절대 잊지 말라. 청소년기에 한 번 교회를 떠나면, 아무리 많은 노력을 기울여 복음을 전한다고 해도 다시 교회로 돌아올 가능성이 희박합니다. 교회에 다니던 습관이 깨졌기 때문입니다. 그들은 더 이상 하나님을 찾지 않습니다. 학생들이 지옥으로 향하는 길을 걷게 된 것은 학교의 잘못이 아닙니다. 그 책임은 우리에게 있습니다. 학생들이 더 이상 교회에 나가지 않아도 된다며 좋아하고 교회학교를 싫어하는 이유는 우리가 교회학교를 매력적인 곳으로 만들지 못했기 때문입니다. 이들은 장차 어릴 때는 교회에 나가라고 자주 종용받았지만, 지금은 더 이상 교회에 다닐 마음이 없어라고 말할 것입니다. 학교는 아무 책임이 없습니다. 책임은 모두 교회

학교에 있습니다.

④ 성경의 역사와 성경 인물들에 관해 가르치라.

중등부 학생들에게 사실을 가르쳐주고, 확실하고 분명한 진리를 일깨워주라. 기독교가 그들의 모든 필요를 채워준다는 것을 알게 하라. 사실과 사실, 생명과 생명을 연결시키고, 나아가 개인의 영혼이 하나님과 새로운 관계를 맺는 과정이야말로 청소년 사역 가운데 가장 중요합니다. 그들이 그리스도 안에서 새로운 삶을 살아가도록 도우라.

⑤ 높은 이상을 품도록 이끌라.

지식과 달리 이상은 다른 사람에게 전수될 수 없습니다. 이상은 개인의 문제입니다. 그러나 교사의 노력으로 학생이 높은 이상을 품도록 이끌 수는 있습니다. 아이에서 성인으로 성숙하는 과도기를 거치는 동안, 사람들은 저마다 세상에서 가장 가치 있게 여기는 것을 결정합니다. 은혜로운 섭리를 통해 하나님은 청소년기를 가장 영향 받기 쉬운 시기로 만드셨습니다. 교사는 학생들이 앞으로 나아가야 할 삶의 방향을 결정하는 데 많은 영향을 끼칠 수 있습니다.

우리 곁을 살았던 믿음의 선배들		
주제	인물	하나님의 스토리
선교 (해외)	새뮤얼 F. 무어	하나님의 복음은 사람의 신분과 계급을 초월합니다.
	헨리 G. 아펜젤러	하나님은 복음으로 모든 것을 변화시키십니다.
	호러스 G. 언더우드	하나님은 성경을 사랑하는 자를 사용하십니다.

성경	윌리엄 D. 레이놀즈	하나님은 말씀을 사람들의 눈높이에 맞게 전하십니다.
	존 로스	하나님은 성경을 전하려는 열정을 사용하십니다.
	제임스 S. 게일	하나님은 성경을 전하는 일에 다른 이들과 동역하게 하십니다.
선교 (국내)	길선주	하나님은 회개와 복음 전파가 있는 곳에 열매 맺게 하십니다.
	이기풍	하나님은 복음에 빚진 마음으로 사랑을 실천하게 하십니다.
	최권능(최봉석)	하나님은 그의 자녀를 예수님으로 꽉 차도록 하십니다.
교육	남궁억	하나님은 하나님사랑과 이웃사랑 사이에 균형을 이루게 하십니다.
	안창호	하나님은 우리를 어두운 세상에서 빛의 자녀로 부르십니다.
	호모 B. 헐버트	하나님은 이웃들과 함께 웃고 함께 울게 하십니다.
순교	손양원	하나님은 사랑이 죽음보다 강함을 알게 하십니다.
	주기철	하나님은 성공과 실패가 아니라 충성을 원하십니다.
	문준경	하나님은 사랑과 헌신의 씨앗이 풍성하게 열매 맺도록 하십니다.
	박관준	하나님은 이웃을 위해 사랑과 정의를 나누기 원하십니다.
사회	김마리아	하나님은 복음을 위해 썩는 한 알의 밀알로 우리를 부르십니다.
	조만식	하나님은 믿는 자에게 이웃을 섬기는 사명을 주십니다.
	소다 가이치	하나님은 복음 선포로 진정한 평화를 이루게 하십니다.

의료	장기려	하나님은 형제자매 사랑을 흐르게 하십니다.
	로제타 S. 홀	하나님은 순종하는 한 사람을 통해 위대한 일을 이루십니다.
	존 W. 헤론	하나님은 그의 백성들에게 하나님 나라비전을 심어 주십니다.

⑥ 교육 효과가 있느냐 없느냐

교육 효과는 그리스도께 헌신하며 그분을 구주로 고백하는 학생 곧 그리스도를 자신이 열망하는 진정한 친구로 받아들이는 학생이 얼마나 많으냐에 따라 결정됩니다. 교사의 책임은 참으로 막중합니다. 우리는 학생들에게 존경과 사랑을 받는 교사가 되어야 합니다. 교사와 학생이 참된 관계를 맺으면 청소년기에 겪을 만한 많은 불행을 피할 수 있습니다. 청소년기가 적응 과정을 거치는 과도기라는 점을 잊지 말라. 가장 중요한 점은 교사의 수준을 뛰어넘는 학생을 만들 수는 없다는 것입니다. 하나님과 생명의 관계를 맺고 질풍노도의 시기를 거치는 동안 때로 좌절하기도 하고 때로 원대한 꿈을 꾸기도 하는 학생들과 더불어 살아가는 교사라면, 학생들에게 영적이고 인격적인 차원에서 강한 영향력을 발휘할 수 있을 것입니다.

5) 중등부, 학년이 다른 만큼 전략도 다르다.

① 중1(12세) - 스파이더맨 '나는 누구일까요?'.

중학교 1학년생은 스파이더맨과 비슷합니다. 스파이더맨처럼 본격적으로 자신의 정체성에 대해 고민합니다. 정체성의 혼란이라는 터널 속에 진입해서 희미하게 느껴지는 자기 존재를 찾아가기 시작합니다. 이때 아이들에게 필수로 성경적인 자기 정체성을 가르쳐야 합니다. 하나님의 택함을 받았고, 왕 같은 제사장이며, 거룩한 나라이며, 그분의 소유된 백성임(벧전2:9)을 전수해야 합니다. 중학교 1학년생은 또래 친구. 특히 동성 친구에 관심이 많습니다. 동성 친구를 통해 본격적으로 또래 집단을 형성하기 때문입니다. 이 아이들을 움직이는 주된 동기는 동성 친구입니다. 교회에 동성 친구가 많으면 정착할 확률이 높아집니다. 그래서 소그룹 멤버를 동성으로 구성하는 것이 정착에 도움이 됩니다. 아이들과는 운동이나 대화를 통해 친밀함을 더하고, 약간 오버해서라도 환대하여 어색함을 덜어 내야 합니다.

② 중2(13세) - 지킬 앤 하이드 '나는 다양합니다'.

중학교 2학년생은 지킬 앤 하이드와 비슷합니다. 지킬 앤 하이드처럼 상반되거나 복잡한 모습이 자주 드러납니다. 김두식 교수는 사춘기를 말하면서 '지랄 총량의 법칙'이라는 말을 사용했습니다. 사람마다 일생 쓰고 죽어야 하는 지랄의 총량이 있는데 어떤 사람은 그 정해진 양을 사춘기에 다 써버린다는 겁니다. 청소년기 중에서도 중학교 2학년은 J2B, 즉 중2병이라고 불립니다. 김두식 교수의 표현에 따르면 가장 지랄을 많이 쓰는 시기이기도 합니다. 이때는 성경적 세계관에 대해서 가르쳐야 합니다. 단순히 자신을 아는 것을 넘어서 하나님은 이 세상을 어떻게 창조하셨고 통치하시는지에 대한 큰 그림을 알려 줘야 합니다. 중학교 2학년은 자기 자신의 외모와 감정에 지나치게 몰두하는 시기입니다. 그래서 고독에 쉽게 빠지기도 합니다. 아이들을 움직이는 주된 동기는 재미입니다. 어른들이 볼 때는 아무리 좋은 것이라도 본인한테 재미가 없으면 잘 움직이지 않습니다. 이 아이들을 위해서는 재미있는 시간을 자주 가질 필요가 있습니다. 재밌게 보내는 시간이 많을수록 아이들의 신뢰를 얻을 수 있습니다. 반면에 그들의 변덕스럽고 감정적으로 보이는 모습을 부정적으로 판단하지 말아야 합니다.

③ 중3(14세) - 아이언맨 '나는 주인공입니다'.

중학교 3학년생은 아이언맨과 비슷합니다. 아이언맨처럼 주인공 신드롬에 빠지기 쉽습니다. 자기를 중심으로 세상과 주위의 관계를 바라봅니다. 그래서 다른 사람의 시선을 가장 많이 의식하는 때이기도 합니다. 이 시기 아이들에게는 기독교 가치관을 가르쳐야 합니다. 세상의 기준이 아닌 하나님의 기준으로 세상을 보는 눈을 길러 줘야합니다. 어떤 삶이 바람직하고 그렇지 않은지. 어떤 것이 선하고 악한 것인지 성경적 가치관을 정확하게 가르쳐야 합니다. 중학교 3학년은 본격적으로 이성 친구에게 관심을 가지는 시기입니다. 교회 내에서 이성과 '썸'(사귀기 전 단계)을 가장 많이 타는 시기이기도 합니다. 이런 관심과 감정을 건강하게 풀어내도록 다양한 활동과 공동 프로젝트를 진행하면 도움이 됩니다. 이 아이들을 움직이는 동기는 의리입니다. 아이들과 의리가 있는 교사는 아이들을 수월하게 움직일 수 있습니다. 이 아이들과는 활동을 더하고 방임을 조심해야 합니다. 중학교 3학년 아이들은 본인이 1~2학년보다 훨씬 성숙하다는 것을 어필하기 때문에 이 허세에 깜빡 속아 방임하는 자세로 대하기 쉽습니다.

어른 세대와 청소년 세대의 차이		
주제	어른 세대	청소년 세대
옷	실용성, 보존성	유행, 멋
음식	밥, 찌개, 양	치킨, 피자, 맛
고기	있으면 먹고	없으면 안 먹고
공부	죽으나 사나	적성에 맞는 아이들만
효	일생일대의 가장 중요한 도리	각자의 인생을 살 뿐
힘든 일	내가 나서서	부모의 몫
주요 걱정	먹고 사는 것	재미없을까 봐
핸드폰	전화, 메시지, 시계	생명줄
돈	저축하고 모으고	쓰고 또 쓰고
잠	줄이고 최대한 일	졸리면 자고 볼 일
게으름	악 중의 악	창조의 원천
인내심	성공하기 위한 필수 덕목	그게 뭔지 모름
인기 드라마	못 보면 할 수 없고	본방 사수
순서	장유유서	배고픈 순서대로

2. 중등부 커리큘럼

커리큘럼에 필수 요소(성경 공부, 예배, 봉사, 레크리에이션, 전도 등)가 골고루 담겨 있는가? 커리큘럼이 중등부 학생들의 필요와 관심사를 충족시키기에 적절한가? 학생들에게 무엇을 가르치느냐에 따라 결과는 크게 달라집니다.

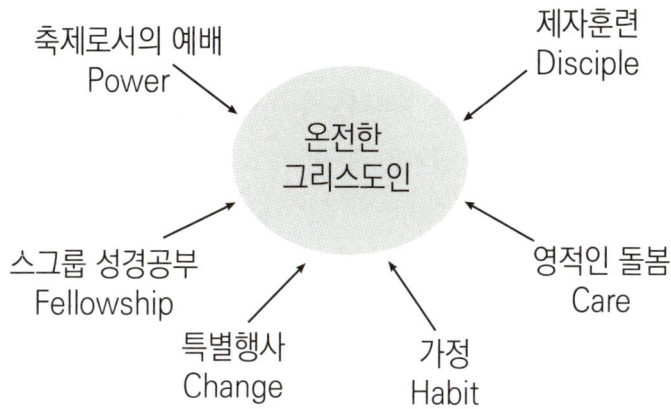

(1) 자료를 현명하게 선택하라.

커리큘럼에 제시된 자료를 주의 깊게 살피라. 모든 자료가 효과적인 것은 아닙니다. 중등부에 맞는 커리큘럼을 고르려면, 그들이 사실을 알고 싶어하는 성향이 강하다는 것을 기억해야 합니다. 또한 영웅을 숭배하는 성향이 있다는 것을 기억하고, 공과 시간마다 그리스도를 영웅으로 받아들일 수 있도록 이끌라. 중등부 학생들은 외부 영향에 매우 민감합니다. 사도행전처럼 위대한 선교 사역을 보여주는 말씀을 공부하라. 항상 일대일 관계에서 개인적인 결단을 촉구하고, 오늘날과 같은 기회의 세상에서 학생들이 자신의 자리를 확실하게 찾도록 이끌라.

(2) 학생용 공과를 사용하라.

중등부 학생들에게 학생용 공과는 별로 효과가 없다고 생각하는 사람도 있습니다. 그러나 이들의 사고를 자극해 스스로 영적 진리를 생각할 수 있게 하고, 날마다 성경을 공부하도록 이끌어주는 일은 매우 중요합니다. 이것을 위해 학생용 공과를 사용하는 것입니다. 교사와 사역자가 학생용 공과를 사용하도록 독려하는 것은 나름대로 충분한 가치를 지닙니다.

(3) 다양한 방법을 시도하라.

중등부 학생들에게 매일 성경을 공부하는 습관을 길러주려면 다양한 방법을 사용해야 합니다. 주어진 과제를 잘 끝마친 학생이나 반에 상을 주라. 과제를 잘 마쳤거든 칭찬을 아끼지 말라. 성경의 가르침을 반영하는 예술 작품을 몇 개 골라 복도에 전시하라. 주보를 발행해 학생들이 배우는 내용과 활동을 온 교회에 알리라. 특히 전도나 선교에 관한 것은 상세히 알리라. 학생용 공과로 먼저 준비시킨 뒤 반 전체가 함께 토론하는 시간을 가지라. 질문에 대해 함께 생각하고, 학생들이 대답을 찾아 적게 하라. 분기당 한 번씩 학생용 공과를 모두 거둬서 점수를 매기라. 잘한 점을 후하게 평가하여 모두 학습을 잘 마쳤다는 인상을 심어주라. 이것은 매우 중요합니다.

분기가 끝나면 시험을 치르라. 학생들이 시험을 부담스러워 할 것이라고 생각하지 말라. 오히려 학생들은 자신의 능력이 얼마나 되는지 알고 싶어할 것입니다. 문제가 사실과 거짓을 판별하는 것이거나 자신들이 스스로 생각한 것이라면 특히 더 그럴 것입니다. 시험을 야구 경기처럼 생각하고, 옳은 답을 썼을 경우에는 점수를 매겨주라. 항상 적절한 동기를 부여해야 합니다. 중등부 학생들은 학교에서나 교회학교에서나 아무런 차이가 없습니다. 교사가 그들의 학습 성취도를 정기적으로 평가하지 않으면, 공과를 다 마치고 나서도 아무런 감동을 느끼지 못할 것입니다.

3. 청소년 예배

(1) 청소년 예배 어떻게 할까요?

SSS원리를 실현하라. SSS란 'Something Special every Sunday!'의 약자로 '매주 특별함을 보여주라'라는 의미입니다. 청소년부 예배에 나름 높은 만족도가 나오려면 SSS원리가 예배에 녹아 있어야 합니다. 한 번이라도 대충 준비하는 예배가 없도록 하는 것, 절대 같은 패턴으로 예배를 준비하지 않는 것, 학생들 가운데 예배가 시시하다거나 진부하다는 느낌을 갖는 아이가 한 명도 없도록 하는 것, 모두가 예배의 특별함을 느끼게 하는 것이 바로 SSS원리입니다. 이 원리가 살아 움직이면 청소년부 예배에는 기대감이 있습니다. 그래서 학생들이 더 오려고 애를 씁니다. 심지어는 비신자도, 장기 결석자도 예배의 매력에 빠져듭니다.

(2) SSS 1, 일사각오의 기도

예배를 예배 되게 하는 것은 기도밖에 없습니다. 청소년부는 한 번의 예배를 위해서 토요일마다 사역 팀별로 예배를 위해서 기도해야 합니다. 주일 아침 9시 30분에 준비팀이 모이면 역시 팀별로 기도해야 합니다. 주일 10시가 되면 전체 사역 팀이 한자리에 모여서 또 예배를 위해서 기도

합니다. 예배 후에는 임원들 중심으로 기도회가 진행됩니다. 한 번의 예배를 위해서 무려 4회의 기도회가 존재합니다. 강력한 기도만이 강력한 예배를 만들 수 있습니다.

(3) SSS 2, 한 가지 테마

교회학교 전체가 그렇듯, 청소년부 예배의 설교 본문과 내용은 최소 한 주 전 모든 교사에게 전달합니다. 교사들 및 스태프들은 설교 내용을 미리 알고 있기에 일주일간 같은 마음으로 예배를 준비하게 됩니다. 찬양과 드라마와 설교와 분반 공부 전체가 다 한 가지 주제이기에 예배에 참석한 학생들의 머릿속에 정확히 각인됩니다.

(4) SSS 3, 커리큘럼이 있는 설교

많은 목회자의 경우 자기가 원하는 본문을 임의로 정해서 설교하곤 합니다. 그러면 영적인 영양소가 고루 분배되지 않을 확률이 높습니다. 신구약 성경 66권의 내용을 학생들에게 골고루 주기 위해서 청소년부에서는 매년 초 1년 치 커리큘럼을 미리 계획하고, 그에 맞추어 설교가 진행합니다. 철저히 교역자의 기호를 배격하며, 신구약 성경의 균형, 조직신학적인 균형, 목회적인 균형을 맞춰 가면서 설교가 이루어집니다. 최대한 학생들에게 영적인 양분이 골고루 배분되도록 힘쓰는 과정이라고 할 수 있습니다.

2011~2017 드림교회 청소년부 설교 커리큘럼					
2011	신앙의 코어 시리즈	요한복음 (복음서)	성과 이성교제	요나 (선지서)		
2012	신앙의 코어 시리즈	빌립보서 (바울서신)	성과 이성교제	다윗, 믿음의 사람 (역사서)	사사기 (특새)	여호수아 (수련회)
2013	비전 시리즈	신앙의 코어 시리즈	로마서 (바울서신)	성과 이성교제	다니엘 (선지서)	
2014	신앙의 코어 시리즈	사도행전	성과 이성교제	모세 (출애굽기)		
2015	Renew 시리즈	창조론 vs 진화론	요한계시록 (묵시록)	성과 이성교제		
2016	믿음 시리즈 (히브리서)	엘리야와 엘리사 (왕상.하)	성과 이성교제	디모데전서	느헤미야	
2017	신앙의 코어 시리즈	에베소서 (바울서신)	성과 이성교제	레위기		

• 설교를 재미있게 할 수 있는 5가지 방법

청소년 설교의 주목적은 '유머'에 있지 않다. 하지만 현실적으로 유머를 무시할 수 없다. 때론 필요하다. 청소년 설교에 있어서 유머는 약의 캡슐과 같다. 약에 캡슐을 감싸서 목 넘김을 편안하게 하는 것처럼 신구약을 먹일 때 유머라는 캡슐은 유용하다. 더 마음을 열게 하고 집중하게 한다. 다음은 설교를 재밌게 하는 방법을 정리했다.

(ㄱ) 웃기려고 하지 마라 .
'재미있네'와 '웃기고 있네'는 다르다. 전자는 모두를 웃기는 것이고. 후자는 혼자 웃고 모두를 올리는 것이다. 웃기려고 애쓰는 것만큼 애처로운 것은 없다. 웃기려는 목적으로 말하면 무리수를 두게 된다. 설교자 혼자 웃고 다른 이들은 비웃는 장관이 펼쳐질 것이다. 때론 웃기려고 하기보다 웃기려고 하지 않는 것이 더 재미있을 수 있다.

(ㄴ) 재미있는 개그나 스토리를 스크랩하라.
청소년 설교자는 꿀벌이 되어야 한다. 꿀벌이 꽃에서 꿈을 모아서 사용하는 것처럼. 설교자는 개그나 재미있는 이야기를 모아 두어야 한다. 순간적으로 번뜩이는 표현이나 내용은 무조건 메모를 하라. 결코 기억을 믿지 말고 꼭 메모해 두라. 이것을 설교 전체 흐름에 맞게 적재적소에 사용해야 한다. 보관하고 있는 개그를 사용할 때는 가까운 주위 사람들에게 미리 해보는 것도 방법이다. 가장 중요한 것은 적재적소이다. 흐름에 맞지 않으면 메시지가 흐려진다.

(ㄷ) '반전 매력'을 추구하라.
'재미있다'는 것은 '뻔하지 않다'는 말이다. 청소년들은 예측 가능한 스토리 전개 방식을 편하게 여긴다. 재미있게 말하는 사람들을 보면 뻔한 이야기도 뻔하지 않게 말한다. 청소년들의 예측을 깨는 반어법을 연구해 보자. 예를 들어 사이가 좋지 않은 부부 스토리를 전하면서 '두 사람은 평생 검은 머리가 파뿌리가 될 때까지 다봤습니다'라는 식으로 말이다.

(ㄹ) 재밌는 사람을 깊게 파라.
유명 대중 강연가나 청소년들을 휘어잡는 청소년 사역들을 좋아 하지마라. 사랑하라. 그들의 강연 능력이나 방식은 선천적으로 지니고 태어나기도 했겠지만 대부분은 후진적으로 습득하거나 배운 것이다. 그들을 마냥 좋아하며 부러워하지만 말고 그들의 어법과 유머 능력을 사랑하는 마음으로 연구하고 배우라. 가능하면 세 사람 정도 정해서 집중적으로 파라.

(ㅁ) 설교자 자신이나 우리들의 이야기를 활용하라.
설교자 자신의 이야기는 청소년들에게 먹힐 때가 많다. 특히 자신을 낮추는 것에서 유머가 나온다. 자신을 낮추는 것과 비하하는 것은 다르다. 전자는 자신감에서 나오는 것이라면 후자는 자책감에서 온다. 자신의 외모나 실수를 솔직하게 오픈하는 것은 유머에 도움이 된다. 하지만 이것도 반복되면 더 이상 유머가 아니라 자기비하가 된다. '설교자 자신의 이야기'와 더불어 '우리들의 이야기'도 먹힌다. 함께 즐거웠던 이야기. 함께 고생했던 이야기. 함께 심취했던 이야기는 재미를 전달해 준다.

(5) SSS 4, 살아 움직이는 찬양

청소년들에게 있어서 찬양은 마치 화약고에 붓는 기름과도 같습니다. 청소년부 찬양 팀은 뜨거워야 하며 살아 있어야 합니다. 또한 정예 부대와 같은 강력함이 있어야 합니다. 청소년부의 찬양 팀은 토요일마다 4시간을 할애해 연습하고 양육을 받습니다. 청소년부 찬양 팀은 우선 토요일에 교회에 오면 모두가 함께하는 제자훈련 외에 찬양 팀 양육이 또 한 번 진행됩니다. 찬양 팀에만 전담 교사가 있어서, 학생들을 소그룹으로 묶어서 양육시킵니다. 그리고 학생들 가운데 영적으로 힘들어하는 이들이 있으면 잘 돌봅니다. 이후에 찬양 연습이 진행됩니다. 그리고 마지막으로 기도회를 갖습니다. 청소년 사역에 있어서 찬양은 무척 중요한 요소입니다. 찬양이 살아 움직일 때, 다른 말로 하면 찬양 팀이 영적으로 충만할 때 참된 예배가 가능합니다.

(6) SSS 5, 역동성

청소년부 예배는 어찌 보면 무척 정신없이 진행되지만, 군더더기 하나 없이 깔끔하게 전개됩니다. 그래서인지 예배에 참여하는 학생들이 역동성을 느낄 수 있습니다. 예배 전 팀별 연습, 예배 순서자들의 사전 준비, 방송실과 음향실과 비디오 카메라까지 모든 팀이 유기적으로 움직입니다. 예배를 드리는 시간은 정확히 60분을 지키고, 모든 순서가 분 단위로 계산되어 진행됩니다. 청소년들에게 가장 적합한 예배는 잘 준비된 예배, 그로 인한 역동적인 예배라고 생각합니다.

(7) SSS 6, 재미

청소년부 예배는 중1 학생들에게도 재미있게 느껴지고, 교회에 처음 온 새신자에게도 재미를 주어야 합니다. 이 부분은 청소년부 예배에서 매우 중요합니다. 실제로 청소년들의 삶은 재미있는 것이 별로 없습니다. 특별히 기독 청소년들이 가장 많은 시간을 보내는 학교나 가정이나 교회에서 그들이 재미를 느끼는 경우는 드뭅니다. 그래서 예배에 재미가 있다는 말은 청소년들에게 예배에 대한 긍정적인 반응을 불러일으키고, 예배드리고 싶은 마음을 심어 줍니다. 또한 청소년들의 내면에 잠재되어 있는 영적 내성을 폭발시킬 수 있습니다. '재미'의 반대는 '지루함'인데, 지루함은 싫증과 짜증을 만들어 냅니다. 반대로 재미가 있으면 은혜의 반응이 나옵니다.

청소년 설교자는 재미를 위해서 설교 준비에 정말 많은 시간을 투자합니다. 필요하면 예배시간에 닭도 가지고 등장하고, 강아지도 데려옵니다. 본당에 달걀이 날라 다니고, 야구공이 왔다 갔다 하기도 합니다. 시간만 나면 영상과 사진 모으기를 합니다. 개그에 대한 감이 떨어지지 않기 위해서 웬만한 개그 프로그램은 꼭 봅니다. 주일 설교가 어떻게 전개될지 아무도 예상할 수 없게 합니다. 절대로 같은 패턴으로 설교를 시작하거나 전개하지 않습니다. 아무리 재미있는 것도 금방 식상 할 수 있기 때문입니다. 솔직히 이러한 준비는 엄청나게 고통스럽습니다. 하지만 흐뭇해하는 학생들의 얼굴과 그들의 환한 웃음을 보면 또 준비에 몰입하게 됩니다. 무엇보다도 재미는 학생들을 예배에 깊이 집중하게 만듭니다. 그래서 말씀을 잘 듣게 되고, 그 말씀이 뇌리에 오래 남아서 그들의 삶을 움직이게 됩니다. '재미'라는 코드가 학생들에게 잘 전달되면 새신자들의 교회 정착은 무척 쉽습니다.

(8) SSS 7, 한번 이상의 예배

학생들의 믿음 성장은 주일날 드려지는 한 번의 예배로는 힘듭니다. 어른도 그렇지 않은가? 주일에 한 번 예배드리는 사람과 주중 예배를 계속 드리는 사람의 신앙을 동일 선상에서 보기는 어려울 것입니다. 청소년부에는 주일 예배 말고도 한 달에 한 번씩 금요일에 함께 모여 찬양하고, 말씀 듣고, 기도하는 시간이 있어야 합니다. 뿐만 아니라 믿음이 있는 학생들의 경우 자발적으로 주일 오후 예배와 수요예배 등에 참석합니다. 제자훈련을 받는 학생들에게는 의무적으로 새벽 기도회와 저녁 기도회에 몇 회 이상씩 참석할 것을 종용하고 있습니다. 예배는 많이 드릴수록 좋습니다.

청소년부 예배 순서		
시간	내용	조명
10:00~10:20	전체 예배 준비 기도회	조명 무대만
10:20~10:50	안내 및 예배 준비	전체 조명 On
10:50~10:53	카운트다운 및 준비 영상찬양	전체 조명 Out
10:53~11:19	찬양	조명 무대만
11:19~11:22	통성기도 및 학생대표기도	조명 무대만
11:22~11:23	사회자 성경봉독	전체 조명 On
11:23~11:45	설교	전체 조명 On
11:45~11:55	결단 찬양, 통성기도, 축도	조명 무대만
11:55~11:57	광고 영상	전체 조명 Out
11:57~12:01	광고 및 새신자 환영	전체 조명 On
12:01~12:30	분반 공부	전체 조명 On

4. 청소년 전도

(1) 청소년 마태 파티

신약 성경에 나오는 마태 파티를 소개합니다(마9:9~13). 예수님이 세관을 지나시다가 그곳에 앉아 있는 마태를 부르셨습니다. 주님의 부름을 받은 마태가 가장 먼저 한 일은 예수님을 자신의 집으로 초대해서 식사를 대접하는 일이었습니다. 그 파티에 예수님만 계신 것이 아니었습니다. 마태의 친구들도 함께했습니다. 마태 자신처럼 예수님이 필요한 세리 친구들을 초청해서 복음 파티를 연 것입니다. 이 마태 파티는 전도의 3가지 원리를 보여 줍니다.

① 전도는 가까운 곳에 있습니다.
마태는 가까운 친구들에게 예수님을 소개했습니다. 마태의 직업은 세리였습니다. 그와 가장 가까이에 있던 사람들 또한 세리였을 것입니다. 그래서 마태의 초대 대상은 세리들이었습니다. 우리의 가장 가까운 곳에 있는 사람들은 늘 복음이 필요한 전도 대상입니다. 청소년에게 이 사실을 자주 깨우쳐 줄 필요가 있습니다.

② 전도는 일상입니다.
마태가 사람들을 초대한 장소는 그의 집이었습니다. 기본적으로 집은 서로에게 편한 장소이며 서로의 경계를 허무는 장소입니다. 청소년부에서 전도를 하나의 행사로 여기기 쉽습니다. 전도 축제나 친구 초청 주일

등등의 이름으로 말입니다. 이것도 무시할 수 없습니다. 집중적이고 효율적으로 청소년들에 동기부여를 하고 친구들을 초청할 수 있기 때문입니다. 하지만 이것만으로는 부족합니다. 이 행사는 서로가 편하지 않습니다. 경계를 허물기보다는 일을 해내야 한다는 부담으로 서로에게 피로감을 줄 수 있습니다. 행사로만 마친다면 일을 해냈다는 자기만족으로 그치기 쉽습니다. 전도를 일상으로 확대해야 합니다. 청소년부 내에서 기존에 하는 프로그램에 전도를 접목하는 것도 방법입니다.

③ 전도는 먹이는 것에서 시작됩니다.

마태는 함께 식사했습니다. 기독교 신앙에는 '식탁 영성'이라는 전통이 있습니다. 유월절과 안식일 식사에서 주님의 만찬, 하늘에서 열리는 주님과의 혼인 잔치에서도 공동체의 식사가 일관되게 흐릅니다. 전도는 먹이는 것에서 시작됩니다. 청소년 전도는 식탁과 떨어질 수 없습니다. 청소년부의 식탁으로 초대해서 서로의 경계를 허물고 자연스럽게 예수 그리스도를 소개하라.

(2) 체육대회 전도

체육대회는 전도를 위한 최적의 환경을 제공합니다. 교회로 진입하는 문턱을 낮춥니다. 서로 몸을 부딪치며 마음의 경계를 허물고 친밀하게 합니다. 체육대회를 앞두고 청소년들로 주변의 친구들을 데려오도록 독려합니다. 체육대회 전도에서 중요한 포인트는 설교입니다. 보통 체육대회 설교라고 해서 대충하려는 유혹을 받습니다. 하지만 그때가 가장 중요합니다. 설교 시간이 5분이라면 메시지 준비에 온 진액을 쏟으라. 그 짧은 순간이 새 친구를 전도하기 위한 골든 타임입니다. 짧지만 핵심 메시지를 심플하게 잡고 적절한 유머를 가미해보라. 복음에 마음을 여는 데 큰 역할을 할 것입니다. 식사는 따로 재료를 준비해서 다같이 만들어 먹는 방법도 있습니다. 양푼 비빔밥이나 김밥 메뉴로 말입니다. 재정상 가능하다면 미리 이동식 밥차를 섭외하는 것도 방법입니다. 밥차는 영화나 드라마 촬영 현장에서 배우들이 이용한다는 이미지가 있어 분위기를 고조시키기에 가성비가 좋습니다. 체육대회가 끝나고 새로 온 친구와 따로 시간 약속을 잡아 관계를 쌓고 예수님을 소개하는 과정을 거칩니다.

(3) 청소년 영화제 전도

청소년부에서 새 친구들과 함께하는 영화제 컨셉을 만들 수 있습니다. 교회 초청장을 영화 포스터 형식으로 만들고, 영화관 티켓을 만들어서 함께 전달합니다. 전도 축제 당일에는 예배실 내부를 영화관처럼 꾸밉니다. 거창하지 않습니다. 암막 커튼을 달아서 햇빛을 차단하고 별도의 앰프 시설을 빌려서 설치했을 뿐인데 분위기가 납니다. 그날에는 드레스 코드를 정해서 모두에게 축제 분위기를 풍기도록 합니다. 예를 들어 그날의 드레스 코드를 '빨강'이라고 정한다면, 몸에 걸친 것 중 하나는 빨간색이어야 입장이 가능합니다. 입구에는 미리 빌린 팝콘 기계와 슬러시 기계를 둡니다. 학생들은 예배실에 들어가기 전에 정장 차림의 교사들에게 드레스 코드와 초청표를 보여 줍니다(없는 사람은 현장에서 발급합니다). 학생들은 팝콘과 음료를 들고 예배실에 들어갑니다. 예배실 안에서는 영화 설교 형식으로 복음을 전합니다. 평소에 영화 설교를 하지 않더라도 전도 행사에 이 형식을 활용하면 좋을 듯합니다.

(4) 요리 경연대회 전도

예배를 마치고 요리 경연대회를 할 때 자연스럽게 새 친구들을 초대해도 좋습니다. 3주 전에 미리 반별로 큰 카테고리를 나눕니다. 제비뽑기를 통해 어떤 반은 국 종류, 어떤 반은 밥 종류, 또 다른 반은 반찬 종류, 간식 종류를 선택하게 합니다. 큰 종류를 미리 나누지 않으면 모든 반이 의도치 않게 찌개류로 대동단결하는 불상사가 일어납니다. 큰 종류만 나누고 세부적인 메뉴는 반별로 정합니다. 이때 핵심 포인트는 새 친구가 있는 반에는 약간의 특혜를 주는 것입니다. 게임 아이템처럼 요리를 더 잘할 수 있도록 돕는 주방 기구나 마법의 조미료를 주는 것입니다. 소소하지만 새 친구로서 존재감을 줄 수 있습니다.

요리를 마치면 심사 후 한 테이블에 놓고 뷔페식으로 놓고 떠서 먹는 시간입니다. 예산이나 시간이 여의치 않다면 각 반의 메뉴를 라면으로 통일할 수 있습니다. 이때 레크리에이션과 접목하면 좋은 분위기를 낼 수 있습니다. 반별로 게임이나 퀴즈를 통해 첨가물을 얻게 하는 방법입니다. 잘하는 반은 계란과 햄과 소시지 그리고 만두와 같은 추가 재료가 들어간 라면을 못하는 반은 오리지널 라면을 즐기게 되는 것입니다. 여기서도 새 친구가 온 반에 따로 특혜를 주는 것도 좋습니다. 새 친구가 넣고 싶은 재료를 선택할 수 있게 하는 것입니다. 기존 학생들의 불만이 없도록 경연대회를 몇 주 앞두고 새 친구에게 특혜가 있다고 광고해야 합니다. 그러면 불만도 예방하고 새 친구를 더 초청하고 싶은 동기를 부여할 수 있습니다.

(5) 학교 반경 300미터 전도

청소년에게 학교 앞 전도가 필요할까요? 그렇습니다. 주로 하교 시간에 이뤄지는 학교 앞 전도는 효율 면에서 떨어지지만 꾸준히 한다면 역시 열매가 있습니다. 학교가 토해 내는 듯 인파를 이루며 나오는 학생들이라도 꾸준히 보면 이름도 알게 되고 관계를 쌓을 수 있기 때문입니다. 더 효율적인 전도가 있다면 학교 반경 300미터 안에 있는 학생들을 찾아다니는 것입니다. 경험상 수업을 마치고 학교에서 나와서도 학교 주위를 맴도는 학생들은 비교적 일정에 여유가 있고, 마음이 가난한 경우가 많습니다. 복음이 필요한 한 사람을 만나는 것이 중요합니다. 학교 주위를 다니며 학생들을 찾아다니는 것도 전도의 전략입니다.

(6) 매주 금요일은 컵라면 데이

금요일 오후, 교회에서 운영하는 카페(카페가 없다면 다른 교회 공간도 가능하다)에서 '컵라면 데이'를 운영합니다. 이때 청소년에게 2가지를 무료로 제공합니다. 먼저는 장소입니다. 지역 청소년들이 와서 자유롭게 공부하고 잡담할 수 있는 공간을 제공합니다. 다음은 간식입니다. 공간 한쪽에는 여러 종류의 컵라면과 단무지 그리고 온수통이 준비되어 있습니다. 학생들은 각자 원하는 컵라면을 테이블로 가져가서 친구들과 함께 먹습니다.

① 작은 것부터 시작하기,

초반 홍보는 학교 앞에서 광고지를 나눠주거나 SNS를 활용합니다. 이후로는 방문했던 학생들이 또래 친구들에게 홍보합니다. 점점 지역 청소년들도 북적이게 됩니다. 오가는 학생들의 모습은 다양합니다. 누가 봐도 모범생처럼 생긴 청소년도 있고, 앉아만 있어도 동생들이 90도로 인사하고 가는 청소년도 있습니다. 혼자 와서 조용히 컵라면만 흡입하고 돌아가는 학생도 있었고, 떼 지어 들어와서 쾌활하게 떠들다 가는 학생들도 있습니다. 공통점이 있다면 대부분이 교회를 다니고 있지 않았다는 점입니다. 그 친구들은 봉사하는 사역자와 교사를 아저씨나 아줌마라고 불렀습니다. 동네 아저씨와 아줌마가 된 봉사자들은 컵라면을 먹고 있는 학생들 사이를 비집고 들어가 친한 척을 합니다. 처음에는 어색하지만 점점 서로 얼굴도 익히고 이름도 알게 됩니다. 길거리에서 마주쳐도 반갑게 인사할 정도가 되면서 서로의 안부도 묻게 되고 대화도 가능하게 됩니다.

② 회원제로 소속감을,

어느 정도 안정이 되었을 때는 회원제를 실시합니다. 청소년들에게 소속감을 주기 위해서입니다. 회원제라고 해서 거창하지 않습니다. 그들의 동의를 얻어 전화번호를 받고 회원 목록에 정리해 두는 것이 끝입니다. 특별 행사가 있으면 회원들 번호로 문자를 보내 광고합니다. 더불어 성경 구절도 함께 보냅니다. 특별히 회원으로 등록한 학생들에게는 쿠폰을 발행합니다. 이 쿠폰을 가진 회원은 간식 코너 맞은편에 있는 이벤트 코너를 이용할 수 있습니다. 게시판 하나에 성경 구절을 써놓습니다. 그것을 암송하는 학생에게는 쿠폰에 도장을 하나 찍어줍니다. 10개가 다 채워지면 컵라면을 업그레이드해 주거나 카페나 패스트푸드 식당을 이용할 수 있는 교환권을 줍니다.

그리고 바로 옆 게시판에는 매주 다른 질문을 써놓고 학생들이 자유롭게 답하도록 합니다. 예를 들어 '스무 살이 되기 전에, 혹은 죽기 전에 꼭 이루고 싶은 일이 있다면?'이라는 질문입니다. 그러면 학생들은 다음과 같은 답을 포스트잇에 써서 붙입니다. '수능 1등급', '40kg 되어 보기', '부모님에게 용돈 드리기', '모든 여자가 날 좋아 했으면 좋겠다' 등등의 답을 씁니다. 답을 작성한 학생에게도 지니고 있는 쿠폰에 도장을 찍어 줍니다. 한창 분위기가 무르익을 즈음 그날의 사회자가 그 글들을 읽어 줍니다. 성경 구절과 질문 보드 옆에는 작은 우체통이 있습니다. 일명 '기도 해 주려 함'입니다. 기도할 일이 있으면 쪽지에 적어서 넣는 함입니다. 이 모든 과정이 자연스럽게 교회에 마음을 열도록 하려는 노력입니다.

(7) 복음 이벤트 데이

① 조건 없이 섬기기

장소를 제공하고 간식과 상품으로 섬기면서 청소년들은 마음을 엽니다. 서로가 낯설지 않고 친밀해집니다. 그러면 학생들은 물어 옵니다. '우리한테 이렇게 해주시는 이유가 뭐예요?'. 청소년들은 이 모든 일을 교회에서 주관하고 있고 봉사하는 사람들도 교인이라는 것을 압니다. 그래도 이상한 것입니다. 왜냐하면 봉사자들이 교인이라는 것을 티 내거나 교회에 나오라고 강요하지 않기 때문입니다. 여기서 핵심은 목적은 잃지 않되, 조건 없이 섬기는 것입니다. 그러면 학생들이 묻게 되어 있습니다. 학생들이 질문하면 에둘러 말하지 않습니다. 분명하게 목적을 전달합니다. '우리가 받은 예수님의 사랑을 너희들에게 되돌려 주는 거야', 이렇게 말하면 아이들이 기분 좋게 받아칩니다. '예수님께 잘 먹었다고 전해 주세요'라고 말하기도 하고 양팔을 치켜들고 익살스러운 표정으로 '할렐루야'라고 외치기도 합니다.

② 직접 복음을 전하기

청소년들이 우리가 섬기는 이유를 물어볼 즈음에는 조금 더 직접적으로 복음을 전할 수 있는 준비가 된 것입니다. 그래서 '복음 이벤트 데이'를 합니다. 매월 첫째 주 금요일 오후와 이른 저녁 시간을 활용해서 양껏 먹이고 복음을 전합니다. 이때의 간식은 다른 금요일과 차별성을 둬서 컵라면이 아닌 피자나 치킨으로 합니다. 학생들이 배불리 먹고 난 후 좋은 분위기를 타서 사회자가 나가서 간단한 레크리에이션을 인도합니다. 이어서 자연스럽게 사역자가 나가서 5분 메시지를 전합니다. 이때는 청소년들의 영혼을 터치합니다. 그간 수집했던 청소년들의 고민,. 기도 제목들 삶을 복음으로 터치하는 시간입니다. 그래서 이 메시지는 사역자나 봉사자가 아니라 모임에 참여하는 그들의 것이 됩니다. 이들 중에서 반응을 보이는 청소년들이 있으면 교회로 인도하거나 집에서 가까운 교회를 소개해 줍니다.

(8) 지역 청소년 풋살·농구·피구 대회

지역 내에 청소년들의 놀이 문화는 많지 않습니다. 기껏해야 폐쇄적인 노래방이나 PC방 정도입니다. 야외에서 하는 놀이 문화는 거의 없습니다. 지역 청소년들의 문화를 그리스도께 드리기 위해서 운동대회를 기획할 수 있습니다. 지역에 청소년 운동 문화를 만들고 이를 바탕으로 청소년들을 그리스도께 인도하기 위해서입니다. 기업체를 운영하시는 분들의 후원을

받아서 추진할 수 있습니다. 후원금으로 상금과 기념품을 마련합니다. 상금은 1등팀 20만원, 2등팀 15만원, 3등팀 10만원, 장려상 5만원으로 정하고 기념품은 텀블러로 준비합니다. 대회는 1년에 두 번 진행합니다. 봄에는 풋살대회를 진행하고 가을에는 농구와 피구대회를 합니다. 풋살과 농구에는 주로 남학생들이 참가하는 것을 감안해서 여학생들을 위한 배려로 피구대회를 기획한 것입니다.

대회 시간은 토요일 오전으로 정하고 장소는 지역 내에 있는 야외 풋살장이나 실내 체육관을 빌립니다. 대회 한 달 전부터는 홍보를 시작합니다. 각 학교에 공문을 보내고, 홍보 포스터를 붙입니다. 그리고 지역에서 학생들이 많이 지나다니거나 많이 갈 만한 카페나 분식점, PC방, 노래방, 실내 오락실에 양해를 구해서 홍보 포스터를 붙입니다(거절도 많이 당합니다). 이렇게 대회 1주 전까지 참가팀 신청을 받습니다. 토요일 오전 대회 당일, 담임 목사님이 오셔서 기도해 주시면서 전체 순서가 시작됩니다. 본격적인 대회를 시작하기 전에 중요한 경기 수칙을 말합니다. '절대 욕하지 않기', '절대 소리치지 않기', '절대 폭력 쓰지 않기'입니다. 만약 이 중에 하나라도 어길 시 중도탈락이 된다는 강수를 둡니다. 그래야 별다른 사고 없이 경기를 마칠 수 있습니다. 경기 후에는 모두가 모여 도시

락을 먹고 시상식을 합니다. 상금을 받은 팀들은 마치 월드컵 대회에서 우승한 것처럼 기뻐합니다. 상금을 받지 못한 팀은 도시락과 기념품으로 아쉬움을 달랩니다. 대회에 참가하는 학생들에게는 매주 금요일마다 하는 컵라면 데이와 매달 첫 주 금요일마다 하는 이벤트 데이를 홍보합니다. 계속해서 관계가 이어지도록 한 것입니다. 정기적인 사역과 운동대회가 서로 유기적으로 움직이도록 합니다.

5. 청소년 수련회

(1) 청소년에 의한, 청소년을 위한, 청소년의 프로그램

① 수련회 프로그램을 구성할 때 신경 써야 할 것이 바로 청소년의 신앙 성장과 성숙, 삶의 회복에 필요한 주제를 넣는 것입니다.

예배, 복음, 하나님의 말씀, 공동체, 관계, 진로, 건강, 자유, 섬김과 봉사 등이 그것입니다. 수련회를 어떻게 진행하든 가장 강조할 것은 예배입니다. 소위 저녁 집회입니다. 저녁 집회 때 하나님을 뜨겁게 찬양하고, 하나님의 말씀을 듣고, 집중해서 기도하는 시간을 갖는 것입니다. 이러한 열정적인 예배를 통해서 청소년은 하나님을 인격적으로 만날 수 있고, 하나님이 자신을 얼마나 사랑하시는지, 하나님 앞에서 자기 자신이 얼마나 소중한 존재인지를 진심으로 깨닫게 됩니다. 그리고 복음을 강조해야 합니다. 예수 그리스도가 인간의 죄를 대신 지고 십자가에서 돌아가셨고, 사흘 만에 부활하심으로 우리 죄가 완전히 씻어졌음이 증명되었다는 놀라운 복음을 전인격적으로 깨닫고 받아들일 수 있어야 합니다. 이

단이 판을 치는 시대적 상황에서 복음의 내용을 정확하게 알려줄 필요가 있습니다.

② 또한 수련회를 통해 청소년이 성경을 읽고 공부하는 훈련을 함으로써 말씀을 굳게 붙들고 살아갈 수 있도록 해야 합니다.
그리고 앞에서도 말했지만, 친구들과 어울리고 사역자와 교사들과 함께하는 가운데 공동체의 소중함을 깨닫고, 하나님 안에서 인생의 진로를 발견할 수 있도록 해야 합니다.

③ 한편, 청소년에게 가장 중요하지만 잘 놓치는 것이 바로 건강입니다.
청소년에게는 영적인 건강, 정신적인 건강, 육체적인 건강이 필요합니다. "사랑하는 자여 네 영혼이 잘됨같이 네가 범사에 잘되고 강건하기를 내가 간구하노라"(요삼1:2)는 말씀처럼 영적인 건강을 바탕으로 정신으로도, 육체로도 건강해야 합니다. 요즘 청소년들은 우울과 분노와 같은 정신적인 문제도 많이 가지고 있습니다. 인스턴트 식품을 주로 먹고 앉아서 공부만 하다 보니 육체적인 건강의 문제도 큽니다. 따라서 수련회를 통해서 전인적인 건강을 회복하는 시간을 가져야 합니다.

④ 수련회에서 청소년은 자유를 경험해야 합니다.
하나님 안에서 진정한 자유를 경험해야 하고 공동체 안에서 쉼을 누려야 합니다. 물론 모든 수련회에 적용할 수는 없지만, 이렇게 하는 데는 이유가 있습니다. 매일 학교와 학원, 집을 다람쥐 쳇바퀴 돌듯 반복하는 학생들에게 수련회에서 경험하는 자유는 매우 값진 것이 됩니다. 저녁 집

회를 통해서는 영적인 자유를 경험하고, 집단 상담을 통해서 내면의 문제를 끄집어냄으로써 정신적인 자유를 경험하며, 밤시간 또래와 함께 운동을 하거나 보드게임을 하거나 대화를 나누면서 육체적인 자유를 경험하는 것입니다. 그래서 다음날 오전은 옵션형으로 편하게 진행합니다. 늦잠이 필요한 학생들은 늦잠 자게 해주는 것입니다. 일찍 일어난 학생들은 기도하고 묵상할 수 있도록 따로 방을 마련해 잔잔한 찬양곡을 틀어 줍니다. 식당에는 토스트 같은 간단한 아침거리를 마련해 자유롭게 먹도록 해줍니다. 또 다른 방에는 보드게임을 두어서 자유롭게 놀게 해줍니다.

⑤ 마지막으로 수련회를 통해 섬김과 봉사를 경험하는 것도 중요합니다.

수련회를 하다 보면 자연스럽게 서로 섬기고 봉사할 일이 생깁니다. 예를 들어, 식사 후 식탁을 치우고 접시 닦는 일을 조별로 순번을 정해서 하는 것입니다. 또한 조별로 구역을 나눠서 청소할 수 있습니다. 그밖에 교회 밖 사람들에게 섬김과 봉사를 실천할 수 있습니다. 소위 봉사수련회를 기획하고 진행할 수 있습니다. 이렇듯 청소년들에게 필요한 주제를 한 수련회에 다 담을 수도 있고, 한두 가지 주제를 집중적으로 하는 수련회를 기획할 수도 있습니다. 모든 주제를 한 수련회에 담을 경우, 학생들이 선택 특강으로 참여하게 할 수도 있습니다. 1박 2일, 2박 3일, 3박 4일 수련회 프로그램의 예를 들면 다음과 같습니다.

* 1박 2일 수련회 예

첫째 날	둘째 날
	자유 활동(늦잠, 묵상, 대화, 놀이, 아침운동 등), 아침식사
	주제별 선택 특강(예배 이해, 복음 이해 및 이단 분별법, 성경개관, 공동체 의미, 인간관계법 및 대화법, 진로 선택법 및 학습법, 건강 관리 및 중독 해방, 자유와 책임의 삶, 섬김과 봉사의 실천 등)
	점심식사
개회 예배 & 오리엔테이션	공동체놀이 또는 물놀이
조별 활동	조별 모임
저녁 식사	저녁 식사
저녁 운동	저녁 집회(예배): 주제-복음
저녁 집회(예배): 주제-복음	조별 장기자랑
조별 나눔	조별 기도회 및 마무리
자유 놀이	

* 2박 3일 수련회 예

첫째 날	둘째 날	셋째 날
	자유 활동(늦잠, 묵상, 대화, 놀이, 아침 운동 등) 아침식사	자유 활동(늦잠, 묵상, 대화, 놀이, 아침 운동 등) 아침식사
	주제별 선택 특강 1(예배이해, 복음 이해 및 이단 분별법, 성경개관, 공동체 의미, 인간관계법 및 대화법, 진로 선택법 및 학습법, 건강 관리 및 중독해방, 자유와 책임의 삶, 섬김과 봉사의 실천 등)	주제별 선택 특강2(예배 이해, 복음 이해 및 이단 분별법, 성경개관, 공동체 의미, 인간관계법 및 대화법, 진로 선택법 및 학습법, 건강 관리 및 중독해방, 자유와 책임의 삶, 섬김과 봉사의 실천 등)
	점심식사	폐회 예배
개회 예배 & 오리엔테이션	공동체 놀이 또는 물놀이	점심 식사
조별 활동	조별모임	
저녁 식사	저녁 식사	
저녁 운동	저녁 집회(예배): 주제- 복음	
저녁 집회(예배): 주제-복음	조별 장기자랑	
조별 나눔	집단 상담	
자유 놀이	자유놀이	

* 3박 4일 수련회 예

첫째 날	둘째 날	셋째 날	넷째 날
	자유 활동(늦잠, 묵상, 대화, 놀이, 아침운동 등) 아침식사	자유 활동(늦잠, 묵상, 대화, 놀이, 아침운동 등) 아침식사	자유 활동(늦잠, 묵상, 대화, 놀이, 아침운동 등) 아침식사
	주제별 선택 특강 1(예배 이해, 복음 이해 및 이단 분별법, 성경 개관, 공동체 의미, 인간관계법 및 대화법, 진로 선택법 및 학습법, 건강 관리 및 중독 해방, 자유와 책임의 삶, 섬김과 봉사의 실천 등)	주제별 선택 특강 2(예배 이해, 복음 이해 및 이단 분별법, 성경 개관, 공동체 의미, 인간관계법 및 대화법, 진로 선택법 및 학습법, 건강 관리 및 중독 해방, 자유와 책임의 삶, 섬김과 봉사의 실천 등)	공동체 시간(롤링 페이퍼, 축복의 시간, 시상식)
	점심 식사	점심 식사	폐회 예배
개회 예배 & 오리엔테이션	물놀이	공동체 놀이	점심 식사 및 마무리
조별 활동	성경퀴즈대회	조별 모임	
저녁 식사	저녁 식사	저녁 식사	
저녁 운동	저녁 집회(예배): 주제- 복음	저녁 집회(예배): 주제- 복음	
저녁 집회(예배): 주제- 복음	조별 기도회	조별 장기자랑	
조별 나눔	집단 상담	캠프파이어	
자유 놀이	자유 놀이	자유 놀이	

(2) 섬김과 봉사를 배우는 봉사수련회

① 섬김과 봉사는 매우 중요한 신앙과 삶의 주제입니다.

갈수록 개인주의 문화가 팽배해지면서 섬김과 봉사에 대한 강조와 필요가 절실해졌습니다. 이에 따라 3박 4일로 구성된 봉사수련회를 제안합니다. 봉사수련회는 섬기는 교회가 후원하는 교회로 가면 좋습니다. 그 교회를 봉사수련회 숙소로 정하고 그 교회가 있는 마을에 들어가서 필요로 하는 봉사를 하는 것입니다. 8월에 봉사수련회를 떠난다면, 5월 초에 사역자와 부장 교사, 대표 교사들이 마을 교회에 가서 담임 목회자를 만나 봉사수련회의 취지를 설명하고 교회를 숙소로 사용하는 문제 등 봉사수련회를 위한 협조를 부탁드립니다. 그런 다음 마을의 이장을 소개받아 이장을 통해 구체적으로 마을에 일손이 필요한 부분을 전달받습니다. 이때 청소년들이 봉사를 잘할 수 있도록 준비하겠다는 말을 꼭 해야 합니다. 마을에서는 청소년들이 오는 것을 싫어하거나 귀찮아할 수 있기 때문입니다.

② 답사를 마치고 교회에 돌아와서는 이장이 알려 준 봉사의 내용을 바탕으로 봉사팀을 나눕니다.

예를 들면, 마을 화단에 물주기, 마을 회관 청소하기, 마을 외벽에 그림 그리기 등으로 봉사 활동을 나누어서 각자 원하는 봉사팀을 선택하게 합니다. 봉사팀별로 교사를 배치한 뒤 정기 모임을 갖고 봉사 준비를 합니다. 마을 화단에 물 주기 봉사의 경우, 각 식물에 맞게 물주는 법을 유튜브나 여러 정보를 통해 확인하고 정리합니다. 마을 외벽에 그림 그리는 봉사의 경우, 어떤 의미 있는 그림을 그릴지 연구하고 연습하는 시간을 갖습니다.

③ 이제 8월이 되어 봉사수련회를 떠나면, 오전과 오후는 봉사의 시간을 갖고, 저녁에는 집회 시간을 갖습니다.

청소년 수련회의 핵심은 저녁 집회이기 때문에 어떤 경우에라도 저녁 집회를 놓쳐선 안 됩니다. 저녁 집회는 예수님의 사랑, 예수님의 희생, 예수님의 섬김과 관련된 본문을 가지고 말씀을 전합니다. 오전과 오후 동안 봉사와 섬김을 구체적으로 실천하고, 저녁에 같은 주제의 말씀을 들으면서 전인적인 교육이 되도록 하는 것입니다. 봉사수련회에서 학생들은 봉사하느라 에너지를 많이 쓰기 때문에 식사를 잘 제공해야 합니다. 고기반찬이 풍성하게 들어간 음식만 잘 제공해도 학생들은 금방 에너지를 회복하고 만족해합니다. 그러므로 학생들에게 맛있는 식사를 제공해 줄 주방 봉사팀이 같이 가면 아주 좋습니다.

④ 봉사수련회를 3박 4일 동안 하라는 이유가 있습니다.

수요일을 포함해서 수련회를 진행하면 수요예배 시간을 마을 축제로 만들 수 있기 때문입니다. 수요예배 전에 마을 분들을 초청해서 삼계탕과 같은 맛있는 식사를 제공해 드리고, 식사비는 봉사하는 교회가 충당 하지만 광고는 마을 교회가 제공하는 것으로 알리면, 마을 교회에 대한 인식이 좋아집니다. 그렇게 식사한 후 예배 시간에 청소년들이 사전에 준비한 연극, 노래, 찬양 등을 하면 그야말로 마을주민들과 함께하는 축제의 시간이 됩니다. 이로써 진정한 섬김과 봉사가 이루어지는 것입니다.

• 3박 4일 봉사수련회의 예

첫째 날	둘째 날	셋째 날	넷째 날
	아침 묵상 및 아침 운동	아침 묵상 및 아침 운동	아침 묵상 및 아침 운동
	아침 식사	아침 식사	아침 식사
	마음 오전 봉사	마음 오전 봉사	마을 봉사 정리
	점심식사	점심식사	폐회 예배
개회 예배 및 오리엔테이션	마을 오후 봉사	마을 오후 봉사	점심 식사 및 마무리
특강:봉사의 성경적 의미	휴식 시간	휴식 시간	
저녁 식사	저녁 식사	마을 주민들과 함께 하는 축제의 예배	
저녁 운동	저녁집회(예배):주제-예수님의 섬김		
저녁 집회(예배): 주제-예수님의 사랑	조별 나눔		저녁 집회(예배): 주제-예수님의 사랑
조별 나눔	공동체 놀이	캠프 파이어	

(3) 청소년에게 선택권을 주는 소그룹 테마 수련회

소그룹은 기독교 교육에서 중요한 교육 내용이자 방법입니다. 지금까지 한국교회 청소년부에서는 하나의 프로그램에 모든 학생이 참여하는 수련회를 진행했습니다. 즉 학생들에게 선택권을 주지 못했고, 학생들 각자의 영적인 필요와 관심을 고려하지 못했습니다. 세상 교육은 개별화된 교육, 맞춤식 교육이 이미 일상이 되었건만, 교회교육은 여전히 그렇지 못한 점이 안타깝습니다. 비유로 들면, 덧셈, 뺄셈하는 학생과 미분, 적분하는 학생이 같은 수학 클래스에 있는 것입니다. 이제 수련회만이라도 학생들에게 그들의 영적인 필요와 관심, 삶의 주제에 부합하는 프로그램을 선택하도록 해야 합니다. 그러기 위해서는 수련회가 소그룹으로 진행되어야 합니다. 교회 규모에 맞게 소그룹 수련회 테마를 늘리거나 줄이면 되기 때문에 소그룹 수련회는 큰 교회든 작은 교회든 모두 진행할 수 있습니다. 소그룹 테마가 정해지면 교사들에게 각자 관심 있는 분야의 주제를 선택하게 해서 소그룹 테마 수련회를 담당하는 지도 교사로 세웁니다. 학생들에게는 1, 2, 3지망을 받아서 소그룹별로 인원을 배치합니다. 소그룹 테마는 학생들의 영적인 필요와 관심, 삶의 주제를 따라 다양하게 만들 수 있습니다.

① 기도 배움 소그룹 수련회 : 학생들과 함께 통성으로 기도하고, 침묵으로 기도하고, 중보기도하는 법을 배우고 훈련하는 수련회
② 성경 통독 소그룹 수련회 : 구약과 신약 전체 1독을 하거나, 구약이나 신약 중에 1독을 하는 스케줄을 가지고 진행하는 수련회
③ 상담 소그룹 수련회 : 자신의 어려움과 고민을 함께 간 교사와 학생들에게 털어놓고, 교사와의 상담, 또래 공동체와의 대화를 통해 문제를 해결하고 회복하는 수련회
④ 진로 탐색 소그룹 수련회 : 학생들과 함께 꿈 이야기를 나누고, 학생들이 미래에 희망하는 직업군의 사람들과 만나서 조언을 듣는 수련회
⑤ 캠핑 회복 소그룹 수련회 : 산으로 들로, 바다로 나가서 텐트를 치고

바비큐 파티를 하면서 힐링하고 대화를 나누는 수련회

⑥ 전도 실천 소그룹 수련회 : 전도에 대해서 배우고 대중교통을 타고 돌아다니면서 전도를 실천하는 수련회

⑦ 국내 성지 순례 소그룹 수련회 : 국내 성지를 돌아다니면서 미션을 수행하고 기독교 역사를 배우는 수련회

⑧ 스포츠 소그룹 수련회 : 운동(태권도, 풋살, 배드민턴, 탁구 등)을 하면서 영육간에 강건함이 얼마나 중요한지를 깨닫고 훈련하는 수련회

⑨ 사랑 봉사 소그룹 수련회 : 봉사 기관에 가서 함께 봉사하며 예수님의 사랑을 실천하는 수련회

⑩ 자연 속에서의 행복 소그룹 수련회 : 등산을 하면서 땀을 흘리고, 자연 속에서 하나님의 창조의 숨결을 느끼는 수련회

• 부모 참여가 수련회 성공의 관건입니다.

많은 청소년 사역자들이 수련회를 기획할 때 고민하는 것이 있습니다. 부모가 학원, 학업 등을 이유로 학생들이 수련회에 가지 못하게 한다는 것입니다. 가장 안타까운 일은 학생은 가고 싶은데 부모가 못가게 하는 경우입니다. 따라서 수련회를 진행할 때 먼저 부모를 설득할 수 있어야 합니다. 이를 위해 손편지를 써서 부모님을 감동시키면 좋습니다. 수련회 참석 여부를 묻는 종이 한 장 보내서는 설득이 안 됩니다. 친절한 어투로 정성을 다해 손편지를 써서 진정성 있게 부모를 감동시켜야 합니다.

6. 부모 연계 사역

(1) 청소년 부모가 원하는 교육을 제공하라.

청소년 부모와 연계하여 신앙교육이 이뤄지려면 어떻게 해야 할까요? 가장 먼저 청소년 부모를 위한 교육 세미나와 교사 특강, 청소년 부모 대상의 부모대학 등이 제공되어야 합니다. 많은 부모가 청소년 자녀를 양육하면서 스트레스를 받고 있습니다. 특히 그들과 소통하는 것이 가장 어렵다고 호소합니다. 사실 소통은커녕 대화 자체가 안 된다고 입을 모읍니다. 따라서 청소년 자녀와 소통하고 대화할 수 있는 실제적인 교육이 부모에게 제공되어야 합니다. 이때 전제는 사역자가 먼저 청소년들과 소통이 되고, 대화가 되는 사람이어야 한다는 것입니다. 뿐만 아니라 상담학, 심리학, 커뮤니케이션학 등 소통을 위한 이론을 알고 그들과 소통한 실제 경험을 갖추고 있어야 합니다. 청소년 부모들은 '청소년에 대한 이해', '청소년의 문화', '청소년의 문제'(갈등, 여러 중독, 정신 건강, 학업, 진로 등) 등을 주제로 교육받고 싶어 합니다.

따라서 사역자는 이와 관련된 전문적인 식견을 소유해야 하고, 자신만의 교육 내용을 가지고 있어야 합니다. 청소년학 커리큘럼을 세우고 교재를 만들어야 합니다. 그리고 매주 청소년 이해에 관한 주제로 A4용지 반 페이지 정도의 분량으로 글을 쓰고, 청소년 부모와 교사들에게 제공합니다. 청소년학 관련 전문 서적을 챙겨 읽고 청소년 심리나 상담과 관련된 이론과 실제를 공부합니다. 요즘은 유튜브를 통해서 전문적인 강의를 많이 제공 받을 수 있습니다. 교회에서 부모교육을 진행하는 경우가 있는데, 아쉬운 점은 유치부 아동부 청소년부 자녀의 부모를 한자리에 모아 놓고 교육한다는 것입니다. 교회마다 사정이 있겠지만, 부모교육은 부서별로 맞춤으로 하는 것이 필요합니다. 그래야 부모가 이 같은 교육에 적극 참여하고 도움을 받을 수 있습니다. 더 나아가 믿지 않는 부모들에게도 이 같은 교육을 열어 두어서 청소년 자녀 양육과 교육에 실제적인 도움을 줄 뿐 아니라 신앙에 접근하는 기회로 삼으면 좋습니다.

(2) 온라인 네트워크를 시도하라

청소년 부모와 청소년 사역자가 연계하는 방법으로 온라인은 좋은 도구가 됩니다. 온라인 플랫폼 안에서 청소년 부모와 사역자가 만나서 교제할 수 있고, 학생들을 위한 기도 제목을 나눌 수 있으며, 부모의 신앙적인 성장을 돕기 위한 여러 좋은 자료들을 제공할 수 있습니다. 온라인 플랫폼으로 페이스북 그룹을 추천할 만합니다. 페이스북에서 청소년 부모와 청소년 사역자가 함께하는 그룹을 만드는 것입니다. 페이스북 그룹은 만들기도 쉽고, 활용하기도 쉽습니다. 그리고 페이스북 그룹 안에서는 글이나 사진, 동영상 등 여러 가지 자료를 쉽게 올릴 수 있고, 실시간 라이브 방송과 그룹 안의 구성원들끼리 채팅도 가능합니다. 또한 올린 자료는 저장이 되기 때문에 언제든지 들어와서 계속 볼 수 있다는 장점이 있습니다. 이러한 온라인 네트워크는 사역자가 주도할 필요가 있습니다. 안부 메시지를 정기적으로 올리고, 교회에서 학생을 찍은 사진도 올리고, 좋은 유튜브 영상 링크도 올리고, 부모의 신앙 성장을 돕기 위한 여러 가지 유용한 콘텐츠도 올리는 것입니다. 카카오톡도 유용한 온라인 플랫폼으로, 카카오톡 그룹 채팅방을 통해 부모와 사역자가 교제할 수 있습니다. 이때 카카오톡 그룹채팅방이 단순히 청소년부 행사를 알리는 광고용으로 사용되지 않기 위해서는 신앙 활동을 같이해야 합니다. 추천하고 싶은 것은 성경 말씀 묵상 나눔입니다. 매일 청소년 사역자가 성경 말씀을 올리면, 각자 묵상한 뒤 짧은 문장으로 나누는 것입니다. 이외에도 갓 피플에서 제공하는 온라인 모임 플랫폼을 통해 성경 통독을 진행할 수 있습니다. 청소년 부모와 신앙적인 미션을 함께할 때 교제가 깊어지고 진정한 네트워크가 이루어질 수 있습니다.

(3) 카카오톡 그룹 채팅에 매주 설교 및 가정예배 안내를 제공하라.

부모는 자녀가 청소년부에서 어떤 설교를 듣는지가 궁금합니다. 신앙 형성과 성장에서 설교가 가장 중요하기 때문입니다. 따라서 청소년 사역자는 카카오톡 그룹 채팅에 매주 다음 주 설교 안내를 올리면 좋습니다. 설교 제목, 설교 본문, 설교의 포인트 한두 가지, 설교 요약, 암송 구절까지 정리해서 올리면 더 좋습니다. 매주 설교가 유튜브에 올라간다면 설교 영상 유튜브 링크를 카카오톡 그룹 채팅에 올려서 부모가 볼 수 있도록 하는 것도 좋습니다. 이외에도 매주 가정예배 안내를 카카오톡 그룹 채팅에 올리는 것도 가정과 연계하는 신앙교육이 됩니다.

• 예를 들면 다음과 같습니다.
월요일 : 이번 주는 아빠가 좋아하는 찬양을 정해서 부릅니다.
화요일 : 이번 주는 가족 구성원이 돌아가면서 자신의 신앙 성장을 위한 구체적인 기도 제목을 나누고 기도합니다.
수요일 : 이번 주는 마태복음 5~7장을 읽습니다.

목요일 : 이번 주는 우리 교회를 위해 중보기도 하는데, 특별히 우리 교회의 예배가 하나님께서 기뻐하시는 온전한 예배가 될 수 있도록 기도합니다.

금요일 : 이번 주는 각자의 삶 속에서 만나는 사람(직장 동료, 친구, 선생님, 선배 등)과의 관계에서 하나님께 감사한 내용을 나눕니다.

토요일 : 이번 주는 빌립보서 4장 11~13절 말씀을 읽고 묵상하고 나눕니다.

주일 : 이번 주는 OO의 간증을 유튜브에서 찾아서 함께 듣습니다.

청소년 자녀와 부모가 함께 웃으면서 가정예배를 드리는 것은 현실적으로 쉽지 않습니다. 청소년들은 아침에 학교 갔다가 학원, 독서실까지 들렀다 집에 오면 밤이 됩니다. 일상이 이렇게 바쁘니 부모와 함께 모여서 가정예배 드리는 시간을 마련하기가 힘듭니다. 게다가 청소년들은 부모로부터 심리적으로 독립하려는 경향이 강해서 부모와 함께 있는 시간을 불편해합니다. 이런 상황이니 가정예배는 최대한 자녀의 입장을 고려해야 합니다. 또한 강요가 되지 않도록 청소년 자녀를 최대한 존중해야 합니다. 이를 위해 청소년 사역자는 가정예배 매뉴얼을 만들어 부모에게 제공하고, 따로 시간을 마련해 가정예배를 어떻게 드릴 수 있을지 교육해야 합니다.

(4) 청소년 부모 기도회 & 청소년 부모 부흥회 & 청소년 부모 수련회를 만들라.

① 청소년 사역자는 2주에 한 번이든, 한 달에 한 번이든 정기적으로 부모 기도회를 열 필요가 있습니다. 기도 제목은 자녀들의 영적인 성장과 성숙을 위해, 자녀들의 삶을 위해, 자녀들의 건강을 위해, 자녀들의 인간관계를 위해, 학업을 위해, 자녀들의 꿈과 진로를 위해 등이 있습니다. 이외에도 부모 자신의 영적인 성장과 성숙을 위해, 신앙 안에서 자녀를 양육하기 위해, 가정의 평화와 화목을 위해 마음을 합해서 기도할 수 있습니다. 부모가 바빠서 교회에서 모이기 어렵다면 온라인을 통해서 진행할 수도 있습니다. 중요한 것은 많은 부모가 부모 기도회에 참여하는 것입니다.

② 청소년 부모 기도회뿐만 아니라 청소년 부모 부흥회도 기획해서 진행해 볼 수 있습니다. 청소년 부모들을 초청해서 '신앙교육'을 주제로 설교하고, 뜨겁게 찬양하고, 간절히 기도하는 부모 부흥회를 마련하는 것입니다.

③ 더 나아가 청소년 부모 대상으로 수련회를 진행할 수도 있습니다. 숙박 수련회가 현실적으로 힘들다면 토요일 하루 동안 진행하는 일일 수련회로 기획해 볼 수 있습니다. 청소년 부모 수련회에는 누구 엄마, 누구 아빠로서가 아니라, 한 사람의 성도로서 참여해서 삶의 기쁨을 회복하는 시간이 되도록 합니다. 예배도 드리고, 레크리에이션도 하고, 부모들끼리 대화하는 시간도 가지면서 스트레스를 해소하고, 위로와 소망을 얻는 시간이 되도록 하는 것입니다.

(5) 부모를 일일 교사로 세우고, 부모 특강을 마련하라.

5월 셋째 주 스승의 주일에 청소년 부모를 일일 교사로 세우는 프로그램도 좋습니다. 청소년 부모는 이때 청소년 사역자와 청소년 교사를 이해하고 그들과 교제하는 시간을 가질 수 있습니다. 학생들은 자신의 부모가 아닌 친구 부모의 이야기를 듣고 대화를 나누면서 부모 세대를 이해하는 시간이 될 수 있습니다. 뿐만 아니라, 청소년 부모를 청소년부 프로그램 특강 강사로 세울 수 있습니다. 한 분야 전문가로 활동하는 청소년 부모를 초청해서 진로 특강을 하는 것입니다.

(6) 청소년 자녀와 부모가 함께하는 가족 캠핑을 기획하라.

청소년 사역자는 청소년 부모와 자녀가 함께하는 가족 캠핑을 기획해 볼 수 있습니다. 청소년기의 부모와 자녀는 싸우지 않으면 다행일 만큼 대화의 시간이 부족합니다. 대화하다 싸울까 봐 서로 피하기도 합니다. 편안한 분위기에서 청소년 자녀와 부모가 함께하는 프로그램이 필요한 이유입니다. 가장 좋은 것으로 가족 캠핑이 있습니다. 그릴에서 고기와 소시지를 구워먹고 불멍을 하고 텐트에서 자는 캠핑을 청소년들이 좋아합니다. 유튜브로 캠핑 채널을 구독하는 청소년이 의외로 많습니다. 청소년부에서 캠핑장을 예약하고 편하게 캠핑할 수 있도록 준비해 주는 시도를 할 필요가 있습니다. 이때 가족끼리 시간을 보낼 수 있는 자유 시간을 마련해야 합니다. 하지만 자유 시간이 너무 많으면 역효과가 날 수 있습니다. 그러므로 가족 대항 레크리에이션을 진행하거나 대형 스크린을 통해 함께 영화 보는 시간을 마련하면 좋습니다. 캠핑장 대여가 부담스럽다면, 교회 마당이나 주차장에서 해도 되고, 교회 안의 한 공간을 캠핑장처럼 꾸며서 진행해도 됩니다.

(7) 부모 자치 모임을 조직하라.

청소년 부모들끼리 활동하는 자치 모임을 만들면 부모들이 적극적으로 청소년부에 관심을 가지고 청소년 사역에 참여할 수 있습니다. 학교에는 학부모 위원회 같은 모임이 있어서 부모들이 학교 발전을 위해서 의미 있는 활동을 합니다. 청소년부에서도 청소년 부모 자치 모임을 만들어서 임원들을 선정하고 활동할 수 있도록 시스템을 만들어야 합니다. 청소년 사역자는 청소년 부모 자치 모임 임원들과 긴밀하게 교제하고, 청소년 자녀들을 신앙 안에서 잘 양육하고 교육하기 위해서 함께 힘을 합쳐야 합니다. 책임을 부여하고 활동할 수 있는 장을 마련하고, 여기에 참여하고 싶은 부모들이 열심히 참여하도록 도와야 합니다.

참고문헌

- 김성수, 오경석, 청소년 사역 매뉴얼, 생명의 양식, 2008.
- 김성중, 어쩌다 청소년 사역, 두란노, 2023.
- 나삼진, 청소년 사역전략, NG를 잡아라, 영문, 1999.
- 로이 주크, 교회와 청소년교육, 박영호 역, 기독교문서선교회, 1994.
- 이규민 김난예 김재우 김희영, 인간발달과 기독교교육, 동연, 2023.

- 이금만, 발달심리와 기독교교육, 크리스챤 치유목회연구원, 2000.
- 이정현, 중고등부 믿음으로 승부하라, 좋은 씨앗, 2014.
- 이정현 외 8인, 청소년 사역자를 일으켜라, 베다니, 2009.
- 임만호, 아이들이 교회로 몰려온다, 생명의말씀사, 2017.
- 장봉림, 청소년 교육 구출 솔루션, 따스한 이야기, 2018.
- 정석원, 청소년 교사를 부탁해, 홍성사, 2021.
- 정석원, 청소년 사역 핵심파일, 홍성사, 2021.
- 헨리에타 미어즈, 주일학교의 모든 것, 조계광 역, 생명의 말씀사, 2023.